本书的研究与出版获教育部区域与国别研究基地浙江师范大学非洲研究中心、浙江省哲学社会科学重点研究基地浙江师范大学非洲研究中心自设课题（课题编号：ARL201601）的资助。本书是武涛主持的2016年教育部人文社会科学研究青年基金项目“南部非洲内陆国家的出海口问题研究”（项目批准号：16YJCGJW005）的研究成果。

浙江师范大学非洲研究文库

浙江省新型重点专业智库浙江师范大学非洲研究院

总主编：刘鸿武

马拉维对外关系研究

A Study on the Foreign Relations of Malawi

武 涛著

浙江工商大学出版社 ZHEJIANG GONGSHANG UNIVERSITY PRESS | 杭州

图书在版编目（CIP）数据

马拉维对外关系研究 / 武涛著 . — 杭州 : 浙江工商大学出版社 , 2019.6

ISBN 978-7-5178-3176-1

Ⅰ . ①马… Ⅱ . ①武… Ⅲ . ①对外关系—研究—马拉维 Ⅳ . ① D847.22

中国版本图书馆 CIP 数据核字 (2019) 第 059399 号

马拉维对外关系研究

MALAWEI DUIWAIGUANXI YANJIU

武　涛 著

责任编辑　姚　媛

责任校对　夏湘娣

封面设计　林朦朦

责任印制　包建辉

出版发行　浙江工商大学出版社

（杭州市教工路 198 号　邮政编码 310012）

（E-mail：zjgsupress@163.com）

（网址：http://www.zjgsupress.com）

电话：0571-88904980，88831806（传真）

排　　版　庆春籍研室

印　　刷　杭州高腾印务有限公司

开　　本　710mm×1000mm　1/16

印　　张　22

字　　数　347 千

版 印 次　2019 年 6 月第 1 版　2019 年 6 月第 1 次印刷

书　　号　ISBN 978-7-5178-3176-1

定　　价　66.00 元

“浙江师范大学非洲研究文库”编纂委员会

序言　非洲研究——中国学术的“新边疆”[①]

浙江师范大学非洲研究院院长　刘鸿武

一百多年来，中华民族经历了曲折艰难的现代复兴进程，逐渐由“亚洲之中国”转变为“世界之中国”。今天，中国的发展已经在越来越广大之领域与世界的前途连接在了一起。为最终完成中华民族的现代复兴，并对人类未来做出新的贡献，21世纪的中国当以更开阔之胸襟去拥抱世界各国各民族之文明，努力推进人类各文明以更为均衡、多元、平等的方式展开对话与合作。为此，中国需要在更广泛的人类知识、思想、学术与观念领域做出自己的原创性贡献，而建构有特色之“中国非洲学”，正是中华民族在当今国际学术平台与思想高地上追求中国的国家话语权、表达中华民族对于未来世界发展理念与政策的主张并进而为21世纪的人类贡献出更有价值的思想智慧与知识产品的必要努力。[②]

在此过程中，“非洲情怀、中国特色、全球视野”三个层面的有机结合与互为补充，“承续中国学术传统，借鉴国外研究成果，总结中非关系实践”三个维度的综合融通与推陈出新，或许将为有特色之“中国非洲学”拓展出某种既秉承传统又融通现代、既有中华个性精神又融通人类普遍知识的中华学术新品质、新境界与新气度。

---

① 此序文最初刊布于2008年首批出版的“浙江师范大学非洲研究文库”之系列著作，此次出版对文中个别文字做了修订。

② 刘鸿武：《初论建构有特色之“中国非洲学”》，《西亚非洲》2010年第1期，第5页。

一、非洲研究与中国学术"新边疆"的拓展

学术研究与时代环境往往有着十分复杂的关系。所谓一时代有一时代之学术，时代条件与环境因素总在某种或隐或现的形态下影响着人们的思想过程。古人主张"知人论世"，认为要知晓其人所论所思为何如此，要理解其人治学求知之特点个性，不能不考察、辨析他的生活时代，不能不联系他的人生经历与治学环境。[①]理解一个人的思想如此，理解一个时代的学术亦如此。

过去百年中国学术之成长与变革进程，便深深地印刻着时代的痕迹。因为20世纪中华文明追求现代复兴与发展任务的紧迫和艰难，更因中华学术经世致用传统之影响，中国学术过去百年的成长过程，始终紧紧围绕着、服务于中华文明复兴与发展的当下急迫之需。摆脱落后、追求先进的时代使命，使得现代中国学术的目光多紧盯那先进于我之国家民族。于是，"西洋学术""欧美文化"，乃至"东洋维新""俄苏革命"，都曾以不同之方式，进入中国学术核心地带，成为过去百年中国学人热情关注、努力移植、潜心研究之重心与焦点，各种形式的"言必称希腊"成为中国学术一时之现象，也便自有其合理之时代要求与存在缘由。而在此背景下，对于遥远他乡那些看似与国家当下之复兴大业、复兴命题关涉不大或联系不紧的学问领域，对于那些与中国一样落后于世甚至尤有过之的不发达国家、弱小民族的研究或学问，人们便一直关注不多，问津甚少。

于是，在相当长的时期中，包括新中国成立之后，非洲大陆这个重要的自然地理区域和人类文明世界，便成为中国现代学术世界中的一块"遥远边疆"，一片"清冷边地"。偶尔，会有探险者、好奇者、过路者进入其间，于其风光景致窥得一角，但终因天遥地远，梁河相隔而舟渡难寻，直至今日，非洲研究这一领域对于中国学术界来说，总体上还是一个具有"化外之地"色彩的知识领域，一块要靠人们发挥想象力去揣想的遥远他乡。

在西方学术界，非洲研究却已经有百多年的经营历史了，如果加上早期殖

---

① 《孟子·万章下》："颂其诗，读其书，不知其人，可乎？是以论其世也，是尚友也。"

民时代探险者、传教士留下的那些并不甚专业的探险游记、传教回忆录，西方对非洲大陆的认知与研究可以追溯到更久远的三四百年前。在这个过程中，非洲研究在塑造西方现代学术形态、培植西方现代学术气质方面，均扮演过某种特殊的角色。西方现代学术的诸多领域，如人类学、民族学、社会学、语言学、考古学、人种学、生态学等；各种流行一时的理论或流派，如结构主义、功能主义、传播理论、发展研究、现代化理论、女性主义、后殖民主义、世界体系论；等等，都曾以不同的方式或形态，与非洲这块大陆有某种直接或间接的关联。直到今日，在非洲大陆各地，依然时常可以见到西方学者潜心考察、调研与研究的踪迹。

不过，自20世纪70年代末中国改革开放以来，特别是随着近年中国国家发展战略和外交战略的重大变化，中国学术界开始尝试采用更加独立、更加全面也更加长远的眼光来理解和把握人类文明的整体结构，以及中华民族与世界上一切民族和国家之如何建立更为平衡、多元的交往合作关系这样一些重大问题。过去三十年，中非合作关系之丰富实践及这一关系所彰显的时代变革意义，使得非洲在中国学人眼中的地位和重要性发生了重大转变，非洲研究不仅得到重视和加强，而且研究的兴趣和重点也超出了以往那种浅层与务实、只着眼于为政治与外交服务的局限，开始向着探究人类文明之多元结构与多维走向，向着探究一切社会科学深切关心的本质性命题的方向拓展延伸。渐渐地，人们发现，非洲研究成为新时期中国学术研究的一片“新边疆”，一块辽阔广大、有无数矿藏和处女地等待新来者开拓的沃土。

我们说，中华民族历来有关注天下、往来四海之开放传统，有“民吾同胞，物吾与也”的天地情怀。在其漫长的文明演进史上，中华民族一直在努力突破地域之限制而与外部世界建立接触和交往，由此扩展着自己的视野，丰富着自身的形态，并从中获得更新发展之动力。这种努力自进入近代以来，尤为强烈与明显。虽然因时代条件之制约，过去相当长的时期中国学术主要关注欧、美、日等发达国家，但进入20世纪60年代以来，在中华民族追求现代复兴并因此而努力与外部世界建立新型关系的过程中，也开始与遥远的非洲大陆建立日益紧密的文化对话和交流合作关系。正是在这个意义上，我们说非洲研究日益为中国学术界所重视这一现象的出现，应该是具有某种特殊的昭示时代变革的象征意义的，它折射出中华文化的现代复兴正进入一个新的历史阶段，反映出当代中国学术在回归和继承优良历史传统的基础上，日益面向全球与未来，日益拥有了新的自由与自主、自信与自觉的精神气度。

我们是不是可以这样说，如果将来的某一天，在那遥远闭塞的非洲内陆的某个村庄，在那湿热茂密的非洲雨林深处的某个偏僻小镇里，我们也能意外地发现有中国学者的身影，他会告诉我们说，他已经在这远离中国的非洲边远村庄里做了多年的潜心研究，而他并不太多地考虑其研究与学问是否有他人认可的某种“价值”或“意义”，他只是做着纯粹基于个人学术旨趣、知识好奇心的田野考察和异域文化研究。那时，我们或许就可以说，中国学术的自主意识与现代品格获得了更大的成长。

从一个更长远的当代中国发展进程来看，在全球化进程快速推进、中国与外部世界日益融为一体，而中国也在努力追求自己的强国地位的进程中，非洲研究这一“学术新边疆”之探测与开垦，对中国学术现代品质之锻造——诸如全球视野之拓展、普世情怀之建构、主体意识之觉醒、中国特色之形成等，都可能具有某种重要的引领与增益作用。

二、当代中非交往之学术史意义

非洲文明是整个世界文明的重要组成部分，在过去数千年间，非洲有过非常复杂而丰富的历史经历，文明形态也达到很高的水平。非洲人的天才创造在过去一百多年来已经逐渐被世界所了解，尽管现在还有许多不为人知的地方。总体上说，相对于西方对非洲文化、历史、艺术的认知，中国是一个晚到者。现代意义上的非洲学研究，在西方已经有一两百年的历史。尽管历史上中国与非洲也有过有限的联系、交往，现代中国对非洲的认识却是最近五十年才开始的，目前也还处在相对落后的位置上。事实上，早在一百多年前，西方就已经在拼命地吮吸非洲文明的乳汁，在享受非洲人民创造的丰富灿烂的文化珍品了。过去一百多年，非洲文化艺术曾给西方现代艺术带来特殊的活力，从不同方面刺激西方艺术家们的想象力，由此拓展了西方艺术新的发展空间，并使其风格再造，加速了西方现代艺术形态与范式的变革进程。

就非洲文化艺术自19世纪以来对西方影响之广度与深度而言，在某种意义上我们可以认为，西方现代艺术在某些方面曾出现过“非洲化”现象，以至于在今日的西方艺术与文化的世界中，处处渗透着来自非洲大陆的元素：非洲的音乐、非洲的舞蹈、非洲的节奏、非洲的风格。当然，那是一个经过了西方精心改造、重新编码、巧加利用的复杂过程。[①]在这个过程中，非洲文化、非洲艺术的最初源头被隐去了，但如果我们做一番深入的研究辨析，就会发现，在西方现代文化与艺术的世界里，有许多被称为现代艺术伟大创造的风格样式，有许多被认为开启了西方现代文化新领域的精神丰碑，包括毕加索、马蒂斯、高更等颇有影响力的西方现代艺术家的许多作品之风格、形式和灵魂，都曾有过对非洲文化与艺术的某种巧妙移植、借用、吸收。[②]这种移植、借用与吸收，自然是拓展了西方现代艺术的发展领域，也给现代人类带来了特殊的艺术感受，它表明西方现代艺术家勇于创新、善于利用其他民族文化与思想智慧的传统，本身并无不可，值得今日之中国学者和艺术家学习、借鉴和反思。但问题在于，当现代西方已经在充分享受非洲人民的艺术创造与财富，当现代西方艺术因为从非洲艺术中获取了如此丰富的艺术天才想象力与灵感而获得变革与发展的动力与智慧时，却又按照西方的艺术观念，以西方之艺术为尺度，以一种居高临下的傲慢和偏见，轻易断定非洲原始落后，妄称非洲没有历史与文化，便很不妥当了。

事实上，在过去一百多年西方汲取非洲文明与艺术财富的过程中，西方也垄断了对非洲文明与艺术的解释话语权。西方实际上是按其需要，按自己的历史观、价值观、艺术观来解读和评价非洲的文明与艺术世界的。于是，丰富多彩、形态各异的非洲文明与艺术，通常被贴上了一些武断而简单的标签，诸如“原始的”“史前的”“野蛮的”等。一百多年来，世界所认知的非洲文明与艺术，或者说，世界对非洲文明与艺术的认知方式和认知角度，其实是被西方设定好的，被西方人建构出来的，那其实是一个“西方的非洲”“西方的非洲艺术”。

---

① William Rubin. *“Primitivism” in 20th Century Art: Affinity of Tribal and the Modern (Vol.1)*. Museum of Modern Art, 1984, p.241.

② Ibid, pp.125-179.

在相当长的时间中，我们中国人（其实也包括整个东方世界，甚至非洲人自己）也往往是通过西方的眼光，按照西方人设定的标准或尺度，来理解、认知和评价非洲文明与艺术的。这一百多年来西方主导下的“非洲文明认知史”进程，其所建构的“非洲文明观”或“非洲艺术观”，其成就与不足、所得与所失，自然需要有认真的反思与总结。事实上，非洲艺术并不能用“原始”二字来形容，它只是更多地保持了人类对于艺术的最纯真的理解，更多地保持了人类因艺术而得以呈现的那种本真的天性，就此来说，欣赏非洲之艺术与文明，或许有助于我们回到人性的本原，回到人类最真实的心灵深处。我们当以一种敬意与温情，以一种平等的心态，重新来认知非洲人民的天才创造、巨大活力及对现代人类的特殊意义。

中华文化地处东亚大陆，在其漫长演进史中，它一直努力突破地域之限制而与外部世界进行接触和交往。在20世纪中华民族追求现代复兴并因此而努力与外部世界建立新型关系的过程中，与遥远非洲大陆的文化交流合作，对于中华古老文化在当代的复兴与发展，对于东方形态的中华文化在承续传统的过程中同时转变为日益具有开放性质和全球形态的世界性文化，是有某种特殊的实践意义和象征意义的。非洲大陆，那是一个中国民众过去并不熟悉的世界，一种在许多方面都可以让中国人产生“异域文化”之鲜明对比与差异感的“他者”文化。唯其如此，与非洲大陆各国各族之文明往来，正有如激动人心之不同文明之碰撞，必有异彩之闪烁、奇葩之绽放，其对中华民族在全球化之时代形成更开阔之文化视野、更包容之文明胸襟、更多样之艺术欣赏力，当有特殊之增益作用。

今天，随着中国与非洲关系的全面发展，随着中非双方建立起直接的文明交流与合作关系，中国得以用自己的眼光来重新认知非洲，得以将自己古老悠久的文明与非洲鲜活本真的文明进行直接的比较交流，并将这两个大陆不同文明的交往及其前途联系起来进行展望。毫无疑问，这一外部交往与知识结构的历史性转折，将使我们能够超越迄今为止西方主导的世界历史、非洲文明的认知框架与知识传统，得出崭新的、与历史发展和人类愿望更为相符的多元世界和文明交往的新图景。在这过程中，中国并不是要抛开其他文明的彼此认知，去做一个纯粹中国人眼中的非洲观察，也不是重新建构一个纯粹是中国视界下的“中国的非洲文明”，将非洲文明或文化仅仅做中国式的图解与诠释，更不是仅出于猎奇心理将非洲做夸张扭曲的渲染，而是既需要有中国自己的独特眼光与感悟，更需要从一个更多元、更开阔的世界文明史和全球史背景下来重新认知非洲、感悟非洲。

三、当代非洲发展问题的特殊性质

非洲研究有一系列特殊的命题值得学者探寻深究。读者面前的“非洲研究文库”各个系列的著作，大体上都是围绕着当代非洲各个年轻国家成长中的一些重大问题来展开的。

当代非洲国家要实现发展，有许多共同的历史命题和任务需要解决。从总体上看，绝大多数的年轻的非洲国家都是从一个很低的历史起点上开始它们的现代国家发展进程的，这些非洲国家要由传统社会转变发展为现代国家，要实现现代经济增长而发展成一个富裕国家，较之当代世界各国而言，其面临的障碍更为巨大，路途更为漫长、更为艰辛。它们摆脱殖民统治而独立建国固然不易，但立国强国则更为艰难。

总体上看，在前殖民地时代，非洲大多数地区的政治发展进程及成熟水平，还未达到现代民族国家的发展阶段。在当时非洲的大多数地区，往往只存在一些部族社会范畴的政治共同体，在少数地区则已形成过一些规范较小、结构松散且体制功能发育程度还较低的古代王国。作为一个现代国家的形成与稳定存在所必须要经历的政治发展阶段和一些必备的前提条件，诸如制度化了的国家体制结构的初步发展，统一的国民经济体系或经济生活纽带的初步形成与建立，各个民族或部族虽然差异很大，但已有聚合在某个统一的政治实体内长期共处而积淀下来的共同生活经历与习惯，一份富于凝聚力和整合力的经由以往漫长世纪而积淀下来的国民文化遗产——如对国家的认同忠诚、对政府及统治合法性的认可拥戴，等等，所有这一切，在前殖民地时代的非洲大陆的大部分地区，都还没有获得充分的发展。[①]

① 刘鸿武：《黑非洲文化研究》，华东师范大学出版社1997年版，第25页。

当代非洲国家创立的基本特点，是国家的产生先于民族的形成，事先人为地构建起一个国家，再来为这个国家的生存寻求必要的经济、文化、民族基础。在西方，现代国家的产生是社会经济、历史、文化与民族一体化发展所导致的结果。西方近代史上形成的国家，基本上是单一民族的国家，民族与国家具有同构性和兼容性。在东方国家，内部往往都有较为复杂的民族结构和宗教文化背景，各民族也多有自己的语言、宗教、文化传统，经济生活上的差异也是长期存在的，但是，这些有着多民族背景的国家，已经有久远的生存历史了。在这些国家内的各个民族，已有在同一个古代国家机体内、在一个王权统治下，长期共处生存的历史经历与交往过程，相互间已形成程度不同的或紧或松、或强或弱的经济上的、文化上的、社会生活上的联系与依存关系，并且因为这种联系与依存关系的长期存在，逐渐在那些众多的民族间形成了某种共同的国家观念意识与情感，一种对某个中央集权的统一政治实体的认同感。这种漫长历史上的共同经历与交往，使这些东方国家在国家的民族文化关系结构上不同程度地形成了一种特殊的不同于近代西方单一民族国家的结构，即一种在民族关系、文化结构方面虽然多元却又一体的特殊格局。这些国家在多民族关系结构方面，往往还有一个占主导地位或支配地位的核心民族，比如在中国这个多民族国家中，汉族便一直是一个占主导地位的主体民族，汉文化由此也就在与其他民族的文化发生交往、融合的过程中，成为维系中国这个多民族国家长期统一存在和连续性发展的核心文化，从而形成中国古代历史上特殊的汉文化凝聚力和各少数民族文化的向心力。

当代非洲国家的创立，不同于东方许多古代国家那样是经过非殖民地化的完成而“重建”自己往昔的国家。非洲在非殖民地化之后建立的那一系列年轻国家，基本上不是“重建”，而是“新建”，基本上不是“恢复、再生”，而是“新立、创建”。因为这些国家在历史上并不曾存在过，它们并不是以历史上原有的政治共同体为基础，通过古代政治的自然发展过程，比如说在古代那些文化共同体、古王国、部落酋长国的基础上扩展而成的。古代非洲那些本可能扩展成现代国家的政治共同体，比如在苏丹这块土地上曾经有过的那些古代政治与宗教文化共同体，那些古代王国与城邦国家，如古代努比亚文明或库施国家、芬吉王国、富尔王国，等等，在西方人到来之前早已衰落瓦解。独立后非洲大陆新创立的国家，基本上都是按外部西方殖民者的利益所强加的、任意“肢解与分割”而成的殖民地框架建立的，它与当地原有的历史文化共同体和政治经济联系并无同构性。

从这样一个意义上我们可以看出，在第二次世界大战结束后形成的那个庞大的第三世界或发展中国家群体中，非洲各新生国家所面临的发展任务，要比世界其他地区的发展中国家更加艰巨、困难，面临的发展命题也更加广泛、复杂。许多东西方国家在历史上已经取得的“发展成就”，比如，社会之整合与民族一体化，国家政治制度之初步形成，统一而集权的官僚机构的建立及其功能、职能的分化与专门化，相对统一的国家文化共识体系及语言文字、宗教信仰、价值观念等方面的某种同质结构的出现和广泛交往关系的建立，等等，这些“发展成就”，对于一个民族或国家能否进入现代经济起飞阶段，能否进行广泛的社会动员并使广大民众认可并参与到国家的经济发展事业中来而共同走向现代社会，都是不可或缺的历史前提和发展的基础条件。而这一切，对于第二次世界大战后产生的非洲各个年轻国家来说，都还相当的不发达，都还处在一个相对较低的历史起点上，因而构成了这些国家在当代的发展进程中绕不过、躲不开的历史发展任务，成为这些国家必须付出时间、勇气，要经历种种希望与挫折才能走过的艰难发展阶段。

当代非洲现代化进程的成就，主要不是表现在经济增长或经济起飞方面，而是集中体现在它的“国家构建与发展”“民族构建与发展”方面，表现在它的新型的“统一国民文化体系”的初步形成方面。20世纪60年代以来，非洲大陆各个年轻国家，在实现由传统分散的部族社会向统一的、中央集权的现代国家过渡的不懈努力方面，在实现由传统封闭分割的部族文化向同质一体化的现代国民文化过渡转型的艰难追求方面，尽管历经曲折反复，但还是已经取得了明显的进步和成效。事实上，在今日非洲大陆的许多国家中，一种超越部族、地区、宗教的国家观念和国民意识，正在形成并被逐渐地认可。随着这种统一国家文化力量的成长，随着这种富于凝聚力的统一国民文化环境的形成，一些非洲国家已经逐渐有能力克服各自国家内部的分离内乱与冲突，政府的合法性和权威性也开始得到本国民众的认同。尽管这一成就在非洲各个国家所达到的水平和巩固的程度并不完全一致。特别由于缺乏相应的经济发展成就做支持，这一国家政治发展与民族发展的成就不仅受到了很大的抑制，而且已经取得的发展成就也是很不稳固的。

从一个大的历史发展进程上看，20世纪30—50年代是非洲大陆由殖民地到主权独立国家的民族解放运动时期，发展成就是获得了民族独立、自由、平等之地位，这是一切现代国家发展的前提；20世纪60—90年代是非洲由传统社会到构建现代国家的“民族国家构建与国民文化构建”时期，发展成就表现为统一的国家政治共同体的巩固和国民文化认同体系的成长。而21世纪的头二十年，非洲大陆将在上述两个发展成就的基础上，逐渐进入以经济发展和社会现代化为主题的新发展时期。非洲半个多世纪发展进程之三大步的推移，是一个合乎人类文明与国家形态成长的“自然历史过程”，我们若要透过错综复杂的历史迷雾而真正理解、把握非洲之现状与未来，不得不有这样的视野和知识。尽管这一过程在非洲数十个国家之间的发展水平与成就并不平衡，有的较为成功，有的历经曲折，这将是一个长期的过程，在发展的道路上还会有反复有动荡，但这一过程总体上一直在向前推进着。

四、非洲发展研究与理论创新舞台

在当代世界体系中，在当代人类追求现代发展的努力中，非洲大陆面临的问题是极其复杂而特殊的。正因为如此，在当代非洲数十个年轻国家与民族现代发展这一复杂进程中，正深藏着人类现代发展问题之最终获得解决的希望。可以说，非洲发展问题解决之时，便是现代人类发展进程历经磨难、千曲百回而终成正果之时，而要实现这一宏大目标，不能不说是对人类之智慧、毅力、良知、合作精神与普世情怀的最大挑战和考验。

从全球发展的前景上看，非洲大陆面积达三千零六十万平方公里，比中国、美国、欧洲三部分加起来还要大。无论是从理论的层面上还是从现实的角度上说，非洲大陆在自然资源、劳动力市场、商品消费市场等发展要素方面的规模与结构，它在未来可供拓展的发展潜力、增长空间，都会是具有全球性冲击力与影响力的。我们认为，虽然目前非洲大陆总体上尚比较落后，但这块广阔大陆上有五十多个有待发展的国家，有十亿以上有待解决温饱、小康到富裕问题的人民，其现代发展进程一旦真正启动并走上快车道，其影响与意义必将超出非洲自身而成为21世纪另一个具有全球性影响的人类发展事件。

在这个过程中，基于历史的与现实的原因，中国或许正可以发挥某种特殊的作用，而非洲国家对此也有普遍的期待。在未来二十年里，如果中国能够与非洲国家建立起一种新型的战略合作关系，通过“政治上平等相待、经济上合作共赢、文化上交流互鉴、国际上相互支持”的全方位合作，促进非洲国家实现千年发展目标，推进非洲大陆的脱贫减贫和发展进程，那将会大大提升中国外交的国际感召力、亲和力、影响力，提升中国外交的国际形象和道德高度，改善中国外交的整体环境，减轻中国外交的外部压力，使国际上某些敌对势力恶意鼓吹的“中国威胁论”“中国新殖民主义论”“黄祸论”不攻自破。

近年来，非洲国家领导人、知识精英们对于中国的国际地位上升有着强烈的感受和认同，并因此而日益重视中非关系，重视与中国的合作，对中国的期待也随之上升。一些非洲国家领导人开始提出非洲大陆的“第二次解放”这样的概念。他们认为，非洲在20世纪60年代通过民族解放运动获得了政治解放，建立了数十个政治上独立的主权国家，但几十年来，非洲多数国家的经济发展一直比较缓慢，目前在国际上还处于依附与从属的地位。只有实现经济发展，才会有非洲的真正“解放”。当代中国的经济发展及其模式，给了非洲新的启发和思考，非洲应该有新的发展思路、新的发展战略与模式。一些非洲国家领导人提出，与中国乃至亚洲新兴国家的合作，或许可以为非洲的“第二次解放”带来新的机会，也可能是非洲再不可错过的机会。对于非洲大陆正在酝酿的这一历史性变化，我们应该给予高度重视，放眼长远，审慎把握，顺势而为。我们认为，新时期中非合作的战略意义就在于它可以从外部国际环境方面有效延伸中国现代化发展的战略机遇期，拓展中国现代化发展事业所必需的外部发展空间，并在复杂变动中的国际格局下继续实施和优化“走出去”战略。

事实上，在当今这样一个相互依存的全球化时代，发展早已成为人类面临的共同问题，当代非洲发展问题之最终解决，与其说是非洲自身的问题，毋宁说是世界的全人类的共同问题。对于任何一个有富于理论探索勇气与实践创新精神的人来说，当代非洲发展问题之理论上的探索与实践上的尝试，无论是从经济学、政治学、社会学的层面上看，还是从人类学、民族学、文化学的层面上看，都会是充满挑战性与刺激性的，其中必然会有孕育人类知识与理论创新的巨大空间与机会。

在这个巨大的理论、知识、实践的创新空间与机会面前，当代中国学术界、思想界能够有所作为、有所贡献吗？能够在这个关于当代非洲发展问题研究的国际学术平台上有一席之地甚至更多的发言权吗？

过去三十年，中国因自身的艰苦努力，因自身的文明结构中一些积极因素的作用，因比较好地利用了全球化带来的机遇，而成为发展最快、受益最多的国家，而相形之下，非洲大陆却似乎成为全球化进程中受负面影响最大的地区，成为发展进程最为缓慢的地区。虽然从一个长远的进程来看，非洲未必就一定是现代发展的失败者，非洲过去三十年也有许多进步，而中国本身也还远未达到可以轻言现代化大功告成而沾沾自喜之界。但是不管怎样，在认知非洲之文化与文明，在探求非洲之现代发展进程这个重大而复杂的命题方面，西方确实一度走在了中国前面，今日的中国应该在此领域有自己的新的思考与探寻。

我们常说，中国是一个大国，一个文明古国。远在古代，在自身文明的视域以内，中国人就建立了古人称为“天下”的世界情怀，建立起了具有普世色彩的“大同”理想，其中的宽广与远大，在根本上支持着中华民族的生存与发展。今日，肩负新的历史重任的中国当代学者，更应该有一种中国特色的普世理想，发展起来的中国应该对世界对人类有所贡献。我们想表述的是，中国学术之未来，应该有一个更开阔的全球眼光，一个更完整意义上的全球品格，关注的视野应该更全面一些，胸襟与气度更开阔一些，以此来努力锻造我们作为一个文明古国、世界性大国的现代学术品格与敞朗境界，以一种更具学术单纯性与普世性的情怀，涉足、关怀、问鼎于一切挑战人类思想险滩、攀越智慧险峰的领域，即便它与我们当下之生活、眼前之发展目标似乎相距甚远，也当远涉重洋、努力求之。①我们希望，在未来的年代，会有越来越多的中国年轻学子向着那“遥远而清冷”之非洲研究学术领域探寻，去拓展出日见广大之中国

① 据说，一千多年前，创立伊斯兰教的阿拉伯先知穆罕默德曾这样说过：“学问虽远在中国，亦当求之。”

学术“新边疆”，以中华文明之慧眼识得异域之风光，拾回他乡之珍珠，用以丰富现代中国之学术殿堂。

五、非洲研究与中国学术的全球胸襟

一百年前，梁启超在谈到中华与世界之关系时，也曾就中国文明演进之历史形态有一个“三段论”的基本看法。在他看来，中华文明由上古之时迄于秦统一王朝建立之三千年，为“中国之中国”时期。在此阶段，中国文明之存在，尚限于中华之本土，为自生自长之中华文明。由秦汉及于19世纪初期乾隆末年之两千年，是为“亚洲之中国”时期。在此期间，中华文明之存在范围已扩展出中华本土，开始将其影响逐渐波及周边之亚洲各地，成为“亚洲之中国”。而清代乾隆末年之后，中国则进入向“世界之中国”的大变革时期，中华文明开始向着“世界之中华”的第三期转变。①当时，梁启超曾把这一外力推动下的变革称为中华文明“千古未有之变局”。基于此种对中华与世界关系走向的总体认识，将此古老之中华民族改造为具有世界眼光、对人类命运有所担当的“世界公民”，也成为梁启超心目中的“少年中国”的梦想。②

百年过去，梁启超的梦想似乎正在一天天地成为现实。事实上，伴随着当代中国政治经济快速发展与全球化进程，中华文明在承继传统并使之发扬光大的背景下，也进入一个面向外部世界而转型重构的新阶段，中华文明与外部世界的关系结构正在发生历史性的变革，逐渐地成为一种“世界性之文明”。这是一个立根于中华文明包容、开放、理性之传统品质而必然要向前推进的过程，其意义重大而深远。而在这一转变过程中，来自非洲的独特文明，对于遥远非洲的认知与了解，在当代中国人的现代世界图景的构建过程中，正发挥一种特殊的增益作用。

我们说，千百年来，中华文化总体上是在东方世界演进的。国人的思维结构、生活方式、情感表达，总体上已是自成一统，成规成矩，如空气一般自我

① 梁启超：《饮冰室合集·文集之六》，中华书局1989年版，第583页。
② 梁启超《少年中国说》：“纵有千古，横有八荒。前途似海，来日方长。美哉我少年中国，与天不老；壮哉我中国少年，与国无疆！”

不觉却时时框定着国人的生命存在状态，影响着国人与外部世界的交往方式。近代以后，因西风东渐与欧式文明洗礼，国人多了一个认知世界的维度，国人的世界观与自我认识为之拓宽和改变。但西方帝国如此强势，相形落后了的中国，于救亡图存之中努力认知西方，移译西学，以为变法求强之路径。百年来，中国人学习西方可谓成效甚大，这一师法欧美的过程本身也便构成中国文明复兴与崛起过程之一侧影。不过，在此过程中，太过强势的西方文明几被国人理解成为一种普适性的世界文明，部分国人更以西式文明为现代文明之同义语，以西式文明之尺度为一切文明之尺度，其结果，是使国人之世界观念于不知不觉中形成了一种“中西二元”维度，向外部世界开放也就几乎成为向西方文明开放。在许多时候，我们所说的“中外文明”已经变成了“中西文明”，所谓进行“中外文明比较研究”，其实是进行“中西文明比较研究”。在很长一段时间中，我们对世界的认知，总体上跳不出这种“中西对比”“不中即西”的二元思维结构与对比框架的束缚。

然而，20世纪50年代以后中国与遥远非洲大陆现代关系的建立，以及这种关系在随后年代的不断发展与提升，让国人看到了另一个完全不同的世界，感受到了另一种全然不同的文化。虽然在过去半个世纪里，在西方主导的世界体系中，中国和非洲皆处于相对落后边缘之境地，其文化于世界之影响也呈弱势之态，但中非双方自主交往关系的建立，给了当代中国人另一个观察世界的窗口。这一窗口即便尚小，却也透进了不同的景色。循着这小小窗口，国人得以意识到世界之大，远非中国和西方可包裹全部。

半个多世纪以来，通过与遥远非洲文明的交往，中国人开始切实地感受到全球范围内那些既不属于西方也不属于中国的人类多样性文明与历史形态的真实存在。通过日益增多的多元文明之间的直接交往和由此而来的认知世界的视角变换，中国人对于全球社会和现代性的认知，终于突破了“中西二元对立”的简单思维模式及其偏颇，而开始呈现出新的更加多元、更加复杂也更加均衡的认知取向。事实上，今日之破除“中西二元”史观，与近代早期中华先贤“睁眼看世界”而摈弃夷夏之辨和天朝中心之传统史地观念，进而树立五大洲四大洋之新世界史地观，在某种意义上实有异曲同工之妙。而这，正是建构有特色之中国非洲学的特殊意义所在。

六、非洲情怀、中国特色、全球视野：路径与取向

中华文明是在一个极为广阔之疆域上发展起来的多样性和整体性并存的文明，一个由内地汉民族和边疆各民族构成的多民族国家共同体。作为一个疆域辽阔的古老大国，中华文明在历史上之得以长期存在与持久繁荣，一个重要原因是它始终以一种包容、持中、理性的文明观念，兼容并包地综合汲取国内数十个民族之文化财富和思想智慧。这一优良传统使中华民族在其漫长历史上形成了一种富于内部凝聚力和外部感召力的多民族国家文化关系结构，一种在多元而差异的自然与文化环境中维持多民族国家长期存在与持久繁荣的政治智慧和国家传统，这正是中华民族传承下来的一笔珍贵历史财富。①

在人类走向21世纪的今天，这一古老传统依然有其独特之价值和意义。在相互依存之全球化时代，没有一个国家和民族可以独享繁荣与太平。从根本上说，作为一个疆域辽阔的世界性大国，今日中华民族复兴大业之最终完成，其内在的方面，需以中华民族内部汉民族与各少数民族之共同繁荣共同发展为基础，而其外在的方面，则需要以开阔之胸襟和多维之眼光，在与东西南北之世界多元文明交流汇合的过程中，锻造中华民族在全球化之时代与世界上所有民族共生共存的能力和品质。

从世界文明和全球历史的时空结构上看，推进古老的中华文明、原生的非洲文明、现代的西方文明这三大文明体系之交流和结合，实有助于为中华文明在当代的自我超越和现代复兴提供一个坚实的三角支柱，一个开阔的三维空间。因为这三大文明形态，中华的、西方的、非洲的，各有其独特之历史背景和发展形态，各有其优长之文化魅力和精神品质，它们提供了最具互补性的文化结构和知识形态。这三大文明之交融互动，正可以为当代中国人提供更平衡、更全面的精神形态和文化模式，使当代中华文明在复兴与崛起过程中，得

① 对于中国中华文明之多样性及中华文明区域结构下汉民族文化与边疆少数民族文化之互动问题的比较研究，是笔者从世界范围思考中华文明与非洲文明交流合作的一个相关性维度，参见刘鸿武：《论民族文化关系结构的独特性与中华文化的连续性发展》，《思想战略》1996年第2期；刘鸿武等：《中国少数民族文化简史》，云南人民出版社1996年版。

以在天、地、人的不同层面上，在科学、艺术、自然的不同维度上，实现更好的综合和平衡。[①]

今天，在经过了漫长岁月的沧桑磨难后，非洲文明依然保持着它的个性和活力，依然作为现代世界文明体系中的重要部分丰富着人类的精神世界。无论人们怎样地轻视非洲，从经济和政治的角度将非洲边缘化，但如果我们这个世界没有非洲，那这个世界一定会“因失去许多的奇异光彩与生命激情而变得更单调乏味”[②]。实际上，离开非洲文明的元素和贡献，现代世界文明几乎是不可想象的。然而，我们对非洲文明能做何种欣赏，我们能否看重非洲文明的精神价值与生存意义，在很大程度上取决于我们内心有着怎样的感知力，取决于我们内心世界有着怎样的包容度。虽然说从西方现代文明的角度上看，非洲常常被理解为原始的、落后的、不发达的，但从人类文明的本真意义上看，正是因为非洲文明的存在，我们才得以知道人类那不加修凿的本真文明应该是什么样子，我们才得以感受到那让我们心灵自由起来的淳朴生命快乐是什么。非洲艺术的天然品质，非洲音乐的本真美感，都足以冲洗现代物质文明施加在我们心头的铅尘，都足以让我们那被现代都市文明压迫而扭曲的精神生命重新伸展开来。

时代环境的变革为中非合作关系跃上历史新高提供了机遇，也为中国的非洲问题研究提供了广阔的社会基础与发展条件。在此过程中，我们认为，“非洲情怀、中国特色、全球视野”之三个层面的有机结合与互为补充，“秉承中国学术传统、借鉴西方研究成果、总结中非关系实践”三个维度的综合融通与推陈出新，或许可以作为未来时代中国之非洲学建构过程中努力追求与开拓的某种学术境界和思想维度，某种努力塑造的治学理念和学术品质。[③]

所谓“非洲情怀”，是想表述这样一种理念，即但凡我们研究非洲文明，认知非洲文化，理解非洲的意义，先得要在心中去除对非洲之偏见与轻视，懂得这块大陆之人民，数千年来必有不凡之创造、特殊之贡献，必有值得他人尊

---

① 关于非洲本土知识系统及传统文化的现代价值与意义，参见刘鸿武等：《基于本土知识的非洲发展战略选择——非洲本土知识研究论纲（上、下）》，《西亚非洲》2008年第1—2期。

② W. Beby. *African Music: A People's Art.* Lawrence Hill, 1975, p.29.

③ “非洲情怀、中国特色、全球视野”是浙江师范大学非洲研究院追求的治学风格与治学境界。

重之处。19世纪中叶，魏源遥望非洲而告诉国人，非洲之“天文历算灵奇瑰杰，乌知异日不横被六合，与欧罗巴埒欤”，此番情怀，足显中华贤哲于世界大势之开阔视野与历史情怀。对非洲人民和他们创造的历史文化，我们当怀有一份“敬意”与“温情”，一份“赏爱之情”与“关爱之意”。或许，有了此般非洲情怀，有了此般非洲情结，方能在非洲研究这一相对冷寂艰苦的领域有所坚持、有所深入，才愿意一次次地前往非洲，深入非洲大陆，做长期而艰苦的田野调查、实地研究，以自己的切身经历和观察去研究非洲，感悟非洲文明的个性与魅力。而所谓的“中国特色”，在于表明，今日中国对非洲之认知，自当站在中华文明的深厚土壤上，站在当代中非合作关系丰富实践的基础上，秉持中华文明开放、包容、持中之传统，以中国独特之视角、立场与眼光，来重新理解、认知非洲文明及当代中非关系。这种立场，一方面需要了解和借鉴西方对非洲认知的成果，尊重西方学者过去百年创造的学术成果，但也不是简单地跟在西方的后面，如鹦鹉学说他人言语。毕竟，作为中国人，若要懂得非洲文明，也必得对中国文明个性、对中国学术传统有一份足够的理解和掌握，知己知彼，并有所比较，看出中国文明与非洲文明之何异何同、共性与个性。而所谓“全球视野”，是说在今日之世界，我们无论是认知非洲文明，还是认知中华文明，自然都不可只限于一隅之所、一孔之见，既不只是西方的视角，也不局限于中国的眼光，而是应有更开阔的全人类之视野，有更多元开放的眼界，在多维互动、多边对话的过程中，寻求人类之共同理想和普遍情感。

更为具体言之，中国的非洲认识和研究，或者说其“中国特色”，可以分为三个不同但相互关联的层次：第一个层次是服务于并产生于国家和人民之间了解交往的一般知识，如非洲的自然地理、国家与人民、历史与文化、风土与人情及与中华文明的比较等一般知识；第二个层次是为现实的中非合作与交流服务的关于非洲的政治、经济、社会、文化、国际关系等的专门的理论研究和政策研究；第三个层次是在“社会科学发展”一般意义上的非洲学术研究。三个层次中，第一个层次的知识属于感性的层面，它们是具有普遍性的全球知识的一部分，在这一层面上，中国的非洲认识是全世界的非洲认识的一部分；第二个层次则是时代的和专属的，它针对并服务于中国的对外开放和中国的和平发展战略，服务于中非合作发展的战略关系，具有特定的现实意义；第三个层次则是纯粹知识和科学层面上的，具有最为一般性、学术性、个体性的纯粹知识与思想形态的研究。加强这一部分的研究，正是当代中国文明及当代中国社会科学获得现代性发展的内在要求，也是有效克服百多年来引导同时也束缚中国学术思想发展的“中西二元”思维惯性及相应的“古今中西”狭隘框架的现实途径，是中国思想界从根本上建立自己的现代性知识话语体系，实现与他人平等对话交流所必需的知识平台。

当今时代，世界历史进程正进入一个新的大变革时期。我们有理由相信，当代中非关系之发展，当代中非文明对话与合作事业的持续推进，必将作为具有中国特色的外交与国际合作实践的一个重要方面，从人类社会发展与全球体系变革的深层意义上引导中国学人思考如何在更广泛的层面上推动当代中国国际关系学、外交学、世界史学及发展理论和国际合作理论诸学科的变革与创新。

目 录
CONTENTS

导 论 / 001

第一节 当代非洲国际关系问题及其理论探讨 / 007

一、当代非洲国际关系问题的历史溯源 / 007

二、当代非洲国际关系问题研究的维度及其相关理论 / 015

三、当代非洲国家外交面临的困境及其理论探讨 / 025

第二节 马拉维共和国对外关系研究的若干问题阐述 / 029

一、选题缘由与意义 / 029

二、国内外学者的研究综述 / 039

三、核心问题与写作思路 / 051

四、理论与方法 / 055

第一章 独立以前马拉维的政治演进与对外交往（约 1480—1963 年） / 057

第一节 马拉维联盟时期（约 1480 年至 18 世纪）/ 059

一、马拉维联盟的政治统治 / 060

二、马拉维联盟的对外交往 / 061

第二节 英国早期殖民时期和英属中非保护国时期（19 世纪中期至 1907 年）/ 062

一、英国早期殖民时期（19 世纪中期至 1891 年）/ 063

二、英属中非保护国时期（1891—1907 年）/ 065

第三节 英属尼亚萨兰时期和英属中非联邦时期（1907—1963 年）/ 067

一、英属尼亚萨兰时期（1907—1953 年）/ 067

二、英属中非联邦时期（1953—1963 年）/ 072

第二章　一党专政时期马拉维的对外政策（1964—1994 年） / 075

第一节　影响该阶段马拉维外交政策制定的主要因素 / 078

一、国内因素 / 079

二、国外因素 / 085

第二节　马拉维“内阁危机”的爆发与一党专政体制的确立 / 090

一、马拉维“内阁危机”的爆发 / 091

二、海斯廷斯·卡穆祖·班达与一党专政体制的确立 / 094

第三节　马拉维“现实主义”外交路线、政策的确立及调整 / 096

一、马拉维的外交：机构、原则、目标及决策过程 / 096

二、马拉维“现实主义”外交的内容与表现 / 098

三、马拉维“现实主义”外交政策的调整 / 106

第三章　多党民主以来马拉维的对外政策（1994 年至今） / 113

第一节　影响该阶段马拉维外交政策制定的主要因素 / 118

一、国内因素 / 119

二、国外因素 / 128

第二节　多党民主以来马拉维的外交：原则、目标、战略及决策过程 / 134

一、多党民主以来马拉维的外交原则、外交目标与外交战略 / 134

二、多党民主以来马拉维的外交决策过程 / 140

第三节　多党民主以来马拉维历届政府的外交政策 / 142

一、埃尔森·巴基利·穆卢齐总统执政时期的外交政策（1994—2004 年）/ 143

二、宾古·瓦·穆塔里卡总统执政时期的外交政策（2004—2012 年）/ 147

三、乔伊斯·班达总统执政时期的外交政策（2012—2014 年）/ 150

四、阿瑟·彼得·穆塔里卡总统执政以来的外交政策（2014 年至今）/ 153

第四章　地区视角：马拉维同周边国家的关系 / 159

第一节　马拉维与赞比亚、津巴布韦的关系 / 163

一、马拉维与赞比亚的关系 / 163

二、马拉维与津巴布韦的关系 / 172

第二节 马拉维与坦桑尼亚、莫桑比克的关系 / 180

一、马拉维与坦桑尼亚的关系 / 181

二、马拉维与莫桑比克的关系 / 190

第三节 马拉维与南非的关系 / 198

一、1964—1980 年 / 199

二、1980—1994 年 / 203

三、1994 年以来 / 204

第四节 马拉维与非洲区域 / 次区域组织的关系 / 206

一、马拉维与非洲统一组织 / 非洲联盟的关系 / 207

二、马拉维与南部非洲发展协调会议 / 南部非洲发展共同体的关系 / 211

三、马拉维与东南非优惠贸易区 / 东南非共同市场的关系 / 214

第五章 大国视角：马拉维同世界大国的关系 / 217

第一节 马拉维与英国的关系 / 221

一、冷战时期 / 222

二、20 世纪 90 年代以来 / 227

第二节 马拉维与美国的关系 / 230

一、1964—2000 年 / 231

二、2001 年以来 / 236

第三节 马拉维与中国的关系 / 242

一、马拉维长期未同中国政府建交的原因 / 243

二、马拉维对华关系的转型过程 / 247

三、马拉维与中国的合作关系：表现、问题及对策 / 251

第四节 马拉维与其他南北方大国的关系 / 258

一、马拉维与其他北方大国的关系 / 258

二、马拉维与其他南方大国的关系 / 263

结　语 / 269

参考文献 / 283

附录 1 马拉维历届政府与外交部部长 / 303

附录 2 马拉维外交大事记 / 307

后 记 / 321

导　论

两千多年前，古希腊流传着这样一句话，“非洲总有新奇的事发生”[①]。这是当时西方世界对于非洲大陆的认知。由此可见，当时西方人对非洲地区持有好奇、赞誉的正面态度。然而，自近代西方国家对非洲地区进行殖民活动以后，西方人逐渐变得高高在上，“白人至上”“西方是世界的中心”等错误观念在西方世界渐渐扎根。非洲大陆往往被看作“野蛮的、落后的人类未拓之地”，黑人亦被视为“没有历史、没有文明、没有任何创造能力的人”[②]。这种“白人种族主义”给非洲人戴上了无形的枷锁，甚至到全球化时代之今日，许多非洲人在精神上仍或多或少受其影响，遭受伤害。事实上，作为人类古代文明的发祥地之一，非洲这块古老的大陆曾经创造过诸多辉煌的文明成就。例如，古埃及（Ancient Egypt）文明、努比亚（Nubia）文明、阿克苏姆（Aksum）文明、斯瓦希里（Swahili）文明、莫诺莫塔帕（Monomotapa）文明等。[③]

近代以前，非洲并非孤立于世界历史进程之外。它只是在某个历史阶段，较之于其他文明，发展速度相对缓慢而已。非洲大陆内部文明之间，内部文明与外部世界之间都有着频繁的互动和交往。一方面，非洲大陆各个文明之间并非完全隔绝。相反，它们之间通过交通、经贸、器物、技术、人口等，实现了文明内部的交往。另一方面，非洲大陆各文明还借助地中海、红海、印度洋等地缘关系及便利的洋流、季风条件，同欧洲、中东、南亚、东南亚等外部世界有着交往。早期的基督教和伊斯兰教传入非洲就是鲜明的例证。

近代以来，非洲被迫卷入由西方国家主导的资本主义世界体系之中。由当地经济增长、生产力进步所推动的政治发展进程被迫中断，非洲地区原有的政

---

① 刘鸿武：《非洲发展大势与中国的战略选择》，《国际问题研究》2013 年第 2 期，第 75 页。

② 德国著名哲学家黑格尔对于非洲黑人及其历史文化持完全否定的态度。他认为，非洲处在蒙昧的阶段，没有人类文明成就，未来也不可能有任何的进步和发展。这种对非洲历史和世界历史的误解与偏见，影响是极为负面和消极的。可参见［德］黑格尔著，王造时译：《历史哲学》，上海书店出版社 2006 年版，第 94 页。

③ 联合国教科文组织编写的《非洲通史》、英国著名非洲史专家巴兹尔·戴维逊等通过史实，对非洲没有人类文明的旧有错误观点进行过批判，并在著作中展现了非洲古代文明的辉煌成就。可参见［埃及］G. 莫赫塔尔：《非洲通史第二卷：非洲古代文明》，中国对外翻译出版公司 1985 年版；［英］巴兹尔·戴维逊著，屠尔康、葛佶译：《古老非洲的再发现》，生活·读书·新知三联书店 1973 年版。

治生态和社会稳定也遭到破坏。最终，西方殖民者重新绘制了非洲地区的政治版图。众所周知，近代非洲人的命运是极为悲惨的。然而，他们始终没有停止反抗和斗争。因而，反抗西方的殖民统治—争取民族解放—追求国家独立，成为近现代非洲史的一条主线。

自20世纪50年代以来，随着西方殖民体系的逐步崩溃，非洲国家纷纷取得民族解放和国家独立，世界面貌亦发生了重大变化。然而，非洲国家并未完全脱离西方国家的控制和影响。它们在政治、经济、文化、外交等方面仍然依附于西方国家，它们要想完全实现独立自主，还有很长的路要走。非洲国家及其人民也时常会受到国际社会的忽视、误解与歧视。贫穷、传染病、饥饿、落后、战争、冲突、屠杀、难民、环境恶化、失败国家、独裁者等词语往往同非洲国家联系在一起，它们被贴上诸多负面的标签，遭到外界的冷眼与嘲笑。非洲国家曾被认为没有任何发展的潜力，甚至“无药可救”，成为“白人的负担”。[①] 实际上，当代非洲国际关系的诸多问题是客观存在的。这里面虽有非洲国家自身的问题，但究其根源，同近代以来西方国家在非洲的殖民活动密不可分。西方国家在对非洲国家的发展问题持负面看法的同时，要意识到其自身的参与也存在不少问题。[②] 国际社会要想拿出解决当代非洲国际关系问题的“治病良方”，参与非洲国家各项事业的发展，就要了解近现代非洲国际关系史、非洲国家的基本概况等。

进入21世纪，非洲国家的政局相对稳定，经济稳步增长。[③] 局部地区，例如东非地区，还成为非洲经济增长最快的区域。[④] 非洲这块发展潜力巨大的、长期被忽视的大陆，开始受到世界各国的重视，逐渐成为大国博弈、经济竞争的角力场。美国、欧盟、中国、印度、巴西、日本、韩国、土耳其等通过对非洲外交战略及外交政策的调整、合作论坛机制的建立等途径，不断加强同非洲

① [美]威廉·伊斯特利著，崔新钰译：《白人的负担：为什么西方的援助收效甚微》，中信出版社2008年版。

② 赞比亚经济学家丹比萨·莫约在其著作《援助的死亡》中，对西方国家的发展援助方式进行了言辞激烈的批判，并在书中提出通过贸易、银行贷款等途径，解决非洲国家的发展问题。参见[赞]丹比萨·莫约著，王涛、杨惠等译，刘鸿武审校：《援助的死亡》，世界知识出版社2010年版。

③ 1999—2008年，非洲经济年均增长率为4.9%；2009年，受全球金融危机影响，降至2.7%；2010年，为4.7%；2012年，达到5.0%。参见迟建新：《非洲经济：真实的增长与转型的挑战》，《求是》2014年第3期，第55页。

④ 谢意：《东非成为非洲经济增长最快区域》，《国际商报》2014年4月8日。

国家政治、经济等方面的合作关系，以谋求自身的国家利益。

中非关系，源远流长。“中非从来都是命运共同体，共同的历史遭遇、共同的发展任务、共同的战略利益把我们紧紧联系在一起。我们都把对方的发展视为自己的机遇，都在积极通过加强合作促进共同发展繁荣。”[①] 古代历史上，中国和非洲两大文明之间就通过丝绸之路，进行着政治、经贸、文化等方面的直接或间接往来。进入近代，中国和非洲均遭受了殖民主义的伤害，实现民族解放、国家独立，追求经济发展、文化复兴等，成为彼此追求的共同目标。20 世纪中期以来，中非关系得到快速发展，双边关系经受住了历史考验。“2018 年，中国与非洲国家贸易额达到 2041.9 亿美元。”[②] 中国连续 8 年成为非洲第一大贸易伙伴国。目前，中非关系已由政治支持、经济合作，发展到全面战略合作伙伴关系。中非合作论坛（Forum on China-Africa Cooperation, FOCAC）的成立与发展[③]、《中国对非洲政策文件》（*China's African Policy*）[④] 的出台等，标志着中非关系走向成熟。

近年来，中国实行互利共赢的开放战略，积极引领全球化的发展方向，倡导各国建立以合作共赢为核心的新型国际关系，共同打造人类命运共同体，[⑤] 这受到非洲国家的大力支持和积极响应。事实上，中非合作关系就是其中的最好体现。中国政府提出的“一带一路”倡议以后，“21 世纪海上丝绸之路”现已辐射到坦桑尼亚（Tanzania）、莫桑比克（Mozambique）等非洲东部和南部的国家。中国政府尤为重视对非合作，坚持和践行“正确义利观”，强调“五不”原则[⑥]。中国和非洲国家还在打造“全面合作关系的升级版”，致力于构建“中非命运共同体”。

---

① 习近平：《永远做可靠朋友和真诚伙伴：在坦桑尼亚尼雷尔国际会议中心的演讲》，《人民日报》2013 年 3 月 26 日。

② 《2018 年中非贸易额 2041.9 亿美元，同比增长 19.7%》，中国日报网，2019 年 1 月 24 日，http://cn.chinadaily.com.cn/a/201901/24/WS5c4a4822a31010568bdc65ef.html，2019 年 3 月 1 日。

③ 中非合作论坛成立于 2000 年，每 3 年召开一次，它是中非之间进行全方位合作的重要机制平台。

④ 2006 年 1 月，中国政府发表了《中国对非洲政策文件》。2015 年 12 月，中国政府发表了第二份《中国对非洲政策文件》。

⑤ 2015 年，习近平主席在联合国总部发表了题为《携手构建合作共赢新伙伴，同心打造人类命运共同体》的讲话，全面阐述了新型国际关系和人类命运共同体的相关理论。

⑥ 2018 年 9 月 3 日，习近平主席在中非合作论坛北京峰会上提出“五不”原则，即不干预非洲国家探索符合国情的发展道路，不干涉非洲内政，不把自己的意志强加于人，不在对非援助中附加任何政治条件，不在对非投资融资中谋取政治利益。

2013年，习近平主席访问坦桑尼亚时，提出了新时期对非工作的四字方针，即“真、实、亲、诚”。2014年，李克强总理出访非洲期间，强调要推进中非“六大合作工程”和“三网一化”建设。[①]2015年，非洲联盟峰会通过了非洲人自主制定的、规划未来50年发展的《2063年议程》(*Agenda 2063*)。中国政府高度赞赏非洲这项自主发展计划，并在对非合作中给予了资金、技术、项目等方面的配套支持。例如，2015年，中非合作论坛约翰内斯堡峰会期间，中国政府提出了对非洲600亿美元资金支持的“十大合作计划”[②]；2018年，中非合作论坛北京峰会期间，中国政府再次提出对非洲600亿美元资金支持的“八大行动”[③]，意在帮助非洲国家实现“非洲梦”。

中非关系，独具特色，现已迈上新台阶。随着中国经济的全面崛起和中非合作的深度发展，西方国家对中国的对非政策也存有疑虑。这种指责或许是“羡慕、嫉妒、恨”的酸葡萄心理，我们能够理解；或许是故意妖魔化中国形象，给中国贴上“新殖民主义”(Neocolonialism)标签，我们必须坚决反对。当然，中非的发展合作并非一帆风顺，不可避免地会碰到诸多难题。我们要虚心接受意见，客观看待中非关系。这是因为，西方国家近代就已深入非洲大陆，对非洲国家有深入认识，处理问题经验也很丰富。中非关系尽管起步很早，但中国政府全面了解非洲大陆、非洲国家仅仅始于20世纪中期。[④]中国政府对非洲国家的认识，同西方国家相比，还有很大的差距。中国对非政策在落实的过程中也面临着许多现实问题的考验，误解、误判等情况时常出现，这给中非合作关系带来不利影响。

此外，国外的非洲研究已经有很长时间，其关于非洲研究的学科体系较为成熟，很多前沿的研究成果可以直接转化为国家的对非外交政策。相比而言，

① “六大合作工程”，即产业合作、金融合作、减贫合作、生态环保合作、人文交流合作、和平安全合作；“三网一化”，即高速铁路网、高速公路网、区域航空网和基础设施工业化。

② “十大合作计划”，涉及工业化、农业现代化、基础设施、金融、绿色发展、贸易和投资便利化、减贫惠民、公共卫生、人文、和平与安全10个方面。

③ “八大行动”，包括产业促进、设施联通、贸易便利、绿色发展、能力建设、健康卫生、人文交流、和平安全8个方面。

④ 20世纪50年代中期至60年代初，基于当时国际冷战的环境及中国对非外交战略的需要，在毛泽东、周恩来等的大力支持和倡导之下，中国国内高等院校、相关部门成立了一批致力于非洲研究的科研机构，形成了首批专门从事非洲问题研究的科研团队，推出了许多介绍非洲国家概况的小册子、译著、内参等科研成果。可参见张宏明：《中国的非洲研究发展述要》，《西亚非洲》2011年第5期。

中国的非洲问题研究还处在起步阶段，而关于当代非洲国际关系问题及非洲国别问题的研究，很多还处在拓荒阶段。中国的非洲问题研究同国家的对非外交政策之间还存在脱节现象。因此，研究当代非洲国际关系问题和当代非洲国家外交问题，既能够填补学术研究领域的空白，又能够服务于中国的对非外交，进而达到“经世致用”的目的。当前，“非洲研究已经成为中国学术研究的新边疆”[①]。中国的非洲问题研究，既要探讨当代非洲国际关系的现实问题，也要进行非洲国别问题的基础研究。只有将两者密切结合起来，才能提高非洲问题研究的水平。

本书导论部分，意在通过对当代非洲国际关系理论问题的探讨，揭示非洲国家普遍面临的各种难题。第一，从近现代非洲国际关系史的视角，探析当代非洲国际关系问题产生的外部根源。第二，从国际关系理论的角度，对当代非洲国际关系问题进行探讨，阐述解决非洲国际关系问题的框架和思路。第三，从非洲国家的国别视角出发，对当代非洲国家的外交所面临的问题进行理论分析，指出这些国家面对问题时，应通过何种外交手段来谋求主权、安全、发展等方面的国家利益。总之，论述当代非洲国际关系问题及其理论，意在为马拉维对外关系的研究做铺垫，避免个案研究的视野盲点和理论缺失。

第一节 当代非洲国际关系问题及其理论探讨

一、当代非洲国际关系问题的历史溯源

当代非洲国际关系问题的产生，同近代以来西方国家的殖民入侵及殖民统治有着直接且密切的关系。因此，要想解决当代非洲国际关系问题，就需要系统考察近现代非洲国际关系史。1500年前后，随着西方新航路的开辟及资本主义的发展，人类社会的发展进程加快，世界逐步由分散走向整体，全球史和

① 刘鸿武:《非洲研究：中国学术的“新边疆”》,《光明日报》2009年11月9日。关于“中国非洲学”建设的相关问题，可参见刘鸿武:《初论建构有中国特色之“中国非洲学”》,《西亚非洲》2010年第1期；刘鸿武:《在国际学术平台与思想高地上建构国家话语权：再论建构有特色之“中国非洲学”的特殊时代意义》,《西亚非洲》2010年第5期；刘鸿武:《国际思想竞争与非洲研究的中国学派》,《国际政治研究》2011年第4期。

整体史的特征越来越明显。西方国家超越世界其他地区，率先兴起，[①] 走上了对外侵略、殖民扩张的道路。其中，非洲大陆被迫参与进这个历史进程之中，受到了当时西方国家主导的近代世界体系的深刻影响。

公元1500年之前，非洲大陆的政治演进速度缓慢，各地区的政治发展并不平衡，很多地区还处在部族、采集、渔猎、游牧等生活状态。然而，非洲各地按照自身的特色和规律，实现着政治进步、经济发展及社会变革等。从全球史的角度来看，非洲并未完全与外界隔绝，而是建立了比较高级的社会、政治和经济组织，并有效地控制着贸易、商路和市场，在大多数时候使潜在的入侵者不敢轻举妄动。[②]10—15世纪，非洲大陆许多地区开始由部族社会进入封建王国。非洲各地出现了许多中央集权的封建王国，部分地区的经济与商业出现欣欣向荣的局面。14—15世纪，非洲经济达到高峰，其历史完全可能走向另一条道路。[③] 在这个阶段，非洲各地通过经贸活动、伊斯兰教等，同外部世界进行着频繁的交往。

北非地区受到当时"伊斯兰世界体系"的影响，逐步阿拉伯化，被阿拉伯人称为马格里布（Maghreb）[④] 地区。埃及在法蒂玛（Fatima）王朝的统治结束之后，由阿尤布（Ayyubid）王朝和马穆鲁克（Mamluk）王朝相继统治。马格里布地区还建有穆拉比特（Murabitun）王朝、穆瓦希德（Muwahhidun）王朝，并确立了王国的政治统治制度。马格里布文明也曾对西方文明产生过影响。13世纪，马格里布开始分裂，出现哈夫斯（Hafs）王朝、阿卜杜勒瓦迪德（Abdalwadid）王朝和马林（Marin）王朝，成为突尼斯、阿尔及利亚及摩洛哥三国的早期雏形。[⑤]

在西非地区，伊斯兰教、贸易、商道、城市、战争等成为该地区政治秩序

---

① 刘鸿武：《论近代西欧率先兴起的原因》，《思想战线》1992年第6期，第89页。

② [美]斯塔夫里阿诺斯著，吴象婴、董书慧、王昶译：《全球通史：从史前史到21世纪（第七版修订版）（上册）》，北京大学出版社2005年版，第302页。

③ [塞内加尔]D. T. 尼昂：《非洲通史（第四卷）：十二世纪至十六世纪的非洲》，中国对外翻译出版公司1992年版，第503页。

④ [法]马塞尔·佩鲁东著，上海师范大学《马格里布通史》翻译组译：《马格里布通史：从古代到今天的摩洛哥、阿尔及利亚、突尼斯》，上海人民出版社1974年版；[埃及]萨阿德·扎格卢勒著，上海外国语学院《阿拉伯马格里布史》翻译组译：《阿拉伯马格里布史（第一卷）》，上海人民出版社1975年版。

⑤ 刘德斌：《国际关系史》，高等教育出版社2003年版，第78页。

建立的主要因素。随着伊斯兰教在西苏丹、中苏丹地区的传播和发展，以及穿越撒哈拉的远距离贸易的发展，[①] 该地区先后建立起加纳（Ghana）王国、马里（Mali）王国、桑海（Songhai）王国等，还出现豪萨（Hausa）、约鲁巴（Yoruba）等数十个城邦国家。通过黄金、盐等的贸易，该地区政治、经济和社会的发展速度加快，早期国家雏形形成。通过伊斯兰教、长途贸易、战争等，西非早期国家之间进行着频繁的交往。同时，这些国家还同外部世界有所交往。这些内容，凸显出早期西非地区政治发展的特点。

7 世纪开始，中东地区的波斯人、阿拉伯人及南亚的印度人等来到东非沿岸，他们同当地的黑人逐渐融合，建立起摩加迪沙（Mogadishu）、马林迪（Malindi）、基尔瓦（Kilwa）等约 37 个城邦国家。[②] 同时，伊斯兰文化扩展到东非沿岸，同黑人文化结合后，最终形成了该地区独具特色的“斯瓦希里文化”。[③] 这些城邦国家的经济较为繁荣，同中东、印度、中国等亚洲各国家和地区有着频繁的贸易往来。借助季风和洋流，通过“海上丝绸之路”，唐宋时期，中国就同东非地区有着政治、经济、文化等方面的交往。明朝时期，中国郑和的船队曾 4 次来到东非沿岸，同当地进行经贸、文化、外交等方面的往来。[④] 东非和亚洲之间的“西印度洋贸易”繁荣发展之后，逐渐形成了“环西北印度洋”（Cycle Northwest Indian Ocean）文化圈[⑤]。

同近代西方国家在非洲的殖民活动相比，这种亚非文化之间的碰撞是平等的、友善的，并形成了较为和谐的区域政治秩序。郑和船队远赴东非沿岸进行文化交流，也反映出古代中国倡导的和平、友好等外交理念。这也成为中国与非洲人民之间广为流传的历史佳话。亚非各文明之间共同创建的“西印度洋地区秩序”或“亚洲—东非地区秩序”，对当今亚非国家的合作与发展、亚非文化的复兴、“海上丝绸之路”的重建等，仍然具有诸多启迪意义。

---

① [荷]罗尔·范德·维恩著，赵自勇、张庆海译：《非洲怎么了？——解读一个富饶而贫困的大陆》，广东人民出版社 2009 年版，第 32 页。

② 东非沿岸城邦国家的内容，可参见何芳川：《古代东非的沿海城邦》，《世界历史》1983 年第 6 期。

③ “斯瓦希里”（Swahili）为阿拉伯语同词根“萨希尔”（Sahel），意为“海岸地区的居民”。参见刘鸿武、暴明莹：《蔚蓝色的非洲：东非斯瓦希里文化研究》，云南大学出版社 2008 年版。

④ 刘鸿武：《中非交往：文明史之意义》，《西亚非洲》2007 年第 1 期。

⑤ 刘鸿武、暴明莹：《蔚蓝色的非洲：东非斯瓦希里文化研究》，云南大学出版社 2008 年版，第 5 页。

随着班图人（Bantu）大范围的迁徙和定居，他们携带的语言、铁器及农业技术等逐渐传播开来，推进了非洲其他地区的社会、经济发展和政治进步。中部非洲地区建立起了库巴（Kuba）王国、卢巴（Luba）王国、隆达（Lunda）王国、刚果（Congo）王国等，南部非洲地区则建立起了马拉维（Malawi）联盟、莫诺莫塔帕王国等。这些早期国家不仅有着完整的统治制度，靠其维系着自身的政治统治，而且还同周边地区有着频繁的交往，形成了较为稳固的政治生态。它们的政治发展虽然显得十分稚嫩，但仍沿着自身规律在不断地演进。

1500 年以后，随着新航路的开辟，西方国家开始崛起。殖民者开始对非洲进行侵略，进行资本的原始积累。这两种文明的交往，通过暴力方式展开，非洲地区的政治演进与原有秩序被打破，西方因素开始影响近现代非洲的历史发展进程。接着，非洲地区的原有经济走向崩溃，这是当今非洲国家贫困的根源所在。殖民者在非洲地区进行地理探险、传教、扩张、征服等殖民活动，非洲被逐步纳入西方殖民体系之中。西方国家通过控制连接欧洲、非洲、美洲之间的“三角贸易”（Triangular Trade），逐步确立起“大西洋贸易体系”（Atlantic Trade System）。这种洲际之间的经贸活动是掠夺性的，其贸易体系同西方国家的工业革命、经济变革及非洲的贫困有着密切的关系。① 这样，非洲逐渐成为从属于西方新兴资本主义利益的一个外缘和附庸地区。②

大西洋贸易活动之中，长达 4 个多世纪之久的罪恶“奴隶贸易”，给非洲地区带来了难以估量的损失和难以抚平的伤害。③ 这种破坏性的影响是极为深远的，它造成非洲地区的政治秩序失衡、族群冲突、劳动力流失、经济衰退、社会结构解体、种族主义盛行等。然而，西方国家从中攫取了大量的资金和财富，为其工业革命和资本主义的发展积累了充足的资本。

近代以来，非洲逐步卷入西方资本主义的现代世界体系之中，成为“中

---

① [美]埃里克·吉尔伯特、乔纳森·T. 雷诺兹著，黄磷译：《非洲史》，海南出版社 2007 年版，第 168—170 页。

② [美]斯塔夫里阿诺斯著，迟越、王红生等译：《全球分裂：第三世界的历史进程（上册）》，商务印书馆 1995 年版，第 85 页。

③ 关于非洲地区奴隶贸易的问题，参见联合国教科文组织出版办公室：《15—19 世纪非洲的奴隶贸易》，中国对外翻译出版公司 1984 年版；也可参见[肯尼亚]B. A. 奥戈特主编，李安山等译：《非洲通史（第五卷）：十六世纪至十八世纪的非洲》，第五章“世界历史中的非洲：非洲输出奴隶的贸易与大西洋经济秩序的出现”，中国对外翻译出版公司 2001 年版。

心—边缘—半边缘”结构之下的附庸角色。[①] 起初，西方列强在非洲的殖民活动奉行“先占领先得到”的原则。“威斯特伐利亚体系”（Westphalian System）确立后，西方国家形成通过国际会议解决争端的模式。殖民国家在非洲地区解决冲突的方式也发生了变化。它们开始重视通过国际会议机制来达成彼此之间利益的妥协。1876 年的“布鲁塞尔会议”（Brussels Conference）和 1884—1885 年的“柏林会议”（Berlin Conference）[②] 就是西方列强瓜分非洲大陆、重划非洲政治版图的具体体现。西方列强的相互角逐和瓜分，打破了非洲地区的政治平衡。非洲社会被迫进行分化、瓦解和重组，逐步向西方国家确立的政治制度进行转型。西方国家确立的殖民统治范围，后来也成为这些国家政治版图的雏形。实际上，非洲地区的现代国家版图是由西方列强人为划定的，非洲各殖民地只是这些政治游戏的被动参与者。

西方殖民者划定边界只考虑本国利益，而没有考虑到当地的历史、民族、宗教、自然等众多因素。在非洲，很多游牧民族逐水草而居，其活动有一定的范围。而在西方国家划分边界后，“同一个民族被分割在若干国家和地区，还有的原是一个国家里的不同民族，又被分割在许多国家和地区”[③]。这是当代非洲相邻国家之间边界争端、资源争夺、跨界民族、国家意识薄弱等问题的根源。当代非洲国家的部族意识或部族主义较强，国家观念淡薄。有的国家是被建构出来的，例如尼日利亚（Nigeria）、利比亚（Libya）等；有的则成为“失败国家”[④]，国家四分五裂，索马里（Somalia）、苏丹（Sudan）、刚果（金）（DRC）等最为典型。因而，民族国家构建就成为这些国家政治发展的重大课

① 美国“新马克思主义”学者伊曼纽尔·沃勒斯坦（Immanuel Wallerstein）长期对非洲问题进行研究，曾撰写联合国教科文组织《非洲通史（第六卷）》第二章“非洲与世界经济”，著有《非洲独立的政治学：非洲现代史论》和《非洲统一组织的政治学：一种当代社会运动的分析》。他认为，非洲问题不能孤立看待，应置于一定的体系当中，才能透视出问题的根源。参见［美］伊曼纽尔·沃勒斯坦著，罗荣渠等译：《现代世界体系（第 1 卷）：16 世纪的资本主义农业与欧洲世界经济体的起源》，高等教育出版社 1998 年版。

② 艾周昌、郑家馨：《非洲通史：近代卷》，华东师范大学出版社 1995 年版，第 612—617 页。

③ 陆庭恩：《非洲与帝国主义（一九一四～一九三九）》，北京大学出版社 1987 年版，第 21—22 页。

④“失败国家”的概念来自西方，一般是指由国内冲突、中央政权较弱等导致的国家机器难以运行，走向崩溃、国内秩序陷入混乱的国家。参见韦宗友：《“失败国家”问题与国际秩序》，《现代国际关系》2005 年第 3 期；宋德星、刘金奇：《国际体系中的“失败国家”析论》，《现代国际关系》2007 年第 2 期。

题。[①] 西方列强在瓜分非洲的过程中，相互妥协；不过，它们的国家利益也时常发生冲突，存在大国博弈非洲的政治现象。例如，19 世纪末，英国在非洲的"2C 计划"（"开罗—开普敦计划"）和法国在非洲的"2S 计划"（"塞内加尔—索马里计划"）发生冲突，导致了"法绍达事件"（Fashoda Incident）[②]；英国、德国在东非地区、南部非洲地区也进行过激烈的角逐和争夺。西方殖民者在非洲的利益博弈，使得某些地区冲突等问题较为严重。

近现代以来，非洲地区开始由传统社会向现代国家进行转型，"抵制和顺从殖民体系的复杂历史由此开始"[③]。"殖民—反抗""输入—吸收"成为贯穿这个历史过程的两条基本线索。

（一）"殖民—反抗"层面

殖民主义与反殖民主义是非洲近现代史的一条主线。[④] 自西方国家入侵非洲地区开始，非洲人民就进行过持续的反殖民主义斗争。例如，埃塞俄比亚（Ethiopia）的抗意卫国战争、阿散蒂（Ashanti）王国的抗英战争等。近代非洲历史上，不仅书写着屈辱和辛酸，更记载着不屈不挠的抗争和自强不息的改革。[⑤] 宗教、民间信仰因素与非洲反殖民主义运动有着密切的关系。苏丹的马赫迪（Mahdist）起义、豪萨圣战、穆罕默德·哈桑（Muhammad Hassan）领导的索马里圣战，都是打着"伊斯兰教"的宗教旗帜反对西方的殖民入侵及殖民统治的典例。此外，还有摩洛哥（Morocco）的里夫（Rif）起义，坦噶尼喀（Tanganyika）的马及马及（Maji Maji）起义，以及约翰·奇伦布韦（John Chilembwe）打着"基督教"旗号带领马拉维人掀起的第一次反英民族大起义。[⑥]

---

① 刘鸿武教授曾对当代非洲国家政治和文化发展的核心问题及民族国家建构问题进行过深入探讨。参见刘鸿武：《从部族社会到民族国家：尼日利亚国家发展史纲》，云南大学出版社 2000 年版，第一章；刘鸿武：《国家构建先于民族形成》，《世界知识》2001 年第 21 期。

② 1898 年，英法争夺非洲殖民地，在苏丹法绍达（今科多克）发生冲突。1899 年 3 月，英法两国达成协议，以尼罗河和刚果河的中心线作为双方势力范围的分界线。参见顾章义：《精粹世界史：崛起的非洲》，中国青年出版社 1999 年版，第 124—125 页。

③ [英]巴兹尔·戴维逊著，舒展、李力清译：《现代非洲史：对一个新社会的探索》，中国社会科学出版社 1989 年版，第 8 页。

④ 殖民主义和反殖民主义的内容，可参见[加纳]A. 阿杜·博亨：《非洲通史（第七卷）：1880—1935 年殖民统治下的非洲》，中国对外翻译出版公司 1991 年版；郑家馨：《殖民主义史：非洲卷》，北京大学出版社 2000 年版。

⑤ 何芳川、宁骚：《非洲通史：古代卷》，华东师范大学出版社 1995 年版，第 3 页。

⑥ 武涛：《英属尼亚萨兰时期马拉维民族意识觉醒原因探析》，《哈尔滨学院学报》2013 年第 9 期，第 90—91 页。

除了反抗殖民入侵以外，埃及、埃塞俄比亚、突尼斯等国还通过国内的各项改革，力图实现国家的现代化。其中，穆罕默德·阿里（Muhammad Ali）在埃及自上而下的改革最为著名。[①] 这些改革虽最终遭受挫折或失败，但它们揭开了非洲国家近代化的历史序幕。

反抗西方殖民统治的过程中，受过西方现代教育的非洲知识分子大量涌现。非洲民族主义[②] 和反种族主义力量受其影响而壮大，逐渐改变了非洲各殖民地的权力结构。在反抗殖民主义的过程中，非洲的知识精英提出“非洲是非洲人的非洲”[③] 的反殖民主义、反种族主义的政治思想。例如，1879年，埃及成立了非洲历史上第一个民族主义政党组织“祖国党”（Motherland Party），提出“埃及是埃及人的埃及”。布莱登（Blyden）、杜波依斯（DuBois）等发起和推动的“泛非主义”（Pan-Africanism）[④] 政治运动，对非洲国家的影响是极其深远的，甚至持续至今。“泛非主义”的政治思想是非洲民族主义的具体体现，曾激励着非洲各殖民地人民实现民族解放和国家独立。“非洲统一组织”（Organisation of African Unity, OAU）、“非洲联盟”（African Union, AU）建立的思想基础就是“泛非主义”。[⑤] 非洲国家独立以后，这种政治思想还在推动非洲各国实现彼此团结、联合自强及共同发展等。“黑人性”（Negritude）或“黑人传统精神”是非洲人增强文化自信，实现自我文化认同、文化复兴的重要思想基础。[⑥] 它贯穿于非洲人反抗西方殖民统治的历史进程之中，直至今日。

（二）“输入—吸收”层面

西方国家通过在非洲的殖民统治，将政治体制、经济制度、教育方式、科学技术等输入非洲地区，非洲国家吸收了现代西方的诸多制度和思想，开始了

---

① 陆庭恩、艾周昌：《非洲史教程》，华东师范大学出版社1990年版，第226—229页。

② “非洲民族主义”的相关问题，可参见李安山：《非洲民族主义研究》，中国国际广播出版社2004年版；唐大盾：《非洲民族主义的历史由来和发展》，《西亚非洲》1998年第5期；［马里］巴卡利·卡马拉：《非洲民族主义的产生与发展》，《上海师范大学学报》1995年第2期。

③ 张宏明：《近代非洲思想经纬：18、19世纪非洲知识分子思想研究》，社会科学文献出版社2008年版，第266页。

④ “泛非主义”的相关问题，可参见舒运国：《泛非主义史：1900—2002年》，商务印书馆2014年版；唐大盾：《泛非主义的兴起、发展及其历史作用》，《西亚非洲》1981年第6期；张忠民：《泛非主义的产生及其对非洲的影响》，《徐州师范学院学报（哲学社会科学版）》1992年第3期；舒运国：《试析早期泛非主义的特点》，《西亚非洲》2007年第1期。

⑤ 罗建波：《泛非主义与非洲一体化》，《哈尔滨市委党校学报》2007年第4期，第77—79页。

⑥ 刘鸿武：《“非洲个性”或“黑人性”：20世纪非洲复兴统一的神话与现实》，《思想战线》2002年第4期，第88页。

现代化的历史进程，各个领域均受到上述内容的深远影响。这个时期，非洲各地区开始由传统社会向现代国家迈进。

政治方面，西方国家将现代国家的政治体制移植到非洲，非洲传统的部族社会有的开始瓦解，有的受到殖民国家“间接统治”的影响，同这些现代政治体制实现了融合。受到西方现代教育影响的非洲知识分子或政治精英，通过组建民族主义的政党组织和政治团体等，[①] 开始反抗西方的殖民统治。这些政治团体同这些国家独立后的多党民主政治有着直接的关系，成为非洲国家民主化进程中的重要因素。西方国家所绘制的非洲国家版图确立后，当代非洲国家接受了这样的殖民边界事实，[②] 开始依托现有的国家机器，推进国家的现代化进程。

经济方面，西方宗主国基于自身国家利益的考量，通过经济制度及经济政策的确立，使非洲国家处于其资本主义世界经济体系中的依附地位，导致非洲国家经济畸形发展，包括经济作物种植制度、片面发展的采矿业、落后的交通运输系统、大量出现的移民劳工、衰退的传统经济等。“这种畸形的经济造成了非洲国家对少数几种经济作物的依附、对国际市场的依附、对宗主国金融制度的依附、对宗主国财政的依附。”[③] 有的能源、资源等出口国家，还陷入“自然资源诅咒”的困境。[④] 两次世界大战期间，殖民宗主国对非洲国家进行过各种掠夺和剥削。非洲人通过战争“洗礼”、厂矿劳作、学校教育等途径，开始接受西方先进的思想。这些思想也推动了他们对西方的殖民统治的反抗。近代西方的侵略扩张及殖民统治对撒哈拉以南非洲文化产生了重要影响。非洲的社会、文化、教育等发生变化，由传统向现代进行转型。[⑤] 受到西方现代教育的影响，非洲的知识精英走向觉醒。他们开始重新认识非洲人的传统文化，积极推动撒哈拉以南非洲文化的复兴。

近现代以来，西方国家在非洲的殖民活动，割裂了非洲历史独立发展的进

① 陆庭恩、刘静：《非洲民族主义政党和政党制度》，华东师范大学出版社 1997 年版。

② 1964 年，非洲统一组织通过了《关于非洲国家之间边界争端的决议》，其中规定非洲统一组织成员国必须尊重非洲国家独立时业已形成的边界，不得进行更改。参见顾章义：《非洲国家边界问题初探》，《西亚非洲》1984 年第 3 期，第 25 页。

③ 李安山：《非洲梦：探索现代化之路》，江苏人民出版社 2013 年版，第 64 页。

④ 邹恒甫、郝睿：《非洲冲突研究》，人民日报出版社 2010 年版，第 237 页。

⑤ 刘鸿武：《西方冲击下黑非文化的近代变迁》，《历史教学》1993 年第 7 期，第 56 页。

程，影响了当代非洲国家的发展。当代非洲国际关系问题同近现代非洲地区的历史变革紧密相关，这是探析当代非洲国际关系问题的背景和基础。

二、当代非洲国际关系问题研究的维度及其相关理论

非洲是国际关系问题研究的重要区域，重大国际关系问题几乎都能从非洲地区找到案例。

一方面，非洲问题为国际关系理论的新探索提供了广阔的视野。

伊曼纽尔·沃勒斯坦的“世界体系理论”（World System Theory）、小约瑟夫·S. 奈（Joseph S. Nye. Jr.）的“新功能主义”（Neo–Functionalism）等的提出，都得益于作者本人在非洲的亲身经历、收集的资料、体会和思考。恐怖主义、难民、传染病、粮食安全、跨界民族、地区冲突、边界争端等诸多问题，在非洲都可以看到。

另一方面，非洲问题也给国际关系理论的运用提出了诸多挑战。[①]

例如，威斯特伐利亚体系（Westphalian System）所确立的现代主权国家行为体，在非洲很多国家水土不服，移植失败——仅仅是形式上确立，国家机器的运行面临很多“次国家行为体”力量的挑战。事实上，“非洲的民族很难称得上真正意义上的民族，非洲的国家也很难称得上真正意义上的国家”[②]。非洲问题在某种程度上具有特殊性，这使得当代非洲国际关系较为复杂。

通过国际关系理论中的层次分析方法，对当代非洲国际关系理论进行深入探讨，能为马拉维对外关系的研究提供分析视角和理论支撑。

（一）个体层面

个体层面，当代非洲国际关系问题的研究可以从两个方面来看。

---

① Ali A. Mazrui. *Africa's International Relations: The Diplomacy of Dependency and Change*. Westview Press, 1977; Olatunde J. C. B. Ojo, D. K. Orwa, C. M. B. Utete. *African International Relations*. Addison-Wesley Longman Limited, 1985; Michael O. Anda. *International Relationals in Contemporary Africa*. University Press of America, 2000; Kevin C. Dunn, Timothy M. Shaw. *Africa's Challenge to International Relations Theory*. Palgrave Macmillan, 2001; John W. Harbeson, Donald Rothchild. *Africa in World Politics: Reforming Political Order*. Westview Press, 2008; Ian Taylor. *The International Relations of Sub-Saharan Africa*. Continuum Publishing Corporation, 2010; Scarlett Cornelissen, Fantu Cheru, Timothy M. Shaw. *Africa and International Relations in the 21st Century*. Palgrave Macmillan, 2012.

② 梁益坚、李兴刚：《非洲国际关系理论研究的困境、渊源与特点》，《世界经济与政治》2008 年第 7 期，第 42 页。

1. 非洲各国的民族主义者、政治精英、国家领袖、独裁者、部族酋长、反政府武装头目、军事政变发动者、恐怖主义组织首领等，[①] 对本国的内政及外交事务有着重要的影响。因此，当代非洲国际关系问题研究方面，个人是较为重要的行为体因素之一。非洲国家在争取民族解放和国家独立的过程中，受西方现代教育影响的知识分子扮演着极为重要的角色。“非洲民族主义的政治领袖、思想家和知识分子以他们自己的方式思考着非洲在世界体系中的位置，探寻着非洲与世界其他民族和国家之关系。”[②] 这些精英在本国对外关系或涉外事务的决策过程中权力较大，甚至起到决定性的作用，如非洲国家的部族首领、反政府武装头目等，他们参与或涉足本国的国内事务，并同周边国家、世界大国有所交往。例如，埃及的纳赛尔（Nasser）、利比亚的卡扎菲（Gaddafi）、赞比亚的卡翁达（Kaunda）、坦桑尼亚的尼雷尔（Nyerere）等，他们直接参与本国的外交决策及对外事务。再如，“苏丹人民解放运动”（Sudan People's Liberation Movement, SPLM）领袖约翰·加朗（John Garang）、乌干达“圣灵抵抗军”（Lord's Resistance Army, LRA）领袖约瑟夫·科尼（Joseph Kony）、尼日利亚伊斯兰极端组织“博科圣地”（Boko Haram）领袖穆罕默德·优素福（Mohammed Yusuf）等。以上这些非洲国家的重要人物，他们在一定程度上影响了非洲地区国际关系的发展。

2. 通过现实主义理论、政治心理学理论、暴力冲突理论、外交学理论等，探讨个体因素在外交、经贸、国事访问、战争等涉外事务中的作用及影响。现实主义的人性假设理论，可以帮助我们理解当代非洲各种冲突爆发的原因。有的非洲国家的政治精英或军事统治者，为了谋取个人私利，不惜出卖国家利益，使国家成为“影子国家”（Shadow State），这样的国家不过是一张掩盖领

---

① 关于非洲国家领袖人物、政治精英等的内容，参见［南非］A. P. J. 范伦斯伯格著，秦晓鹰、殷罡译：《非洲当代领袖》，重庆出版社 1985 年版；陈公元、唐大盾、原牧：《非洲风云人物》，世界知识出版社 1989 年版；陆庭恩、黄舍骄、陆苗耕：《影响历史进程的非洲领袖》，世界知识出版社 2005 年版；葛佶：《简明非洲百科全书（撒哈拉以南）》，中国社会科学出版社 2000 年版。此外，还可参见一些人物传记。例如，［赞］肯尼思·戴维·卡翁达著，伍群译：《卡翁达自传：赞比亚必将获得自由》，上海人民出版社 1976 年版；［英］戴维·史密斯、科林·辛普森、伊思·戴维斯著，周锡生、吕瑞金译：《杰出的津巴布韦人：穆加贝》，世界知识出版社 1985 年版；［英］戴维·布伦迪、安德鲁·莱西特著，吴力超、陈正容、陈宇等译：《卡扎菲传》，世界知识出版社 1992 年版。

② 刘鸿武、肖玉华、梁益坚：《一个大陆的觉醒、抗争与自强：20 世纪非洲国际关系理论之研究论纲》，《世界经济与政治》2007 年第 1 期，第 14 页。

导人个人阴谋的有用门面。[①] 政治心理学理论[②] 方面，“以国家名义行事的决策者被假定为理性行为体，但存在潜在的障碍，包括领导人的一厢情愿、不明确的意图和混乱的国家利益、对对方决策者个性的误解”[③]。政治领袖的心理、情感、认知、认同、利益及行为等将会对当代非洲国家的外交、当代非洲国际关系产生重要影响。例如，领导人的直觉及错误直觉、个人的利益及政策偏好等将直接决定该国对外政策的制定。[④]

在暴力冲突的微观理论方面，攻击本能理论、挫折—攻击理论等能够解释冲突爆发的原因，从中理解个体特性在暴力冲突中所扮演的角色。例如，发动军事政变者、极端组织领袖等，“这些追求权力或者好战的个人一旦坐上领袖之位，是否更有可能把国家引向战争”[⑤]。外交决策理论、外交学理论等，[⑥] 可以用来分析个体精英自身的外交个性或政策偏向，他们是如何以国家利益为基础处理各类外交信息的，并揭示其在外交决策中的作用。首脑外交（Summit Meeting）、穿梭外交（Shuttle Diplomacy）等政治领袖所引领的外交模式，对于当代非洲国际关系问题也有一定的影响。

（二）国家层面

国家是国际关系之中最为重要的行为体。20 世纪 50 年代以来，非洲国家纷纷独立，取得主权，国家机器初步建立。然而，相比于其他地区的国家而言，这些年轻的非洲国家仅仅建立起了现代国家的外壳，其中很多国家同原有历史割裂，是被重新建构出来的；有的国家还被称作“失败国家”。非洲国家存在的普遍性问题是，国家机体虽然建立，但国家力量弱小，族群影响力较

① [荷]罗尔·范德·维恩著，赵自勇、张庆海译：《非洲怎么了？——解读一个富饶而贫困的大陆》，广东人民出版社 2009 年版，第 113 页。

② 尹继武、刘训练：《政治心理学》，高等教育出版社 2011 年版；[美]戴维·P. 霍顿著，尹继武、林民旺译：《政治心理学：情境、个人与案例》，中央编译出版社 2013 年版。

③ [美]卡伦·明斯特著，潘忠岐译：《国际关系精要（第 3 版）》，上海人民出版社 2010 年版，第 66 页。

④ [美]罗伯特·杰维斯著，秦亚青译：《国际政治中的知觉与错误知觉》，世界知识出版社 2003 年版；[美]海伦·米尔纳著，曲博译：《利益、制度与信息：国内政治与国际关系》，上海人民出版社 2010 年版。

⑤ [美]康威·汉得森著，金帆译：《国际关系：世纪之交的冲突与合作》，海南出版社 2004 年版，第 30 页。

⑥ [英]克里斯托弗·希尔著，唐小松、陈寒溪译：《变化中的对外政策政治》，上海人民出版社 2007 年版；王鸣鸣：《外交政策分析：理论与方法》，中国社会科学出版社 2008 年版；陈志敏、肖佳灵、赵可金：《当代外交学》，北京大学出版社 2008 年版。

大，国家机器的运行存在诸多障碍和挑战。

1. 作为当代非洲国际关系最为重要的行为体，非洲国家有着其自身的显著特点。威斯特伐利亚体系确立后，国家成为国际关系之中的主要行为体。西方殖民者将现代政治制度移植到非洲之后，由于历史与现实的原因，“非洲大陆在过去基本上还处在前民族国家的部族社会阶段，大多数地区并没有存在过现代意义的民族和国家”[①]，这种政治移植在非洲大部分地区几乎都遭遇挫折。因而，年轻的非洲国家在取得主权独立以后，普遍存在国家意识淡薄、中央政府力量弱小、传统部族影响力较大等问题，民族国家的建构成为这些国家政治发展长期的重点内容。[②]

非洲地区，除埃及、尼日利亚、南非等大国外，其他非洲国家几乎综合国力都不强，均是弱国或小国，同原宗主国还存在着依附关系。非洲国家的机体及权力的脆弱对当代非洲国际关系提出了挑战。然而，弱国、小国有着紧密的国际关系。[③] 虽然“小国无外交”，但作为主权国家，他们有独立的外交决策权、政策执行权等。非洲国家的特点通常是无效的社会控制，[④] 政府对国家的控制能力较弱。非洲国家独立以后，“脆弱的国家结构和松散的国民纽带，使这些国家也很容易受外部因素的影响而引发国内动荡”[⑤]。有的国家政局不稳，面临各种政治力量的挑战；有的民族国家构建失败，导致国家的分裂，如苏丹和南苏丹（South Sudan）；甚至，有的国家支离破碎、碎片化，长期陷入“无政府状态”（Anarchy）下的内战之中，如索马里。

生存和安全问题是非洲国家的首要任务，国家主权高于一切。这些国家需要维护国家的领土主权不受侵犯，维护国家的政治稳定。政治方面，非洲国家基于国际格局及国家利益的考量，曾选择过社会主义道路、民主政治道路、第三条道路等。经济方面，由于非洲国家大多为不发达国家，经济又畸形发展，

---

① 刘鸿武、肖玉华、梁益坚：《一个大陆的觉醒、抗争与自强：20 世纪非洲国际关系理论之研究论纲》，《世界经济与政治》2007 年第 1 期，第 17 页。

② 刘鸿武：《从部族社会到民族国家：尼日利亚国家发展史纲》，云南大学出版社 2000 年版，第 1 页。

③ [英]米凯拉·容著，延飞译：《我不是为你打仗：世界背弃一个非洲小国》，云南大学出版社 2010 年版。

④ [荷]罗尔·范德·维恩著，赵自勇、张庆海译：《非洲怎么了——解读一个富饶而贫困的大陆》，广东人民出版社 2009 年版，第 115 页。

⑤ 刘鸿武：《国家构建先于民族形成》，《世界知识》2001 年第 21 期，第 41 页。

因此，独立以后它们重点发展经济作物、能源产业、旅游业等，经济形态呈现多样化，成绩和问题都不少。外交方面，非洲国家以国家利益为核心，制定本国的外交政策，以争取外部的援助与投资，致力于本国的减贫与发展。实际上，非洲国家的内政和外交紧密相连，政治制度与国际合作之间有着互动关系。①

2. 非洲国家面临诸多非国家行为体（Non-State Actors）的挑战。非洲国家独立以后，国家机器虽然确立，但国家往往比较脆弱，国家意识较弱，民族国家建构及国家的主权安全，面临着诸多挑战。② 独立以后，非洲国家内部的权力争夺与斗争是较为常见的政治现象，这直接威胁到国家的主权与安全。其中，非国家行为体或次国家行为体的影响较大，如部族群体、军人集团、宗教极端组织、非政府组织等。“非洲国家的脆弱性导致财富、权威和贸易向非国家行为体转移，这些非国家行为体具有传统根基，有些还是犯罪的、跨国的或国际的行为体。”③ 这些次国家行为体力量的存在、凝结及壮大，加强了这些利益集团的权力与威望，客观上削弱了国家及中央政府的控制力，给国家的生存、安全及发展等带来了极为不利的影响。有的甚至促使国家碎片化、四分五裂，直至解体。

（三）次区域 / 区域层面

当代非洲国际关系问题的分析视角可以放到次区域 / 区域层面，包括北非、东非、西非、中部非洲、南部非洲，以及整个非洲大陆。基于周边的地缘政治、地缘经济关系，可以探讨非洲某国同周边国家、周边地区、其他非洲国家的外交关系。

1. 非洲的次区域 / 区域组织及其一体化问题。

随着“泛非主义”和“非洲民族主义”政治思潮的兴起和发展，非洲国

---

① [美]海伦·米尔纳著，曲博译：《利益、制度与信息：国内政治与国际关系》，上海人民出版社 2010 年版。

② 刘鸿武、方伟：《国家主权、思想自立与发展权利：试论当代非洲国家建构的障碍及前景》，《西亚非洲》2012 年第 1 期。

③ [英]巴里·布赞、[丹]奥利·维夫著，潘忠岐、孙霞、胡勇等译：《地区安全复合体与国际安全结构》，上海人民出版社 2010 年版，第 208 页。

家成立了非洲统一组织和非洲联盟。[①] 非洲统一组织曾积极推动非洲国家的团结与合作，在非洲范围内解决各类冲突问题。关于这方面，非洲统一组织出台了大量的相关文件。非洲联盟成立后，制定了《非洲发展新伙伴计划》(*The New Partnership for Africa's Development*, NEPAD)、“非洲国家相互审查机制”(African Peer Review Mechanism, APRM) 等，通过集体安全机制的构建、维和行动等，推进非洲地区的一体化。非洲还有很多次区域组织，例如，阿拉伯马格里布联盟 (Union of the Arab Maghreb, UMA)、西非国家经济共同体 (Economic Community of West African States, ECOWAS)、中非国家经济共同体 (Economic Community of Central African States, ECCAS)、东非共同体 (East African Community, EAC)、南部非洲发展共同体 (Southern African Development Community, SADC, 简称“南共体”) 等。它们在解决本地区的经济发展、和平与安全、疾病治疗等方面问题上发挥着重要作用。目前，地区主义[②] (Regionalism) 已成为探讨当代非洲国际关系问题的重要理论框架。

2. 非洲的次区域 / 区域合作问题。

从地缘经济的角度来看，非洲的次区域 / 区域合作在推进非洲国家的发展方面起着积极作用。非洲区域一体化的推进，为经济发展提供了条件。[③] 非洲次区域内部的国家之间，尤其是某国同周边国家之间的经济合作，往往呈现出相互依存的紧密关系。这些国家的经济发展与自然资源、劳动力、交通运输、电力等方面密切相关。非洲国家的经济发展走向也会受到周边国家经济兴衰的直接影响。有的内陆国家的进出口贸易，还依赖周边国家的港口进行货物周转和集散。非洲国家要想实现经济腾飞，就要加强区域范围内的国家合作，推进区域经济一体化进程，进而实现各国互利共赢的发展。非洲联盟、非洲次区域合作组织制订了成员国共同的经济发展计划，在农业发展、交通建设、货币汇率、环境保护等方面合作广泛，大大推进了非洲国家经济的联合自强。非洲国家在经济一体化进程之中，需要让渡部分的国家主权，进行权力共享。然而，

---

① 关于非洲地区一体化的内容，可参见罗建波：《非洲一体化与中非关系》，社会科学文献出版社 2006 年版；罗建波：《通向复兴之路：非盟与非洲一体化研究》，中国社会科学出版社 2010 年版；罗建波：《非洲地区主义及其发展探析》，《国际论坛》2004 年第 3 期。

② Daniel C. Bach. *Regionalisation in Africa: Integration and Disintegration*. James Currey, 1999.

③ 李安山：《非洲梦：探索现代化之路》，江苏人民出版社 2013 年版，第 774 页。

自身就很脆弱的非洲国家，为确保国家的主权与安全，并不急于向次区域/区域组织移交经济权力，致使这些组织的发展也面临着诸多挑战。[①]

3. 非洲的次区域/区域冲突和安全问题。

从地缘政治的角度来看，非洲国家冲突和安全问题的出现，都与周边国家和周边地区有紧密的关系。英国著名的安全问题专家巴里·布赞（Barry Buzan）认为，冷战后非洲很多地区出现破碎化的地带，有4个不同类型的安全复合体结构，包括南部非洲、西部非洲、非洲之角、中部非洲。[②]4个地区的各种冲突往往突破国界，向周边国家外溢，进而影响到邻国的国家安全。这类地区的冲突问题类型包括边界争端、地区战争、跨界民族冲突、难民、饥荒和粮食危机、水资源争夺、武器扩散、环境恶化、海盗、恐怖主义等。近年来，非洲的地区安全问题中，[③] 最为典型的是非洲之角的索马里海盗、西非尼日利亚的伊斯兰恐怖主义组织“博科圣地”、大湖地区的冲突及难民等问题，它们威胁着地区的安全和发展。为了有效解决地区冲突问题，非洲联盟及非洲各地区的次区域合作组织通过建立集体安全机制，推进非洲地区的维和行动，制订消解冲突的路线图方案等，以确保非洲各个地区的稳定及安全。[④] 解决地区冲突方面，国际法也可以发挥适当的制约作用。[⑤]

（四）全球/体系层面

全球/体系层面是分析当代非洲国际关系问题的最高层次。非洲国家同外部世界、世界大国之间有着紧密的联系。冷战时期，非洲国家就卷入美苏两极格局之中，被迫在发展道路上进行抉择。全球化时代之今日，非洲又同整个世界紧密地联系在一起，当代非洲国际关系问题具有明显的全球性特征。

---

① 舒运国、刘伟才：《20世纪非洲经济史》，浙江人民出版社2013年版，第180—181页。

② [英]巴里·布赞、[丹]奥利·维夫著，潘忠岐、孙霞、胡勇等译：《地区安全复合体与国际安全结构》，上海人民出版社2010年版，序言。

③ Michael J. Siler. *Strategic Security Issues in Sub-Saharan Africa: A Comprehensive Annotated Bibliography*. Praeper Publishers, 2004; Taisier M. Ali, Robert O. Matthews. *Durable Peace: Challenges for Peacebuilding in Africa*. University of Toronto Press, 2004; Harry G. West. *Conflict and Its Resolution in Contemporary Africa*. University Press of America, 1997; Tony Addison. *From Conflict to Recovery in Africa*, Oxford University Press, 2003.

④ 关于非洲安全机制的内容，参见莫翔：《当代非洲安全机制》，浙江人民出版社2013年版。

⑤ 纳西尔、白中红：《论非洲国际关系与国际法》，《法学评论》2009年第3期，第74—76页。

1. 国际体系、国际组织与当代非洲国际关系问题。

近代以来，非洲地区就被带进西方主导的国际体系之中，成为西方资本主义世界体系的附庸。当代非洲国家取得主权独立以后，受国际体系的影响日益加深。[①] 冷战时期，美苏双方及其盟友利用撒哈拉以南非洲地区的部族、宗教、种族及意识形态等的差异，极力争取该地区的地缘政治控制权。[②] 非洲国家在两极格局的压力之下，被迫在意识形态、政治道路、外交路线等方面进行选择，进而在美国或苏联一方“搭便车”（Free Rider），以获取自身发展所需的利益。国际体系的外部压力，对非洲国家的主权与安全构成威胁。为反对不平等的国际权力结构，追求更为公正的国际政治经济新秩序，非洲国家通过参加“亚非会议”（Asian-African Conference），加入“不结盟运动”（Non-Aligned Movement）和“七十七国集团”（G77）等，反对殖民主义（Colonialism）、帝国主义（Imperialism）、种族主义（Racialism）、霸权主义（Hegemonism）等，推进“第三世界国家”之间的“南南合作”。政治方面，有的国家还在探索“第三条道路”，意在打破同大国之间的依附关系。

冷战结束后，国际格局重新洗牌，多极化的趋势日渐明显，全球化的发展速度日益加快，非洲国家的经济发展同外部世界紧密相连。全球的金融、货币及贸易体系直接影响非洲国家的经济发展。然而，南北方国家之间不平等的国际分工及贸易体系，使得非洲国家长期陷入这样的矛盾之中，即世界经济的全球化与非洲经济的边缘化同步进行。[③] 国际组织，特别是国际货币基金组织（International Monetary Fund, IMF）、世界银行（World Bank）等金融组织，通过制订非洲地区和国家的经济发展计划、减贫计划等，越来越多地参与到了非洲国家的发展之中。非洲国家也在利用国外的援助、投资或公共产品，推进本国的经济发展，进而实现减贫任务。全球化时代，世界权力结构出现变化，新兴经济体成为全球经济的“发动机”，非洲与新兴经济体的合作为经济发展提

① Timothy M. Shaw, Sola Ojo. *Africa and the International Political System*. University Press of America, 1982; Christopher Clapham. *Africa and the International System: The Politics of State Survival*. Cambridge University Press, 1996; Patrick J. McGowan, Philip Nel. *Power, Wealth, and Global Equity: An International Relations Textbook for Africa*. University of Cape Town Press, 1999; Sola Akinrinade, Amadu Sesay. *Africa in the Post-Cold War International System*. Pinter Publisher, 1998.

② [美]索尔·科恩著，严春松译：《地缘政治学：国际关系的地理学》，上海社会科学院出版社 2011 年版，第 433 页。

③ 钟伟云：《非洲在国际体系中的地位》，《西亚非洲》2002 年第 3 期，第 18 页。

供了动力。[①] 非洲与新兴国家形成了一种新型的“南南合作”共同发展的新格局。[②] 非洲国家的经济如何发展？是参与全球化进程，防止被边缘化，还是推行民族主义的保护政策？[③] 这是值得关注和沉思的问题。“南南合作”和“南北对话”，是非洲国家在国际体系下实现发展的两条主要途径。

2. 大国博弈与当代非洲国际关系问题。

在国际体系之下，非洲国家的发展深受世界大国的影响。[④] 独立以后，非洲国家仍然没有完全脱离殖民宗主国的影响。它们后来成为英联邦（Commonwealth of Nations）、法兰西共同体（The French Community）、葡语国家共同体（Community of Portuguese-Speaking Countries, 常用葡萄牙语缩写 CPLP）等的成员国。冷战时期，美苏两个超级大国在非洲地区展开博弈，非洲国家被迫卷入两个大国的争夺战之中。同时，两大阵营之下的英国、法国、中国等也同非洲国家保持着密切关系。冷战结束后的 20 世纪 90 年代，非洲曾一度被世界大国所“抛弃”，在政治、经济等方面被边缘化。“非洲有着世界上最大的、未被开发的石油及天然气资源，以及大型的矾土、铬、钴、铜、铂、钛和铀矿。”[⑤]21 世纪伊始，随着非洲地区战略地位的日益凸显，世界大国开始重返非洲，积极加强同非洲国家在能源、矿产等领域的合作。美国、中国、欧盟、日本、印度、巴西等特别重视同非洲国家的外交关系，纷纷增加在非洲地区的外交资源投入，调整本国对非洲的外交战略和外交政策，建立起了推进双边合作的论坛机制。[⑥]

① 李安山：《非洲梦：探索现代化之路》，江苏人民出版社 2013 年版，第 776 页。

② 刘鸿武：《非洲发展大势与中国的战略选择》，《国际问题研究》2013 年第 2 期，第 72 页；张春：《新兴大国与非洲关系的理论意义》，《阿拉伯世界研究》2013 年第 2 期，第 106 页。

③ Ulf Engel, Gorm Rye Olsen. *Africa and the North: Between Globalization and Marginalization*. Routledge, 2005; Michael Amoah. *Nationalism, Globalization, and Africa*. Palgrave Macmillan, 2011.

④ Ian Taylor, Paul Williams. *Africa in International Politics: External Involvement on the Continent*. Routledge, 2004; Roger Southall, Henning Melber. *A New Scramble for Africa?: Imperialism, Investment and Development*. University Of KwaZulu-Natal Press, 2009; Donald Rothchild, Edmond J. Keller. *Africa-US Relations: Strategic Encounters*. Lynne Rienner Pub., 2006; Howard P. Lehman. *Japan and Africa: Globalization and Foreign Aid in the 21st Century*. Routledge, 2010; V. S. Sheth. *India-Africa Relations: Emerging Policy and Development Perspective*. Academic Excellence, 2008; Philip Snow. *The Star Raft: China's Encounter with Africa*. Weidenfeld & Nicolson,1988; Robert I. Rotberg. *China into Africa: Trade, Aid, and Influence*. Brookings Institution Press, 2008.

⑤ [美]迈克尔·克莱尔著，孙芳译：《石油政治学》，海南出版社 2009 年版，第 143 页。

⑥ 包括美国—撒哈拉以南非洲经贸合作论坛、欧盟—非洲峰会、中非合作论坛、东京—非洲发展国际会议、印度—非洲论坛峰会、土耳其—非洲论坛峰会等。

西方大国借助民主、人权、援助等，长期干预非洲国家内部事务，非洲国家的政局走向、经济发展等深受其影响。例如，北非“阿拉伯之春”（Arab Spring）、苏丹达尔富尔（Darfur）问题、南苏丹国家的建立等，既有内部原因，更有大国因素的影响。除了西方国家以外，近年来，中国、印度、巴西、土耳其等新兴经济体也积极开发非洲地区的资源、能源、市场等，成为非洲国家经济发展的重要外部动力。例如，“金砖国家”（The BRIC Countries, BRICs）、“印度—巴西—南非对话论坛”（India-Brazil-South Africa Forum, IBSA）等发展中大国组织，它们也在积极加强同非洲国家的互利合作。全球化时代，非洲国家的发展面临着机遇和挑战。大国参与非洲，是竞争、冲突，还是合作？是不是新殖民主义？非洲国家是选择“华盛顿共识”（Washington Consensus），还是选择近年来受到国际社会热捧的“北京共识”（Beijing Consensus），抑或是选择保持独立自主，通过国外的援助和投资，寻求适合本国国情的发展道路？这些问题一直在困扰着非洲国家。

3. 全球治理与当代非洲国际关系问题。

全球化速度加快后，当代非洲国际关系问题更加具有全球性的特征，需要进行全球治理。这些问题包括跨国犯罪、海盗问题、流行病和传染病、人口膨胀、资源过度开发、能源短缺、饥饿与粮食短缺、贫困与发展、债务问题、武器扩散、宗教极端主义、恐怖主义、环境恶化、难民、教育落后、非法移民等。这些问题超越国界，具有地区、全球性的特征。这些全球性问题本身可能是冲突的源泉，对国家主权提出了直接挑战。① 非洲地区是这些问题的重灾区，国际社会对此应积极面对，防止其向世界各地外溢或扩散。非洲国家需要加强国际合作，提升治理能力，避免这些问题对本国造成不利影响。非洲治理的困局在于国家无治理能力，非洲需要以发展为目标的治理。② 归根结底，非洲的根本问题是发展问题。③ 不过，非洲国家还需在这条发展道路上走更长的时间。

---

① [美]卡伦·明斯特著，潘忠岐译：《国际关系精要（第3版）》，上海人民出版社2010年版，第302页。

② 刘鸿武：《非洲发展路径的争议与选择》，《当代世界》2012年第12期，第37—38页。

③ 黄泽全：《非洲的根本问题是发展问题》，《求是》2002年第18期，第54页。

三、当代非洲国家外交面临的困境及其理论探讨

非洲国家取得国家主权以后，外交成为这些国家生存、安全与发展的重要工具。由于历史与现实的原因，非洲国家面临的普遍问题是国力弱小、政局不稳、政策时常中断、对外依赖较大等，这就导致它们在外交领域面临诸多困境和挑战。[①] 非洲国家的外交大都符合小国外交的类型。[②] 有些国家的外交受到内政的影响较大，有些国家的外交直接受到大国的支配或干预，有些国家的外交立足现实主义的基本原则，见风使舵，务实调整，灵活谋求国家利益。

当代非洲国家的外交面临诸多问题，可以采取层次分析的方法，通过以下视角进行理论分析。

（一）内政与外交的互动

非洲国家独立以后，外交机构及其运行机制初步确立，外交活动受到国内政治的影响较大。非洲国家外交政策的制定及推行，首先需要考虑的是本国的基本国情、整体实力、发展目标、外部援助等，因为内政与外交有着十分紧密的联系。只有这样，外交政策才能为现实的国家利益服务。同时，不同的政治体制也会制约其外交政策的制定及执行。许多非洲国家独立以后，选择了一党专政的政治体制。这些国家的政治领袖、知识精英、政党团体等在其外交政策的制定过程中，往往起着至关重要的作用。政治精英的心理、认知、政策偏向等个人因素，无疑会影响该国外交政策的制定。首脑外交、穿梭外交等外交类型，同非洲国家领导人自身也是密切相关的。

20 世纪 80 年代末 90 年代初，在内外因素的双重影响之下，非洲国家掀起了政治民主化浪潮。绝大多数非洲国家建立了多党民主的政治体制。这样，非洲国家外交政策的制定，除了受到国家元首、外交机构等的影响之外，还受

---

① Stephen Wright. *African Foreign Policies*. Westview Press, 1998; Daniel Don Nanjira. *African Foreign Policy and Diplomacy from Antiquity to the 21st Century*. Praeger Publisher Inc., 2010.

② R. Dale. *Botswana's Foreign Policy: State and Non-State Actors and Small Power Diplomacy*. African Studies Association, 1980; Omar A. Touray. *The Gambia and the World: A History of the Foreign Policy of Africa's Smallest State, 1965–1995*. Institut für Afrika-Kunde, 2000.

到政党、选民、利益集团、传媒等因素的制约。[①] 民主化时代，非洲国家的外交决策越来越受到内政因素的影响。[②] 非洲国家在总统和议会选举时，各个政党推出的新外交政策经常成为拉拢选民、争取选票的基本策略。

此外，非洲国家内部的非国家行为体也会影响其外交政策的制定。这些非国家行为体包括反政府武装组织、军事政变发动者、非政府组织、恐怖主义组织、跨界民族等，它们一般同外部世界有直接或间接的联系，成为本国外交政策制定中需要考量的因素。[③] 同时，这些非国家行为体也能破坏本国政府的对外政策，使其政策执行起来困难重重。非洲国家外交政策的决策机制、过程及模型较为独特，[④] 影响因素较为复杂，有时会陷入“小国无外交”的困境之中，这也是应该予以关注的重要内容。

（二）周边外交（Neighboring Diplomacy）

从地缘政治、地缘经济的关系来看，非洲某国同周边国家、非洲大陆内部各国的外交关系较为重要。这些国家在政治、经济等方面的联系较为密切，甚至相互依存。推进地区一体化进程，促进地区国家之间的合作，发出非洲国家的共同声音，成为这些国家共同的目标追求。[⑤] 周边外交是非洲国家对外关系的重要内容。非洲某国同周边国家之间既有矛盾和利益冲突，如政治对立、边界争端、资源争夺、跨界民族、难民问题等；也有较为密切的合作，如交通运输、资源共享、区域和平、灾害预防、粮食安全等。非洲某国同周边国家的利益冲突与合作，使得他们之间形成难以分割的紧密关系。双边外交（Bilateral

---

① Korwa Gombe Adar, Rok Ajulu. *Globalization and Emerging Trends in African States' Foreign Policy-Making Process: A Comparative Perspective of Southern Africa*. Ashgate Publishing Company, 2002; Korwa G. Adar, Peter J. Schraeder. *Globalization and Emerging Trends in African Foreign Policy: A Comparative Perspective of Eastern Africa*. University Press of America, 2007.

② 关于内政与外交的互动问题，美国学者罗伯特·帕特南（Robert Putnam）于 1988 年在其论文《外交与国内政治：双层博弈的逻辑》中首次提出“双层博弈理论”（Two-Level Games Theory），对此问题进行了理论探讨。他认为，政治家们处于国际谈判和国内政治力量的双重压力之下，其外交政策既要让他国接受，也要征得国内选民的同意。可参见［美］海伦·米尔纳著，曲博译：《利益、制度与信息：国内政治与国际关系》，上海人民出版社 2010 年版；［英］克里斯托弗·希尔著，唐小松、陈寒溪译：《变化中的对外政策政治》，上海人民出版社 2007 年版。

③ Olayiwola Abegunrin. *Nigerian Foreign Policy Under Military Rule, 1966–1999*. Praeger Publishers Inc., 2003.

④ Gilbert M. Khadiagala, Terrence Lyons. *African Foreign Policies: Power and Process*. Lynne Rienner Publishers, 2001.

⑤ Daniel Ogweno Nyangani. *Tanzania's Foreign Policy: The Support for the Liberation of Southern Africa and the Quest for African Unity*. Boston University, 1986.

Diplomacy）则成为解决彼此矛盾、加强全面合作的重要途径。

近年来，非洲地区的次区域/区域组织发展迅猛，成为推动该地区全面合作、一体化进程的重要桥梁。这些组织制定有共同的战略、目标与政策，成员国在共享公共产品、各类资源的同时，需要让渡各自国家的部分主权，外交政策也要同共同体的政策保持一致。因此，非洲国家参与周边地区事务，加强彼此之间的互利合作，进行外交谈判、协商、调停、斡旋等，都是其周边外交的主要体现。

（三）大国外交（Great-Power Diplomacy）

非洲国家的外交离不开大国因素。独立以前，西方宗主国主导了非洲国家的外交事务，形成了这些国家外交风格的雏形。独立以后，非洲国家开始推行独立自主的外交政策，以保障国家的主权和独立。然而，这些国家的外交政策还是难以脱离旧有宗主国的影响。同时，在国际体系之下，非洲国家受到大国因素的影响较大。[①] 大国外交成为非洲国家获得政治支持、经济援助、经贸投资、社会发展等的重要手段。非洲国家同世界大国长期保持着依附关系，通过"搭便车"来获取经济利益。冷战期间，非洲国家被迫在两大阵营之间进行选择，美国、苏联对非洲国家的外交影响较大。美国和苏联向非洲国家强推霸权主义，有的非洲国家难以保持独立自主，就在外交政策执行的过程中，采取灵活、务实的顺从策略，以最大限度地争取国家利益；有的非洲国家为迎合西方国家，往往按照其游戏规则，制定本国的外交政策。若它们没有达到西方国家的要求和标准，这些大国将会对其进行经济制裁，中止援助计划，停止经贸投资。

有的非洲国家奉行反殖民主义、反帝国主义的外交政策，得到了中国、印度等发展中国家的政治支持和经济援助。中国对非洲的外交政策迥异于西方大国。中国政府对非洲的"经济技术援助的八项原则"、"经济技术合作的四项原则"[②]、《中国对非洲政策文件》、中国对非洲"五不"原则等政策都凸显出不干涉别国内政、不附加任何政治条件、平等互利、共同发展等合作理念。非洲国家通过"南南合作""南北对话"，也在追求公正合理的国际政治经济新秩

① Ian Taylor, Paul Williams. *Africa in International Politics: External Involvement on the Continent*. Routledge, 2004.

② 艾周昌、沐涛:《中非关系史》，华东师范大学出版社 1996 年版，第 242—243，268—269 页。

序，主张同大国之间形成平等互利的合作关系。近年来，“新兴经济体”开始出现在国际政治、经济舞台上，中国、印度等发展中国家日益成为非洲国家经济发展的新动力。[①] 苏丹、津巴布韦（Zimbabwe）、肯尼亚（Kenya）、赞比亚（Zambia）、纳米比亚（Namibia）等国还提出“向东看”（Look East）的外交战略，[②] 通过搭“新兴经济体”的快车，推进本国经济快速发展。世界大国参与非洲国家的经济发展，进行经济援助或经贸投资，是非洲国家经济发展的主要外因，也是其对外关系的重要内容。

（四）其他因素影响下的外交

非洲各国的具体国情有共同之处，也有政治、经济、文化等方面的差异性。这就造成非洲国家的外交风格既有相似之处，又有差异所在。非洲国家除了周边外交、大国外交外，还可以运用本国的其他资源，加强对外交往和国际合作，进而实现自身的国家利益。

1. 国际组织因素与非洲国家外交。国际货币基金组织、世界银行、世界贸易组织（World Trade Organization, WTO）、世界卫生组织（World Health Organization, WHO）、联合国粮农组织（United Nations Food and Agriculture Organization, FAO）等全球性的国际组织在非洲的经济发展、金融、减贫、疾病预防、健康、粮食安全等方面发挥着重要作用。这是非洲国家对外合作的重要伙伴。同时，非洲国家也可以借助国际组织的平台机制，推进“多边外交”（Multilateral Diplomacy）的实现。

2. 民主政治、意识形态因素与非洲国家外交。非洲国家普遍推行多党民主以来，西方国家在对非洲的援助和投资过程中，特别重视人权、良政、反腐、民主等方面的内容。因而，非洲国家可以借助民主政治因素，推行“民主外交”（Democratic Diplomacy）或“价值观外交”（Value Diplomacy），以获取西方国家的援助和投资，进而解决国内经济发展所需的资金问题。

3. 油气资源、矿产资源、旅游资源、经济作物、市场资源等因素与非洲国

① Harry G. Broadman. *Africa's Silk Road: China and India's New Economic Frontier*. World Bank Publications, 2007; V. S. Sheth. *India-Africa Relations: Emerging Policy and Development Perspective*. Academic Excellence, 2008.

② Luke A. Patey, Daniel Large. *Sudan Looks East: China, India and the Politics of Asian Alternatives*. James Currey, 2011.

家外交。非洲国家在制定本国外交政策的过程中，还可以依托本国的特色资源，通过“经济外交”（Economic Diplomacy），吸引国外的资金、技术等，实现资源开发与经济增长，进而获得更多的外汇收入。

4. 宗教因素与非洲国家外交。① 非洲国家的历史文化使其基督教、伊斯兰教等同他国紧密相连。这种相通的文化资源，可以为本国的文化外交（Cultural Diplomacy）服务。例如，非洲国家可以通过伊斯兰文化，加强同中东、南亚、东南亚等伊斯兰国家的外交关系，② 获得这些国家的经济援助和经贸投资，进而推动本国的经济发展。

此外，非洲国家还可以挖掘本国的各类资源，整合有限的资源，尝试推行公共外交（Public Diplomacy）、民间外交（Citizen Diplomacy）、多轨外交（Multi-Track Diplomacy）等，用最少的资源，实现更大、更多的外交目标，促进本国外交手段的多元化，进而争取更多的国家利益。

第二节 马拉维共和国对外关系研究的若干问题阐述

一、选题缘由与意义

马拉维共和国（Public of Malawi，简称“马拉维”）是南部非洲地区的内陆国家，素有“非洲热情之心”和“水乡之国”的美誉。马拉维在奇契瓦语（Chichewa）中的意思为“火焰”③。马拉维的首都是利隆圭（Lilongwe），国土面积为 118484km^2。2015 年人口数量为 1721 万人，其中，约 82% 的居民信仰基督新教和天主教，13% 的居民信奉伊斯兰教，其余的信仰原始宗教。④ 主要民族包括契瓦人（Chewa）、尼昂加人（Nyanja）、图姆布卡人（Tumbuka）、尧

① 关于宗教与外交的相互关系问题，参见徐以骅等：《宗教与当代国际关系》，上海人民出版社 2012 年版。

② Arye Oded. *Islam and Politics in Kenya*. Lynne Rienner Publishers, 2000; Benjamin F. Soares, René Otayek. *Islam and Muslim Politics in Africa*. Palgrave Macmillan, 2007.

③ 这是对该国美景的隐喻描述，特指朝阳照在波光粼粼的非洲第三大湖（马拉维湖）湖面的那种壮观美景。Harvey J. Sindima. *Malawi's First Republic: An Economic and Political Analysis*. University Press of America, 2002, p.1.

④ “马拉维国家概况”，中国外交部网站，2017 年 8 月，http://www.fmprc.gov.cn/web/gjhdq_676201/gj_676203/fz_677316/1206_678116/1206x0_678118/，2017 年 12 月 1 日。

人（Yao）、隆韦人（Lomwe）、塞纳人（Sena）、通加人（Tonga）、恩戈尼人（Ngoni）、恩贡德人（Ngonde）等。[①] 官方语言是英语和奇契瓦语。

该国境内有非洲地区的第三大湖马拉维湖（Lake Malawi）及著名的希雷河（Shire River），邻国包括赞比亚、坦桑尼亚和莫桑比克，并同津巴布韦、南非（South Africa）、斯威士兰（Swaziland）等国接近。马拉维位于东非和南部非洲之间的"走廊地带"，其地缘政治、地缘经济关系极为重要。马拉维所处的地缘位置，为我们观察周边国家的具体国情，探讨周边地区国际关系，提供了一个较为独特的窗口。

13—16 世纪，班图人的一个分支族群菲里人（Phiri）进入马拉维湖西北部地区，开始定居生活。大约 1480 年，马拉维联盟（Maravi Confederacy），也称马拉维帝国（Maravi Empire）在此建立。[②]17 世纪，马拉维联盟处于鼎盛时期，其影响波及南部非洲地区，甚至东非沿岸。18 世纪初开始，马拉维联盟走向衰落。19 世纪中期，马拉维社会处于阵痛时期。1891 年，英国殖民者在此建立了"英属中非保护国"[③]（British Central African Protectorate, BCAP）。1907 年，英国又将其更名为"英属尼亚萨兰"（British Nyasaland）。1953 年，英国将尼亚萨兰（今马拉维，下同）、南罗得西亚（Southern Rholdesia，今津巴布韦，下同）、北罗得西亚（Northern Rhodesia， 今赞比亚，下同）合并为"英属中非联邦"（British Central African Federation, BCAF）。1963 年，英属中非联邦宣告解体。同年，马拉维获得自治权。

1964 年，马拉维取得国家独立。1966 年，马拉维共和国正式成立。国父海斯廷斯·卡穆祖·班达（Hastings Kamuzu Banda）建立起了由"马拉维国民大会党"（Malawi Congress Party, MCP）一党专政的威权政治体制（Authoritarian Regime）。1971 年，海斯廷斯·卡穆祖·班达成为马拉维的终身总统，长期执政。1994 年，马拉维实行民主政治体制，并进行多党民主选举。是年，联合民主阵线（United Democratic Front, UDF）候选人埃尔森·巴基利·穆卢齐

① International Business Publications. *Malawi Foreign Policy and Government Guide*. International Business Publications, 2004, p.14.

② Owen J. M. Kalinga, Cynthia A. Crosby. *Historical Dictionary of Malawi.* Scarecrow Press, 2001, p.237. 注：马拉维的英文名为"Malawi"，来源于其早期时的称呼"Maravi"。

③ 国内学者也有将其翻译为"英属中非保护地"。

（Elson Bakili Muluzi）当选为民主化以来马拉维的首位国家总统，并于 1999 年实现蝉联。2004 年，宾古 · 瓦 · 穆塔里卡（Bingu wa Mutharika）当选为马拉维的国家总统，并于 2009 年实现了连任。

2012 年 4 月，宾古 · 瓦 · 穆塔里卡总统突发心脏病，不幸离世。经过短暂的政治危机之后，副总统乔伊斯 · 班达（Joyce Banda）依据宪法的规定，继任马拉维的国家总统。[①] 她成为南部非洲地区第一位和非洲地区第二位女总统，提升了国际社会对这个南部非洲内陆国家的关注度。2014 年 5 月 20 日，马拉维举行总统选举，民主进步党（Democratic Progressive Party, DPP）候选人阿瑟 · 彼得 · 穆塔里卡（Arthur Peter Mutharika）当选为国家总统，开始执政。[②] 2019 年 5 月 21 日，马拉维总统大选过后，阿瑟 · 彼得 · 穆塔里卡实现连任。

（一）选题缘由

本书选择马拉维对外关系进行研究，主要有以下 3 个原因。

1. 在当代非洲国际关系问题的研究之中，非洲国别问题及其对外关系的研究相对薄弱，研究成果屈指可数，因此，有必要加强对此领域的基础研究。

我国的非洲研究是伴随着 20 世纪中期开始的国家外交战略需求出现的。非洲研究虽然起步较早，但研究人员很少，研究成果亦不多，同国外学术界的差距还很大。事实上，国内的非洲国别问题研究还处于开荒阶段。随着中非关系的快速发展，中国要想参与非洲的各项事务，扩展中国企业在非洲的经济利益，就要认真考察非洲国家的外交战略及政策，知道非洲国家在想些什么、其外交政策的宗旨及意图是什么，以及打算通过何种外交活动来实现自身发展。在非洲国家的外交政策或对外关系研究领域，非洲国家往往处于客体、依附的地位，服从于世界大国对非洲的外交战略，关于这些国家自主外交方面的研究很少，仅限于非洲地区的大国。这种处于客体地位的研究，更多的是政策性研究，而非扎实的基础研究。这种研究忽视了非洲国家的实际状况及其外交诉求，扭曲了非洲国家的外交政策和外交目的，很难真正了解非洲国家的自身利益诉求。因而，从非洲国家的自身出发，研究非洲国家的外交或对外关系，其

① 武涛：《马拉维女总统乔伊斯 · 班达》，《国际研究参考》2013 年第 10 期，第 50 页。

② 武涛：《马拉维：女总统时代的结束及新总统时代的到来》，中国社科院西亚非洲研究所网站学术论坛“非洲论坛”，2014 年 6 月 23 日，http://iwaas.cass.cn/dtxw/fzdt/2014-06-23/3059.shtml，2015 年 3 月 1 日。

现实价值和理论意义较为重大。

目前，关于非洲国家的对外关系及其领导人的外交思想的研究成果，大多散见于非洲研究的百科全书、国别史、人物传记及学术论文之中，这也是我们可以获悉非洲国家对外关系的主要渠道。关于非洲国家的百科全书之中，最为重要的两部是《万国博览·非洲卷》[①] 和《简明非洲百科全书（撒哈拉以南）》[②]。这两部百科全书对非洲各国的对外关系、领导人的外交思想等有较为详细的论述，从中可以获得非洲国家外交政策及外交实践的相关内容。近年来，国内关于非洲国别史方面的著作 [③] 出版较多，这些著作的当代部分或关于外交的章节之中，对非洲各国的外交政策和对外关系也都有所论述。非洲国家领导人的人物传记是该国政治精英外交思想和外交活动的集中体现，是了解非洲各国外交政策的重要参考资料。对此，国内学者不仅翻译过很多非洲国家领导人的传记，[④] 而且出版或发表过很多关于非洲领袖人物的著作或论文。[⑤] 这些论著之中，有很多内容涉及非洲国家领袖的外交思想及其外交活动。

然而，在国内非洲问题研究领域中，关于非洲国家外交或对外关系的中文著作特别少，且仅限于非洲地区的大国，例如埃及、南非、尼日利亚、苏丹等 [⑥]，研究成果屈指可数。华东师范大学沐涛教授对南非对外关系有深入研究，主要体现在其著作《南非对外关系研究》[⑦] 之中，这是国内较早对非洲国家对外关系进行系统性研究的著作。安徽大学方伟博士撰写的《新南非对外关系研究》[⑧]，主要论述了 1994 年“新南非”诞生以来，该国对外关系的发展演变及

① 葛公尚:《万国博览·非洲卷》，新华出版社 1998 年版。

② 葛佶:《简明非洲百科全书（撒哈拉以南）》，中国社会科学出版社 2000 年版。

③ 非洲国别史系列著作主要包括：中国社会科学文献出版社的“列国志”、中国社会科学出版社的“世界史学术书系”、中国出版集团的“世界历史文库”、“浙江师范大学非洲研究文库”等。

④ 参见［英］杰里米·默里 - 布朗著，史宙译:《肯雅塔》，上海人民出版社 1976 年；［赞］肯尼思·戴维·卡翁达著，伍群译:《卡翁达自传：赞比亚必将获得自由》，上海人民出版社 1976 年版；［南非］A. P. J. 范伦斯伯格著，秦晓鹰、殷罡译:《非洲当代领袖》，重庆出版社 1985 年版；等等。这类著作还比较多。

⑤ 陈公元、唐大盾、原牧:《非洲风云人物》，世界知识出版社 1989 年版；陆庭恩、黄舍骄、陆苗耕:《影响历史进程的非洲领袖》，世界知识出版社 2005 年版；张士智:《朱利叶斯·克·尼雷尔：坦桑尼亚联合共和国总统》，《西亚非洲》1980 年第 3 期；原牧:《马拉维的终身总统班达》，《西亚非洲》1981 年第 4 期。

⑥ 安春英:《非洲国际关系研究综述》，《西亚非洲》2011 年第 5 期，第 62 页。

⑦ 沐涛:《南非对外关系研究》，华东师范大学出版社 2003 年版。

⑧ 方伟:《新南非对外关系研究》，浙江人民出版社 2014 年版。

目标追求。郑州大学陈天社教授将埃及对外关系、埃及与大国关系方面的研究成果汇集成册，出版了《埃及对外关系研究（1970—2000）》[①] 和《当代埃及与大国关系》[②] 两部著作。这两本书对埃及的对外关系、埃及同大国的关系进行了深入研究，为其他非洲国家对外关系的研究提供了重要参考。

周平和王德鑫翻译了尼日利亚学者戚本杜的著作《尼日利亚外交政策（1961—2002）》[③]，该书详细介绍了尼日利亚的外交政策、外交部组织、经济外交、文化外交等。浙江农林大学杨广生博士撰写的《尼日利亚对外关系研究》[④]，围绕国家建构和地区发展的互动关系，介绍了建国以来尼日利亚对外关系的演变过程及相关问题。苏丹的加法尔·卡拉尔·艾哈迈德博士在其中文专著《跨越二千年的苏丹中国关系探源求实》[⑤] 中，对苏丹和中国长达 2000 年的交往关系进行了实证论述，向读者展现了苏丹同中国交往的悠久历史。

有关非洲国家外交或对外关系的学术论文，主要集中在埃及、南非、利比亚、阿尔及利亚、坦桑尼亚、马达加斯加等在非洲具有重要影响力的国家，[⑥] 有关其他非洲国家对外关系的论文则比较少见，未受到学界的重视。有关非洲国家对外关系方面的学位论文也比较少，可以看到的是陈天社、沐涛、方伟、杨广生等的博士学位论文，还有其他有关埃及、南非、利比亚等国对外关系的硕士学位论文[⑦]。目前，国内关于非洲国家外交或对外关系的研究较为薄弱，这是非洲国际关系领域的“未拓之地”，有待学者们进行深入挖掘和研究。本书选择马拉维对外关系进行研究，正是基于以上原因。

---

① 陈天社：《埃及对外关系研究（1970—2000）》，中国社会科学出版社 2008 年版。

② 陈天社：《当代埃及与大国关系》，世界知识出版社 2010 年版。

③［尼日利亚］维克托·恩瓦奥齐奇·戚本杜著，周平、王德鑫译：《尼日利亚外交政策（1961—2002）》，世界知识出版社 2005 年版。

④ 杨广生：《尼日利亚对外关系研究》，浙江人民出版社 2014 年版。

⑤［苏丹］加法尔·卡拉尔·艾哈迈德著，史月译：《跨越二千年的苏丹中国关系探源求实》，时事出版社 2014 年版。

⑥ 王京烈：《埃及外交政策分析》，《西亚非洲》2006 年第 4 期；张忠祥：《新兴大国南非外交战略评析》，《西亚非洲》2009 年第 6 期；王林聪：《卡扎非外交思想与利比亚外交》，《西亚非洲》2004 年第 6 期；赵慧杰：《阿尔及利亚外交政策的特点》，《西亚非洲》2004 年第 3 期；李保平：《理想与现实结合 西倾与东向并举：坦桑尼亚外交特色与绩效评析》，《外交评论》2007 年第 5 期；王建：《马达加斯加独立后外交政策的演变》，《西亚非洲》2010 年第 10 期。

⑦ 乔贵敏：《埃及对阿拉伯国家联盟的政策及实践探析（1945—1991 年）》，河北师范大学硕士学位论文，2009 年；文雅：《试论穆巴拉克时期埃及内政外交政策的调整与演变》，西北大学硕士学位论文，2007 年；陶静婵：《南非气候外交研究》，广西师范大学硕士学位论文，2012 年；李衍强：《论后冷战时代利比亚对美国政策的转变》，曲阜师范大学硕士学位论文，2009 年；戴红：《卡扎菲时期的利比亚与美国关系研究》，西北大学硕士学位论文，2006 年。

2. 马拉维位于南部非洲地区，该地区的地缘政治和地缘经济关系极为密切。同时，马拉维还处于东非和南部非洲之间的“心脏地带”和“走廊地带”。因此，马拉维对外关系的研究并非孤立的个案。这个国家的研究视野可以辐射到周边国家及周边地区，能够带动南部非洲地区的国际关系，加深大家对周边国家、周边地区国际关系的认知。

国际关系地缘政治理论方面，很多论著将南部非洲地区视为非洲地缘政治最为明显的地区。国际安全研究方面的知名学者英国人巴里·布赞认为，南部非洲地区是个已经成形的以“南非”为核心的单极地区安全复合体（Regional Security Complex），这种核心区—边缘区结构表现为南非对邻国长期的经济支配地位。[①] 南部非洲国家犬牙交错，环环相扣，是一个联系紧密的系统，可谓“牵一发而动全身”。这些国家之间的安全关系较为密切。

马拉维作为东非和南部非洲之间的“走廊地带”，战略地位极为重要。马拉维对外关系的研究，不仅是对该国对外关系内容的系统考察，而且还可以借此洞悉周边国家的连带内容及周边地区国际关系的发展。此外，通过国际关系理论中的相互依存理论、地区主义理论及一体化理论等，可以看出，南部非洲国家之间的关系较为密切。该地区的经济和交通联系紧密，经济发展潜力巨大，一体化进程较为明显。南非这个地区经济的“发动机”，始终牵引着周边国家经济的发展。“贸易走廊交通网”的建设及内陆国家的出海口问题始终是该地区国家之间经济互动的重要问题。马拉维所处的位置，甚至还可以辐射到中部非洲地区。因而，马拉维对外关系研究既是个案研究，同时也是对周边国际关系的研究。本书的研究空间和观察视野较为广阔，现实价值和理论意义较为突出。

实际上，早在冷战时期，南部非洲地区的国际关系就迥异于非洲其他地区，特别活跃。南部非洲国家的一举一动经常会牵动该地区政治、经济形势的发展，许多周边国家的外交政策也会随之调整。为反对南部非洲地区的殖民主义、种族主义，一些南部非洲国家还成立了“非洲前线国家首脑会议”（African Frontline States Summit, AFSS）和“南部非洲发展协调会议”（Southern African

① [英]巴里·布赞、[丹]奥利·维夫著，潘忠岐、孙霞、胡勇等译：《地区安全复合体与国际安全结构》，上海人民出版社 2010 年版，第 222 页。

Development Coordination Conference, SADCC）。由此可见，南部非洲国家之间的政治关系极为紧密，任何国家的对外政策都会对其他国家产生影响。毫无疑问，周边外交是南部非洲国家较为重要的外交关系。

冷战时期，马拉维这个内陆国家没有追随非洲地区的政治形势，同其他非洲国家一起采取“泛非主义”的外交路线，而是根据本国的实际状况，采取亲西方、亲白人种族主义政权的“现实主义”（Realism）外交路线。在“泛非主义”政治浪潮席卷整个非洲大陆的大背景之下，马拉维就像黑天鹅群中的一只白天鹅，显得极为孤立，只有南部非洲地区的白人政权同其保持密切关系。该国抵制社会主义的政治浪潮，长期未同中国政府建交；敌视整个阿拉伯世界，拒绝同伊斯兰国家进行交往。马拉维独特的外交类型是由国内政治、地区环境、国际冷战等因素形成的。通过与赞比亚、坦桑尼亚等周边国家的对比研究，能够理解该国做出“现实主义”外交战略抉择的合理性。

非洲问题研究，应该注重普遍性和特殊性、整体和部分之间的辩证关系。马拉维对外关系的个案研究不仅有其独特的国别价值，还能揭示非洲国家在外交方面所面临的普遍性问题。比如，外部力量干涉本国内政时，如何诉诸外交武器？多党民主以来，影响外交决策的因素更为复杂，外交与内政如何互动？国际关系完全是“丛林法则”（Law of the Jungle）吗？如何摆脱“小国无外交”的困局与宿命？国家利益是各国外交的永恒追求，外交政策该如何制定？又该怎样灵活调整？同时，借助马拉维贯通四方的“走廊地带”位置，可以观察东非和南部非洲地区的国际关系，不至于有“横看成岭侧成峰”的视野盲区。

3. 马拉维国家虽然不大，但政局长期稳定，外交政策具有连续性的特征，这是观察非洲国家外交的理想案例。

目前，国内学者对于马拉维国别问题的研究较少，很多问题还处在初步研究阶段，其研究价值是不言而喻的。因此，笔者对此进行了深入研究。2007年岁末，马拉维同中国正式建立大使级的外交关系，这更促使我们去认识这个神秘国度。当中国民众谈起非洲国家时，脑海中经常会出现赞比亚、坦桑尼亚、卡翁达、尼雷尔、坦赞铁路等历史名词，马拉维这个国家却很少有人知晓。对于老调重弹的坦赞铁路问题，本书将跳出固有的思维框架，通过另类视角进行新的解读，阐述当时的周边国际关系。本书的研究将会帮助我们认识马拉维和南部非洲地区。马拉维对外关系在非洲地区较为独特，因而其研究具有很高的价值。马拉维是非洲地区能够长期保持政局稳定的国家，被誉为“非洲的净土”。国家稳定是外交政策得以推行的重要保障。同时，我们也能更好地观察该国的对外关系。

需要指出的是，对于非洲国别问题的基础研究，我们不应带着“傲慢与偏见”。在未知该国的情况下，不应给其“下定义”或“贴标签”，如“有无价值”“大国，还是小国”“民主国家，还是独裁国家”等，而是要在系统、严谨的前期基础研究之上，在真正了解这个国家之后，再提出自己的初步认识。我国非洲问题研究专家刘鸿武先生曾提出非洲研究的治学理念——“非洲情怀、中国特色、全球视野”[①]，其中的“非洲情怀”是最基础的。要研究非洲国别问题，我们首先要热爱这个国家，尊重该国的历史文化、民俗风情等，关心其成长和发展，再来进行系统研究。这样，我们才能较为客观、公正地认识该国，而不会因为首先映入自己脑海中的错误镜像，导致研究内容失之偏颇。马拉维经常被外界所忽视，对外交往是其展现国家主权、国家尊严等的重要途径。2007 年，中国同马拉维建交后，更需要国内学者加强对马拉维的学术研究。

（二）选题意义

本书的研究，有以下 2 个重要意义。

1. 通过对马拉维对外关系的个案研究，可以探析马拉维及其对外关系的内容；同时，借助个案的研究和比较的方法，从个体到整体，由具体到抽象，可以提升我们对非洲国家对外关系普遍性和特殊性问题的认识，有助于我们对非洲国家外交理论及当代非洲国际关系理论进行探讨。

关于马拉维国别问题的研究，国内学者的研究成果并不多。对马拉维对外关系进行研究，首先可以增进我们对马拉维这个神秘国度的认识，包括该国的自然地理、历史文化、政治、经济等。其次，有助于我们比较系统地考察马拉维的外交路线与政策等，了解马拉维外交的基本风格及其实现途径。

马拉维独立后不久，在国际冷战的背景下，该国出现了两种截然对立的外

① 刘鸿武：《在国际学术平台与思想高地上建构国家话语权：再论建构有特色之“中国非洲学”的特殊时代意义》，《西亚非洲》2010 年第 5 期，第 17 页。

交路线：一是内阁部长们追随非洲国家民族解放运动，同非洲统一组织、非洲独立国家站在一起，奉行的“泛非主义”外交路线；二是海斯廷斯·卡穆祖·班达总理[①]亲近西方国家，亲近白人种族主义政权，推行的“现实主义”外交路线。两者之间是不可调和的“零和（Zero-Sum）关系”。“内阁危机”（Cabinet Crisis）结束之后，班达总统通过手中的各项权力，逐渐确立起“现实主义”的外交路线，这一外交路线一直影响到该国政治民主到来之前。

马拉维的“现实主义”外交路线在当时的非洲国家中是极为少见的。本书对马拉维不同于非洲国家群体的行为进行了深入解读。海斯廷斯·卡穆祖·班达对马拉维的外交政策的制定起到了决定性的影响，这是马拉维奉行“现实主义”外交路线的主要原因。民主化时代到来以后，该国的外交政策出现较大变化，这是由多种因素造成的。本国国情和现实利益是该国外交政策制定的主要依据。马拉维的外交个案在非洲地区较为特殊，并不具有普遍性。因此，对该国对外关系的研究，意义较大。

马拉维较为独特的外交风格，也为我们探讨非洲国家的外交理论提供了历史依据。非洲国家在外交方面存在普遍性的问题，例如政权不稳、资源不足、对外部援助的依赖较大等，这些问题时常困扰着非洲国家。通过对马拉维对外关系的研究，我们将会对这些问题有新的认识。同时，非洲国家的对外关系也存在特殊性问题。例如，一些非洲内陆国家过度依赖沿海国家的港口。这些国家如何处理这些特殊问题，值得我们深思。近年来，非洲国家的政局相对稳定，这为非洲国家借助外交手段寻求国家发展提供了现实基础。非洲国家该如何确立本国的外交战略与外交政策？也许马拉维对外关系将会给这些国家提供一定的借鉴。其中，最重要的经验就是要把握国际政治的本质，根据本国的具体国情、国家利益及外交目标，确定本国的外交政策。马拉维对外关系的个案，可以放到非洲国家层面，探讨非洲国家外交的普遍性和特殊性问题。

2. 马拉维是一块打入南部非洲地区的“楔子”，又是重要的战略枢纽，对马拉维对外关系的研究有助于加深我们对南部非洲地区的认识。本书力图展现

---

① 为方便叙述，文中出现的“班达”“班达博士”“班达总理”“班达总统”皆指“海斯廷斯·卡穆祖·班达”。需要指出的是，1963 年，尼亚萨兰实现自治，班达担任政府总理。1964 年，马拉维独立以后，班达依然担任总理。1966 年，马拉维共和国成立，班达担任该国首位总统。1971 年，班达又成为该国终身总统，直至 1994 年多党民主时代的到来。

一幅描绘南部非洲地区国际关系史的图卷，借此提升我们对南部非洲地区问题，乃至东非地区问题的洞察能力，并深化对坦桑尼亚、赞比亚、莫桑比克、津巴布韦、南非等周边国家的认识。

马拉维对外关系的研究，涉及南部非洲地区的国际关系，甚至包括东非地区的国际关系。前面已经提到，南部非洲地区的地缘关系导致该地区国家之间的政治、经济联系较为紧密。马拉维对外关系是南部非洲地区国际关系的重要组成部分，其外交政策也随着南部非洲地区形势的发展而不断地进行着调整。冷战时期，南部非洲地区的政治、经济关系极为密切，很多国家面临是“合纵”，还是“连横”的艰难外交抉择。面对该地区的白人种族主义政权，马拉维采取的是“现实主义”的外交路线，而赞比亚、坦桑尼亚等国则奉行“泛非主义”的外交路线。这些国家之间的关系相互交织，错综复杂。

冷战期间，马拉维就通过本国的“现实主义”外交搅动了整个南部非洲地区的国际关系。因此，马拉维对外关系的研究，可以帮助我们绘制一幅色彩斑斓的南部非洲地区国际关系史图，以便深度探析南部非洲地区的国际关系。20世纪90年代以来，“南共体”作为南部非洲地区的一体化组织，在推进地区一体化方面发挥着重要作用。1994年，“新南非”诞生后，南非这个地区经济的“火车头”作用日渐凸显，加速了整个地区的一体化进程。因而，马拉维对外关系的研究，能够帮助我们认识南部非洲的一体化进程。同时，这项研究还可扩展到东非地区，使我们对马拉维同坦桑尼亚的双边关系也会有所认识。

马拉维处在东非和南部非洲之间的“心脏地带”，地缘政治和地缘经济关系较为密切。马拉维的周边国家包括坦桑尼亚、赞比亚、莫桑比克、津巴布韦、南非等，其对外关系自然离不开同这些周边国家的交往。通过马拉维的周边外交实践活动，我们可以对这些邻近国家的具体情况有较为深入的认识。马拉维对外关系所辐射的周边国家在该地区的影响普遍较大，有助于我们加深对这些国家国别问题的了解，从另一个视角观察这些国家，进行相关的国别问题研究。因而，马拉维对外关系的研究，可以打通整个南部非洲地区，提升我们对南部非洲地区史、南部非洲国际关系史等问题的认识。

马拉维对外关系的研究是我们观察南部非洲地区、南部非洲国家的重要窗口，通过该视角，可以总览整个南部非洲地区，乃至东非地区、中部非洲地区。

二、国内外学者的研究综述

关于马拉维国别问题的研究，国内学者的成果不多。马拉维外交或对外关系的研究成果则更少。然而，国外学者在此领域的研究成果颇多，质量较高。关于国内外学者的研究综述，拟从以下 2 个层面进行阐述。

（一）中文文献资料综述

1. 中文译著、专著及工具书。

目前，国内有 3 本研究马拉维国家方面的中文译著，都涉及马拉维对外关系的内容。英国学者约翰 · G. 派克撰写的《马拉维政治经济史》[①] 是国内很有分量的一本关于马拉维历史方面的中文译著。该书对马拉维国家的历史发展进程进行了详细介绍，从中可以了解马拉维独立以前的对外交往活动。更为重要的是，该书还对独立以后马拉维的政治与经济进行了阐述，从中可以获得马拉维对外关系方面的资料。约翰 · G. 派克和杰拉尔德 · T. 里明顿合作编写的《马拉维地理研究》[②]，主要阐述了马拉维的自然、历史、经济和社会 4 个层面的地理内容。该书是关于马拉维地理方面的一部力作，从中可以获得地缘政治、历史文化、经济发展、社会变化等同马拉维外交密切相关的内容。斯万齐 · 阿格纽和迈克尔 · 斯塔布斯合著的《马拉维地图集》[③]，则是一本综合性的马拉维国别专著。全书分为自然地理、历史地理、城市地理等共 58 章，包含重要的地图和表格，内容涉及该国的历史、人口、农业、教育、经济、交通等方面。这些资料为马拉维对外关系的研究提供了重要参考。

国内关于马拉维研究的专著，屈指可数。湘潭大学夏新华教授和中国人民大学博士生顾荣新，两人合作编写了国内首部马拉维国别专著《列国志 · 马拉维》[④]。该书资料翔实，内容丰富，包括历史、政治、军事、经济等各个方面的内容。“外交”这一章之中，作者对马拉维的外交政策，以及该国同美国、欧盟、中国、南部非洲、周边国家、国际组织的关系进行了论述，这是马拉

---

① ［英］约翰 · G. 派克著，史一竹译：《马拉维政治经济史》，商务印书馆 1973 年版。

② ［英］约翰 · G. 派克、［英］杰拉尔德 · T. 里明顿著，天津师范学院地理系教师译：《马拉维地理研究》，商务印书馆 1978 年版。

③ ［南非］斯万齐 · 阿格纽、［美］迈克尔 · 斯塔布斯主编，开封师范学院地理系译：《马拉维地图集》，河南人民出版社 1977 年版。

④ 夏新华、顾荣新：《列国志 · 马拉维》，社会科学文献出版社 2006 年版。

维对外关系研究最为重要的中文参考资料。中国驻马拉维大使馆的外交官夫人们撰写了很多纪实随笔，她们将其收集成册，以“和风”的笔名出版，书名为《在马拉维的外交官夫人们》[①]。该书分章节介绍了马拉维的基本概况、中国与马拉维的双边关系等。这为我们提供了近年来马拉维各个方面的真实资料。

工具书方面，中国社科院葛公尚研究员主持编写了《万国博览·非洲卷》[②]。其中，收录了一篇文章——《马拉维共和国》（作者：北京大学包茂宏教授）。这篇文章的内容涉及马拉维的历史、政治、经济、外交等。该文在马拉维的周边外交、大国外交方面研究程度较深，是研究马拉维对外关系较为重要的中文资料。中国社科院葛佶研究员主持编写了《简明非洲百科全书（撒哈拉以南）》[③]。该书也是一本基础性的非洲研究工具书，涵盖马拉维各个方面的内容，从中可以获取马拉维对外交往的资料。

丹林编写的《非洲大事年表》[④]，对非洲国家的历史大事进行了梳理，其中就有马拉维独立以后外交方面的内容。20 世纪 80 年代开始，世界知识年鉴编辑委员会每两年就会出版发行一部《世界知识年鉴》（世界知识出版社）。每部年鉴中都会收录关于马拉维国家发展的文章，其中也包括马拉维对外关系的内容。《二十世纪世界各国大事全书》[⑤] 则有马拉维外交方面的词条收录，能够获得该国与其他国家关系方面的资料。

2. 其他相关的中文译著、著作。

中国社科院陈公元、唐大盾、原牧主编的《非洲风云人物》[⑥]，收录了原牧先生的文章《马拉维的“老家长”班达》，该文对班达的“实用主义的外交”有重点论述。中国社科院高晋元研究员的专著《英国—非洲关系史略》[⑦]，对英国同英属非洲国家的关系进行了论述，其中包括英国对马拉维援助方面的内

① 和风：《在马拉维的外交官夫人们》，外文出版社 2010 年版。
② 葛公尚：《万国博览·非洲卷》，新华出版社 1998 年版。
③ 葛佶：《简明非洲百科全书（撒哈拉以南）》，中国社会科学出版社 2000 年版。
④ 丹林：《非洲大事年表》，知识出版社 1986 年版。
⑤ 张宏儒：《二十世纪世界各国大事全书》，北京出版社 1993 年版。
⑥ 陈公元、唐大盾、原牧：《非洲风云人物》，世界知识出版社 1989 年版。
⑦ 高晋元：《英国—非洲关系史略》，中国社会科学出版社 2008 年版。

容。姜忠尽教授等主编的《中非三国：从部落跃向现代》[①]，对马拉维国家的现代化历程进行了阐述，其中涉及马拉维对外交往方面的内容较多。

葛佶、何丽儿、杨立华、孙耀楣所著的《南部非洲动乱的根源》[②]，对冷战时期南部非洲地区的国际关系进行了详细论述。该书向读者讲述了当时南部非洲地区的国际关系及各国外交政策的调整。书中有一节名为“实用主义的马拉维”，对马拉维“现实主义”的外交进行了深入解读。埃及学者布特罗斯·加利的著作《非洲边界争端》[③]，第一章第四节“东非”下的标题为“马拉维与坦桑尼亚的争端”，该节简要介绍了两国围绕马拉维湖的边界争端问题，并提到了海斯廷斯·卡穆祖·班达对邻国的领土诉求。

在关于马拉维周边国家的相关著作中，以下作品涉及了这些国家同马拉维的外交关系。赵姝岚博士的专著《当代赞比亚国家发展进程》[④] 中，有一节名为“第一共和时期赞比亚与周边国家的关系”，其对赞比亚同马拉维的双边关系有相关论述。英国学者莱恩·贝里主编的《坦桑尼亚图志》[⑤]，对坦桑尼亚各个领域的内容进行了详细论述，其中包括坦、马两国在交通、经济、国际港口等方面的合作关系。裴善勤编著的《列国志·坦桑尼亚》[⑥] 的第七章“外交”之中，介绍了坦桑尼亚与马拉维的双边关系。

拉尔夫·冯·格斯多夫的著作《莫桑比克》[⑦] 中，有关于莫桑比克交通网、国际港口、国际经济合作等的内容，很多和马拉维的双边关系密切相关。爱德华多·蒙德拉纳的专著《为莫桑比克而斗争》[⑧] 中，有“国际关系”一节，重点论述了莫桑比克局势发展对周边关系的影响。张宝增在其编著的《列国志·莫桑比克》[⑨] 的第七章“外交”部分，论述了莫桑比克与马拉维的双边关

① 姜忠尽等：《中非三国：从部落跃向现代》，四川人民出版社 2005 年版。

② 葛佶、何丽儿、杨立华等：《南部非洲动乱的根源》，世界知识出版社 1989 年版。

③［埃及］布特罗斯·加利著，仓友衡译：《非洲边界争端》，商务印书馆 1979 年版。

④ 赵姝岚：《当代赞比亚国家发展进程》，世界知识出版社 2012 年版。

⑤［英］莱恩·贝里主编，南京大学地理系非洲地理组译：《坦桑尼亚图志》，商务印书馆 1975 年版。

⑥ 裴善勤：《列国志·坦桑尼亚》，社会科学文献出版社 2010 年版。

⑦［德］拉尔夫·冯·格斯多夫著，上海师范大学外语系《莫桑比克》翻译小组译：《莫桑比克》，上海人民出版社 1975 年版。

⑧［莫］爱德华多·蒙德拉纳著，上海市“五·七”干校六连翻译组译：《为莫桑比克而斗争》，上海人民出版社 1976 年版。

⑨ 张宝增：《列国志·莫桑比克》，社会科学文献出版社 2011 年版。

系。何丽儿撰写的专著《南部非洲的一颗明珠：津巴布韦》[①] 和陈玉来编著的《列国志·津巴布韦》[②] 中，对津巴布韦和马拉维的双边关系都有所涉及。

南非是马拉维特别重要的周边国家，双边关系尤为紧密。葛佶所写的《南非：富饶而多难的土地》[③] 和张象主编的《彩虹之邦新南非》[④] 中，对南非和马拉维的双边关系均有介绍。华东师范大学沐涛教授在《南非对外关系研究》[⑤] 中，对南非对外关系有详细的论述，包括南部非洲地区国际关系及南非与马拉维双边关系的内容。安徽大学方伟博士撰写的《新南非对外关系研究》[⑥] 中，有南非与南部非洲国家关系的论述，部分内容涉及地区合作的问题。杨立华在《列国志·南非》[⑦] 的第七章“对外关系”中，阐述了南非和马拉维的外交关系。这些著作对于我们了解南非和马拉维的双边关系都有重要的参考价值。

3. 中文期刊论文。

中国社科院原牧研究员所写的《马拉维的经济发展成就》[⑧]，重点论述了20世纪80年代马拉维政府利用外资、技术等推动经济发展的举措。原牧撰写的《马拉维的终身总统班达》[⑨]，介绍了马拉维国父海斯廷斯·卡穆祖·班达的外交思想、外交政策及其外交活动。也有部分学者的论文[⑩]关注马拉维国家的农业发展，深入探讨了该国的农业政策、接受外援等方面的情况。姚雷的论文《马拉维：背后的经济杀手》[⑪]，则论述了马拉维经济在涉外合作过程中存在的问题。

笔者在硕士学位论文《马拉维国家缘起、演变、发展史研究》[⑫] 中，对马

① 何丽儿：《南部非洲的一颗明珠：津巴布韦》，当代世界出版社 1995 年版。
② 陈玉来：《列国志·津巴布韦》，社会科学文献出版社 2011 年版。
③ 葛佶：《南非：富饶而多难的土地》，世界知识出版社 1994 年版。
④ 张象：《彩虹之邦新南非》，当代世界出版社 1998 年版。
⑤ 沐涛：《南非对外关系研究》，华东师范大学出版社 2003 年版。
⑥ 方伟：《新南非对外关系研究》，浙江人民出版社 2014 年版。
⑦ 杨立华：《列国志·南非》，社会科学文献出版社 2010 年版。
⑧ 原牧：《马拉维的经济发展成就》，《西亚非洲》1981 年第 3 期。
⑨ 原牧：《马拉维的终身总统班达》，《西亚非洲》1981 年第 4 期。
⑩ Rodney Pinder，江涵：《马拉维的农业在前进》，《世界农业》1982 年第 4 期；岳岭：《马拉维：非洲国家发展农业的样版》，《国际展望》1987 年第 10 期；王东来：《马拉维发展农业的政策与措施》，《西亚非洲》1988 年第 5 期；于浩淼、冯勇：《中国对马拉维开展农业援助情况研究》，《世界农业》2017 年第 2 期。
⑪ 姚雷：《马拉维：背后的经济杀手》，《国际市场》2012 年第 4 期。
⑫ 武涛：《马拉维国家缘起、演变、发展史研究》，云南大学硕士学位论文，2012 年。

拉维国家发展史进行了系统研究。其中，第三章和第四章涉及马拉维对外关系。在马拉维国别问题的研究方面，笔者已发表数篇学术论文。如《英属尼亚萨兰时期马拉维民族意识觉醒原因探析》中，笔者从民族主义的视角出发，阐述了马拉维民族意识觉醒的6个原因，涉及马拉维独立以前的对外交往活动。[①]《马拉维女总统乔伊斯·班达》中，笔者重点介绍了马拉维女总统乔伊斯·班达的内政和外交政策。[②]《马拉维湖边界争端问题探析》则重点探讨了马拉维和坦桑尼亚围绕马拉维湖的边界争端问题，阐述了两国就此问题的争论焦点、演变过程及其未来可能的解决途径。[③]《马拉维：女总统时代的结束及新总统时代的到来》中，笔者对马拉维女总统乔伊斯·班达执政时期的内政、外交政策进行了回顾和反思，并对阿瑟·彼得·穆塔里卡总统的内外政策进行了展望，分析了未来马拉维的周边外交和大国外交方略。[④]《独立初期马拉维未同中国建交的原因》中，笔者探讨了独立初期马拉维未同中国建交的原因[⑤]，包括国际冷战、地区环境、国内政治等方面的原因。《马拉维对华关系的转型：1964—2015年》中，笔者论述了马拉维对华关系的发展过程，并对两国合作关系中的若干问题进行了探讨。[⑥]

2007年底，马拉维同中国建交以后，中国的新闻媒体开始报道两国的双边关系。许多文章发表在报刊、网站上，也出现了很多视频新闻。这些参考资料有助于我们更加全面地认识两国关系。

（二）英文文献资料综述

1. 英文著作。

关于独立以前马拉维的对外交往活动，许多英文著作中均有论述。

---

① 武涛：《英属尼亚萨兰时期马拉维民族意识觉醒原因探析》，《哈尔滨学院学报》2013年第9期。

② 武涛：《马拉维女总统乔伊斯·班达》，《国际研究参考》2013年第10期。

③ 武涛：《马拉维湖边界争端问题探析》，《亚非纵横》2014年第2期。

④ 武涛：《马拉维：女总统时代的结束及新总统时代的到来》，中国社科院西亚非洲研究所网站学术论坛"非洲论坛"，2014年6月23日，http://iwaas.cass.cn/dtxw/fzdt/2014-06-23/3059.shtml，2015年3月1日。

⑤ 武涛：《独立初期马拉维未同中国建交的原因》，中国社科院西亚非洲研究所网站学术论坛"非洲论坛"，2015年10月23日，http://iwaas.cass.cn/xslt/fzlt/201601/t20160108_2818159.shtml，2017年12月1日。

⑥ 武涛：《马拉维对华关系的转型：1964—2015年》，见李安山主编：《中国非洲史研究会文集（2015）》，社会科学文献出版社，2016年，第204—220页。

（1）殖民统治以前：布瑞治勒·皮查伊撰写的《马拉维的早期历史》[①]论述了马拉维的早期历史发展过程，包括政治、经贸、交通、军事等方面与外界的交往；介绍了尧人、恩戈尼人等跨界民族问题。理查德·格雷主编的《剑桥非洲史（第四卷）：1600—1790年》[②]，其中的"处于坦噶尼喀和马拉维之间"部分，介绍了马拉维联盟时期的政治、经贸、民族关系、外部交往等。

（2）尼亚萨兰时期：马丁·莫里斯著有《尼亚萨兰简史》[③]，该书简要介绍了英属尼亚萨兰时期尼亚萨兰的历史发展，包括对外交往活动。罗德里克·麦克唐纳撰写的《从尼亚萨兰到马拉维：殖民史研究》[④]，分十三章论述了英属尼亚萨兰时期马拉维的历史，包括英属尼亚萨兰的外部交往活动。小诺尔曼·波洛克所写的《尼亚萨兰和北罗得西亚：通往北方的走廊》[⑤]，详细论述了英属尼亚萨兰时期马拉维的经济发展、交通运输、劳动力出口、周边关系等。

（3）中非联邦时期：马拉维、赞比亚、津巴布韦同英国关系方面的著作，包括阿尔弗雷德·约翰·威尔斯所著的《中非历史介绍：赞比亚、马拉维与津巴布韦》[⑥]，卡伦·菲尔兹撰写的《中非殖民地的复兴与反叛》[⑦]，罗伯特·罗特伯格的《中部非洲民族主义的崛起：马拉维与赞比亚的形成（1873—1964）》，等等[⑧]。

还有一些著作涉及独立以前马拉维的对外交往活动。

例如，约翰·麦克拉肯撰写的《马拉维的政治和基督教（1875—1940）：利文斯敦尼亚传教团在北方省的影响》[⑨]、A. J. 汉娜所写的《尼亚萨兰和罗得

---

① Bridglal Pachai. *The Early History of Malawi*. Longman, 1972.

② Richard Gray. *The Cambridge History of Africa Volume 4: From c.1600 to c.1790*. Cambridge University Press, 1975.

③ Martin Morris. *A Brief History of Nyasaland*. Longman, 1952.

④ Roderick J. Macdonald. *From Nyasaland to Malawi: Studies in Colonial History*. East African Pub. House, 1975.

⑤ Norman H. Pollock, Jr. *Nyasaland and Northern Rhodesia: Corridor to the North*. Duquesne University Press, 1971.

⑥ Alfred John Wills. *An Introduction to the History of Central Africa: Zambia, Malawi, and Zimbabwe*. Oxford University Press, 1985.

⑦ Karen E. Fields. *Revival and Rebellion in Colonial Central Africa*. Princeton University Press, 1985..

⑧ Robert I. Rotberg. *The Rise of Nationalism in Central Africa: The Making of Malawi and Zambia, 1873–1964*. Harvard University Press, 1965.

⑨ John McCracken. *Politics and Christianity in Malawi, 1875–1940: The Impact of the Livingstonia Mission in the Northern Province*. Cambridge University Press, 1977.

西亚东北部的开始：1859—1895》[①]、乔伊·鲍尔所著的《马拉维的政治文化与民族主义》[②] 等。

关于马拉维独立以后对外关系的英文著作比较多。

卡罗琳·麦克马斯特写的《马拉维外交政策与发展》[③]，对马拉维独立以后十年间（1964—1974 年）的外交政策、外交活动及国家发展等进行了深入探讨。全书分三部分展开：第一部分主要讲述英国在马拉维的殖民活动及殖民统治；第二部分重点论述了马拉维的“内阁危机”，马拉维的发展类型，马拉维同南非、罗得西亚（今津巴布韦，下同）[④]、葡属东非洲及撒哈拉以南非洲国家的关系；结语部分对马拉维的对外政策进行了总结和展望。《马拉维对外政策与政府指南》[⑤] 是目前马拉维对外关系方面较为重要的著作。该书提供了马拉维的外交政策、政府涉外机构等大量有价值的资料。全书包括战略和发展文件、进口信息、政府机构及政治体制、外交政策及国际关系、民主及人权、宪法、经济战略及商业信息、经济和政治发展、旅游等方面的内容。

马拉维大学历史系的布瑞治勒·皮查伊教授撰写的《马拉维国家史》[⑥]，主要论述了马拉维的国家发展史，涉及经济作物出口、交通运输、周边关系等方面的内容。欧文·卡林加与辛西娅·克罗斯比合作撰写的《马拉维历史词典》[⑦] 是一本内容丰富的马拉维历史工具书。该词典包括马拉维历史与现状方面的内容，其中涉及该国对外关系的国家、人名、事件等词条较多。哈维·赛迪马在《马拉维第一共和国：一种经济与政治的分析视角》[⑧] 中，以政治和经济的视角，展现了马拉维第一共和国的历史，并重点论述了独立以后马拉维的经济发展战略、政治体制、对外关系等。

---

① A. J. Hanna. *The Beginnings of Nyasaland and North-Eastern Rhodesia: 1859–95*. Clarendon Press, 1956.

② Joey Power. *Political Culture and Nationalism in Malawi*. University of Rochester Press, 2010.

③ Carolyn McMaster. *Malawi—Foreign Policy and Development*. Julian Friedmann, 1974.

④ 1965 年，原南罗得西亚宣布独立，改名罗得西亚。故针对“津巴布韦”的称呼，1965 年之前称“南罗得西亚”；1965—1980 年称“罗得西亚”；1980 年之后称“津巴布韦”。

⑤ International Business Publications. *Malawi Foreign Policy and Government Guide*. International Business Publications, 2004.

⑥ Bridglal Pachai. *Malawi: The History of the Nation*. Longman, 1973.

⑦ Owen J. M. Kalinga, Cynthia A. Crosby. *Historical Dictionary of Malawi*, 3rd ed. Scarecrow Press, 2001.

⑧ Harvey J. Sindima. *Malawi's First Republic: An Economic and Political Analysis*. University Press of America, 2002.

大卫·波恩在其著作《马拉维的穆斯林：历史的视角》① 中分专题重点论述了马拉维穆斯林尧人的历史与现状，指出该国的穆斯林族群长期受到东非地区斯瓦希里—阿拉伯文化的影响。书中还介绍了马拉维同伊斯兰国家、伊斯兰组织的关系等。哈里·英格伦的著作《从战争到和平的莫桑比克—马拉维边界》② 主要讲述了莫桑比克和马拉维的边界状况、战后难民、移民活动、战后重建等方面的内容，通过边界的地缘关系及两国民众之间的交往等，探讨了莫桑比克同马拉维的双边关系。

凯瑟琳·莫尔顿在专著《援助与独立：英国对马拉维的援助》③ 中介绍了英国对马拉维的援助历史及其项目内容。这为两国双边关系的研究提供了有价值的资料。里昂·戈登克的著作《国际援助与国家决策：马拉维、坦桑尼亚与赞比亚的发展项目》④ 涉及马拉维的国际援助项目，重点探讨了该国对于援助项目的对策及其影响。《马拉维：发展的另类模式》⑤ 论述了马拉维经济发展的历史背景、20 世纪 70 年代的经济政策与经济变化等。

柯林·贝克撰写的《部长们的叛乱：马拉维内阁危机（1964—1965）》⑥ 通过十一章内容详细论述了马拉维独立后不久发生的“内阁危机”，揭示了班达同内阁成员发生政治冲突的原因、过程及结果。书中重点介绍了班达与内阁部长们不同的外交思想与外交路线，便于读者理解建国初期马拉维的外交战略抉择问题。安得烈·罗斯撰写的《殖民主义导致内阁危机：马拉维政治史》⑦ 通过七章内容，重点探讨了马拉维的“内阁危机”问题。罗斯认为，马拉维“内阁危机”的爆发是必然的，这同英国当局的殖民统治密不可分。

维曼尼所写的《班达博士创建的马拉维》⑧ 重点论述了班达博士同马拉维

① David S. Bone. *Malawi's Muslims: Historical Perspectives*. Christian Literature Association in Malawi, 2000.

② Harri Englund. *From War to Peace on the Mozambique-Malawi Borderland*. Edinburgh University Press for the International African Institute, 2002.

③ Kathryn Morton. *Aid and Dependence: British Aid to Malawi.* Croom Helm for the Overseas Development Institute, 1975.

④ Leon Gordenker. *International Aid and National Decisions: Development Programs in Malawi, Tanzania, and Zambia*. Princeton University Press,1976.

⑤ John McCracken. *Malawi: An Alternative Pattern of Development.* Center of African Studies, 1985.

⑥ Colin Baker. *Revolt of the Ministers: The Malawi Cabinet Crisis, 1964–1965.* I. B. Tauris, 2001.

⑦ Andrew C. Ross. *Colonialism to Cabinet Crisis: A Political History of Malawi.* Kachere Series Publishing, 2009.

⑧ K. K. Virmani. *Dr. Banda: In the Making of Malawi*. Kalinga Publications, 1992.

国家独立、国家建设之间的关系，并对班达博士的历史功绩进行了客观评价，其中包括班达的外交路线及外交政策方面的内容。马拉维的前外交部部长卡尼亚马·丘梅（Kanyama Chiume）所著的《班达的马拉维：非洲的悲剧》[①] 对班达在内政、外交方面的独断专行提出了严厉批评，认为他的统治给马拉维带来深重灾难，并认为，班达执政时期的马拉维是整个非洲国家中的悲剧。

《马拉维处在十字路口：后殖民时期的政治经济》[②] 主要探讨了后殖民时期马拉维国家的政治和经济发展，其中包括该国对外交往的内容。该书在最后还对马拉维政治和经济的未来走向进行了分析。大卫·威廉姆斯撰写的《马拉维：绝望的政治》[③] 通过九章内容，论述了马拉维国家的政治发展，重点探讨了班达一党专政的政治体制及其影响，其第九章对班达的外交思想、马拉维的外交政策等有详细论述。

梅基·穆特瓦在其所写的《马拉维民主理论与公共政策》[④] 中，重点论述了马拉维的民主政治理论和公共政策，有助于我们理解马拉维民主政治在内政和外交方面的作用。简·哈里根所写的《从独裁到民主：马拉维的经济政策（1964 年至 2000 年）》[⑤] 重点论述了马拉维的政治和经济发展、国际金融机构和经济结构调整、农业和非农产业发展、民主化过程中的经济政策调整等，从中可以了解马拉维经济发展过程中的涉外活动。

2. 其他相关的英文著作。

南非罗德斯大学的科若瓦·贡贝·阿达尔和若可·阿巨卢合著的《全球化和非洲国家外交政策决策过程的新趋势：一种比较视角下的南部非洲》[⑥] 中，有一章题为“马拉维外交政策制定的连续性和变化”，专门探讨马拉维外交政策的制定及其决策过程。吉姆·布罗德里克、加里·伯福德、戈登·弗利尔三

---

① M. W. Kanyama Chiume. *Banda's Malawi: Africa's Tragedy.* Multimedia Publications, 1992.

② Guy C. Z. Mhone. *Malawi at the Crossroads: The Post-Colonial Political Economy.* SAPES Books, 1992.

③ T. David Williams. *Malawi, The Politics of Despair.* Cornell University Press, 1978.

④ Mekki Mtewa. *Malawi Democratic Theory and Public Policy.* Schenkman Books, 1986.

⑤ Jane Harrigan. *From Dictatorship to Democracy: Economic Policy in Malawi 1964–2000.* Ashgate Publishing Company, 2001.

⑥ Korwa Gombe Adar, Rok Ajulu. *Globalization and Emerging Trends in African States' Foreign Policy-Making Process: A Comparative Perspective of Southern Africa.* Ashgate Publishing Company, 2002.

人合作撰写的《南非的外交政策：一个新的民主困境》[①]从多个角度论述了南非的外交政策，其中就有南非同马拉维的合作关系。迈克尔·考恩和莉萨·拉科索合著的《非洲的多党选举》[②]中，有一章题为“赢得选举，失去合法性：马拉维的多党制与新家长制国家”，介绍了马拉维的民主政治及对外合作。

马拉维同南部非洲地区、南部非洲国家合作方面的著作比较多。阿戈什蒂纽·扎卡雷斯所写的《安全与南部非洲国家》[③]，论述了南部非洲地区及南部非洲国家的安全体系建设、新安全观等问题。南非比勒陀利亚大学的劳里·内森的著作《缺乏安全的共同体：“南共体”在南部非洲地区为和平与安全而斗争》[④]对“南共体”的创建过程、创建安全体系的斗争、缔造和平失败等问题进行了深入探讨。两本著作均有马拉维参与地区安全合作方面的内容。

《南部非洲地区的经济一体化：交通走廊在促进南部非洲更广泛的经济合作方面的作用》[⑤]详细介绍了南部非洲地区的交通走廊和出海口建设、交通运输对经济合作的影响等，这为研究马拉维同南部非洲国家的交通建设、贸易合作等问题提供了重要参考。格雷琴·鲍尔和斯科特·泰勒合著的《南部非洲政治：国家和社会的转型》[⑥]中的第二章“马拉维多党制的确定”论述了马拉维的民主政治与对外交往的关系。

伊斯拉姆·阿里的著作《当代非洲：问题与关注》[⑦]中，有一章题为“马拉维经贸和投资的潜力：印度的机会”，专门论述了印度与马拉维的经贸合作，指出马拉维是印度经贸投资的机会。阿德里安·伍德的著作《非洲的可持续发展战略》[⑧]中，有一章题为“马拉维”，论述了马拉维的可持续发展及其战略合

---

① Jim Broderick, Gary Burford, Gordon Freer. *South Africa's Foreign Policy: Dilemmas of a New Democracy.* Palgrave Macmillan, 2001.

② Michael Cowen, Liisa Laakso. *Multi-Party Elections in Africa*. Palgrave Macmillan, 2002.

③ Agostinho Zacarias. *Security and the State in Southern Africa*. Tauris Academic Studies, 1999.

④ Laurie Nathan. *Community of Insecurity: SADC's Struggle for Peace and Security in Southern Africa*. Ashgate Publishing Company, 2012.

⑤ Vuyisani Moss. *Economic Integration in Southern Arica: Role of Transport Corridors Towards Promoting Broader Regional Economic Cooperation in Southern Africa.* VDM Verlag, 2010.

⑥ Gretchen Bauer, Scott D. Taylor. *Politics in Southern Africa: State and Society in Transition*. Lynne Rienner Publishers, 2005.

⑦ Islam Ali, Ashutosh Trivedi. *Contemporary Africa: Issues and Concerns*. Global Vision Publishing House, 2011.

⑧ Adrian Wood. *Strategies for Sustainability: Africa*. International Union for Conservation of Nature and Natural Resources, 1997.

作伙伴等问题。斯塔凡·达诺夫和莉萨·拉科索合著的《津巴布韦独立 20 年：从解放到独裁》[①] 中，在第九章介绍了津巴布韦的外交和安全政策，包括与马拉维的两国外交关系。

3. 英文期刊论文及未注明的文章。

马拉维国家发展报告方面的英文资料较为丰富。例如，*Country Intelligence*：*Report, Country Report, Country Profile* 等每年都会出版有关马拉维的资料。世界银行、国际货币基金组织、非洲发展银行（African Development Bank, AFDB）等机构定期会发布涉及马拉维的经济援助计划。同时，这些机构也会定期发布马拉维经济、金融、投资等方面的信息。世界卫生组织、联合国粮农组织、经济合作与发展组织（Organization for Economic Co-Operation and Development, OECD）等也会在官网发布马拉维的相关资料。南部非洲地区的各类机构也会发布相关报告。

马拉维外交事务与国际合作部发布的《马拉维共和国政府的外交政策》[②]，对马拉维外交政策进行了全面阐述，是特别重要的参考资料。马拉维旅游部发布的《马拉维旅游投资的机会》[③]，介绍了该国吸引外资、游客等方面的政策。2012 年，乔伊斯·班达总统在英联邦会议上的演讲 [④] 和 2014 年阿瑟·彼得·穆塔里卡总统在第 69 届联大会议上的演讲 [⑤]，也是较为重要的资料，从中能够了解两位马拉维总统的外交思想。

南非罗德斯大学政治与国际问题研究院的研究生欧亨尼奥·尼耀骆马所写的硕士学位论文《非洲国家之间关系的研究：马拉维对津巴布韦外交政策的若干影响因素分析》[⑥]，从非洲和南部非洲地区的外交政策、马拉维与津巴布韦

① Staffan Darnolf, Liisa Laakso. *Twenty Years of Independence in Zimbabwe: From Liberation to Authoritarianism*. Palgrave Macmillan, 2003.

② Ministry of Foreign Affairs (Malawi). *The Foreign Policy of the Government of the Republic of Malawi*. Ministry of Foreign Affairs (Malawi), 2010.

③ Malawi Ministry of Tourism, Wildlife and Culture (Revised). *Tourism Investment Opportunities in Malawi*. Malawi Ministry of Tourism, Wildlife and Culture, 2008.

④ Joyce Banda. "Transcript: Malawi's Policy and Priorities for a Globalized World". *Chatham House,* 2012（7）.

⑤ Arthur Peter Mutharika. "Republic of Malawi Speech by his Excellency Prof. Arthur Peter Mutharika President of the Republic of Malawi at the General Debate of the 69th Session of the United Nations General Assembly in New York" (2014-09-25) [2015-03-01]. http://foreignaffairs.gov.mw/.

⑥ Eugenio Njoloma. "A Study of Intra-African Relations: An Analysis of the Factors Informing the Foreign Policy of Malawi Towards Zimbabwe". A Thesis for Master Degree, Rhodes University, 2010.

双边关系史、"南共体"多边主义框架下的外交关系、当代马拉维与津巴布韦的双边关系 4 个方面详细论述了马拉维与津巴布韦的外交关系。

美国国务院相关机构出版的《国际边界研究》第 37 期《马拉维与坦桑尼亚的边界》[①] 一文详细论述了两国围绕马拉维湖的边界争端问题及其进展情况；第 112 期《马拉维与莫桑比克的边界》[②] 一文深入探讨了马拉维与莫桑比克边界的历史、现状及协定等。

欧盟、美国等是马拉维重要的援助方，关于这方面的资料比较多。《马拉维政府与欧盟委员会 2006 年联合报告草案》[③] 从政治、经济、社会和环境改善、过去和现在的合作项目、执行情况的评估、援助的协调等方面，详细介绍了欧盟与马拉维 2006 年的双边合作关系。2009 年美国对外援助行动《马拉维》[④] 中，简要介绍了美国国际开发署（United States Agency for International Development, USAID）对马拉维的援助。美国千年挑战公司（Millennium Challenge Corporation, MCC）同马拉维也有合作协议。[⑤] 当然，也有双边关系方面的资料。[⑥] 丹尼尔·沃尔的论文《略论马拉维的援助、独立与政治危机》[⑦] 论述了马拉维的外部援助同国家独立、政治危机之间的关系。马拉维同南非、津巴布韦等国还签署了很多贸易协定。[⑧]

保罗·斯特奇斯的论文《政治经济数据：海斯廷斯·卡穆祖·班达时期的马拉维（1964—1994）》[⑨] 对班达政府时期马拉维的政治、经济概况进行了重点

---

① United States of America, Department of State. "Malawi-Tanzania (Tanganyika and Zanzibar) Boundary". *International Boundary Study*, 1964(37).

② United States of America, Department of State. "Malawi-Mozambique Boundary". *International Boundary Study*, 1971(112).

③ Government of Malawi-European Commission. *Draft Joint Annual Report 2006*. Government of Malawi-European Commission, 2006.

④ USAID. *Malawi, U.S. Foreign Assistance Performance Publication, Fiscal Year 2009*. USAID, 2009.

⑤ Malawi Government, MCC. Program Implementation Agreement by and Between the United States of America, Acting Through the Millennium Challenge Corporation and the Republic of Malawi. Malawi Government, MCC, October 2, 2012.

⑥ Nicolas Cook. "Malawi: Recent Developments and U.S. Relations". Congressional Research Service, March 21, 2013.

⑦ Daniel Wroe. "Briefing: Donors, Dependency, and Political Crisis in Malawi". *African Affairs,* 2012, 111(442).

⑧ "Malawi and South Africa: Trade Agreement". *International Legal Materials*, 1968, 7(4), pp.757-758.

⑨ Paul Sturges. "The Political Economy of Information: Malawi Under Kamuzu Banda, 1964–1994". *International Information and Library Review*, 1998(30).

论述。约翰·麦克拉肯的论文《经济和族群：马拉维的意大利人社区》[1] 详细介绍了意大利人在马拉维的日常生活和经贸活动。安德鲁·马布武托·迈派西和朗希尔德·缪瑞斯所写的《粮食安全作为政治问题：2009 年的马拉维大选》[2] 则主要论述了粮食安全对马拉维国内政治的影响。

《非洲研究简报》（*Africa Research Bulletin*）经常发布马拉维政治、经济、社会、文化、外交等方面的短文。此外，许多国家的外交部网站，也有本国同马拉维合作关系方面的资料。

三、核心问题与写作思路

本书研究的是南部非洲内陆国家马拉维独立以来的对外关系，旨在通过宏观的历史背景和微观的事件论证，展现马拉维的历史发展过程，探讨该国的对外关系与南部非洲国际关系。

（一）核心问题

马拉维在制定和调整外交政策的过程中，出海口和经济发展一直都是两大考量因素。因而，安全和发展是马拉维外交始终不变的核心主题。

1. 外交手段如何保障马拉维的国家主权、生存与安全？

马拉维是南部非洲地区的内陆国家，安全问题是该国面临的首要问题。马拉维在外交上追求的既不是大国地位，也不是区域霸主，而是主权不受侵犯，安全得到保障，能独立自主地处理国家事务。该国面临的安全威胁主要包括：

（1）出海口问题长期制约马拉维的经济发展与外交决策。马拉维作为内陆国家，其地理位置具有局限性，导致出海口问题始终是该国生存和发展的核心问题，并直接影响到该国的外交决策。该国的进出口贸易，北边依赖坦桑尼亚的达累斯萨拉姆（Dar es Salaam）港，东边依靠莫桑比克的贝拉（Beira）港和纳卡拉（Nacala）港，南边则依靠南非的国际港口。[3] 这些港口直接影响着

① John McCracken. “Economics and Ethnicity: The Italian Community in Malawi”. *The Journal of African History*, 1991,32(2).

② Andrew Mabvuto Mpesi, Ragnhild L. Muriaas. “Food Security as a Political Issue: The 2009 Elections in Malawi”. *Journal of Contemporary African Studies*, 2012,30(3).

③ 武涛：《马拉维湖边界争端问题探析》，《亚非纵横》2014 年第 2 期，第 34 页。

马拉维的进出口贸易，决定着该国的生存和发展。同时，出海口问题自始至终都是该国外交所要解决的重大问题。

（2）周边关系同马拉维的国家安全密切相关。冷战时期，马拉维奉行亲西方的“现实主义”外交路线，同南非、南罗得西亚等白人种族主义政权关系密切，而与奉行“泛非主义”外交路线的赞比亚、坦桑尼亚等邻国关系紧张。马拉维同邻国还存在意识形态对立、边界领土争端、流亡内阁阁员及其组建的反政府武装威胁等问题，这给马拉维的国家安全带来严重威胁，随时都有爆发军事冲突的危险。当今，马拉维同周边国家还存在领土争端、资源争夺、跨界民族等问题。周边关系处理不好，必然会威胁该国的政治稳定和经济发展。

（3）马拉维易成为大国的经济附庸，成为大国博弈的牺牲品，主权和安全会遭受损害。“小国无外交”，说明小国容易受到大国的支配。面对外部大国争夺的压力，生存与安全会受到威胁。马拉维需要利用国际风云、大国博弈等因素“搭便车”，通过“现实主义”的外交政策，谋求自身的国家利益。马拉维需要平衡大国关系，防止被某个大国所控制，防止国家事务被干涉，从而丧失经济发展的自主权力。同时，过度依赖某个大国，将导致本国外交决策权受到影响，外交空间难以向外拓展，经济发展缺乏有利条件。因此，马拉维运用大国外交时，要更为灵活、务实。

（4）全球化带来的冲击及非传统安全的威胁。全球化速度加快给马拉维国家的生存和安全带来了冲击和挑战。当今世界，经济全球化快速发展，跨国公司席卷整个非洲大陆。马拉维通过国际合作，在参与经济全球化、分享公共产品、防止被边缘化的同时，国门被打开，主权安全受到威胁。在全球化过程中，国家主权很有可能被“绑架”，经济权力受到各种因素的制约，经济安全、金融安全、国内市场、产业结构等方面也会受到冲击。当今世界，非传统安全威胁日益凸显。马拉维也面临着人口膨胀、艾滋病扩散、粮食危机、恐怖主义、能源短缺等方面的问题。

2. 外交手段如何帮助马拉维利用外部的有利条件，吸引外国的资金和技术，推动本国商品的出口，达到减贫和发展的目的？

作为非洲地区的内陆国家，也是世界上最不发达的国家之一，减贫和发展是马拉维各项事业的核心，也是其外交所要实现的重要目标。

（1）通过“南北对话”，调整其与西方大国的关系，获得经济发展所需要的外资和技术。马拉维的经济发展长期依赖西方国家的援助。班达执政时期，该国曾通过“以农为本”的经济发展模式，创造出“马拉维式的经济奇迹”。1964—1979年，该国GDP的年均增长率达到6%。[①] 1967—1979年，马拉维的官方数据显示，GDP的年均增长率为5.5%。[②] 班达执政时期，马拉维的经济情况经常作为一个贫穷的、人口稠密的、矿产匮乏的内陆国家如何成功实现工农业发展的案例被引用。[③] 这是因为，马拉维当时吸引外资和援助，推进了本国进出口贸易的发展。20世纪90年代以来，国际环境发生巨大变化。西方国家的援助往往附加了条件。如果违抗，受援国将会受到制裁和惩罚。马拉维是继续保持同西方国家的传统关系，还是减少对西方国家的过度依赖，另寻合作伙伴？这考验着马拉维的外交决策。

（2）通过“南南合作”，借助中国、印度等新兴经济体，获得援助和投资，推动本国经济发展。近年来，中国、印度、巴西等新兴经济体开始活跃于国际舞台上，成为世界经济发展的重要推动力。苏丹、津巴布韦等国调整了其外交政策，“向东看”，同中国、印度等亚洲国家展开平等互利的经贸合作。马拉维可以搭乘新兴经济体的快车，通过获得这些国家的经济援助与经贸投资，实现本国经济的快速发展。马拉维经济难以发展的重要原因还在于不平等的国际政治经济旧秩序。西方国家通过国际金融、劳动分工、农业补贴、压低农产品价格、经济制裁等手段，能直接影响马拉维这类非洲国家的经济发展。同新兴经济体的“南南合作”，可以打破这种不利局面，推动公正、合理的国际经济新秩序的构建。

全球化时代之今日，缺乏与外部世界的互动，国家很难发展起来。马拉维想要完全孤立发展是不可能的。该国可以利用伊斯兰文化、旅游资源、经济作物、民主政治等因素，探寻本国外交途径的多元化，为其经济发展争取更多的外援和投资。维护和拓展本国的国家利益是马拉维外交的目标追求，主权、生

---

① 葛佶：《简明非洲百科全书（撒哈拉以南）》，中国社会科学出版社2000年版，第572页。

② Jane Harrigan. *From Dictatorship to Democracy: Economic Policy in Malawi 1964-2000*. Ashgate Publishing Company, 2001, p.18.

③ Martin Meredith. *The Fate of Africa: A History of the Continent Since Independence*. Public Affairs, 2011, p.318.

存、独立、安全、发展、尊严等是其国家利益的重要组成部分。

（二）写作思路

本书由导论、正文部分、结语组成，通过时间线索和空间分布建构本书的整体框架，具体的写作思路如下。

导论：分为两个部分进行阐述。一方面，探讨当代非洲国际关系问题及其理论。分别论述当代非洲国际关系问题的历史溯源、当代非洲国际关系问题研究的维度及其相关理论、当代非洲国家在外交上面临的困境。另一方面，阐述马拉维对外关系研究的若干问题。包括选题缘由与意义、国内外学者的研究综述、核心问题与写作思路、理论与方法。

第一章：独立以前马拉维的政治演进与对外交往（约 1480—1963 年）。独立以前，马拉维经历了马拉维联盟时期、英国早期殖民时期、英属中非保护国时期、英属尼亚萨兰时期、英属中非联邦时期。按照这样的历史发展线索，本章重点阐述独立以前马拉维的政治演进。同时，介绍还未获得独立主权之前的马拉维同周边地区、世界各地的历史交往。

第二章：一党专政时期马拉维的对外政策（1964—1994 年）。主要论述海斯廷斯·卡姆祖·班达一党专政 30 年中，马拉维推行的“现实主义”外交路线及政策，包括影响马拉维“现实主义”外交路线及政策制定的主要因素，马拉维的“内阁危机”及内政外交政策的确立，马拉维外交的机构、原则、目标及决策过程，“现实主义”外交政策的内容与表现，“现实主义”外交政策的调整。

第三章：多党民主以来马拉维的对外政策（1994 年至今）。主要探讨民主化以来，埃尔森·巴基利·穆卢齐、宾古·瓦·穆塔里卡、乔伊斯·班达、阿瑟·彼得·穆塔里卡 4 位总统的外交政策。首先，分别论述上述 4 位总统外交政策的基本内容、表现、特点、优势及存在的问题。其次，着重论述 2014 年以来阿瑟·彼得·穆塔里卡总统的外交政策，并进行预测和展望。

第四章：地区视角：马拉维同周边国家的关系。主要探讨马拉维同赞比亚、坦桑尼亚、莫桑比克、津巴布韦、南非等周边国家的边界争端、政治关系、经贸合作、出海口合作、跨界民族、劳工出口、交通网建设、资源共享等方面的问题。此外，从“南共体”的视角出发，探讨马拉维同周边国家在艾滋病防治、粮食安全、“贸易走廊”建设、自贸协定、地区安全等方面的合作。

第五章：大国视角：马拉维同世界大国的关系。主要论述马拉维同英国、美国、中国、印度等的双边关系。大国外交是马拉维获取援助、投资、出口等的主要手段。马拉维同大国之间的合作，是依附大国，按其游戏规则办事，还是保持国家独立，维护国家尊严？这需要平衡两者之间的关系。马拉维可以通过同发展中大国的合作，探寻经贸合作的新路径。同时，利用经济作物、旅游文化等有利因素，突出自身的外交特色，维护本国的国家利益。

结语：总结马拉维的对外关系，归纳其中的成功经验，指出存在的问题，并对未来马拉维的外交进行展望。同时，由个案到整体，汲取马拉维外交的经验和教训，探讨非洲国家在外交方面面临的共同问题及其出路。

四、理论与方法

本书的写作过程中，主要运用了国际关系学的理论与方法。同时，还借鉴了其他学科的理论与方法。

（一）国际关系学的理论与方法

马拉维的外交关系长期受到现实主义因素的影响。因而，本书将运用国际关系现实主义理论、新现实主义理论，探讨一党专政时期马拉维的外交政策。运用地区主义理论、全球化理论，研究马拉维同周边地区、外部世界的外交关系。运用外交决策理论、理性选择理论，分析马拉维的外交决策过程。通过认知心理学、政治心理学理论，探讨马拉维领导人的外交思想，分析个人因素对外交决策的影响。通过沟通理论，理解马拉维对白人种族主义政权“接触加谈判，反对孤立和制裁”的立场。通过国际战略学理论，探讨独立以后马拉维“现实主义”外交路线的合理性。通过宗教与国际关系理论，探讨穆斯林族群尧人的政治参与、伊斯兰文化对马拉维外交的影响。

运用地缘经济理论、一体化理论，研究马拉维的经济合作、南部非洲一体化等问题。通过公共产品理论、“搭便车”理论，探讨马拉维如何通过国际机制实现发展。通过软实力理论、公共外交理论，分析旅游文化对马拉维外交的影响。运用国际政治经济学中的相互依存理论、依附理论、世界体系理论，研究马拉维同外部世界的“南南关系”和“南北关系”。通过博弈理论、镜像理论，分析马拉维同邻国关系恶化的原因。运用地缘政治理论、地区安全复合体理论，研究马拉维的国家安全、参与地区安全机制建设等问题。通过非传统安全理论、全球治理理论，研究马拉维的艾滋病防治、粮食安全、经济安全等问题。运用双层博弈理论，分析马拉维内政与外交的互动关系。

（二）其他学科的理论与方法

本书还运用了经济学的理论与方法，其中发展经济学的理论较为实用。贸易、金融、投资、债务、贫困、援助、农业、出口等方面的知识是基础理论知识，同马拉维这个不发达国家的经济发展密切相关。马拉维的经济发展离不开国际社会的援助。因此，本书还将采用国际发展援助、减贫方面的理论，探讨马拉维国家援助与发展方面的重大问题。经济作物是马拉维的支柱产业，所以本书还参考了农业经济学、农业政策学、农产品国际贸易等方面的知识。

马拉维的进出口贸易依赖周边国家的国际港口，出海口问题是该国生存和发展的关键所在。本书运用了国际物流、港口经济学、港口与腹地互动关系等理论知识，探析马拉维同周边国家的经济合作。同时，本书还运用了历史学、民族政治学、边界学等理论与方法。历史学是人文学科的基础；心理史学、比较史学等史学理论，有助于相关问题的探讨；民族政治学的理论与方法，可以用于分析跨界民族、民族认同等问题；边界学的理论与方法，有助于研究马拉维同邻国的边界争端问题。

第一章

独立以前马拉维的政治演进与对外交往

（约 1480—1963 年）

马拉维是南部非洲地区的内陆国家，因其境内的非洲第三大湖“马拉维湖”而得名。马拉维地区很早就有人类活动。3 世纪左右，首批移民卡富拉人（Kafula）来到该地区，带来了早期的铁器文化。[①]13—16 世纪，班图人迁徙浪潮中有一支名叫“菲里人”的族群，他们来到马拉维湖西北部地区，并逐渐定居下来。起初，他们同当地的卡富拉人经常发生冲突。随后，他们通过通婚等途径，逐渐同化了卡富拉人。[②] 后来，马拉维早期国家的雏形“马拉维联盟”在此建立，推动了当地的政治进步和经济发展。英国殖民统治时期，殖民当局以马拉维湖为中心，保留其原有的历史文化与政治基础，绘制出马拉维现代国家的版图。这种偶然因素使得马拉维的历史文化得以延续和发展，也是独立以后马拉维民族和国家意识较强、政局长期保持稳定的重要原因。

独立以前，马拉维的政治演进过程大致可以分为：马拉维联盟时期、英国早期殖民时期、英属中非保护国时期、英属尼亚萨兰时期、英属中非联邦时期。这 5 个阶段中，马拉维同周边地区及外部世界有着直接或间接的往来，特别是英属尼亚萨兰时期和英属中非联邦时期的对外交往活动，奠定了独立以后马拉维外交的基础。独立以前马拉维的政治演进，影响了独立以后马拉维的政治发展。同时，独立以前马拉维的对外交往活动，也给独立以后该国的外交留下了不少“政治遗产”，提供了诸多宝贵资源和历史经验。

第一节　马拉维联盟时期（约 1480 年至 18 世纪）

马拉维国家的历史，最早可以追溯到马拉维联盟时期。约 1480 年至 18 世纪，马拉维联盟经历了兴起—鼎盛—衰亡的演变过程。在这一发展过程中，马

---

① Bridglal Pachai. *Malawi: The History of the Nation.* Longman, 1973, p.71.

② Harvey J. Sindima. *Malawi's First Republic: An Economic and Political Analysis.* University Press of America, 2002, p.7.

拉维同周边地区和葡萄牙人有着密切的交往。马拉维联盟衰落以后，其境内的地方势力仍然同葡萄牙人等有合作关系。

一、马拉维联盟的政治统治

13—16 世纪，班图人大迁徙浪潮中的一个分支族群——菲里人，操着班图语，带着先进的铁器、农耕技术等，来到马拉维湖西北部地区开始定居。他们同当地的卡富拉人不断融合，逐渐融入当地社会之中，形成了较强的社会结构和融洽的民族关系。菲里人带来的铁器、农耕技术等，极大地推动了当地生产力的发展。这导致当地人口迅速增长，剩余产品开始出现，经济和社会结构发生变化。同时，通往沿海地区的商品贸易的发展，急需政权以确保商路和商站。这样，约 1480 年，马拉维联盟就已在当地建立了起来。①

马拉维联盟是一个以封建王权为核心、以宗亲关系为基础的分封制部族联盟国家。国家的统治者被称为“卡龙加”(Karonga)。② 同以往的族群政治相比，马拉维联盟的国家体制已经有了实质性飞跃。这是南部非洲地区经济发展的必然产物，也是该地区政治进步的重要体现。16 世纪晚期，马拉维联盟在政治、司法、经贸、税收、宗教、军事、对外交往等方面确立了完善的制度体系。同时，通过打压地方割据势力、对外拓疆扩土等，其中央集权得到进一步加强。17 世纪，马拉维联盟处于鼎盛时期，③ 其在政治、经济、文化、军事等方面的影响早已扩展到周边地区。同其交往密切的葡萄牙殖民者，对其强大的实力也心存畏惧，尊称其为“马拉维帝国”。

18 世纪初期开始，由于权力继承问题、地方势力膨胀、尧人内迁及贸易

---

① 关于“马拉维联盟”(Maravi Confederacy) 或“马拉维帝国”(Maravi Empire) 建立的时间，学界有不同的看法。《马拉维历史词典》《大英百科全书》等认为是约 1480 年，参见 The Editors of Encydopedia Britannica. “Maravi Confederacy”. *Encyclopedia Britannica* [2017-03-18]. https://www.britannica.com/topic/Maravi-Confederacy；Owen J. M. Kalinga, Cynthia A. Crosby. *Historical Dictionary of Malawi*. Scarecrow Press, 2001, Introduction. 大多数学者认同 16 世纪马拉维联盟已经建立的观点。见 [肯尼亚] B. A. 奥戈特主编，李安山等译：《非洲通史（第五卷）：十六世纪至十八世纪的非洲》，中国对外翻译出版公司 2001 年版，第 490 页；International Business Publications. *Malawi Foreign Policy and Government Guide*. International Business Publications, 2004, p.21.

② “卡龙加”起初是马拉维部族酋长的世袭称号，后来用于专指马拉维联盟的统治者。

③ [肯尼亚] B. A. 奥戈特主编，李安山等译：《非洲通史（第五卷）：十六世纪至十八世纪的非洲》，中国对外翻译出版公司 2001 年版，第 490 页。

活动等的影响，马拉维联盟逐步走向衰落和消亡。到 1720 年，马拉维联盟已经分裂为几个自治派系。[①]19 世纪早期，马拉维联盟已经四分五裂，政治上的统一已不存在。[②]

二、马拉维联盟的对外交往

马拉维联盟时期，其对外交往活动主要包括两个方面。

（一）同周边地区的交往

马拉维联盟建立以后，通过强大的政治、经济和军事实力，不断对外开疆拓土，进行征服战争。17 世纪初期，马拉维联盟的疆域已达今赞比亚东部大部分地区，马拉维中部和南部地区，以及莫桑比克北部地区，[③] 甚至波及东非沿岸。马拉维联盟在已被征服的地区，通过经贸往来的方式，依靠地方力量进行统治。马拉维联盟同南部非洲地区的强国——莫诺莫塔帕王国[④] 有政治、经贸、军事等方面的交往，并对其利润丰厚的金银矿藏和赞比西河沿岸的交通感兴趣。[⑤]1623 年，莫诺莫塔帕王国的国王突然逝世，这给马拉维联盟的军事入侵提供了有利时机。通过发动军事行动，马拉维联盟的军队掠夺了莫诺莫塔帕王国包括黄金、铜等在内的大量财富。这是马拉维联盟对外军事活动的重大事件。

18 世纪开始，随着马拉维联盟的衰落，地方力量逐步崛起。他们夺取贸易和外交权力，同东非沿岸进行直接的贸易活动。18 世纪中期，尧人从莫桑比克北部内迁到马拉维境内，开始同东非沿岸的阿拉伯人进行象牙、毛皮等的贸易往来。后来，交易商品转变为黑人奴隶。尧人逐渐成为马拉维与东非沿岸进行商贸活动的中间商，这从客观上削弱了马拉维联盟的影响力。

---

① The Editors of Encyclopedia Britannica. “Maravi Confederacy”. *Encyclopedia Britannica* [2017-03-18] https://www.britannica.com/topic/Maravi-Confederacy.

② [英]约翰·派克著，史一竹译：《马拉维政治经济史》，商务印书馆 1973 年版，第 76 页。

③ [肯尼亚] B. A. 奥戈特主编，李安山等译：《非洲通史（第五卷）：十六世纪至十八世纪的非洲》，中国对外翻译出版公司 2001 年版，第 484 页。

④ “莫诺莫塔帕”是葡萄牙语对其的称呼。绍纳语（Shona）称作“姆韦尼·姆塔帕”（Mwene Mutapa），现代普遍的叫法是“蒙哈姆塔帕”（Munhumutapa），还可简称为“姆塔帕”（Mutapa）。

⑤ [肯尼亚] B. A. 奥戈特主编，李安山等译：《非洲通史（第五卷）：十六世纪至十八世纪的非洲》，中国对外翻译出版公司 2001 年版，第 490 页。

（二）同葡萄牙人的交往

葡萄牙殖民者很早就来到马拉维湖周边地区。关于马拉维联盟的早期历史，以及关于这里的土地和人民的描述，就是来到这里的葡萄牙人记载的。[①]早在 1616 年，一个葡萄牙人头领就曾穿越马拉维联盟的国土。[②]葡萄牙人同马拉维联盟在象牙、毛皮、铁器、布匹等方面有着频繁的贸易往来。马拉维联盟鼎盛时期，其军事活动常令葡萄牙人感到恐慌。葡萄牙人留下的记载中说那是个勇武的民族，是一个不可征服的国家。[③]马拉维联盟的军队军事入侵莫诺莫塔帕王国之时，就曾摧毁过葡萄牙人的各类据点，并干涉其在统治区的内部事务。葡萄牙人惧怕马拉维人，将他们看作“恶邻”。早期，葡萄牙人为了获取利益，不得不与其进行合作。葡萄牙人在其周边地区的军事活动，时常会有马拉维士兵的配合。1608 年，马拉维联盟曾借给葡萄牙人 4000 名士兵，帮助他们镇压叛乱者。1623 年，马拉维联盟派出成千上万的士兵帮助葡萄牙人进行武装镇压活动。[④]同时，葡萄牙人也支持过马拉维联盟。1635 年，依靠葡萄牙人的支持，卡龙加镇压了联盟内部的“二号人物”伦杜（Lundu）的叛乱。[⑤]

马拉维联盟衰落以后，伦杜、翁迪（Undi）等领导的地方势力逐渐崛起。这时，葡萄牙人则在马拉维联盟内部挑拨离间，同这些地方头领展开开矿、象牙等方面的贸易合作。这样一来，马拉维联盟的政治统治和经济命脉遭受重创，客观上也肢解了这个联盟国家。

第二节 英国早期殖民时期和英属中非保护国时期（19 世纪中期至 1907 年）

19 世纪中期前后，马拉维联盟早已消亡。受到内外部因素的影响，马拉

① 1546 年，马拉维（Maravi）的名字首次出现在葡萄牙人绘制的地图上。Bridglal Pachai. *The Early History of Malawi.* Longman, 1972, Introduction.

② Harvey J. Sindima. *Malawi's First Republic: An Economic and Political Analysis.* University Press of America, 2002, p.15.

③ 杨人楩：《非洲通史简编：从远古至一九一八年》，人民出版社 1984 年版，第 178 页。

④ [肯尼亚] B. A. 奥戈特主编，李安山等译：《非洲通史（第五卷）：十六世纪至十八世纪的非洲）》，中国对外翻译出版公司 2001 年版，第 490 页。

⑤ Bridglal Pachai. *Malawi: The History of the Nation.* Longman, 1973, p.9.

维社会处于转型阶段。英国早期殖民时期，英国开始影响马拉维的社会发展。英属中非保护国时期，马拉维现代国家的雏形基本形成。这个时期，马拉维同周边地区、外部世界均有交往。

一、英国早期殖民时期（19 世纪中期至 1891 年）

19 世纪中期，因外部力量的纷纷涌入，马拉维社会处于阵痛阶段。这个时期，几乎同时发生了 3 件重大的历史事件，即尧人的内迁、恩戈尼人的侵入及西方殖民者的到来。[①] 马拉维社会的各种力量进行着互动。

从今莫桑比克西北部陆续迁来的尧人，这个时候开始定居于马拉维境内。通过连接南部非洲内陆和东非沿岸地区的贸易商站，他们逐渐扮演起了两地进行贸易的“中间商”角色。贸易商品主要包括象牙、毛皮、铁、布匹等。实际上，尧人同斯瓦希里—阿拉伯人已经形成了紧密的贸易伙伴关系。后来，双方交易的商品逐渐变为奴隶，[②] 尧人开始从事猎奴和贩奴活动。随着双方交往的频繁，尧人开始受到阿拉伯文化的影响，转而信奉伊斯兰教。尧人的猎奴活动和贩奴活动给马拉维社会带来巨大的灾难，导致人口流失、经济衰退，民族关系和社会结构等发生重大变化。

恩戈尼人起初定居在南非的纳塔尔（Natal）。[③] 后来，由于祖鲁人（Zulu）侵袭，他们被迫向北迁徙。恩戈尼人掌握先进的军事组织及军事技术，[④] 逐渐侵占了包括马拉维在内的周边地区。恩戈尼人的两个分支则逐渐定居于马拉维的北部和中部地区，[⑤] 契瓦人、卡兰加人（Karanga）等族群被征服以后，该地区的政治、经济、民族、文化等方面发生重大变化。恩戈尼人的入侵虽然给马拉维社会带来了巨大的负面影响，但他们最终融入当地社会之中，成为抵挡尧

① 苏联科学院非洲研究所编，顾以安、翁访民译：《非洲史 1800—1918 年（上册）》，上海人民出版社 1977 年版，第 311 页。

② Roderick J. Macdonald. *From Nyasaland to Malawi: Studies in Colonial History*. East African Pub. House, 1975, p.13.

③ Robert M. Maxon. *East Africa: An Introductory History*. West Virginia University Press, 2009, p.105.

④ John McCracken. *Politics and Christianity in Malawi, 1875-1940: The Impact of the Livingstonia Mission in the Northern Province*. Cambridge University Press, 1977, p.8.

⑤ Harvey J. Sindima. *Malawi's First Republic: An Economic and Political Analysis*. University Press of America, 2002, p.8.

人西迁的重要力量。这在客观上保护了马拉维西部的各个民族，使它们免受更具灾害性的猎奴活动的伤害。

1859 年，英国探险家、传教士戴维·利文斯顿（David Livingstone）进入马拉维南部希雷河流域，进行地理考察活动。同年 9 月，他首次看到马拉维湖，[①] 并将其命名为“尼亚萨湖”（Lake Nyasa）。随后，利文斯顿对周边地区进行了多次考察，绘制出大量的珍贵地图，并留有很多笔记。这为后来英国的殖民活动提供了重要资料。1861 年，利文斯顿率领“大学中非传教团”（Universities' Missions to Central Africa, UMCA）来到马拉维进行传教活动。由于种种原因，传教活动以失败告终。1875 年，英国传教团再度来到马拉维进行传教活动。这次传教活动带来了西方的新思想，改变着马拉维人的传统信仰。[②] 同时，英国打着“禁奴”和“进行合法贸易”的旗号，先后成立了“非洲湖区公司”（African Lakes Company, ALC）和“英国南非公司”（British South African Company, BSAC），开始对马拉维进行早期的商业殖民活动。此外，英国当局还通过同当地部族酋长签订“保护条约”，进行殖民活动。英国南非公司在马拉维西部进行着殖民活动的同时，德国在马拉维的东北部、葡萄牙在其南部进行着殖民活动。在 1876 年的“布鲁塞尔会议”、1884—1885 年的“柏林会议”召开后，西方国家确立了瓜分非洲地区的游戏规则。随后，英国同德国、葡萄牙厮杀后，通过谈判达成英德协定、英葡协定、英国外交部—英国南非公司协定，[③] 初步确立了马拉维国家的现代版图。

这个政治版图是西方殖民者利益博弈和相互妥协的最终产物。马拉维的许多民族被划到不同的殖民地，形成跨界民族。然而，这个奇形怪状的版图保留了马拉维联盟时期的核心区域，文化类同的民族（马拉维族）中心已经被包括在英属中非保护国的领域以内，[④] 而往昔的历史仍然给这个国家的面貌留下

① A. J. Hanna. *The Beginnings of Nyasaland and North-Eastern Rhodesia:1859–95*. Clarendon Press, 1956, p.4.

② Harvey J. Sindima. *Malawi's First Republic: An Economic and Political Analysis*. University Press of America, 2002, p.19.

③ Ibid, pp.25-26.

④ [南非]斯万齐·阿格纽、[美]迈克尔·斯塔布斯主编，开封师范学院地理系译：《马拉维地图集》，河南人民出版社 1977 年版，第 6 页。

了痕迹。[①] 这样的版图更具现代国家的内涵，基本上等同于当代马拉维国家的疆界。

二、英属中非保护国时期（1891—1907 年）

1891 年，英国成立英属中非保护国，确立了其在马拉维的殖民统治地位。通过整顿国内秩序、确立行政机构、加强经济控制等途径，英国殖民当局加强了对马拉维的统治。同时，在英国殖民统治之下，马拉维同周边地区、外部世界也有所往来。

（一）政治方面

英属中非保护国建立了具有现代国家意义的政治统治制度。一方面，中央政府建有独立的警察部、财政部、邮政部、卫生部、科学部、工程部等，并设有各部驻地方的站点和办事处，管辖保护国境内的各项事务。到 1896 年，英属中非保护国的分驻站点包括松巴（Zomba）、布兰太尔（Blantyre）、卡龙加等共 36 个。[②] 另一方面，英属中非保护国设有地方行政区、税务局等，管辖地方上的行政、税收等各类事务。英国殖民当局起初将全国划分为 4 个行政区。1893 年，英属中非保护国已经设有 12 个行政区。[③] 每个行政区委托一位税务员进行管理，负责法律和秩序、税收和执照签发、公共事务、开设法庭等事务。[④] 现代国家政治制度的建立，为马拉维的国家转型奠定了必要基础。

（二）经济方面

英属中非保护国确立了依附于英国的经济发展制度，这使得英国殖民当局开始进行掠夺和剥削，主要表现为白人土地所有制、掠夺廉价劳动力和强征各类苛捐杂税。第一，白人土地所有制使得当地人丧失土地，逐渐沦为契约劳动

---

① ［英］约翰 · G. 派克、［英］杰拉尔德 · T. 里明顿著，天津师范学院地理系教师译：《马拉维地理研究》，商务印书馆 1978 年版，第 120 页。

② ［南非］斯万齐 · 阿格纽、［美］迈克尔 · 斯塔布斯主编，开封师范学院地理系译：《马拉维地图集》，河南人民出版社 1977 年版，第 64 页。

③ Norman H. Pollock, Jr. *Nyasaland and Northern Rhodesia: Corridor to the North.* Duquesne University Press, 1971, p.187.

④ ［南非］斯万齐 · 阿格纽、［美］迈克尔 · 斯塔布斯主编，开封师范学院地理系译：《马拉维地图集》，河南人民出版社 1977 年版，第 62 页。

力，被迫奔赴周边地区进行劳作以谋生。第二，英国殖民当局在保护国境内种植咖啡、棉花、烟草、茶叶等经济作物，保护国境内的很多无地农民则成为这些经济作物种植园的劳工，其收入同种植园主的剥削和压榨程度密切相关，同国际市场也存在着联系。第三，英国殖民当局还强征各类苛捐杂税。如1894年，英国强征茅屋税，每间茅屋征收3便士；1910年，税额增至6便士。[①] 茅屋税起初出现在南部地区，而后逐渐扩展到北方乃至全国各地。

（三）军事方面

英国殖民当局果断地做出决策，通过武力征讨的方式，逐步平息了保护国境内南北各地的反叛政治力量，奠定了保护国社会稳定的基础。英属中非保护国还专门派遣锡克人（Sikhs）军队对尧人的贩奴集团进行讨伐。经过数年的战争，尧人首领和奴隶贩子最终被击败。"到1895年，尧人贩卖奴隶的酋长势力终于被打垮。"[②] 这样，尧人与东非沿岸阿拉伯人的奴隶贸易往来被切断，马拉维南部希雷河流域逐渐恢复平静。

（四）教育方面

英属中非保护国建立以后，西方的传教团体在其境内建立了传教站点。受基督教自由、平等、博爱等思想的影响，很多人开始信仰基督教。此外，传教团体设立的西式教会学校发展较快，客观上推动了马拉维现代教育事业的发展。至1900年，利文斯敦尼亚（Livingstonia）教会学校已培养了英属中非保护国绝大多数的中学生和超过50%的小学生。[③] 在恩戈尼人地区，学校的扩张速度急剧增长。1893年，当地只有学校10所，学生共630人；1898年，学生人数最多时达到4040人；1901年，有学校55所，学生2800人；1904年，学校增加到134所，学生则达到9000余人。[④] 西式教会学校不仅培养了大量的技术人员、公务人员等，还培养了大批政治精英人物。受西方文化影响的知识分子，最后成为领导马拉维走向独立、从事外交活动的主体。

---

① Joey Power. *Political Culture and Nationalism in Malawi.* University of Rochester Press, 2010, p.14.

② [英]P. E. N. 廷德尔著，陆彤之译：《中非史》，上海人民出版社1976年版，第325页。

③ Owen J. M. Kalinga, Cynthia A. Crosby. *Historical Dictionary of Malawi.* Scarecrow Press, 2001, p.248.

④ John McCracken. *Politics and Christianity in Malawi, 1875–1940: The Impact of the Livingstonia Mission in the Northern Province.* Cambridge University Press, 1977, p.119.

（五）外族内迁方面

隆韦人原先居住在今天的莫桑比克境内。1897—1907 年，葡萄牙当局侵入隆韦人所占据的地区，导致大批隆韦人离开自己的家园，内迁至今马拉维境内。[①] 随着迁徙人数的不断增加，隆韦人开始定居在今马拉维南部的希雷河流域。1900—1915 年，内迁的人数约有 10 万人。[②] 这些隆韦人主要分布在姆兰杰（Mulanje）、松巴、乔洛（Cholo / Thyolo）等县。他们通过在白人的经济作物种植园中劳作获得维持生活的经济收入。至此，隆韦人成为英属中非保护国境内最后一支内迁的民族。该民族也成为之后马拉维同莫桑比克之间的跨界民族。

第三节　英属尼亚萨兰时期和英属中非联邦时期（1907—1963 年）

英属尼亚萨兰时期，尼亚萨兰的各项制度更加完善，已经具备了现代国家的基础。这个时期，尼亚萨兰同英国的关系更为紧密，并且同周边地区、外部世界展开了交往活动。英属中非联邦时期，英国强行将尼亚萨兰、北罗得西亚、南罗得西亚联合到一起。此时，尼亚萨兰同英国、北罗得西亚、南罗得西亚的关系较为密切。

一、英属尼亚萨兰时期（1907—1953 年）

1907 年，英国殖民当局将“英属中非保护国”更名为“英属尼亚萨兰”。英属尼亚萨兰时期，殖民当局将西方的政治、经济、社会等方面的制度移植到了尼亚萨兰。尼亚萨兰作为现代国家的机体逐步成形和成熟，这也成为尼亚萨兰民族和国家认同的基础，推进了尼亚萨兰的民族主义运动。英属尼亚萨兰时期，尼亚萨兰同周边地区、外部世界通过多种方式实现了交往。尼亚萨兰的

① [南非]斯万齐·阿格纽、[美]迈克尔·斯塔布斯主编，开封师范学院地理系译：《马拉维地图集》，河南人民出版社 1977 年版，第 60 页。

② Harvey J. Sindima. *Malawi's First Republic: An Economic and Political Analysis*. University Press of America, 2002, p.9.

政治组织、政治精英的思想、外部交往等对独立以后的马拉维外交有着重要影响。

（一）政治方面

英属尼亚萨兰设有行政议会，逐步建立起总督、部、省、区、县等由中央到地方的政治体制，这使尼亚萨兰具有现代国家的基本特征。在尼亚萨兰，中央设有各部，主管国家的各项事务；地方设有若干个区、县，管理地方事务。1921 年，尼亚萨兰各地区进行合并，设立北方、中央和南方 3 个省，各省设有专员进行管辖。1944 年，尼亚萨兰设立了省议会。1946 年，设立了具有咨询性质的保护国议会。1950 年，建立了城市咨询委员会（Urban Advisory Committee）。[①] 为了更有效地管理殖民地，殖民当局还通过“间接统治”方式，进行政治统治。《县行政（土著）条例》（*Native Ordinance*）推行以后，尼亚萨兰又颁布《土著权力条例》（*Native Authorltles Ordinance*）和《土著法庭条例》（*Native Court Ordinance*），[②] 各地的酋长掌握部分权力，他们可以借此帮助政府处理地方上的行政、税收、司法等事务。英属尼亚萨兰的政治制度奠定了当代马拉维国家政治发展的基础。

这个时期，尼亚萨兰人的民族意识逐渐觉醒，并且进行了反抗英国殖民统治的英勇斗争。1915 年，约翰·奇伦布韦（John Chilembwe）以基督教为旗帜，率领其信徒掀起了第一次反英民族大起义，该事件成为尼亚萨兰历史的重要转折点。[③] 这次民族起义运动虽然以失败告终，但其影响极为深远。奇伦布韦成为促使尼亚萨兰历史前进的民族英雄，死亡使他成为尼亚萨兰历史上一个具有决定性作用的人物。[④] 这次起义也成为尼亚萨兰旧时代结束的标志。[⑤]20 世纪 20 年代后期，尼亚萨兰出现了许多“非洲人协会”，达 15 个之多。[⑥] 这反映出尼亚萨兰人政治意识的觉醒。1944 年，全国性的民族主义政党组织——“尼

① [英] P. E. N. 廷德尔著，陆彤之译：《中非史》，上海人民出版社 1976 年版，第 467—469 页。

② Harvey J. Sindima. *Malawi's First Republic: An Economic and Political Analysis.* University Press of America, 2002, pp.35-36.

③ 武涛：《英属尼亚萨兰时期马拉维民族意识觉醒原因探析》，《哈尔滨学院学报》2013 年第 9 期，第 90 页。

④ Bridglal Pachai. *The Early History of Malawi.* Longman, 1972, p.424.

⑤ Bridglal Pachai. *Malawi: The History of the Nation.* Longman, 1973, p.224.

⑥ 陆庭恩、刘静：《非洲民族主义政党和政党制度》，华东师范大学出版社 1997 年版，第 109 页。

亚萨兰非洲人国民大会"（Nyasaland African Congress, NAC）正式成立，它是尼亚萨兰民族解放运动重要的政治力量。[①] 接受过西式教育的政治精英，逐渐成为尼亚萨兰人反抗英国殖民统治的主体力量。

（二）经济方面

通过掠夺大量廉价的劳动力和推行经济作物种植制度，英国殖民当局对尼亚萨兰进行经济掠夺、压榨和剥削。尼亚萨兰的人口众多，劳动力资源极为丰富，可谓是"劳动力的仓库"。英国殖民当局通过剥夺土地所有权的方式，迫使尼亚萨兰人转变为佃农或农场工人，在白人的种植园里进行劳作。还有很多人奔赴南罗得西亚、北罗得西亚、南非等周边国家的厂矿中，靠出卖劳动力获得维持生活的收入。英国殖民当局还在尼亚萨兰强推经济作物种植制度，主要种植咖啡、烟草、棉花、茶叶等用于出口的经济作物。1920年，尼亚萨兰的烟草出口额达42.1519万英镑。[②]1951年，尼亚萨兰出口总额为590万英镑，而茶叶和烟草合起来就占到76.1万英镑。[③] 英国殖民当局还通过协会、公司等，垄断经济作物的收购，获得设定价格的权力。1908年，英国成立茶叶公司收购全国茶叶。[④]1923年，英国棉花种植协会（British Cotton Growing Association, BCGA）获得了按照预定价格收购尼亚萨兰人全部棉花的专有权。[⑤] 英国殖民当局通过控制经济作物由生产到销售的各个环节，压低收购价格，牟取暴利。经济作物耕种制度立足于英国当局的利益，使尼亚萨兰逐渐沦为其经济附庸，丧失经济发展和对外贸易的主导权。这些经济作物使得尼亚萨兰人同世界市场形成了紧密联系。经济作物种植制度的弊端较多，而这种外向型的出口贸易至今仍然影响着马拉维的经济发展。

（三）对外交往方面

尼亚萨兰同周边国家、外部世界有着较多交往活动。尼亚萨兰的首位民族

---

① Owen J. M. Kalinga, Cynthia A. Crosby. *Historical Dictionary of Malawi.* Scarecrow Press, 2001, pp.317-319.

② Norman H. Pollock, Jr. *Nyasaland and Northern Rhodesia: Corridor to the North.* Duquesne University Press, 1971, p.317.

③［英］P. E. N. 廷德尔著，陆彤之译：《中非史》，上海人民出版社1976年版，第449页。

④ T. David Williams. *Malawi, The Politics of Despair.* Cornell University Press, 1978, pp.84-85.

⑤［匈］西克·安德烈著，上海新闻出版系统"五·七"干校翻译组译：《黑非洲史：第二卷（下册）》，上海人民出版社1974年版，第483页。

主义英雄约翰·奇伦布韦曾赴美国、英国学习和游历。他在美国受到当时流行的“泛非主义”政治思潮的影响，最后将这种反种族主义、反殖民主义的进步思想带回了尼亚萨兰。[①] 这个时期，尼亚萨兰的铁路、桥梁、公路等交通运输网已经辐射到周边国家，大大提升了其对外贸易能力，也为尼亚萨兰人出国务工提供了现实基础。尼亚萨兰逐渐成为周边国家廉价劳动力的供应地，大量的尼亚萨兰人成为季节性的往返工，前往北罗得西亚、南罗得西亚、南非等周边国家的厂矿进行劳作，以谋取生活所需的必要收入。事实上，尼亚萨兰人在中部和南部非洲地区的厂矿劳作方面也发挥着重要作用。[②]

“据统计，马拉维的成年男性约有 20%—25% 的人在其一生中的某个时期到国外寻找过工作。”[③]1936 年，当局委员会的报告指出，“尼亚萨兰 1/4 的成年男子，约 12 万人，经常留在尼亚萨兰境外工作”[④]。“罗得西亚土著劳动力供应委员会”（Rhodesia Native Labor Association, RNLA）是专门办理尼亚萨兰劳工协议事务的招工机构。[⑤] 尼亚萨兰人出国务工的影响是极为深远的。他们在周边国家的白人厂矿里进行劳动时，经常受到歧视和压榨。例如，白人政府实行双重工资制度，尼亚萨兰人只能得到微薄收入。白人企业家为了获取更多的利益，往往驱使尼亚萨兰人不停地工作，尼亚萨兰人的不满情绪和反抗意识逐渐高涨。

尼亚萨兰人纷纷成立工会组织，用于保障自身的合法权益。他们成立过规模较大的工会组织“南非工商业工人联盟”（South African Industrial and Commercial Workers Union, SAICWU）。1920 年，尼亚萨兰人在南非成立了“尼亚萨兰民族联盟”（Nyasaland National Union, NNU），旨在保护来自尼亚萨兰的工人的利益。[⑥] 尼亚萨兰人出国务工，外部世界的新思想、新制度等也开阔了

---

① 武涛：《英属尼亚萨兰时期马拉维民族意识觉醒原因探析》，《哈尔滨学院学报》2013 年第 9 期，第 90 页。

② Bridglal Pachai. *Malawi: The History of the Nation.* Longman, 1973, p.128.

③ [英]约翰·G. 派克、[英]杰拉尔德·T. 里明顿著，天津师范学院地理系教师译：《马拉维地理研究》，商务印书馆 1978 年版，第 130 页。

④ [匈]西克·安德烈著，上海新闻出版系统“五·七”干校翻译组译：《黑非洲史：第二卷（下册）》，上海人民出版社 1974 年版，第 488 页。

⑤ Joey Power. *Political Culture and Nationalism in Malawi.* University of Rochester Press, 2010, p.26.

⑥ 苏联科学院非洲研究所编，上海新闻出版系统“五·七”干校翻译组译：《非洲史 1918—1967 年（下册）》，上海人民出版社 1974 年版，第 855 页。

他们的视野。这些“到国外去谋生的季节性工人也把国外的许多斗争经验带回了尼亚萨兰”[①]。他们将国外的见闻同国内的情况进行对比，对本国人民的政治地位、生活标准、教育机会等表达不满。[②] 同时，尼亚萨兰人去往周边国家务工，形成了一种自觉的国家民族感情，找到了民族和国家的认同感。不论他们来自哪个族群，他们在国外都被称作“尼亚萨兰人”。[③]

经过两次世界大战的洗礼，尼亚萨兰人的民族意识逐渐觉醒，他们对外部世界的认识也更为深入。“一战”期间，尼亚萨兰被卷入同德属东非的战争之中。尼亚萨兰人为英国军队提供粮食。英国从尼亚萨兰招募了近 2 万青年进入英王非洲人来复枪队（King's African Rifles）服役，同德国人在尼亚萨兰的边界进行交战。许多运输工人被推到战场去运送弹药和其他军需品。1916—1918 年，估计总数 20 万男劳力中，约有 12.5 万人被招募去当搬运工。[④] “二战”期间，约有 3 万的尼亚萨兰人充当士兵，被派往邻国，甚至南亚、东南亚等地，为英国殖民当局效力和卖命。这些士兵奔赴世界各地，接触了更为广阔的世界，国家意识逐步提升，民族主义情绪高涨。“他们在北非和东方的经历，使他们接触了以前无法想象到的地方。这些经历，为比较鉴别各种各样的国家的价值提供了依据，激起了政治觉悟，增加了对家乡低水平的农村生活的日益不满。”[⑤]

1944 年，尼亚萨兰非洲人国民大会成立。远在英国行医的海斯廷斯·卡穆祖·班达博士同该组织保持着密切联系。他提议该组织设立全职的组织秘书处，并为此提供资金支持。[⑥] 同年，班达博士被委任为该组织驻英国的代表。他不仅同英国殖民当局进行事务交涉，而且还同恩克鲁玛（Nkrumah）、肯雅塔（Kenyatta）等其他非洲殖民地的民族主义者保持联系，经常听取他们的意见，加强彼此之间的交流和学习。以“泛非主义”为旗帜，追求各自民族国家的解放，成为这些知识精英共同的政治追求。

---

① 苏联科学院非洲研究所编，上海新闻出版系统“五·七”干校翻译组译：《非洲史 1918—1967 年（下册）》，上海人民出版社 1974 年版，第 865 页。

② Owen J. M. Kalinga, Cynthia A. Crosby. *Historical Dictionary of Malawi.* Scarecrow Press, 2001, Introduction.

③ [英]P. E. N. 廷德尔著，陆彤之译：《中非史》，上海人民出版社 1976 年版，第 472 页。

④ [英]约翰·G. 派克著，史一竹译：《马拉维政治经济史》，商务印书馆 1973 年版，第 154 页。

⑤ [英]P. E. N. 廷德尔著，陆彤之译：《中非史》，上海人民出版社 1976 年版，第 456—457 页。

⑥ T. David Williams. *Malawi, The Politics of Despair.* Cornell University Press, 1978, p.127.

二、英属中非联邦时期（1953—1963 年）

1953 年，英国殖民当局将尼亚萨兰、南罗得西亚、北罗得西亚合并成英属中非联邦。英国殖民当局并未理会 3 个殖民地人民的强烈反对，而是基于自身利益的考量，即将南罗得西亚的工业、北罗得西亚的铜矿及尼亚萨兰的劳动力资源结合在一起，构建起殖民主义的经济体系，以获取更多的经济利益。同时，借此来压制 3 个殖民地的民族主义情绪，排挤美国资本的进入和渗透，确保英国在该地区的殖民统治。

英属中非联邦遭到 3 个殖民地人民的坚决反抗。尼亚萨兰反对得最为激烈，但它也重视同北罗得西亚、南罗得西亚的合作，以及同英国进行谈判解决问题的机会。该阶段，尼亚萨兰人的民族意识已经觉醒。实际上，英属中非联邦的 10 年时间，就是尼亚萨兰同宗主国英国进行谈判、合作与斗争的历史。这一时期，尼亚萨兰、北罗得西亚、南罗得西亚在政治、经济等方面的关系较为密切，交往活动特别频繁。

1953 年，英属中非联邦宪法通过，但它并非独立的主权国家。该宪法打着“种族合作”和“伙伴关系”的旗号，为殖民统治进行辩护，欺骗 3 个殖民地人民。英国成立英属中非联邦激起了尼亚萨兰人的极大愤慨。尼亚萨兰人的反抗情绪表现得最为强烈。[①] 通过尼亚萨兰非洲人国民大会组织的各项罢工运动、派遣酋长代表团赴英国伦敦进行和平抗议和请愿，以及常年旅居英国的班达博士同保守党政府进行辩论等途径，尼亚萨兰人进行了坚决反抗。

“1953 年，尼亚萨兰非洲人国民大会决定对联邦采取非暴力的抵抗运动，并成立最高行动委员会，用以指挥抵制、抗税和罢工等运动。”[②] 1953 年 8 月，乔洛区发生暴力行动，很快就被镇压下去。[③] 随后，尼亚萨兰非洲人国民大会承认非暴力斗争失败。1953 年，尼亚萨兰酋长代表团到英国伦敦进行抗议和

---

① ［匈］西克·安德烈著，杭州大学外语系译，姚祖培校：《黑非洲史：第三卷（下册）》，上海译文出版社 1980 年版，第 848 页。

② Mekki Mtewa. *Malawi Democratic Theory and Public Policy.* Schenkman Books, 1986, p.52.

③ ［英］约翰·G. 派克著，史一竹译：《马拉维政治经济史》，商务印书馆 1973 年版，第 212—213 页。

请愿，呈请英国女王解除强加给尼亚萨兰的中非联邦。[①] 英国女王并未能满足代表团的政治要求。在当年英王加冕的庆祝活动上，尼亚萨兰人进行了坚决抵制，以示抗议。旅居英国的海斯廷斯·班达博士在英国同保守党政府进行了激烈的辩论。作为尼亚萨兰的著名知识分子和民族主义英雄，他已成为广受关注的焦点人物。班达博士主张结束“愚蠢的联邦”，争取尼亚萨兰的“自由”。[②] 他在主张遭到英国拒绝后，愤然离开英国前往加纳，并时刻关注尼亚萨兰的政治动向。尼亚萨兰人迫切希望班达博士能够回国，领导尼亚萨兰人进行民族解放运动。

1958 年，班达博士返回尼亚萨兰，被任命为尼亚萨兰非洲人国民大会主席，开始领导尼亚萨兰的民族解放运动。班达博士在尼亚萨兰全境进行巡回演讲，激发了尼亚萨兰人的民族主义情绪，其个人威望也与日俱增。他要求解散英属中非联邦，尼亚萨兰退出联邦。班达博士的斗争策略较为理性。他认为即使尼亚萨兰独立，也不可能同英国完全脱离关系。尼亚萨兰必然会独立，因为尼亚萨兰人已经觉醒。因此，他并没有完全同英国当局决裂，而是主张采取不合作的消极抵抗和非暴力的政策。这种政治思想也影响到独立以后马拉维的外交政策。尼亚萨兰人在进行集会、游行、罢工等的同时，不可避免地会出现暴力行为。英国当局对此进行了残酷镇压，逮捕了班达博士和尼亚萨兰非洲人国民大会的部分骨干成员。即便如此，班达博士对尼亚萨兰的民族主义运动仍然保持着积极、乐观的心态。正如班达博士所言：“我绝不会放弃为自由而战，我已经准备好了走进监狱，甚至被害。逮捕我也起不到任何作用，因为尼亚萨兰人总是觉醒的。”[③]

宪法斗争是 3 个殖民地反对英属中非联邦的主要途径。1958 年开始，尼亚萨兰、北罗得西亚、南罗得西亚通力合作，旨在迫使殖民当局修改宪法，解散英属中非联邦。其中，尼亚萨兰的反抗斗争影响最大。1958 年 10 月，北罗得西亚的民族主义政党联合民族独立党（United National Independence Party,

① Harvey J. Sindima. *Malawi's First Republic: An Economic and Political Analysis.* University Press of America, 2002, p.52.

② Robert I. Rotberg. *The Rise of Nationalism in Central Africa: The Making of Malawi and Zambia, 1873–1964.* Harvard University Press, 1965, p.288.

③ T. David Williams. *Malawi, The Politics of Despair.* Cornell University Press, 1978, pp.178–179.

UNIP）成立。1959 年 9 月，马拉维国民大会党成立，该党主张通过非暴力的手段，实现尼亚萨兰的国家自治和尼亚萨兰人的完全解放。[①] 卡尼亚马 · 丘梅、契彭贝尔（Chipembere）等是马拉维国民大会党的主要成员。1960 年，刚获释的班达博士就任该党主席。同年，班达博士率领代表团赴英国进行谈判，共同协商新宪法的制定。1961 年，班达博士领导的马拉维国民大会党在选举中获得胜利，他就任殖民政府的自然资源部部长。1962 年，尼亚萨兰制宪会议在英国伦敦召开。1963 年 2 月 1 日，尼亚萨兰实现内部自治，班达博士出任尼亚萨兰自治政府的总理。自治时期，英国当局仍然掌控着尼亚萨兰的国防、财政、经济、司法等重要大权。1963 年 12 月 31 日，英属中非联邦宣告解体。[②]1964 年 7 月 6 日，尼亚萨兰宣布独立，并改为历史上的国名——马拉维。

---

① Robert I. Rotberg. *The Rise of Nationalism in Central Africa: The Making of Malawi and Zambia, 1873–1964.* Harvard University Press, 1965, p.309.

② ［英］P. E. N. 廷德尔著，陆彤之译：《中非史》，上海人民出版社 1976 年版，第 594 页。

第二章

一党专政时期马拉维的对外政策

（1964—1994 年）

1964 年 7 月 6 日，马拉维取得国家独立。国家主权的获得，使得马拉维在内政、外交方面拥有了独立自主权。然而，基于本国的历史和国情，独立以后很长一段时期，马拉维在政治、经济、外交等方面仍未完全脱离宗主国英国对其的控制。独立后不久，班达博士就同内阁部长们在本国的内政、外交路线方面产生严重分歧。这种政治对抗的结果，直接影响到马拉维以后的政治和外交走向。班达博士基于对本国历史、国情、周边环境、国际政治等因素的综合考量，奉行“现实主义”的外交路线；内阁部长们则追随非洲国家民族解放运动的政治浪潮及非洲统一组织的政治主张，采取“泛非主义”的外交路线。这两种外交路线是完全对立、不可调和的，最终导致“内阁危机”的爆发。随后，班达博士镇压了内阁部长们在国内的“叛乱”活动，掌握了国家的各项权力。主要的内阁阁员则流亡到周边国家，建立起多个政治流亡组织，长期从事反对班达博士政治统治的活动。

1966 年 7 月 6 日，马拉维共和国成立，海斯廷斯·卡穆祖·班达担任共和国总统，并被冠以“国父”的称号。之后，班达总统通过多种手段，在国内逐步确立起由马拉维国民大会党一党专政的威权主义政治体制。1970 年，班达被选为马拉维国民大会党的终身主席。1971 年，班达巩固了自己的权力，被任命为马拉维的终身总统。[①] 班达总统牢牢掌握国家权力以后，开始推行亲西方、亲白人种族主义政权的“现实主义”外交路线及政策。马拉维通过外交资源获取经济援助，[②]“搭便车”，并且保障了本国的出海口安全。班达执政时期，马拉维奉行的“现实主义”外交路线，同整个非洲大陆“泛非主义”的政治浪潮格格不入，成为撒哈拉以南非洲国家中的独特个案。这种背离非洲独立国家群体的民族利己主义行为，遭到绝大多数非洲独立国家领导人的批评和谴责。班达也经常被斥责为“白人的小伙计”或“非洲大陆最可恶的毒瘤”。[③]

---

① International Business Publications. *Malawi Foreign Policy and Government Guide.* International Business Publications, 2004, p.23.

② T. David Williams. *Malawi: The Politics of Despair.* Cornell University Press, 1978, p.6.

③ 原牧：《马拉维的终身总统班达》，《西亚非洲》1981 年第 4 期，第 57 页。

事实上，班达"现实主义"外交战略的布局，并非盲目地追随非洲地区的政治潮流，而是基于本国的国情及国际政治的本质，经过深思熟虑后做出的外交战略决策。这种外交战略布局不是去追随那些毫无意义的荣耀，而是始终以国家利益和国家发展为根本出发点的。同时，班达能够根据国际政治风云的变化，适时调整其"现实主义"外交政策，以获取所需要的国家利益。20世纪80年代，随着南部非洲地区及国际形势的变化，马拉维开始调整本国的外交政策。不过，马拉维的"现实主义"外交政策依旧根深蒂固。1994年，班达总统在内外双重压力之下，被迫实行多党民主制。最终，马拉维以和平、有序的多党民主选举的方式，结束了长达30年的一党专政体制。[①] 班达执政时期，该国政局长期保持稳定，对外奉行亲西方、亲白人种族主义政权的"现实主义"外交路线，这在已经独立的非洲国家当中极为罕见。因此，这个时期的马拉维外交是我们观察和分析非洲国家外交独特、理想的国别个案。

第一节　影响该阶段马拉维外交政策制定的主要因素

1964—1994年，这30年时间是海斯廷斯·卡穆祖·班达执政时期。对外政策方面，马拉维推行的是"现实主义"外交路线及政策。这个阶段，马拉维的外交政策可以划分为两个时期：

第一，1964—1980年，"现实主义"外交政策的决策、制定及实施时期；

第二，1980—1994年，"现实主义"外交政策的调整时期。

班达执政时期，他在该国外交路线及政策制定方面起到了至关重要的作用。在马拉维外交政策的决策过程中，班达考虑到了影响和制约本国外交的诸多内外部因素，包括本国国情、地缘政治、国际政治的实质、南部非洲国际关系、国际冷战等。20世纪80年代，随着南部非洲地区形势的突变，加上国际政治经济等因素的影响，班达总统对该国的外交政策进行了灵活、务实的调整。无论如何，马拉维始终将国家利益置于首位，"现实主义"始终是其外交政策制定的基本原则。从外交政策的制定过程来看，微观层面的国内政策和

---

① Michael Cowen, Liisa Laakso. *Multi-Party Elections in Africa*. Palgrave, 2002, p.172.

宏观层面的国际关系同外交决策过程是联系在一起的。[①] 因而，班达执政时期，对影响马拉维外交政策制定的因素可以通过国内、国外 2 个层面进行分析和探讨。

一、国内因素

（一）马拉维的基本国情

马拉维是南部非洲地区的内陆国家。独立以后，该国的生存与发展面临着诸多问题的考验。这些基本国情影响了该国外交政策的制定，外交也成为该国面对和解决这些问题的主要手段。总体来看，许多非洲国家独立之后，或多或少都会受到类似问题的困扰。然而，作为内陆小国，马拉维存在人口众多、资源匮乏、资金不足等不利因素，该国发展所面对的问题更为棘手和严峻。若这些问题不能得到妥善解决，该国的安全与发展将会遭受威胁，这也是独立初期马拉维的政治精英们争论最多的问题。生存为首，发展次之，这是马拉维国家较为现实的重大战略问题。独立以后，马拉维面临的具体国情制约着该国外交政策的制定及走向。该国的具体国情包括 2 个层面的问题。

1. 该国的国土面积狭小，又是内陆国家，国家实力较弱，在内外压力之下，国家的生存与安全面临着较大的威胁。

马拉维位于非洲东南部，国土面积为 118484km^2；其中，马拉维湖占据了该国较大的领土面积，达到 24400km^2。[②] 该国还被赞比亚、坦桑尼亚、莫桑比克 3 国所环绕。内陆国家的生存与发展往往受到周边国家的影响。作为非洲地区的内陆小国，在建国以后如何保障国家的正常运转，以及如何在内外各种问题的压力之下维护国家主权与领土完整，都是马拉维首先需要解决的问题。独立以后，马拉维现代国家正式确立。受诸多偶然因素的影响，在马拉维政治演进过程之中，“历史遗产”传承下来的较多，马拉维人的民族意识和国家观念较强，这是该国政治稳定的有利因素。当然，该国在生存和安全方面还有诸

① Korwa Gombe Adar, Rok Ajulu. *Globalization and Emerging Trends in African States' Foreign Policy-Making Process: A Comparative Perspective of Southern Africa*. Ashgate Publishing Company, 2002, p.73.

② International Business Publications. *Malawi Foreign Policy and Government Guide*. International Business Publications, 2004, p.11.

多负面因素，这就需要马拉维在外交方面有所作为，最大限度地维护国家主权，争取自身所需的国家利益。因为，这是该国可以主导、可以利用的资源或手段。

马拉维外交首先要立足于该国的国情，而非盲目地跟随其他非洲国家或受到大国因素的影响，使自己迷失方向，看不清自己的现状及未来。因而，马拉维国家的领导集团在进行外交决策的过程中，要有冷静、理智的头脑，不应过度地关注外部世界对本国外交的道德要求，而应该重视本国的外交政策能否保障国家的生存与安全。因为，国家领导人的首要职责是保证民族国家的生存。① 外交活动的目的是维护和拓展本国的国家利益。若马拉维的生存和安全都难以保证，这将会给这个弱小的内陆国家致命一击，马拉维将会陷入难以逾越的困境之中。确保国家的主权独立与政治稳定，是独立以后非洲国家面临的共同课题。对于基础力量较为薄弱的马拉维而言，该国所要面对的问题更为严重。

2. 该国人口众多，资源匮乏，资金不足，经济畸形，较为落后，减贫与发展始终是该国各项事业的核心问题。

马拉维的国土面积不大，但 2015 年人口数量就已达到 1721 万人，② 且增长率较快。人口膨胀给马拉维社会带来沉重的压力。早在英国殖民统治时期，马拉维就因人力资源的优势，成为廉价劳动力的贮藏所。③ 由于马拉维境内没有矿产资源，也没有工业基础，④ 很多人受雇于本国的种植园；由于铁路、公路等交通网的建设，马拉维还有近半数的成年男子通过出卖劳动力，常年在周边国家的厂矿中工作。人口密度较大，出生率较高，既给该国带来大量的劳动力资源，也给整个社会发展带来不小的压力。国内有限的资源难以供养数量众多的人口，去国外务工、发展粮食生产、获得援助与投资等是解决这个问题的重要途径。英属中非联邦时期，班达博士曾向宗主国英国提出自治及独立的要

① [美]詹姆斯·多尔蒂、[美]小罗伯特·普法尔茨格拉夫著，阎学通、陈寒溪等译：《争论中的国际关系理论（第五版）》，世界知识出版社 2003 年版，第 82—83 页。

② “马拉维国家概况”，中国外交部网站，2017 年 8 月，http://www.fmprc.gov.cn/web/gjhdq_676201/gj_676203/fz_677316/1206_678116/1206x0_678118/，2017 年 12 月 1 日。

③ [南非]斯万齐·阿格纽、[美]迈克尔·斯塔布斯主编，开封师范学院地理系译：《马拉维地图集》，河南人民出版社 1977 年版，第 6 页。

④ Owen J. M. Kalinga, Cynthia A. Crosby. *Historical Dictionary of Malawi*. Scarecrow Press, 2001,Introduction.

求，英国当局就曾反问班达博士，没有援助，如何解决尼亚萨兰人的吃饭问题？[①] 虽然班达博士曾说，即使挨饿，也要独立。但这话更多的是带有民族主义情绪。独立以后，这个问题始终是个棘手的问题，需要马拉维政府认真思考，加以解决。

和其他非洲国家不同的是，马拉维的经济发展面临的困境更多。例如，国土狭小，耕地资源不足；人口压力较大，给经济发展带来沉重负担；资源极其匮乏，几乎没有可供出口的石油、矿产等，反而还需大量进口；以烟草、茶叶、棉花等经济作物种植和出口为导向的畸形经济类型，对外部世界的依赖较大，经济增长的波动较大；经济发展缺乏资金、技术；等等。殖民统治时期，以班达博士为首的政治精英认识到，搭乘“泛非主义”的政治浪潮，能够帮助马拉维实现国家独立。最终，马拉维也因此获得独立。独立以后，班达认为马拉维的外交首先应该考虑本国国情，而不应过多地去关注非洲他国的问题。若继续推行这种“泛非主义”的政治理念，将会致国家于极其不利的局面，马拉维将会为此付出更大的代价，也难以解决出海口安全问题，无法确保经济发展所需要的资金援助。因此，马拉维需要更为理智地面对现实问题，更多地考虑采取何种外交政策，确保国家主权与安全，进而实现本国经济发展。马拉维经济发展面临的困境，需要国家在内部大力推进经济发展。同时，也需要通过外交手段，为本国的发展营造较为有利的环境，获得经济发展所需的外国援助与投资。总之，经济贫困和对外部依赖较大是制约马拉维外交决策的重要因素。

（二）政治精英的政治思想

马拉维国家的政治精英、决策者及国内的政治制度也在深刻地影响着其外交政策的制定。实际上，内政与外交是一种互动关系。在南部非洲地区的很多国家之中，内政和外交是难以分割、密不可分的。[②] 独立以后，马拉维政治精英关于国家内政、外交战略的不同看法，直接影响到马拉维外交政策的走向。独立初期，马拉维的政治精英可以划分为两派：一是以班达为代表的“现实主义”政治集团；二是以内阁部长们为代表的“泛非主义”政治集团。

---

① T. David Williams. *Malawi: The Politics of Despair.* Cornell University Press, 1978, p.160.

② Korwa Gombe Adar, Rok Ajulu. *Globalization and Emerging Trends in African States' Foreign Policy-Making Process: A Comparative Perspective of Southern Africa*. Ashgate Publishing Company, 2002, p.73.

争取民族解放时期，这两大政治集团的基本思想是相同的。因为，“泛非主义”符合马拉维追求独立的现实需求。英属尼亚萨兰可以借助“泛非主义”的政治浪潮，实现自身的国家独立。然而，独立以后，这两种政治思想是截然对立的。因为，这个时期的“泛非主义”思想难以符合独立后马拉维国家自身的现实需求。两大政治集团也由原先的政治合作变为政治对立，难以调和。显而易见，两大政治集团进行博弈之后，获胜方必然会对异己势力进行打击，并在外交政策上贯彻己方主张的政治理念及外交路线。

1. 班达博士的“现实主义”政治思想。

班达博士“现实主义”政治思想的形成同其生活、学习、工作的经历密切相关。班达早年曾接受西方教会学校的教育，还在南非的厂矿、医院工作过，并受到非洲民族主义思想的影响。随后，班达又在美国、英国的多所高校留学，并获得包括医学博士在内的多个学位。[①] 国外的留学及工作经历，使其受到当时欧美国家政治思想的影响，并对西方政治制度与国际政治问题有深入的认识和理解，这在很大程度上影响了其后来的政治思想。

班达在美国获得医学博士学位后，又赴英国进行医学专业深造。随后，他便常年定居英国，从事医务方面的工作。班达博士经常关注英属尼亚萨兰民族主义运动的发展。1944 年，尼亚萨兰非洲人国民大会成立时，班达博士就曾给予过物质、经济等方面的援助和支持，并成为该组织常驻英国的代表。[②] 殖民统治时期，包括班达博士在内的尼亚萨兰政治精英的思想基本一致，那就是实现尼亚萨兰独立的“民族主义”思想。他们只是在争取民族国家解放的策略和战术方面略有不同而已。班达博士的思想更为理性、现实，其他大会党成员的思想则较为激进、盲目，不顾一切。为争取脱离英属中非联邦，实现尼亚萨兰的独立，班达博士认为唯一可行的途径就是通过非暴力、不合作的议会斗争方式，逼迫宗主国英国做出政治退让。他曾公开谴责暴力活动，[③] 拒绝同英国当局完全决裂。实际上，班达博士充当了政治精英们同英国当局进行暴力对抗的“缓冲地带”，政治精英和英国当局都同意班达博士引领马拉维的政治方向。

① Owen J. M. Kalinga, Cynthia A. Crosby. *Historical Dictionary of Malawi.* Scarecrow Press, 2001, pp.21-22.

② 原牧：《马拉维的终身总统班达》，《西亚非洲》1981 年第 4 期，第 58 页。

③ [英]约翰·G. 派克著，史一竹译：《马拉维政治经济史》，商务印书馆 1973 年版，第 240 页。

事实证明，班达博士灵活、务实的斗争策略是正确的。

独立以后，班达博士成为国家领导人。在该国的内政、外交政策方面，他的“现实主义”政治思想根深蒂固。内政方面，班达认为不应过快地推进各部门的“非洲化”步伐，而应该立足于本国的国情、现实，具有整体、长远的战略眼光，继续保持同西方国家的关系。他认为，盲目地追求具有“革命主义”精神的彻底改革，同旧有的政治制度完全决裂，将会给国家经济、外交等方面带来严重问题。因此，内政方面，他主张要有更多柔性空间，通过弹性的、可以伸缩的方式，实现国家利益的最大化；外交方面，他奉行“现实主义”外交路线。这是基于马拉维自身的国情而做出的决策。当时，整个非洲大陆正在掀起“泛非主义”的政治浪潮，非洲统一组织成为非洲各国相互团结的政治组织。支持非洲地区的民族解放运动已经成为非洲独立国家的共同追求。马拉维的内阁部长们对此也大力支持。然而，班达认为马拉维应该立足于本国现实，推行更有利于国家利益的“现实主义”外交政策，切勿感情用事。他采取亲西方、亲白人种族主义政权的外交政策，是因为这种政策能够保证马拉维经济发展所需的出海口安全、经济援助与投资等。他认为，非洲国家完全获得独立是迟早的事，但马拉维没有义务为此去牺牲本国的国家利益。

总之，班达博士的政治思想是以“现实主义”为基础的。

2. 内阁部长们的“泛非主义”政治思想。

除了班达博士以外，马拉维还有卡尼亚马・丘梅、契彭贝尔、布瓦瑙西（Bwanausi）、肖卡尼（Chokani）、契西萨（Chisiza）、契尔瓦（Chirwa）等诸多优秀的政治精英。独立初期，他们都是马拉维第一届内阁部长。政治方面，他们都推崇“泛非主义”的政治思想。

早在英属尼亚萨兰时期，这些精英就曾接受高等学校的政治教育，具有激进的、极富斗争性的民族主义思想。他们组织、成立尼亚萨兰非洲人国民大会，并成为该政治组织的骨干力量，积极推动本国的民族解放运动。他们的“泛非主义”政治思想曾受到班达博士的高度重视。班达博士虽然不赞同通过暴力途径实现马拉维的民族解放，但还是支持他们团结一切力量，实现民族国家的解放。班达博士也经常同非洲各国的政治精英进行讨论和学习，在政治舆论方面给予对方国家大力支持，并借此推进马拉维的民族独立。

英属中非联邦时期，马拉维国民大会党宣告成立，这些政治精英也是该组织的创建者和主要成员。当时，这些政治精英同班达博士之间的矛盾逐步升级。虽然他们同意班达博士的非暴力政治斗争路线，但在具体的实践过程中，难免出现更为激进的暴力活动。他们也注重团结周边国家的政治组织，以实现非洲各国的民族解放。他们主张的反殖民主义斗争方式是激进的、彻底的。契彭贝尔认为，班达博士虽有伟大的品质，但缺乏必要的才智，做事优柔寡断。[①]卡尼亚马·丘梅、契彭贝尔等同班达博士的矛盾和冲突很多，权力斗争是实质性的问题。虽然，马拉维国民大会党不是班达博士创建的，但卡尼亚马·丘梅、契彭贝尔等仍然把他推到领导者的位置之上。契彭贝尔曾经明确指出，政治斗争的成功往往需要有受人崇拜的英雄人物进行引领。[②]

独立以后，这些政治人物依然奉行"泛非主义"的政治路线，支持其他非洲国家的民族解放运动及非洲统一组织的各项决议。马拉维国民大会党的很多骨干成员，如卡尼亚马·丘梅、契彭贝尔等成为该国第一届内阁部长。作为班达的助手，这些内阁部长同班达的政治思想完全不同，甚至与其形成了政治对立的局面。班达奉行的是"现实主义"的政治思想，而内阁部长们则追随非洲大陆的政治思潮，主张"泛非主义"的政治理念。政治观念的对立成为独立以后马拉维国内政治较为鲜明的特征，直接影响该国外交政策的制定。

内政方面，部长们对英国的殖民统治深恶痛绝，他们主张政府应该快速地进行"非洲化"的全面改革，同殖民主义统治制度划清界限，为本国人民争取平等的权利。主要内容包括：加快国内政府机构的"非洲化"步伐；提高公务员工资，达到同白人同等的水平；政策落实方面，给予个人更多的自由；在公共医院，废除征收病人三便士的登记费等。[③]内阁部长们认为，既然新政府已经成立，就要同殖民统治的旧制度决裂，要更多地考虑包括本国人民在内的非洲人的利益诉求，进行"非洲化"的革命式变革。同时，他们认为，政府不是个人的财产，国家领袖无权单独对其进行支配，独断专行。

外交方面，内阁部长们奉行"泛非主义"的路线，主张同其他非洲国家、

① [英]约翰·G. 派克著，史一竹译：《马拉维政治经济史》，商务印书馆 1973 年版，第 217 页。

② Colin Baker. *Revolt of the Ministers: The Malawi Cabinet Crisis, 1964–1965*. I.B. Tauris, 2001, p.3.

③ Harvey J. Sindima. *Malawi's First Republic: An Economic and Political Analysis*. University Press of America, 2002, p.133.

非洲统一组织站在一起，反对殖民主义、种族主义及帝国主义。内阁部长们的政治思想更为激进，且具有攻击性，他们难以同西方国家达成妥协。因此，外交政策上，他们将会同西方国家决裂或对立，这必然会影响到马拉维外交政策的走向。

班达博士“现实主义”的政治思想同内阁部长们“泛非主义”的政治思想在争取民族国家解放时期的目标是一致的。然而，独立以后，这两种政治思想完全对立。经过政治博弈后，班达博士夺得主持国家内政、外交的大权。班达博士的个性、意象、态度、信念、权力等直接影响到马拉维外交政策的制定。[①]实际上，该国外交政策的走向在很大的程度上受到班达博士“现实主义”政治思想的影响。

二、国外因素

（一）周边地区的影响

马拉维是南部非洲地区的内陆国家，同时，该国又处在东非和南部非洲之间的“走廊地带”。该国的地理位置较为封闭，对外关系受到周边国家的影响较大。该国的周边国家包括赞比亚、津巴布韦、坦桑尼亚、莫桑比克及南非。地缘政治及出海口问题、历史交往及其相关问题、周边关系中的冲突与合作问题是分析马拉维外交政策制定过程中受到周边因素影响的三个维度。

1. 地缘政治及出海口问题。

从地缘政治的视角来看，南部非洲地区的政治、安全关系是紧密相连的，其相互依赖的程度远远超过非洲其他地区。[②] 巴里・布赞认为南部非洲地区是一个已经出现的安全复合体，[③] 国家之间往往相互依存、相互影响。南部非洲国家受到地区主导国南非的影响较大。[④] 南部非洲地区的内陆国家依赖沿海国家的贸易港口进行进出口货物的中转。马拉维是内陆国家，其政治和安全方面

① Carolyn McMaster. *Malawi—Foreign Policy and Development*. Julian Friedmann, 1974, pp.2-3.

② 葛佶、何丽儿、杨立华、孙耀楣：《南部非洲动乱的根源》，世界知识出版社 1989 年版，第 6 页。

③ [英]巴里・布赞、[丹]奥利・维夫著，潘忠岐、孙霞、胡勇等译：《地区安全复合体与国际安全结构》，上海人民出版社 2010 年版，第 218 页。

④ 沐涛：《南非对外关系研究》，华东师范大学出版社 2003 年版，第 181 页。

同南部非洲国家的关系极为紧密。周边地区的政治浪潮、政治波动等对该国的政治稳定有着不同程度的影响。

早在1953年，英国当局就根据该地区的政治、经济、地理等因素将尼亚萨兰、北罗得西亚、南罗得西亚联合到一起，组成英属中非联邦。独立以后，马拉维同周边国家的互动较为频繁，该国的内政、外交等也时常受到周边国家的影响。作为内陆国家，马拉维进出口贸易依赖沿海邻国的国际港口进行中转。出海口问题始终是该国生存与发展的重大问题，也是该国外交必须解决的首要问题。更为重要的是，该国的经济是以经济作物种植为主的出口导向型经济，对外部市场的依赖特别大。国外市场直接决定该国的外汇收入及经济发展。

马拉维贸易的进出口主要依靠东向印度洋的港口及南非的国际港口。其中，东向印度洋的港口主要包括坦桑尼亚的达累斯萨拉姆港、莫桑比克的贝拉港和纳卡拉港。[①] 因此，马拉维要想保障本国的出海口安全，就需要加强同坦桑尼亚、莫桑比克、南非在各领域的合作。独立初期，南部非洲地区的国际关系较为复杂，马拉维在外交决策中立足本国的国家利益，首先考虑的是解决本国的出海口安全问题。当时，马拉维选择奉行“现实主义”外交路线的一个重要原因，就是葡属东非洲、南非白人政权能够确保本国的出海口安全。

总体来看，当时，同南罗得西亚、葡属东非洲、南非这些白人政权保持政治合作，能够更为现实地解决本国的出海口问题及生存问题。虽然马拉维也曾尝试同赞比亚、坦桑尼亚进行合作，通过坦赞铁路解决该国的出海口问题，但由于冷战的国际政治背景、其货物运量极为有限、经济成本较高等，坦赞铁路的支线并未同马拉维连通。从现实角度来看，达累斯萨拉姆港也并不能完全解决马拉维的出海口安全问题。

2. 历史交往及其相关问题。

英属中非保护国建立以前，马拉维就同周边地区进行着政治、经济、文化、民族等各方面的交往和合作。1891年，英属中非保护国建立以后，马拉维的现代国家边界基本形成。由此带来的直接问题是，当时的英属中非保护国

---

① 武涛：《马拉维湖边界争端问题探析》，《亚非纵横》2014年第2期，第34页。

同周边国家产生了边界领土争端、跨界民族等问题。例如，马拉维同莫桑比克、坦桑尼亚围绕马拉维湖的边界划分问题及冲突问题。时至今日，虽然马拉维同莫桑比克已就该问题达成协定，但同坦桑尼亚关于湖面边界划分问题依然没有得到解决。再如，马拉维同莫桑比克存在跨界民族问题，跨界民族包括尧人、尼昂加人、隆韦人等。莫桑比克内战期间，曾有大量难民进入马拉维境内，致使两国之间存在难民问题。这些历史交往及其遗留的问题，必然会影响马拉维同周边国家的外交关系。

英属尼亚萨兰时期，尼亚萨兰同周边国家的交往异常活跃。尼亚萨兰近半数的成年男子常年在北罗得西亚、南罗得西亚、南非等国的厂矿中劳作，成为季节性的流动劳工。有的人则在异国他乡定居下来，成为移民。交通运输网的建设、经贸领域的互利合作等，推进了尼亚萨兰同周边国家的关系。这种经济合作关系一直影响到现在。英国当局将尼亚萨兰同北罗得西亚、南罗得西亚合并为英属中非联邦。英国最初的想法是将 3 个殖民地的优势经济资源结合起来，实现英国殖民统治的利益最大化，并强化英国对 3 个殖民地的控制。英属中非联邦的 10 年时间里，尼亚萨兰同北罗得西亚、南罗得西亚开启了早期的经济一体化。其间的一些经验教训，对如今马拉维同两国之间的合作关系都有所启示。

3. 周边关系中的冲突与合作问题。

20 世纪中期至 90 年代初，由于殖民主义、种族主义问题的长期存在，[①] 南部非洲地区成为当代非洲国际关系最值得关注的地区之一。“泛非主义”、反殖民主义、反种族主义、区域一体化进程则是观察南部非洲国际关系的主要维度。马拉维作为南部非洲国家，直接参与了该地区的冲突与合作。马拉维奉行独具特色的亲西方、亲白人种族主义政权的“现实主义”外交政策，备受外界的关注。这种“现实主义”外交政策并非一成不变的，而是随着地区形势的发展，不断进行着调整。

赞比亚取得国家独立后，曾同坦桑尼亚站在一起，打起“泛非主义”的旗帜，积极推进南部非洲国家的民族解放运动。由于外交路线的完全对立，马拉

① [美] 理查德 · 吉布逊著，复旦大学国际政治系编译组译：《非洲解放运动：当代反对白人少数统治的斗争》，上海人民出版社 1975 年版。

维同周边国家关系逐步恶化。赞比亚、坦桑尼亚、津巴布韦等周边国家收容那些从马拉维"叛逃"的内阁部长，并支持他们组建流亡政权及反政府组织，[①] 这更加剧了马拉维同周边国家之间的紧张关系。班达为解决这个问题，曾采取越境暗杀、绑架等手段，打压异己势力，给马拉维同周边国家的关系蒙上了阴影。班达一直担心这些政治力量会在外部势力的支持下，重返本国境内，推翻自己的统治。后来，这些政治力量成为马拉维政治民主化运动的主力军。因此，这也成为马拉维同周边国家关系中难以回避的焦点问题。

为了反对南部非洲地区的殖民主义、种族主义，坦桑尼亚、赞比亚、博茨瓦纳（Botswana）、莫桑比克于1974年举行了非洲"前线国家"（Frontline States）第一次首脑会议，协调各国在这些问题方面的立场及行动。[②] 马拉维同"前线国家"也有着较为复杂的关系。这之前，马拉维虽然同罗得西亚、葡属东非洲、南非的种族主义政权有着密切的关系，但他们之间也有国家利益冲突。南非就曾挑拨马拉维同葡属东非洲的关系。1975年莫桑比克独立以后，特别是1980年津巴布韦独立以后，南部非洲地区的政治形势发生了巨大变化。这时，马拉维总统班达审时度势，以国家利益为核心，调整本国的外交政策，加强同邻国的合作关系。1980年，以"前线国家"为主体的"南部非洲发展协调会议"成立。[③] 该组织在摆脱对南非的经济依赖及推进地区经济一体化方面发挥着重要作用。马拉维根据本国的实际情况，也参与到该经济组织之中。1992年，"南共体"成立后，马拉维在外交方面更加重视同周边国家的合作关系。

（二）国际冷战的影响

1964—1994年，海斯廷斯·卡姆祖·班达执政时期，正好处在美苏两极格局的国际背景之下。马拉维的对外关系自然难以脱离国际冷战的影响。由于马拉维同周边国家在外交政策方面完全对立，采取的是亲西方的"现实主义"外交策略，因而该国受到冷战因素的影响更为突出。独立以后，马拉维面临着要在以苏联为首的社会主义阵营和以美国为首的资本主义阵营中进行外交抉择

① 葛公尚：《万国博览·非洲卷》，新华出版社1998年版，第631页。

② 葛佶、何丽儿、杨立华、孙耀楣：《南部非洲动乱的根源》，世界知识出版社1989年版，第139—140页。

③ 同上，第140页。

的重大问题。班达经过深思熟虑后认为，应该采取“现实主义”的外交战略，搭西方国家的“便车”，以获得经济援助和经贸投资，并保障本国出海口安全。内阁部长们则认为，应该采取激进的反殖民主义战略，靠向社会主义阵营。

关于这个问题，班达认为内阁部长们的政治思想较为幼稚，没有真正把握国际政治的本质。他认为，选择反殖民主义的外交路线不仅不会给马拉维带来任何利益，相反，还会给国家的生存与发展带来沉重的负担。在这个重大外交战略问题上，班达同内阁部长们产生了严重分歧。内阁危机结束后，班达在对外关系方面开始奉行亲西方的“现实主义”外交路线。此时，班达对社会主义国家更加排斥，始终保持着警惕心理。苏联、中国、古巴等社会主义国家的影响深入非洲大陆后，他特别担心社会主义国家会支持异己的政治力量，打着激进的“反对帝国主义及其代理人”的旗帜，推翻自己在马拉维的政治统治，给国家的主权和安全带来致命的威胁。因此，马拉维采取现实主义外交路线时，并没有同社会主义国家建立外交关系，甚至对伊斯兰国家也保持排斥心理，而同以色列、加拿大、日本等保持着亲密的外交关系。

冷战时期，处在两极格局的国际压力之下，马拉维在外交方面选择了亲西方阵营的路线。但马拉维并非完全按照西方的模式来发展自己，而是在探索“第三条道路”。政治方面，班达总统认为西方的多党制弊端较多，不符合马拉维本国的实际，强行引入的话将会引发国内潜在的地区、宗教、部族等方面的冲突，不利于国家的政治稳定。经济方面，班达总统立足现实，当周边非洲国家纷纷进行社会主义建设之时，他却欢迎外国的经济投资。[①] 马拉维获得西方国家的经济援助及投资后，通过以农为本、以农带工等经济政策，最终探寻出了一条适合本国经济发展的道路。独立以后 20 多年，马拉维国民经济的年增长率在 6% 以上，国民人均收入年增长 3.5%，马拉维物价平稳，人民生活安定。非洲和西方的外交官、国际援助机构都一致称赞马拉维创造了“经济奇迹”[②]。班达执政时期，亲西方的“现实主义”外交路线是一种灵活的外交策略，始终立足本国国情与国家利益，而国际冷战背景及地区政治冲突是其得以实行的重要条件。

---

① Nicholas Young. “Malawi: Two Cheers for Democracy”. *History Today,* 1994, 44 (12), p.12.

② 葛公尚：《万国博览 · 非洲卷》，新华出版社 1998 年版，第 636 页。

20世纪80年代开始，随着南部非洲地区政治形势及两大阵营对抗局面的变化，马拉维受到两极格局的影响也在发生变化。此时，以美国为首的西方阵营处在攻势阶段。西方开始在全球范围内进行意识形态的渗透，强推西方的民主政治、经济体制等。马拉维也受到西方国家政治、经济等方面的压力。世界银行、国际货币基金组织等在非洲进行经济结构调整，[①] 马拉维也参与了这个过程。受到外部的巨大压力，马拉维进行了经济改革，但经济困局难以摆脱。政治方面，西方国家对马拉维施加影响，批评班达总统对流亡在外的政治人士进行暗杀或打压的举措。同时，指责其在国内进行各种政治迫害活动，压制民主力量的发展。外交方面，班达总统同西方国家进行周旋，直到他放弃国家权力，同意实行多党民主制。面对西方国家的压力，班达总统灵活地调整了本国的外交政策，以适应当前国际形势的发展。马拉维逐渐同社会主义国家、伊斯兰国家接触，旨在拓展本国的外交空间，维护自身的国家利益。

第二节　马拉维“内阁危机”的爆发与一党专政体制的确立

马拉维独立后，面对内政、外交路线方面的重大问题，班达同内阁部长们产生了重大分歧。实际上，这同当时马拉维的国情、周边环境及国际冷战背景密切相关。班达奉行亲西方、亲白人种族主义政权的“现实主义”外交路线，内阁部长们则主张同非洲独立国家站在一起，推行“泛非主义”的外交路线。双方政见的完全对立，导致了“内阁危机”的发生。[②] 经过政治博弈之后，班达逐渐建立起由他领导的一党专政的威权政治体制。1971年，班达被任命为马拉维的终身总统，在该国推行家长制式的政治统治。班达总统完全掌握国家权力后，逐渐确立起“现实主义”的外交路线及政策。这种外交政策立足本国国情及国际形势的发展，始终以国家利益为核心，对于独立初期马拉维的政治稳定、经济和社会发展、民生改善等起到了重要作用。

① 舒运国、刘伟才：《20世纪非洲经济史》，浙江人民出版社2013年版，第132—138页。
② Colin Baker. *Revolt of the Ministers: The Malawi Cabinet Crisis, 1964-1965*. I. B. Tauris, 2001.

一、马拉维“内阁危机”的爆发

1964 年，马拉维取得国家独立。独立后不久，班达就和内阁部长们在内政、外交的路线问题上产生分歧，最终导致“内阁危机”的爆发。实际上，马拉维“内阁危机”的发生是迟早的事。因为，早在英国殖民统治时期，班达同其他政治精英的政治思想就有所不同。班达认为即使国家取得独立，也难以摆脱西方国家的影响，尤其是宗主国英国的控制。因此，班达曾主张通过不合作、消极抵抗、非暴力的宪法斗争方式，逼迫英国当局做出妥协，最终实现国家独立。而其他政治精英深受“泛非主义”思想的影响，并对英国的殖民统治深恶痛绝，主张采取激进的罢工、武装斗争的方式，争取民族解放和国家独立。在英国的殖民统治时期，两者为了共同的目标，达成妥协。同时，班达博士在全国各地进行演讲后，其威望、影响逐步提升。这个时期，马拉维国民大会党及尼亚萨兰需要一位德高望重的领袖，引领人民实现民族解放和国家独立。班达博士自然是众望所归，其政治主张也必然会得到贯彻和执行。

独立初期，班达的内政、外交主张遭到内阁部长们的坚决反对。班达认为，内阁部长们的政治思想过于幼稚，缺乏理性，略显“孩子气”。他们缺乏管理现代国家的经验，思考问题没有战略眼光，没有立足本国的国家利益。班达希望以开国元首的身份，承担更多的国家责任，避免权力遭到分割，导致国家内部的动乱。内阁部长们则认为，班达虽然令人尊敬，但其政治主张背离了非洲大陆“泛非主义”的政治潮流，是民族利己主义的表现。这种做法使得其他非洲国家对马拉维冷眼嘲笑、白眼相看，马拉维的外部处境极为尴尬，逐渐成为孤立于非洲大陆群体中的异类。但班达并不理会内阁部长们的提议，他在内政和外交方面专横跋扈、独断专行，这令内阁部长们极为失望。内阁部长们越来越不满意自己所扮演的角色，他们渴望取得同他们新取得的职位相称的、更大和权力。[①] 然而，班达要求部长们以崇敬的心态接受他的政策。[②] 他反对各种不必要的政治诉求，主张在政治建设方面要统一思想。内阁部长们则认为，

① ［英］约翰 · G. 派克著，史一竹译：《马拉维政治经济史》，商务印书馆 1973 年版，第 253 页。

② Owen J. M. Kalinga, Cynthia A. Crosby. *Historical Dictionary of Malawi.* Scarecrow Press, 2001, p.50.

国家并非私人财产，不能因为手握国家大权而任人唯亲，有失公正。[①] 由于政治主张完全对立，仅仅独立后的一个多月，马拉维就爆发了影响该国政治发展的“内阁危机”。

总之，班达和内阁部长们在内政、外交方面的分歧严重，主要表现为“现实主义”和“泛非主义”政治思想的对抗与博弈。

1. 班达立足本国的国情、周边地区及国际冷战的环境，推行“现实主义”的内外政策。

内政方面，班达认为，马拉维要想完全同西方国家决裂是不可能的。马拉维的国家发展需要西方的文员、技术人员和经济援助等。他认为，马拉维独立以后，安全和发展是马拉维需要解决的两大难题。外交政策应该立足自身的国家利益。同时，他认为，应该更为理性地、全方位地进行内外战略的布局，而不是以牺牲本国国家利益为代价，盲目地追随“泛非主义”政治思潮。这种跟风似的政治举动，对马拉维自身而言，没有任何好处。他认为，非洲国家的完全独立是迟早的事，但支持其他非洲国家要量力而行。[②] 他认为，殖民统治的经历造成马拉维不可能完全同西方国家决裂或完全摆脱其影响。马拉维必须借助这种传统关系，为本国发展争取更多的援助。他通过“现实主义”的视角大胆判断，社会主义国家不可能动用武力推翻白人种族主义政权，这种政权还将会存在一段时间。马拉维同其保持密切关系，能够获得相应的援助，也可以确保本国的出海口安全。班达“现实主义”的政治理念同非洲统一组织的政治主张背道而驰，虽违背了非洲国家的共同期盼，但可以给本国带来更多的国家利益。

2. 内阁部长们追随非洲地区的政治浪潮，同非洲国家及非洲统一组织站在一起，主张“泛非主义”的内外政策。

马拉维的内阁部长包括卡尼亚马·丘梅、契彭贝尔、肖卡尼、契尔瓦等，他们都是尼亚萨兰非洲人国民大会或马拉维国民大会党的重要成员。内阁部长们曾长期在国内通过各种政治活动，从事反对英国殖民主义统治的斗争。他们深受“泛非主义”政治思想的影响。内政方面，这些政治精英对旧有的殖民制度特别厌恶，主张对政府机构进行全面的“非洲化”改革，彻底消除殖民主义

① T. David Williams. *Malawi: The Politics of Despair.* Cornell University Press, 1978, p.220.

② Colin Baker. *Revolt of the Ministers: The Malawi Cabinet Crisis, 1964–1965.* I. B. Tauris, 2001, pp.92-93.

的影响。他们将目光放到非洲本土，重视非洲人的利益诉求。外交方面，他们主张同非洲各国、非洲统一组织站在一起，通过给予非洲各国政治声援，彻底砸碎殖民主义的枷锁，实现非洲大陆的完全解放。对外关系方面，他们采取的是激进的、革命主义的、反殖民主义的、不结盟的外交政策。他们富有理想、正义色彩的政治理念是美好的，受到非洲国家的普遍欢迎，但同本国的国情并不相符，会受到现实的冲击。

由于内政、外交路线分歧严重，班达和内阁部长们的矛盾逐步激化，走向对立，直至“内阁危机”爆发。班达的“现实主义”内外政策，有自己长远的战略布局，但它同内阁部长们的期待相背离，甚至，部分民众也对该政策极为不满。班达要求人民拥护领袖，但不少人难以接受其国内政策，尤其是公立医院门诊病人收取三便士的名义费用。[①] 班达曾希望通过对话方式，同内阁部长们达成让步和妥协。然而，他难以接受部长们的书面意见，并认为这些书面意见是针对自身进行政治攻击的诉状，违背了党和政府的四大基石，即团结、忠诚、服从和纪律，[②] 是不可接受的。坦桑尼亚、肯尼亚等国还曾向班达施压，敦促其采取更为激进的、不结盟的和反殖民主义的立场，[③] 这更令班达感到羞辱和愤怒。对话会议结束后，内阁部长们有的被解职，有的则辞职。[④] 卡尼亚马・丘梅、布瓦瑙西和契尔瓦是被解职的，契西萨、契彭贝尔和肖卡尼则是自动辞职的。议会通过总理的信任案后，班达对内阁进行了重组。这使得班达同原内阁成员的矛盾激化，双方关系彻底决裂。

1964 年下半年，契彭贝尔的支持者同班达的拥护者在马拉维境内发生了多次冲突。1965 年 2 月，契彭贝尔的支持者破坏电力设备，抢夺武器和弹药，企图占领约翰斯顿堡（Fort Johnston）的专员公署和警察局。[⑤] 其他内阁部长成员则在国内举行示威游行，国内秩序陷入混乱。班达迅速采取多种手段，镇压了他们的“叛乱”，逮捕了大批涉事人员，给内阁部长集团以沉重打击。其中，

---

① [英] 约翰・G. 派克著，史一竹译：《马拉维政治经济史》，商务印书馆 1973 年版，第 257 页。

② Harvey J. Sindima. *Malawi's First Republic: An Economic and Political Analysis.* University Press of America, 2002, p.133.

③ Robert I. Rotberg. *The Rise of Nationalism in Central Africa: The Making of Malawi and Zambia, 1873–1964.* Harvard University Press, 1965, p.318.

④ Bridglal Pachai. *Malawi: The History of the Nation.* Longman, 1973, p.308.

⑤ 武涛：《马拉维国家缘起、演变、发展史研究》，云南大学硕士学位论文，2012 年，第 65 页。

同契彭贝尔关系密切的锡隆贝拉（Silombela）被俘后，被判处死刑。随后，参与叛乱的6位部长陆续逃离马拉维，卡尼亚马·丘梅、契尔瓦和契西萨逃至坦桑尼亚，肖卡尼和布瓦瑙西前往赞比亚，契彭贝尔经坦桑尼亚逃到了美国。[①]

马拉维的“内阁危机”对其内政、外交等方面产生了深远影响。

第一，这些内阁成员逃到赞比亚、坦桑尼亚等国后，建立起了数支政治流亡团体及反政府武装组织。这些因素始终影响着班达执政时期马拉维同周边国家的政治关系。后来，这些人员还成为马拉维政治民主化进程的参与者，推动了马拉维一党专政体制的终结。

第二，马拉维“内阁危机”实际上是班达同内阁部长们关于国家权力的争夺。[②] 班达借此彻底肃清了国内的异己政治力量，建立了由马拉维国民大会党一党专政的政治体制。班达牢牢掌握国家大权后，在马拉维境内推行家长制，强化国内的政治统治，并推行了“现实主义”外交路线及政策。

二、海斯廷斯·卡穆祖·班达与一党专政体制的确立

1965年，海斯廷斯·卡穆祖·班达平息前内阁部长们的“叛乱”后，不仅对国内残存的异己力量进行了清理，还在国内推出各种举措，巩固其政治统治地位。1966年7月6日，马拉维共和国成立，班达当选为共和国的首任总统，并被授予“国父”的称号。马拉维总统是国家元首、政府首脑和武装部队总司令，同时还有参政议政、批准法案、解散议会、宣布国家进入紧急状态等权力。1971年6月6日，宪法修改之后，班达当选为该国的终身总统。[③] 独立初期，班达同时兼任该国的外交、国防、新闻、财政、旅游部长；1978年，他仍兼任国防、内政、司法等15个部长职位中的6个；即使到了1992年，90多岁高龄的他还兼任外交、农业、司法、妇女和儿童事务等方面的部长。[④] 班达总统掌握的国家权力涉及内阁、司法、国防、财政、外交、新闻、军队、警察、农业、旅游等各个方面，可谓是马拉维的“总管”或“家长”。班达总统

① Colin Baker. *Revolt of the Ministers: The Malawi Cabinet Crisis, 1964–1965*. I. B. Tauris, 2001, p.274.

② Bridglal Pachai. *Malawi: The History of the Nation.* Longman, 1973, p.307.

③ Ibid, pp.245-246.

④ 葛公尚：《万国博览·非洲卷》，新华出版社1998年版，第629页。

掌握国家的各项实权后，其威权主义的政治统治较之前更加明显。[①]

班达总统在国内推出各种政治举措后，“一个领袖、一个政党、一个政府”的威权主义政治体制逐步形成。马拉维国内实行严格的党禁。宪法规定，马拉维共和国实行一党制，马拉维国民大会党是全国唯一合法的政党。党章规定，马拉维所有成年男子都必须是该党党员；该党的终身主席是班达博士，[②] 每位党员都要宣誓效忠。班达总统还借助马拉维国民大会党、马拉维青年先锋队（Malawi Young Pioneers, MYP）及马拉维妇女联合会（League of Malawi Women, LMW）等，在全国范围内进行政治宣传、治安维护、情报收集、审判活动，以及暗杀异己政治分子、推行个人崇拜等，以加强对整个国家的政治控制。

例如，马拉维国内必须悬挂总统的肖像，全国各处的机场、桥梁、街道、学校等均以总统的名字命名；班达的生日被确定为“卡穆祖日”；新闻出版和言论自由受到严格控制，只能宣扬班达的丰功伟绩。1978 年，国外媒体报道马拉维选举存在问题，导致所有的外国记者被驱逐出境。[③] 班达总统对于流亡在外的政治异己分子，则通过跨国绑架、暗杀等手段进行严厉打击。对于国内出现的不同政见者，他也绝不心慈手软。1983 年，马拉维国民大会党主席狄克·马腾杰（Dick Matenje）对班达总统的独断专行极为不满，结果马腾杰和另外 3 位高官遭到逮捕，并被处决，政府对外宣布他们“车祸而亡”。[④]

班达把其个人同国家、马拉维国民大会党融为一体，其权力至高无上。他曾经声称：“我管理这个国家是因为这是我的财产。”[⑤] 他还曾说过：“我的话就是法律。”[⑥] 班达威权统治的 30 年间，马拉维的一党专政体制虽然存在诸多弊病，但它使马拉维政局长期保持稳定。班达就曾反复警告：“如果马拉维放弃一党制，部族主义、冲突和骚乱将会出现。”[⑦] 一党专政体制确立后，班达身兼国家元首、政府首脑、外交部部长等，手掌国家各项大权，外交决策权被其独

---

① Harvey J. Sindima. *Malawi's First Republic: An Economic and Political Analysis.* University Press of America, 2002, p.187.

② 葛公尚：《万国博览·非洲卷》，新华出版社 1998 年版，第 631 页。

③ 原牧：《马拉维的终身总统班达》，《西亚非洲》1981 年第 4 期，第 59 页。

④ Joey Power. *Political Culture and Nationalism in Malawi.* University of Rochester Press, 2010, pp.170-172.

⑤ 陈一飞：《班达沉浮》，《世界知识》1995 年第 10 期，第 19 页。

⑥ 原牧：《马拉维的终身总统班达》，《西亚非洲》1981 年第 4 期，第 58 页。

⑦ Nicholas Young. “Malawi: Two Cheers for Democracy”. *History Today,* 1994, 44 (12), p.13.

占。[①] 马拉维外交政策的走向和风格在很大程度上取决于班达一个人。[②] 最终，马拉维对外推行“现实主义”外交路线及政策。马拉维政局的长期稳定，为其外交政策的执行、延续及调整提供了有利条件。这同其他非洲国家政局动荡、外交政策难以推行的局面形成了鲜明对比。更为重要的是，马拉维的外交政策保持了较强的生命力，其形成了独具特色的外交风格。

第三节　马拉维“现实主义”外交路线、政策的确立及调整

独立以后，马拉维对外声明，该国奉行“自由选择、不结盟和中立的外交政策”[③]。“内阁危机”结束后，班达通过各种途径逐步建立起一党专政的政治体制，并亲自执掌国家的政治、经济、外交、军事等各方面的权力。班达掌握国家权力后，成为该国外交政策的主要决策者，开始推行亲西方的“现实主义”外交政策。这种“现实主义”外交政策主要是由马拉维自身的地理位置、固有的贫困及促进发展的需要所决定的。[④] 最终，“现实主义”的外交路线成为班达执政 30 年来外交活动的基础。这种外交路线在具体政策的制定过程中，随着地区形势及国际形势的变化，进行灵活、务实的调整。这也是“现实主义”外交的基本特点，即始终以国家利益为根本出发点。班达执政时期，马拉维外交在南部非洲独树一帜，成为南部非洲国际关系值得关注的焦点。

一、马拉维的外交：机构、原则、目标及决策过程

（一）马拉维的外交机构

马拉维的外交机构是“外交事务与国际合作部”（Ministry of Foreign Affairs and International Cooperation, MFAIC）。该部门主要负责马拉维外交政策的制定、

① Korwa Gombe Adar, Rok Ajulu. *Globalization and Emerging Trends in African States' Foreign Policy-Making Process: A Comparative Perspective of Southern Africa*. Ashgate Publishing Company, 2002, p.72.

② Carolyn McMaster. *Malawi—Foreign Policy and Development*. Julian Friedmann, 1974, pp.3-4.

③ 葛公尚：《万国博览・非洲卷》，新华出版社 1998 年版，第 644 页。

④［英］约翰・G. 派克著，史一竹译：《马拉维政治经济史》，商务印书馆 1973 年版，第 253 页。

解释、执行及追踪。外交事务与国际合作部设有 4 个部门，包括管理、国际合作、政治事务和礼仪服务。同时，还设有无任所大使（Ambassador-at-Large）办公室。[①] 这些部门各司其职，职责分别如下：

第一，管理部门的职责是促进其他部门完成外交任务。

第二，政治事务部门的职责是通过确定和加强双边、多边关系，促进马拉维同国际社会在政治、经济和文化方面的全面合作关系。

第三，国际合作部门的职责是通过推进同其他国家和国际组织的经济、技术合作，提升马拉维的经济利益，还要协调马拉维参与区域一体化和担任“南共体”问题的国家联络点的相关事宜。

第四，礼仪服务部门的职责是通过实行外交和领事关系方面的《维也纳公约》（*Vienna Convention*），加强马拉维的对外关系；同时，通过提供协议服务，促进国家和政府职能的实现。[②]

马拉维外交事务与国际合作部的职责和使命：通过制定、解释和执行马拉维政府的外交政策，以发展外交（Development Diplomacy）为重点，促进马拉维海外利益的实现；[③] 通过加强同外部世界的外交关系，提升马拉维的政治、经济、文化和社会利益，[④] 尤其是经济利益，其中包括经济援助和经贸投资。

（二）马拉维的外交原则

马拉维外交政策的基本原则包括 3 点：“一是不干涉其他国家的内部事务；二是根据马拉维自己的国家利益来决定对各国的态度；三是欢迎任何国家对马拉维进行援助。”[⑤] 这个时期，马拉维推行独立自主的外交政策，奉行国家利益至上的“现实主义”外交。[⑥]

（三）马拉维的外交目标

马拉维外交政策的目标是实现以生存和发展为核心的国家利益。

第一，生存和安全。作为内陆小国，独立以后，马拉维国家的主权独立、

① International Business Publications. *Malawi Foreign Policy and Government Guide*. International Business Publications, 2004, pp.62-63.

② Ibid, pp.63-64.

③ Ibid, p.63.

④ Ibid, pp.62-64.

⑤ 夏新华、顾荣新：《列国志・马拉维》，社会科学文献出版社 2006 年版，第 230 页。

⑥ Bridglal Pachai. *Malawi: The History of the Nation*. Longman, 1973, p.308.

领土完整、出海口安全等方面面临着诸多挑战。

第二，减贫和发展。马拉维是世界上最不发达的国家之一，减贫与发展是国家的头等大事。因而，经济发展是该国外交的重点问题。

马拉维外交的根本出发点和归宿是追求国家利益。班达执政时期，马拉维同西方国家、南部非洲地区白人种族主义政权关系密切，这同当时非洲大陆反殖民主义、反种族主义的政治浪潮背道而驰。因此，班达经常会受到其他非洲国家领导人的批评，被称作“白人的帮凶”。马拉维也成为非洲独立国家中被孤立的对象。面对绝大多数非洲国家对马拉维同南非交往的谴责，他用“现实主义”的话语予以回击：“只要对国家有利、符合马拉维人民的利益，就是魔鬼我也要与它打交道、签订条约。”[①] 由此可见，马拉维外交的指导思想是“现实主义”，国家利益是其外交不变的追求。

（四）马拉维的外交决策过程

独立以后的30年里，马拉维的政治、经济、外交等各项国家大权都集中在班达手中。班达是马拉维的“家长”，整个国家机器都围绕其进行运转，各项政策也都由他制定。外交方面，他根据本国国情及国家利益，制定了“现实主义”外交路线，并对具体政策进行制定和调整。马拉维的外交机构、外交官员等直接对其负责，他们是班达外交政策的主要执行者。实际上，马拉维的外交决策过程较为简单，班达对该国外交政策有直接的决策权。班达拥有丰富的国际政治理论知识，并在长期的国外生活中积累了诸多国际政治的经验。可以说，他已经具备一个优秀政治家的基本条件，理性而务实。班达独揽国家的各项大权，使得马拉维的外交政策在很大程度上直接由领袖的偏好及命令所决定。[②]

二、马拉维“现实主义”外交的内容与表现

班达在国内建立起一党专政的政治体制后，开始在外交方面全面推行国家利益至上的“现实主义”外交路线及政策。班达在议会、马拉维国民大会党会

---

① 葛公尚：《万国博览・非洲卷》，新华出版社 1998 年版，第 645 页。

② Ministry of Foreign Affairs (Malawi). “The Foreign Policy of the Government of the Republic of Malawi”. Ministry of Foreign Affairs (Malawi), 2010.

议、非洲统一组织会议等各种场合，都毫不避讳地讲出"现实主义"的言辞，表明本国的"现实主义"外交政策。1964—1980 年，马拉维亲西方、亲白人种族主义政权的"现实主义"外交政策较为明显和突出。因此，备受大多数非洲国家及非洲统一组织的指责。不过，正是这个时期推行的"现实主义"外交政策维护了马拉维的国家利益，保障了其出海口的安全，使其经济保持快速增长。1964—1978 年，马拉维处于经济繁荣时期。[①] 马拉维创造的经济奇迹，也受到国际社会的关注。这在某种程度上也证明了该国"现实主义"外交政策的合理性和正确性。这个阶段，马拉维推行的"现实主义"外交政策，主要表现在以下 3 个方面。

（一）站在西方阵营一边，亲近西方国家及南部非洲地区的白人种族主义政权，借此确保本国的出海口安全，获得经济方面的援助与投资

独立以后，班达基于对本国国情及国际政治的考量，为了获得西方国家的援助，给本国带来更多的利益，[②] 选择了亲近西方国家及南部非洲地区白人种族主义政权的"现实主义"外交政策。由于该国的地理位置重要，意识形态方面靠近资本主义阵营，因而该国获得了西方国家的大量援助。[③] 这为其经济发展奠定了现实基础。总之，马拉维外交战略的重心是在西方国家阵营。

1. 同西方国家的关系。

西方国家之中，马拉维同宗主国英国的关系较为密切。它还是英联邦的成员国。建国以后，班达就反对内阁部长们在国内政治改革方面完全"非洲化"的主张，而是继续保留政府机构中的英国人员，保持同英国的传统关系，借此获得宗主国的援助及投资。实际上，英国和马拉维在政治、经济等方面有着紧密的合作关系。英国对外援助资金之中，马拉维所占的比例较大。英联邦 12 个成员国中，该国排在第 2 位。[④] 由此可见，两国关系较为密切。

同时，马拉维还同美国、德国、以色列、日本、丹麦、加拿大等西方国家有直接的外交关系。这些西方国家通过经济、技术援助来换取马拉维对西方阵

---

① Harvey J. Sindima. *Malawi's First Republic: An Economic and Political Analysis.* University Press of America, 2002, p.112.

② Owen J. M. Kalinga, Cynthia A. Crosby. *Historical Dictionary of Malawi.* Scarecrow Press, 2001, p.138.

③ Harvey J. Sindima. *Malawi's First Republic: An Economic and Political Analysis.* University Press of America, 2002, p.111.

④ 高晋元：《英国—非洲关系史略》，中国社会科学出版社 2008 年版，第 352 页。

营的政治支持，并借此打开马拉维的国内市场。援助项目主要涉及农业、医疗卫生、教育、社会发展等经济或民生领域。马拉维国家的政局较为稳定，这为其争取外国投资奠定了重要基础。为了欢迎西方国家的经贸投资，马拉维还成立了马拉维发展公司和马拉维投资与发展银行。此外，马拉维还参与《洛美协定》(*Lome Convention*)，同西方国家保持密切的经济合作。[①]

该时期，正是借助外交手段，马拉维得到了西方国家的大量援助及投资，实现了经济快速发展，达到了外交所要实现的目的。

2. 同南部非洲地区的白人种族主义政权的关系。

班达执政时期，马拉维同南非白人种族主义政权是“伙伴国”关系。1967年，两国建立外交关系，并签订“贸易协定”。南非还通过经济援助，帮助马拉维实现迁都、修建通往纳卡拉港口的铁路、开发旅游业等。[②]1971年，班达总统还成为首位出访南非的非洲独立国家领导人。[③] 班达总统同南非白人政权结盟，逆“泛非主义”政治浪潮而行，遭到其他非洲国家领导人的普遍谴责。面对南非种族主义问题，班达总统反对孤立、对抗的无效策略，主张通过“接触与对话”的多边途径，建设性地、现实性地推进该问题的解决。马拉维则愿意在其中扮演“调解者”的角色，这符合其国家利益。班达总统认为，当时还没有什么实际力量能够推翻这个政权，[④] 苏联等也不会铲除这个政权，因为这不符合它们的国家利益。

此外，马拉维同津巴布韦、莫桑比克关系密切，这是由该地区的地缘政治及海洋政治所决定的。独立初期，马拉维不仅没有给予罗得西亚、葡属东非洲的民族解放运动以政治支持，也没有谴责殖民主义和种族主义，反而同两国的白人政权关系密切。由于没有出海口，马拉维要靠莫桑比克的贝拉港进行国际贸易。[⑤] 因此，该国尤为重视同莫桑比克的双边关系，班达就曾出访

① 原牧：《马拉维的经济发展成就》，《西亚非洲》1981年3期，第36页。

② Harvey J. Sindima. *Malawi's First Republic: An Economic and Political Analysis.* University Press of America, 2002, p.177.

③ Bridglal Pachai. *Malawi: The History of the Nation.* Longman, 1973, p.308.

④ 苏联科学院非洲研究所编，上海新闻出版系统“五·七”干校翻译组译：《非洲史1918—1967年(上册)》，上海人民出版社1974年版，第895—896页。

⑤ Harvey J. Sindima. *Malawi's First Republic: An Economic and Political Analysis.* University Press of America, 2002, p.171.

过葡属东非洲。[①] 葡萄牙殖民当局也曾为马拉维修建过公路，提供过贷款援助。两国还签订过“交通协定”。冷战时期，南部非洲地区的国际关系主要围绕反殖民主义和反种族主义展开。班达认为南部非洲地区的白人政权将继续存在，马拉维很难割裂同这些白人政权的关系。为了在地区政治博弈中获取利益，平衡该地区的政治力量，实现本国的国家利益，马拉维同这些白人政权保持着政治、经济、军事等方面的亲密关系，推行更为灵活、务实的外交政策。

> 军事力量？非洲统一组织的军事力量？让我再次大笑。从南到北，由东到西，今天非洲哪个独个国家的军队能够挑战罗得西亚的军队？没有一个！罗得西亚的军队靠近南非的军队，我认为，这是非洲大陆最强大、最有实力的军队。你们不要自欺欺人……即使我们北非的朋友，埃及、利比亚、突尼斯、阿尔及利亚、摩洛哥，他们一起也帮不了我们，更不可能到达这里。
>
> ——1965 年班达总理在议会中的演讲[②]

> 许多非洲国家领导人要求英国政府出兵罗得西亚，废除罗得西亚宪法，通过武力屠杀欧洲定居者后，确定一个新宪法。这是不现实的。这些定居者是谁？英国人，有英国血统的人，在英国出生的人，祖先是英国的人……英国政府不可能授予首相权力，到罗得西亚射杀英国人、苏格兰人、爱尔兰人。即使授权，罗得西亚的大多数人都有兄弟和朋友在英国、英国军队、英国空军和海军之中。若首相出兵，军队将会出现哗变。他们不会对兄弟动武。
>
> ——1966 年 11 月 16 日马拉维议会的议事录[③]

---

① Bridglal Pachai. *Malawi: The History of the Nation.* Longman, 1973, p.308.

② Harvey J. Sindima. *Malawi's First Republic: An Economic and Political Analysis.* University Press of America, 2002, p.175.

③ Ibid.

（二）逆“泛非主义”政治浪潮而单独行事，脱离非洲统一组织、非洲独立国家的群体，同非洲统一组织及周边独立国家逐步交恶

班达依据本国国情及国家利益，推行“现实主义”的外交路线及政策，实际上是民族利己主义的表现。这同当时非洲独立国家所追求的“泛非主义”政治浪潮背道而驰，也曾遭到马拉维内阁部长们的坚决反对。独立初期，马拉维同南非、罗得西亚及葡属东非洲的白人种族主义政权关系密切，没有支持这些非洲国家人民的反殖民主义和反种族主义的斗争，这激起了正处于独立浪潮之下的非洲各国人民的极大愤慨。非洲统一组织及非洲独立国家通过多种途径向马拉维施加政治压力。马拉维同它们之间的关系逐渐恶化，并被孤立起来，处境较为艰难。

1. 同非洲统一组织的关系。

20 世纪 60 年代开始，随着非洲国家的纷纷独立，非洲统一组织扛起了“泛非主义”的大旗，推进非洲独立国家的团结与合作，支持还未独立国家的民族解放运动。南部非洲地区，由于种族主义和殖民主义的长期存在，该地区的民族解放运动面临着各种难题，政治发展较为迟缓。在解决白人种族主义问题方面，马拉维反对通过激进的、革命的、经济制裁的方式来解决该问题，而是提出通过“接触＋谈判”的方式，依据非洲国家实力的变化，循序渐进地解决这个问题。班达从现实主义的角度分析认为，白人种族主义政权将会长期存在，非洲独立国家不应做毫无意义而又损害本国国家利益的事。

1964 年，“第二届非洲统一组织首脑会议”在埃及首都开罗举行，大会通过了对南非种族主义政权采取强有力的制裁措施的决议。然而，班达在大会上阐明了其反对经济制裁南非的“现实主义”政治立场及外交策略。

> 我相信我们整个大陆的解放——我认为我们整个大陆一定会得到解放。一定不能让一寸非洲土地处于殖民统治下。但我希望会议认识到，在我们都希望非洲解放的时候，必须记住并不是每个非洲国家都正确地帮助了我们那些仍处在殖民统治或侵略下的兄弟。例如，在我自己的国家马拉维，殖民历史和殖民地理使我不能与葡萄牙在外交、商业、文化和其他方面割断所有的关系，因为殖民历史和殖民地理不

> 承认它拥有它自己的一个港口。我们向国外销售的每样东西……都得经过贝拉，而这个地方被一个欧洲列强所困扰。不仅遭到了困扰，而且被占据了……我不想变成一个伪君子，我离开这个房间后，我不希望任何人指责我是一个伪君子，因为我不可能接受任何这种决议。
>
> ——1964 年班达总理在第二届非洲统一组织首脑会议上的讲话①

马拉维的“现实主义”外交路线同非洲统一组织的“泛非主义”外交路线完全对立，受到非洲统一组织及其成员国的普遍谴责。班达则嘲讽非洲统一组织的政策，认为其缺乏政治远见，拒绝执行非洲统一组织的决议，并数次拒绝参加该组织的大会。这损害了该组织的内部团结和国际形象，引起非洲统一组织及其成员国的强烈不满。许多非洲独立国家领导人曾提议将马拉维驱逐出该组织。在这些重大问题上，马拉维同非洲统一组织的立场对立，两者之间的关系逐步走向恶化。

2. 同周边独立国家的关系。

马拉维周边独立国家包括赞比亚和坦桑尼亚。独立以前，马拉维（尼亚萨兰）同北罗得西亚、坦桑尼亚都面临着民族解放和国家独立的任务。这时，班达的“现实主义”政治理念同“泛非主义”的政治浪潮是重合的。因而，班达曾同卡翁达和尼雷尔在追求民族解放问题上相互团结，保持着密切的合作关系。独立以后，班达以国家利益为重，推行“现实主义”外交政策，同西方国家、白人种族主义政权关系亲密。这种民族利己主义的外交政策引起了赞比亚和坦桑尼亚的强烈不满。卡翁达和尼雷尔曾不断向班达进行施压，要求其奉行“泛非主义”的外交路线，引起班达本人的极大愤慨。由此，马拉维同赞比亚、坦桑尼亚的关系逐步恶化。

马拉维“内阁危机”爆发后，奉行“泛非主义”路线的内阁部长们纷纷逃至赞比亚、坦桑尼亚进行政治避难，这更令彼此之间的关系雪上加霜。赞比亚和坦桑尼亚支持那些“叛逃”的内阁部长，并接受其政治避难的请求。内阁部长们还在两国境内建有几支反政府组织，这引起班达的强烈反对。班达曾向周

---

①［英］约翰·G. 派克著，史一竹译：《马拉维政治经济史》，商务印书馆 1973 年版，第 254—255 页。

边国家提出引渡这些人员的请求，作为改善彼此关系的政治基础，遭到赞比亚、坦桑尼亚的严词拒绝。班达特别担心这些政治流亡人员会在赞比亚、坦桑尼亚的支持下，重返马拉维国内，推翻其政治统治。在非洲统一组织内部，马拉维同两国经常相互指责。这使得马拉维同这两个邻国的关系逐步恶化。

此外，马拉维同周边国家还存在领土争端问题。班达曾提出要将该国领土恢复到马拉维联盟时期的疆界，这种领土扩张主义遭到赞比亚、坦桑尼亚的反对。班达的大胆言行无疑与南非、津巴布韦及葡萄牙的支持密不可分。[①] 由于马拉维湖的边界争端问题，马拉维同坦桑尼亚的政治关系更为紧张，军事冲突随时都有可能发生。马拉维曾希望通过坦赞铁路解决本国的出海口问题。由于同赞比亚、坦桑尼亚的政治关系恶化、外交谈判失败，加上坦赞铁路支线的经济成本较高、运量极其有限，马拉维放弃了北向通往印度洋的出海口，也没有采取措施改善同赞比亚、坦桑尼亚的关系。

（三）敌视社会主义国家、伊斯兰国家，拒与苏联、中国等社会主义国家建交，同伊斯兰国家没有直接的官方交往，始终保持高度警惕

班达执政时期，马拉维虽然奉行亲西方的外交政策，但并未盲目地追随西方的意识形态，而是将西方国家的援助及投资，用在探索本国的经济发展道路上。解决本国的安全和发展问题，是班达通过外交途径所要达到的目标。班达曾长期生活在美国和英国，对西方国家的政治制度及国际政治有深刻的认知。他认为，马拉维独立后必须通过一党制加强国家的政治建设，西方的多党制不符合马拉维的国情。若马拉维实行多党制，部族对抗、宗教冲突、地区矛盾等国家分裂的现象就会出现。班达的“现实主义”外交政策表面上是靠近西方的，但并未去追随西方的意识形态，而是立足本国生存和发展的现实。独立初期，马拉维站在西方阵营一边，仇视社会主义国家和伊斯兰国家，并对这些国家保持高度警惕。

1. 同社会主义国家的关系。

由于个人的学习、生活及工作经历，班达对社会主义国家持敌视态度。同时，马拉维站在西方阵营一边，奉行亲西方的“现实主义”外交政策，自然不

① [埃及] 布特罗斯·加利著，仓友衡译：《非洲边界争端》，商务印书馆 1979 年版，第 22 页。

会同社会主义国家有所交往。班达对社会主义国家的负面认知有一个发展过程。班达早年的西方留学经历，使其对共产主义或社会主义缺乏好感。独立初期，内阁部长们奉行“泛非主义”的政治路线，要求同中国等社会主义国家加强外交关系，以支持非洲地区的民族解放运动，并获得其相应的经济援助。这种做法遭到班达的强烈反对。马拉维外交部部长卡尼亚马·丘梅等同中国政府外交代表在坦桑尼亚谈判后，中国政府承诺，将给予该国的援助额由 600 万美元增加到 1800 万美元。[①] 班达对此予以拒绝，并讽刺中国的援助为“毫不掩饰的贿赂”。[②] 班达和内阁部长们就此问题产生重大分歧。

班达特别担心同中国建交后，将给该国外交带来复杂影响。他认为，中国可能会推行所谓“帝国主义”政策，对马拉维施加政治影响，干涉其内政，令其难以摆脱。这种后果将是灾难性的。实际上，班达的这种胡乱猜想是对中国外交的误解和误判。更为重要的是，他担心这样会直接影响到西方国家对马拉维的援助。[③] 班达同内阁部长们的政治对立，加上冷战因素的影响、个人的错误认知及判断，使他对社会主义国家极为排斥和厌恶。冷战时期，苏联、古巴等社会主义国家在非洲地区“输出革命”，采取激进的、狂热的行动，使其更担忧社会主义国家的渗透活动。因此，独立初期，马拉维同社会主义国家都没有建立外交关系。

2. 同伊斯兰国家的关系。

由于历史原因，马拉维境内有个穆斯林族群尧人，他们的人数约占本国总人口的 13%。[④] 这个族群通过伊斯兰教同外部世界有着文化方面的联系。英国殖民统治以前，东非沿岸的斯瓦希里—阿拉伯人就同本国的尧人进行着罪恶的奴隶贸易，给南部非洲内陆带来了深重的灾难。班达通过历史和现实的角度分析认为，阿拉伯人对非洲人是长期保持歧视态度的。历史上，东非地区的阿拉伯人在马拉维境内将马拉维各族人民贩卖为奴隶，并将自己视为文明的代表

---

① Owen J. M. Kalinga, Cynthia A. Crosby. *Historical Dictionary of Malawi*. Scarecrow Press, 2001, p.72.

② Robert I. Rotberg. *The Rise of Nationalism in Central Africa: The Making of Malawi and Zambia, 1873–1964*. Harvard University Press, 1965, p.319.

③ T. David Williams. *Malawi: The Politics of Despair.* Cornell University Press, 1978, p.215.

④ 马拉维国内穆斯林人口占全国总人口的比例有多种说法，12%、12.8%、13%、20%、36% 等，笔者认同 13% 的看法。参见武涛：《南部非洲国家马拉维的穆斯林》，《中国穆斯林》2014 年第 4 期，第 71 页。

者，而贬低非洲黑人。当时，阿拉伯人在信仰方面的文化优越感根深蒂固，甚至南部非洲地区的欧洲人也难以接受这些。[①] 他还以苏丹第一次内战为例，认为苏丹政府代表北方阿拉伯人的利益，在该国南部推行伊斯兰教，也不顾及南方人的基督教、原始宗教信仰，对成千上万的苏丹南部黑人进行“屠杀”。奇怪的是，除了他自己，没有撒哈拉以南非洲国家的领导人对其进行过抗议或谴责。班达对伊斯兰国家持敌视态度，并认为伊斯兰文化对撒哈拉以南非洲文化构成了较大威胁。

班达的伊斯兰观是极为负面的。他特别担心同伊斯兰国家，特别是同中东及海湾国家建交后，这些国家会通过伊斯兰教这一宗教信仰，加强同马拉维国内尧人的联系，给本国的政治稳定带来负面影响和安全威胁。因此，他对加强同伊斯兰国家的联系持敌对、谨慎的态度。建国初期，除了伊朗和土耳其外，马拉维同伊斯兰国家几乎没有直接的外交联系。该国仅仅同穆斯林人口较多的周边国家肯尼亚、赞比亚及世界穆斯林大会（World Muslim Congress, WMC）、南部非洲伊斯兰青年运动（Muslims Youth Movement of South Africa, MYMSA）有所交往和接触。[②]

> 今天，如果我们的祖父从墓中出来，并且和我们一起参加非洲统一组织的会议，我不知道他会说些什么……我不知道他会说些什么……我不知道他会说些什么……，因为，你知道，他会看到我，他的孙子，我祖父的孙子，在同阿拉伯人像兄弟一样进行拥抱。
>
> ——1966 年班达总统的演讲[③]

三、马拉维“现实主义”外交政策的调整

20 世纪 70 年代末至 90 年代初，随着南部非洲地区政治形势的发展逐步

① T. David Williams. *Malawi: The Politics of Despair.* Cornell University Press, 1978, p.310.

② David S. Bone. *Malawi's Muslims: Historical Perspectives*. Christian Literature Association in Malawi, 2000, p.194.

③ T. David Williams. *Malawi: The Politics of Despair.* Cornell University Press, 1978, p.310.

明朗，加上国际冷战背景下西方阵营开始处于攻势，马拉维迫于地区及国际局势的压力，不得不对本国的“现实主义”外交政策进行局部调整。马拉维逐步重返撒哈拉以南非洲国家的队伍之中，但其转变速度还略显缓慢，处于观望的姿态。这个时期，南部非洲国际关系已经发生重大变化，这些变化影响着许多国家的外交政策。20 世纪 80 年代，南部非洲在世界大国及许多较小国家的外交政策中占有重要的优先地位。当然，这也是非洲国家外交政策中头等重要的问题。①

班达总统对马拉维“现实主义”外交政策进行调整有 2 个方面的原因：

第一，地区和国际环境发生变化，马拉维需要适应这些变化，追逐本国所需要的国家利益。反对殖民主义和反对种族主义成为南部非洲地区国际关系的基本特征。随着地区政治力量对比发生变化，种族主义势力将会逐步退出。非洲国家和国际社会对种族主义将施加更大压力，马拉维不可能再站在种族主义一边，这将损害本国的国家利益。

第二，20 世纪 80 年代以前，面对美苏两极格局的激烈对决，马拉维在搭西方国家“便车”之时，西方国家并未给予马拉维较大的压力。80 年代开始，西方国家在冷战格局中处于攻势，开始向非洲国家强推西方的民主政治、经济体制等。面对陷入困境的本国经济，以及自然灾害的频发，为获得西方国家的援助，马拉维被迫接受西方国家带有附加条件的援助，按西方国家制定的游戏规则办事。

但无论如何，“现实主义”仍然是该国外交政策的指导思想。马拉维“现实主义”外交政策的调整，具体表现在以下 3 个方面。

（一）继续保持同西方国家、南非等国的传统关系，加强同国际经济组织的合作，获得用于经济改革的资金援助

班达总统执政后期，马拉维在外交方面开始受到南非、西方国家的诸多压力。20 世纪 70 年代开始，由于在某些具体问题及国家利益方面发生冲突，该国同南非的“伙伴关系”出现裂痕。南非通过挑拨马拉维同莫桑比克、罗得西亚的关系，借口封锁马拉维的进出口贸易，向马拉维施加政治影响，使其在外

① [英]科林·勒古姆等著，吴期扬译：《八十年代的非洲：一个危机四伏的大陆》，世界知识出版社 1982 年版，第 59 页。

交政策方面向其靠拢。“胡萝卜”和“大棒”是南非对马拉维惯用的两种手段。马拉维则依据南部非洲地区形势的发展，在地区国家之间来回游离，最大限度地争取本国的国家利益。1974 年，葡属东非洲白人政权倒台。1975 年，以“莫桑比克解放阵线”（Liberation Front of Mozambique, 简称“莫解阵”，常用的葡萄牙语缩写是 Frelimo）为主体的莫桑比克新政府成立。[①] 这在很大程度上给南部非洲地区的白人政权以较大打击，也影响到周边关系的发展。“马拉维在政治上与南非在某种程度上拉开了距离，但经济关系仍在发展。”[②]

随着 1980 年罗得西亚白人政权在选举中失败，南部非洲地区的政治形势开始明朗化。在“前线国家”的政治压力和国际社会的外部干预下，殖民主义和种族主义退出南部非洲地区的历史舞台的趋势已经逐步明晰。班达总统看到该地区政治形势的变化，灵活地调整了马拉维的外交政策，同白人种族主义政权保持一定距离，并改善同周边国家的关系。然而，南非依然逆历史潮流而行，同联合国、其他非洲国家等进行对抗。西方国家开始对南非进行全面制裁。[③] 南非面临外交困境，不可能容忍马拉维的背叛行为，其通过“莫桑比克全国抵抗运动”（Mozambican National Resistance, 简称“莫抵运”，常用的葡萄牙语缩写是 Renamo）挑拨马拉维同莫桑比克政府之间的关系，使马拉维外交面临更为复杂的问题，逼迫其不断地进行调整。

20 世纪 80 年代，马拉维的国家经济陷入困境。此时，西方国家对马拉维的经济援助附加苛刻条件，向马拉维施加政治、经济等方面的影响。西方国家控制的世界银行、国际货币基金组织等，通过制订项目援助计划，逼迫马拉维进行政治、经济等方面的改革。面对国际环境，马拉维只能接受西方援助国确立的经济秩序，依旧在援助体系中处于“从属”地位。[④] 因此，为了获得西方的经济援助，马拉维被迫接受“包治百病的药方”，去解决本国的“经济问题”。政治方面，西方国家对班达领导的马拉维政府进行施压，谴责其通过审讯、暗杀等暴力手段打压异己的行为。同西方国家保持传统关系的同时，马拉维的民

① 葛佶、何丽儿、杨立华、孙耀楣：《南部非洲动乱的根源》，世界知识出版社 1989 年版，第 178 页。

② 葛佶：《南非：富饶而多难的土地》，世界知识出版社 1994 年版，第 275 页。

③ 沐涛：《南非对外关系研究》，华东师范大学出版 2003 年版，第 122 页。

④ Korwa Gombe Adar, Rok Ajulu. *Globalization and Emerging Trends in African States' Foreign Policy-Making Process: A Comparative Perspective of Southern Africa*. Ashgate Publishing Company, 2002, p.79.

主政治力量开始出现，逐渐成为马拉维外交的重要影响因素。南部非洲地区国际关系的特征是冲突与合作，马拉维外交政策在其中进行着艰难的调整。

（二）加强同莫桑比克、津巴布韦的关系，修复同赞比亚、坦桑尼亚及非洲统一组织的关系，参与南部非洲地区的各项事务

20 世纪 70 年代中期开始，随着南部非洲地区政治形势的变化，莫桑比克和津巴布韦白人政权相继被推翻，该地区反殖民主义和反种族主义的斗争取得了阶段性胜利。面对南部非洲地区形势的发展，班达总统灵活地调整了本国的外交政策。马拉维不再唯南非马首是瞻，而是在保持双边关系的同时，同反种族主义的非洲国家靠近，改善彼此之间的关系。1969 年，班达总统没有参加“卢萨卡会议”（Lusaka Conference），更没有支持《关于南部非洲的卢萨卡宣言》（以下简称《卢萨卡宣言》）。1974 年，由赞比亚、坦桑尼亚、博茨瓦纳、莫桑比克组成的“前线国家”首脑会议举行，主要商讨南部非洲地区的政治问题，推进反殖民主义和反种族主义的斗争。后来，安哥拉（Angola）和津巴布韦也加入进来。最终，“前线国家”成为反对南部非洲种族主义政权的中坚力量。马拉维对此予以关注，并重视其对周边关系的影响。1975 年，马拉维根据地区形势的发展变化，支持非洲统一组织部长理事会通过的《关于南部非洲的达累斯萨拉姆宣言》。[①]

莫桑比克和津巴布韦取得民族解放及反种族主义斗争的胜利后，马拉维特别重视同两国之间的关系。莫桑比克的贝拉和纳卡拉两个港口关系到马拉维东向印度洋的出海口安全。1981 年，马拉维同莫桑比克建立外交关系。[②] 由于莫桑比克国内的反政府武装问题、难民问题、政治流亡人员问题等，两国关系出现紧张局面。莫桑比克就曾威胁过要关闭边界，切断马拉维的出海口。1984 年，两国设立联合委员会（Joint Permanent Commission），旨在处理彼此之间的问题。[③] 津巴布韦同马拉维原先均属于英属中非联邦的成员国，彼此的政治、经济关系等较为密切。1986 年，两国设立联合常设委员会，旨在处理两国关系中的重大问题。此外，班达总统曾通过多种途径，力图恢复本国同赞比亚、

① 葛公尚：《万国博览・非洲卷》，新华出版社 1998 年版，第 645 页。
② 世界知识年鉴编辑委员会：《1982 世界知识年鉴》，世界知识出版社 1982 年版，第 313 页。
③ 葛公尚：《万国博览・非洲卷》，新华出版社 1998 年版，第 645 页。

坦桑尼亚的关系。1985 年 5 月，马拉维同坦桑尼亚建交。[1] 他还出访过坦桑尼亚，就边界争端问题、出海口安全及经济合作等问题同坦方达成过共识，奠定了两国关系的基础。

周边外交是马拉维对外关系中的重要内容。地区政治形势变化后，马拉维开始调整本国的外交政策，通过首脑外交、经济外交、多边外交、穿梭外交等途径，加强本国同周边国家的全面合作。1980 年，南部非洲发展协调会议成立时，班达总统亲自参加，并同各成员国共同商讨南部非洲地区的政治、经济、安全等方面的问题。"1981 年 12 月，马拉维又参加了东部与南部非洲特惠贸易区协议。"[2] 南部非洲国家的政治、经济、安全关系是相互依存的，冲突与合作同每个国家都密不可分。此时，地区经济一体化成为各国的共同追求。为了摆脱对南非的过度依赖，这些国家通过共同商讨、团结合作，大力推进南部非洲地区的经济一体化。此时，马拉维也开始参与南部非洲地区事务，通过搭地区经济合作的"便车"，推进本国经济的复苏及发展。

（三）同社会主义国家、伊斯兰国家等开始有所接触，并和少数国家建立外交关系，就地区和国际重大问题发表观点，向外发出本国的政治声音

20 世纪 80 年代初开始，马拉维的外交空间被挤压，该国的"现实主义"外交陷入困境，并处在艰难的调整之中。这是由于马拉维原本可以利用的冷战环境及地区政治生态已经发生重大变化。马拉维不仅难以借助外部环境谋取利益，而且开始受到外界的诸多压力。为了拓展本国的外交空间，摆脱外交的困境，争取更多的援助及投资，马拉维调整了外交政策，开始同社会主义国家和伊斯兰国家进行接触和交往。

20 世纪 80 年代，马拉维同社会主义国家进行接触，并和部分国家建立了外交关系。这些社会主义国家主要是非洲国家，或是其他地区的小国。实际上，班达总统对社会主义国家的观念并没有完全改变，这种外交活动只是立足本国国家利益而进行的尝试。1982 年，马拉维同朝鲜建立了外交关系。1984 年 1 月，班达总统还表示，马拉维支持朝鲜关于消除朝鲜半岛紧张局势、就祖

---

① 世界知识年鉴编辑委员会：《1985—1986 世界知识年鉴》，世界知识出版社 1986 年版，第 238 页。
② 陈公元、唐大盾、原牧：《非洲风云人物》，世界知识出版社 1989 年版，第 474 页。

国统一举行会谈的建议。[①]1985 年，马拉维同罗马尼亚、阿尔巴尼亚两国建立了外交关系。马拉维外交虽然向东方阵营有所偏向，但其亲西方的政策仍然强烈，并且拒绝任何社会主义国家在马拉维境内建立使馆。[②] 同社会主义国家进行接触和交往，对于马拉维国家的外交而言，意义重大。它为马拉维外交困局打开了一个窗口。

马拉维也开始同伊斯兰国家进行交往。1982—1990 年，总部设在科威特的“非洲穆斯林委员会”（African Muslims' Committee, AMC），通过资金援助的方式，帮助马拉维的穆斯林社区实现发展。[③] 班达总统同意传播伊斯兰教的基本条件是不干涉马拉维的内政。[④]1982 年 12 月，马拉维同埃及签订了一项技术合作援助协定。[⑤] 当时，马拉维同伊斯兰国家进行接触和交往，只是想通过这种外交活动，获得这些伊斯兰国家的经济援助或投资。

此外，马拉维还同其他国家进行了外交接触，并就地区和国际重大问题发表过己方观点，借此向世界发出本国的政治声音，展现其作为主权国家的独立、尊严等。1982 年，班达总统指出，马拉维选择和平方式解决国际问题，在谅解与和平的氛围下加强国际合作。1983 年，他又指出，解决邻国之间的政治问题，最实际、有效的办法是协商和讨论，因为对抗会留下痛苦。[⑥] 马拉维还就柬埔寨、阿富汗、纳米比亚等国的问题发表了本国的看法，并在联合国的相关决议中投出本国的一票。马拉维政府认为，国际争端要通过对话、谈判的途径来解决，不应采取暴力、制裁等手段。

---

① 世界知识年鉴编辑委员会：《1984 世界知识年鉴》，世界知识出版社 1984 年版，第 154 页。

② Owen J. M. Kalinga, Cynthia A. Crosby. *Historical Dictionary of Malawi.* Scarecrow Press, 2001, p.138.

③ David S. Bone. *Malawi's Muslims: Historical Perspectives*. Christian Literature Association in Malawi, 2000, p.23.

④ Owen J. M. Kalinga, Cynthia A. Crosby. *Historical Dictionary of Malawi.* Scarecrow Press, 2001, p.164.

⑤ 世界知识年鉴编辑委员会：《1983 世界知识年鉴》，世界知识出版社 1983 年版，第 150 页。

⑥ 同上。

第三章

多党民主以来马拉维的对外政策

（1994 年至今）

20 世纪 80 年代末至 90 年代初，非洲地区开始掀起民主化的浪潮。[①] 马拉维国内也出现反对班达总统政治统治，要求进行政治民主化改革的呼声。1992 年，马拉维国内出现了"争取民主联盟"（Alliance for Democray, AFORD）和"联合民主阵线"（United Democratic Front, UDF）两个反对党团体。[②] 位于赞比亚境内的政治流亡力量也开始组建政党团体，同马拉维国内的民主力量相互支援，意在推进马拉维国内的政治民主化运动。政治反对派领袖奇哈纳（Chihana）就公开声明要推翻班达总统的专制统治。[③] 此时，马拉维国内依然未摆脱经济困境，民众的生活质量未明显改善。面对难以维持生活的微薄工资，马拉维国内数个城市出现工人罢工运动。这些罢工运动不仅规模空前，而且还得到民众及学生的大力支持。同时，西方国家及国际组织也开始中止对马拉维的发展援助项目，借此进行政治施压。已经 90 岁高龄的班达总统面对国内外的多重压力，被迫同意通过全民公决的方式，决定该国未来的政治走向。

1993 年 6 月 14 日，马拉维举行全民公决。最终，63% 的投票者同意实行多党民主制。班达总统决定成立国家行政委员会，职责是监督向多党民主政府的过渡；同时，设立国家顾问委员会，主要负责草拟和修改宪法。[④] 班达总统采取这类举措的目的是通过和平途径，推动该国向民主政治过渡。1993 年 6 月 29 日，马拉维议会通过了实行多党民主政治的宪法修正案，并对政治体制的具体内容进行了规定。1994 年 5 月，马拉维举行多党民主以来的首次总统和议会选举。最终，联合民主阵线主席埃尔森·巴基利·穆卢齐当选为该国的总统。[⑤] 至此，马拉维进入多党民主政治的新时代。1999 年 6 月，马拉维举行

① [美]塞缪尔·亨廷顿著，刘军宁译:《第三波：20 世纪后期民主化浪潮》，上海三联书店 1998 年版。

② 夏新华、顾荣新:《列国志·马拉维》，社会科学文献出版社 2006 年版，第 63 页。

③ Harvey J. Sindima. *Malawi's First Republic: An Economic and Political Analysis.* University Press of America, 2002, pp.216-218.

④ 夏新华、顾荣新:《列国志·马拉维》，社会科学文献出版社 2006 年版，第 63 页。

⑤ International Business Publications. *Malawi Foreign Policy and Government Guide*. International Business Publications, 2004, p.15.

总统和议会大选。埃尔森·巴基利·穆卢齐以 52.2% 的得票率，再度当选为该国的总统。①

2004 年 5 月，联合民主阵线候选人宾古·瓦·穆塔里卡以 35.89% 的得票率当选为马拉维的国家总统。②2009 年 5 月，宾古·瓦·穆塔里卡以民主进步党主席的身份，实现了该国总统的连任。③2012 年 4 月，宾古·瓦·穆塔里卡总统突发心脏病，不幸逝世。经过短暂的政治危机之后，副总统乔伊斯·班达依据宪法规定，继任马拉维的国家总统，她也成为南部非洲地区第一位和非洲地区第二位女总统。④ 人民党（People's Party, PP）成为执政党。2014 年 5 月 20 日，马拉维举行总统和议会选举，民主进步党候选人阿瑟·彼得·穆塔里卡当选为总统。⑤ 2019 年 5 月 21 日，马拉维进行总统大选，阿瑟·彼得·穆塔里卡在竞选中获胜，实现连任。

多党民主化以来，"微观层面的国内政治和宏观层面的国际关系通过外交决策联系在一起"⑥。新的时期，马拉维外交开始承受内外部的压力，面临诸多问题的挑战。主要原因表现在以下 2 个方面。

第一，内部因素导致马拉维外交决策及其影响因素更为复杂。

一党专政时期，马拉维的外交政策几乎都是由班达总统决策和制定，并由外交部门落实及执行的。班达总统作为非洲地区的优秀政治家，其外交战略的布局及外交政策的制定，立足本国的国情、周边地区的政治形势及美苏冷战的国际背景。当时，马拉维很好地利用了国际环境，在其中左右逢源，国家利益也得到了维护。正是该国独特的"现实主义"外交路线及政策，马拉维才获得了西方国家的援助及投资，并在 20 世纪 60 年代至 70 年代末，实现了经济的

---

① J. A. Wiseman. "Presidential and Parliamentary Elections in Malawi, 1999". *Electoral Studies*, 2000,19(4),p. 643.

② Nixon S. Khembo. "Elections and Democratisation in Malawi: An Uncertain Process". *EISA Research Report*, 2005(10), p.38.

③ Kimberly Smiddy, Daniel J. Young. "Presidential and Parliamentary Elections in Malawi, May 2009". *Electoral Studies*, 2009, 28(4), p.662.

④ 武涛:《马拉维女总统乔伊斯·班达》,《国际研究参考》2013 年第 10 期，第 50 页。

⑤ 武涛:《马拉维：女总统时代的结束及新总统时代的到来》，中国社科院西亚非洲研究所网站学术论坛"非洲论坛"，2014 年 6 月 23 日，http://iwaas.cass.cn/dtxw/fzdt/2014-06-23/3059.shtml，2015 年 3 月 1 日。

⑥ Korwa Gombe Adar, Rok Ajulu. *Globalization and Emerging Trends in African States' Foreign Policy-Making Process: A Comparative Perspective of Southern Africa*. Ashgate Publishing Company, 2002, p.73.

快速增长，这令其他非洲国家羡慕不已。

民主化以来，马拉维国内政局已经发生变化，外交决策不再是总统的个人事务。该国外交政策的制定，不仅受到总统个人因素的影响，由总统及其内阁团队共同制定，而且要受到议会、反对党、选民、政治团体、政治事件、国内经济等多种因素的影响。该国的外交政策受到内部因素影响的比例开始上升，总统的权力受到多方面的制约，再不能独断专行。同时，作为资源极其匮乏的内陆小国，马拉维也在挖掘本国的各类资源，借此大力拓展本国的外交空间，争取更多的国家利益。民主政治、伊斯兰教、经济作物、旅游产业等因素也是马拉维推动外交关系的重要资源，抑或是桥梁，这有利于促进其外交途径的多元化。

第二，外部因素促使马拉维外交政策在依附和自主之间寻找平衡。

民主化以来，马拉维面临的外部环境更为复杂和严峻。该国原本可以利用的地区政治冲突及国际冷战环境已不复存在。因此，马拉维难以通过地区政治生态，利用均势（Balance of Power）的规律，来回穿梭，谋取国家利益。20 世纪 90 年代，随着两极格局的解体及冷战的结束，整个非洲的国际战略地位大大下降，非洲国家开始被西方国家忽视和冷落。由于国力弱小，资源匮乏，经济贫困，马拉维所要面对的外部环境更为恶劣。随着南部非洲地区形势的变化，马拉维不仅难以再度充当西方国家在该地区的“马前卒”角色，同时还受到西方国家的政治压力。西方国家及国际组织在给予其发展援助方面是有苛刻的政治条件的，马拉维难以继续“搭便车”。

进入 21 世纪，随着非洲地区的战略地位再度上升，世界大国开始纷纷踏足非洲，并展开多方博弈。在同西方国家打交道的同时，马拉维有了新的、更多的外交选择。特别是中国、印度、巴西等新兴经济体出现后，马拉维可以通过同这些国家进行“南南合作”，进而拓展本国的外交空间，寻求更为公正、平等的合作关系。同时，马拉维还可以通过加入非洲联盟、“南共体”等地区组织，推进地区经济合作及经济一体化。毫无疑问，要想完全摆脱同西方国家的依附关系是不现实的。西方国家会借此对马拉维进行政治打压和经济制裁。因此，马拉维需要处理好这种“南北关系”。

随着全球化进程的日益加快，马拉维不可能脱离世界而独自发展。全球化是把“双刃剑”，有利有弊，一方面，它给马拉维的经济发展提供了更为广阔的空间，艾滋病泛滥、粮食危机、生态破坏等非传统安全问题也可以通过多边合作来解决。另一方面，它也给马拉维国家的主权、安全和发展等带来了巨大挑战，使其受制于外部强大的经济和技术力量。[①] 同时，该国还要面对全球金融危机、不平等的国际经济秩序等的威胁。全球化时代，马拉维的外交环境更为复杂。面对现实问题，马拉维需要灵活、务实地应对，“南南合作”和“南北对话”很有必要。

多党民主以来，受内外部因素的影响，马拉维的外交政策更为脆弱。马拉维要想延续班达总统时期独具特色的外交风格，要想争取更多的国家利益，还面临着诸多问题的考验。民主化时代，马拉维外交的连贯性、有效性等方面都大打折扣，外交政策随着内外因素的影响调整得比较快，有时还会陷入“小国无外交”的困境之中。国际政治舞台之上，马拉维同西方大国的关系颇为微妙，时常会受到其政治影响、经济制裁等不公正的待遇。

马拉维可以通过参与南部非洲地区、非洲地区事务，同发展中国家的“南南合作”，实现经济的互利共赢，发出本国的政治声音。马拉维深入挖掘本国的外交资源，推出更为灵活、务实的外交政策，能够拓展本国的外交空间，争取更多的国家利益。近年来，马拉维外交“向东看”，更加灵活而务实，其积极加强同中国、印度等国的经贸合作，借鉴这些国家减贫和发展的经验，就是很好的外交思路。“他山之石，可以攻玉”，马拉维学习和借鉴他国的成功发展模式很有必要。马拉维同新兴经济体进行平等、互利的经贸合作，能够逐步摆脱对西方国家的过度依赖，使其外交视野及合作空间更为开阔。事实上，这是马拉维外交长期以来需要解决的重大问题之一。

第一节　影响该阶段马拉维外交政策制定的主要因素

1994 年，联合民主阵线主席埃尔森·巴基利·穆卢齐当选为总统，马拉维开始进入政治民主化时代。1994 年至今，马拉维总共有 4 位总统进行执政，

---

① [美] 罗伯特·吉尔平著，杨宇光、杨炯译：《全球资本主义的挑战：21 世纪的世界经济》，上海人民出版社 2001 年版，第 311 页。

他们分别是埃尔森·巴基利·穆卢齐、宾古·瓦·穆塔里卡、乔伊斯·班达及阿瑟·彼得·穆塔里卡。民主化以来，每届总统执政时期，马拉维的外交政策都有所不同。同时，即使是在每位总统执政时期，由于内外部形势的变动，他们的外交政策也会有所调整。整体来看，自 1994 年以来，马拉维的外交政策一直面临着内外部的压力，其外交很难发挥出班达总统时期的水平。这是因为，马拉维是个内陆小国，加上国际环境发生变化，西方国家在同马拉维合作中始终高高在上，在援助方面设定游戏规则，给予其必要的“经济施舍”，还有可能给予“大棒打压”。

进入民主化时代，马拉维的外交环境更为复杂。这并不意味着马拉维只能依靠西方的那套游戏规则或“华盛顿共识”才能发展自己。国际体系是个动态的变化过程。21 世纪伊始，美国遭受恐怖主义袭击，连续发动了伊拉克战争、阿富汗战争，导致自身实力受到了一定程度的削弱。同时，中国、印度、巴西等新兴经济体开始崛起，成为世界经济发展的助推器，扮演着越来越重要的角色。近年来，埃塞俄比亚、肯尼亚、苏丹、津巴布韦等非洲国家在外交方面实行“向东看”的策略。埃塞俄比亚等非洲国家还借鉴“中国模式”（Chinese Model），学习中国工业现代化、农业现代化等方面的经验，并且取得了一些成绩。因此，马拉维外交要有开阔的视野，这样才会有更多的选择空间。马拉维可以向新兴经济体靠近，搭乘其经济发展的“快车”，获取经济发展方面的利益。同时，可以通过“南南合作”的方式，借鉴这些国家的发展经验，推动本国的减贫与发展。加强同新兴经济体的双赢合作关系，这是马拉维外交应该进行拓展的领域。

多党民主化以来，马拉维外交政策制定的影响因素可以从国内、国外两个层面进行分析和论述。

一、国内因素

马拉维是南部非洲地区的内陆国家，也是世界上最不发达的国家之一。该国不仅经济不发达，而且各类资源极度匮乏，这给其经济发展和外交活动带来了不少难题。马拉维要想获取国外的发展援助与经贸投资，就必须通过外交手段，加强同外部世界的合作。从国内视角来看，马拉维的外交资源包括民主政治、伊斯兰文化、经济作物、旅游产业等。政治民主化以来，马拉维外交不再完全是总统个人的决策事务，而是会受到多方面内部因素的影响和制约。

（一）民主政治

1994 年，马拉维实行多党民主的政治体制。自此，民主政治开始成为马拉维外交政策制定过程中的重要影响因素。马拉维历届政府的外交政策均由总统及内阁成员决策。总统代表马拉维的国家利益，同时也是执政党外交路线的贯彻者。内阁成员之中，执政党党员占有较大的比重，他们同总统的外交路线基本相同。当然，若内阁成员的外交理念同总统的外交思路出现分歧，总统可以诉诸议会，解散内阁和重组内阁。总统和内阁成员们制定的外交政策还需要经过议会表决通过，才能够作为外交政策，对外实施。议会之中，若反对党的席位占到半数以上，执政当局的外交政策将会面临挑战。因此，马拉维的外交政策制定还会受到议会、反对党等的影响和约束。具体如表 3–1、3–2 所示。

表 3–1 马拉维的主要政党组织①

政党名称	英文缩写	创建时间（年）	主　席
争取民主联盟	AFORD	1993	丁迪·高瓦·尼亚苏鲁（Dindi Gowa Nyasulu）
民主大会党	CODE		拉尔夫·卡萨巴拉（Ralph Kasambara）
民主进步党	DPP	2005	阿瑟·彼得·穆塔里卡（Peter Mutharika）
马拉维国民大会党	MCP	1959	拉撒路·查奎拉（Lazarus Chakwera）
马拉维团结与发展论坛	MAFUNDE	2004	
真正民主变革运动	MGDC	2004	
马拉维民主党	MDP	2004	卡莱普·卡鲁（Kamlepo Kalua）
全国民主联盟	NDC		
民族团结党	NUP	2004	
新共和党	NRP	2009	关达·恰宽巴（Gwanda Chakuamba）
人民党	PP	2011	乔伊斯·班达（Joyce Banda）
人民进步运动	PPM		马克·卡松加（Mark Katsonga）
人民转变党	PETRA		卡穆祖·齐巴布（Kamuzu Chibambo）
共和党	RP	2004	斯坦利·萨苏利（Stanely Masauli）
联合民主阵线	UDF	1992	奥斯汀·穆卢齐（Austin Muluzi）

① “List of political parties in Malawi” (2017-10-09) [2017-12-1]. http://en.wikipedia.org/wiki/List_of_political_parties_in_Malawi.

表 3-2 1994 年以来马拉维的历届总统

执政时间（年）	总　统	执政党
1994—1999	埃尔森・巴基利・穆卢齐	联合民主阵线（UDF）
1999—2004	埃尔森・巴基利・穆卢齐	联合民主阵线（UDF）
2004—2009	宾古・瓦・穆塔里卡	联合民主阵线（UDF）
2009—2012	宾古・瓦・穆塔里卡	民主进步党（DPP）
2012—2014	乔伊斯・班达（女）	人民党（PP）
2014 至今	阿瑟・彼得・穆塔里卡	民主进步党（DPP）

民主化时代，选民不再只是扮演"投票者"的角色，他们积极参与国家的政治生活，并对执政党的外交政策提出批评。普通大众的民意开始影响政治精英的外交决策。[①] 马拉维总统大选时期，各政党都会通过己方的内外政策吸引选民的关注，进而拉拢政治选票。因此，马拉维的选民同本国外交政策的制定密切相关。此外，马拉维还存在公益团体、宗教组织、妇女组织等非政府组织。这些政治团体有时比政党还重要，[②] 也会影响马拉维外交政策的制定。一些妇女团体在参政、议政方面，兴趣特别浓厚。近年来，这些组织开始活跃于马拉维的政治领域。乔伊斯・班达女士是马拉维著名的女权运动家，曾长期致力于国内妇女事业的发展。宾古・瓦・穆塔里卡总统执政时期，她就曾担任该国的外交部部长，手握国家的部分外交事务权力。政治民主化时代，这些政治团体或政治精英对马拉维外交有着一定的影响。

国内政治与外交是一种互动关系，内政会影响外交政策的制定。例如，埃尔森・巴基利・穆卢齐总统曾想修改该国宪法，实现三连任，但遭到国内民众及西方国家的坚决反对。宾古・瓦・穆塔里卡总统的反腐运动也曾对该国外交产生过直接影响。再如，2011 年，由于经济形势恶化、民众生活艰难等，马拉维国内出现"7・20 政治骚乱事件"。事件过后，马拉维政府承受着西方国家及国际组织的制裁压力，其外交政策也因此事件进行了调整。因此，马拉维国内政治的变化，直接影响着该国外交政策的制定和调整。

① ［美］卡伦・明斯特著，潘忠岐译：《国际关系精要（第三版）》，上海人民出版社 2010 年版，第 151 页。
② ［美］戴维・E. 阿普特著，陈尧译：《现代化的政治》，上海人民出版社 2011 年版，第 160 页。

民主政治作为一种意识形态，也可以作为“价值观外交”，能加强马拉维同西方国家的外交关系，并使其借此获得发展援助与经贸投资。实际上，民主外交也是马拉维手中可以打好的一张外交牌。西方国家在对非洲国家进行援助过程中，往往会有政治、经济等方面的条件要求。非洲国家必须按照民主、善治、反腐、自由贸易等游戏规则办事，否则西方国家就会中止援助，施以经济制裁和大棒打压。例如，美国国际开发署、美国贸易发展署（United States Trade Development Agency, USTDA）、千年挑战公司等的援助项目都是有条件的。若非洲国家的民主政治遭到各种威胁，美国将会通过中止援助的方式，向这些受援国施压，逼迫它们进行政治改革。因此，马拉维要利用好“民主外交”，始终以国家利益为核心，立足现实，趋利而避害。

民主化时代，马拉维在同西方国家交往时，特别重视民主政治因素。马拉维可以借助本国的民主政治，树立“非洲国家民主典范”的国家形象，让外界了解这个南部非洲内陆国家，让西方国家重视该国的存在，保持同西方国家的传统关系。近年来，西方国家对非洲地区的所谓“独裁者”进行政治、经济等方面的打压，其中就包括苏丹前总统奥马尔·巴希尔（Omaral-Bashir）、津巴布韦前总统罗伯特·加布里埃尔·穆加贝（Robert Gabriel Mugabe）、利比亚（Libya）前领导人奥马尔·穆阿迈尔·卡扎菲（Omar Mouammer al Gaddafi）等。马拉维就曾坚定地追随西方国家，同其保持一致的政治理念，通过拒绝苏丹总统巴希尔参加 2012 年非洲联盟峰会、同卡扎菲领导的利比亚断交等，赢得了西方国家的政治赞誉，获得了西方国家的经济援助，实现了本国所需的经济利益。

但这并不是说，马拉维总是同西方国家在民主政治领域长期保持合作。宾古·瓦·穆塔里卡总统执政时期，马拉维就同西方国家关系破裂，导致彼此在民主政治、经济援助等方面的合作中止。这是因为，国家利益始终指引着马拉维的外交活动，这是最根本的目标和归宿。

（二）伊斯兰文化

班达执政时期，他对伊斯兰世界持敌视态度。班达负面的伊斯兰观，导致马拉维同伊斯兰世界几乎没有政治交往。班达担心本国的尧人若同伊斯兰世界保持亲密关系，将不利于本国的政治统治和政治稳定。20 世纪 80 年代开始，为了摆脱本国经济发展的困境，同时，为了加强同外部世界的联系，马拉维开始同中东地区的沙特阿拉伯、科威特等国及国际伊斯兰组织进行接触和交往。民主化以来，马拉维的首位民选总统埃尔森·巴基利·穆卢齐就是穆斯林出身，其穆斯林身份在马拉维内政、外交方面有着重要影响。埃尔森·巴基利·穆卢齐当选为马拉维国家总统以后，不受重视的穆斯林族群逐渐受到国内外的关注。同时，这也大大提升了该国穆斯林的自尊心和自信心，他们的政治参与意识逐步提高。[①]

外交方面，伊斯兰文化逐渐成为马拉维外交的重要影响因素。埃尔森·巴基利·穆卢齐总统执政时期，逐渐改变了班达总统时期对阿拉伯国家的冰冷态度，开始同这些国家建立良好关系。[②] 马拉维将伊斯兰文化作为外交资源，加强同利比亚、沙特阿拉伯、伊朗、阿联酋、马来西亚、苏丹等国的关系，并同世界伊斯兰大会、伊斯兰世界联盟等有所交往（见表 3–3）。同时，伊斯兰文化也成为马拉维同周边穆斯林人口较多的非洲国家进行交往的桥梁。埃尔森·巴基利·穆卢齐总统通过伊斯兰文化的纽带关系，从西亚、北非国家获得了大量的经济援助。1995 年，科威特元首出访马拉维时，就为该国提供过 3.15 亿美元的贷款。[③] 马拉维同利比亚保持着紧密的双边关系，联合民主阵线、马拉维穆斯林社区曾受益于其经济援助。[④] 同时，马来西亚等伊斯兰国家还对该国进行过经贸投资。马拉维同这些国家的合作范围较广，涉及政治、经济、教育、文化、能源等领域。马拉维经济陷入困境时，中东国家还曾给予该国石油、资金、药品等方面的援助，缓解了由经济问题导致的社会矛盾。

表 3–3　马拉维对外交往过程中的主要伊斯兰国家

所在地区	国家名称
北非	埃及、利比亚、苏丹
西亚	科威特、沙特阿拉伯、伊朗、阿联酋
南亚	巴基斯坦
东南亚	马来西亚、印度尼西亚

① 武涛：《南部非洲国家马拉维的穆斯林》，《中国穆斯林》2014 年第 4 期，第 71 页。

② Amy Mckenna. *The History of Southern Africa*. Rosen Education Service, 2011, p.107.

③ David S. Bone. *Malawi's Muslims: Historical Perspectives*. Christian Literature Association in Malawi, 2000, p.26.

④ Owen J. M. Kalinga, Cynthia A. Crosby. *Historical Dictionary of Malawi*. Scarecrow Press, 2001, p.272.

民主化以来，原本被忽视、压制的伊斯兰文化在马拉维外交领域开始扮演重要角色。伊斯兰文化是马拉维同外部世界进行交往的桥梁，也是马拉维可以加以利用的外交资源。马拉维国内资源匮乏，外交领域亦是如此。伊斯兰教是一种跨国、跨地域、信众较多的世界宗教。马拉维借此可以拓展外交空间，获得伊斯兰国家的援助和投资，这符合马拉维本国的国家利益。而将伊斯兰文化作为外交资源加以使用，需要注意 2 点问题。

第一，伊斯兰文化外交对马拉维国内的穆斯林、基督徒的影响。宗教信仰方面，马拉维国内信仰基督教新教和天主教的人数占 82.7%，信仰伊斯兰教的人数占 13%。[①] 因此，马拉维政府在推行宗教外交（Religious Diplomacy）时，要注意把握好外交分寸，以免诱发国内的宗教矛盾或政治问题。

第二，伊斯兰文化外交对马拉维与伊斯兰国家、西方国家之间的关系的影响。马拉维同苏丹、伊朗等部分伊斯兰国家加强外交关系，必然会惹恼西方国家，遭到它们的大棒打压。马拉维需要在两者之间做出平衡，以灵活的外交方式，争取本国所需要的国家利益。

伊斯兰文化是马拉维可以加以利用的外交资源。然而，马拉维并非为了借助宗教外交化解地区和国际冲突，[②] 更不是为了强化彼此的文化认同，复兴伊斯兰文化，而只是为了获取伊斯兰国家的经济援助和经贸投资。这是伊斯兰文化因素在马拉维外交中的价值所在。事实上，将伊斯兰文化运用于外交领域时，马拉维也特别谨慎。马拉维政府曾在多个场合，公开反对伊斯兰极端恐怖主义活动。同时，若马拉维同伊斯兰国家关系过于亲密，也会激化国内的宗教矛盾，惹怒西方传统的伙伴国，给该国的政治稳定带来负面影响。

（三）经济作物

马拉维是以经济作物种植和出口为主的农业国家。农业在该国的国民经济中占据主导地位。“该国农产品的出口额占 90%，80% 的人口从事农业生产。”[③] 可以说，经济作物是马拉维国民经济的命脉。早在英国殖民统治时期，殖民当

① 和风:《在马拉维的外交官夫人们》，外文出版社 2010 年版，第 7 页。

② 徐以骅先生在其著作《宗教与当代国际关系》（上海人民出版社 2012 年版）的第九章“以信仰为基础的外交”中，论述了以信仰为基础的外交在化解地区冲突中的重要作用。

③ 武涛:《马拉维：女总统时代的结束及新总统时代的到来》，中国社科院西亚非洲研究所网站学术论坛“非洲论坛”，2014 年 6 月 23 日，http://iwaas.cass.cn/dtxw/fzdt/2014-06-23/3059.shtml，2015 年 3 月 1 日。

局就在该国境内种植各类经济作物，以追求丰厚的经济利益。最终，以经济作物种植及出口为导向的畸形经济在马拉维逐步确立。独立以后，班达曾在国内大力发展农业生产，他认为粮食生产是重中之重。因为，解决国内民众的吃饭问题最为关键。然而，经济作物的种植制度并未被消除，而是在该国得以延续和发展。马拉维经济作物的出口贸易，依赖周边国家的港口进行中转，出海口安全掌握在沿海邻国手中。受到当时地区政治环境的影响，其经济作物出口经常会遇到各种难题。因此，班达较为现实，他特别重视国内粮食生产，首先满足民众的基本需求。经济作物要扩大种植面积和进行大力推广，则需未来地区和国际环境的转变。

民主化以来，农产品出口不仅给马拉维带来了财政收入，也带来了外汇收入。[①] 当然，马拉维还有粮食作物、畜牧业、渔业、林业等。粮食安全也是该国特别重视的问题。以玉米、稻谷为主的粮食生产，国内民众通常是自给自足的。剩余的粮食将会出口到莫桑比克、津巴布韦等邻国。经济作物是马拉维对外贸易的主要商品，包括烟草、茶叶、棉花、咖啡、甘蔗、桐油、花生、大豆等。其中，烟草、茶叶和蔗糖占出口总额的 78%，烟草所占的比重最大。[②] 马拉维烟草控制委员会（Malawi Tobacco Control Committee, MTCC）是该国农业部指定的法定单位，专门负责烟草的出口和销售，其职责包括组织和管理烟草的销售，颁发交易市场、购买者和商品等级的执照，制定管理包装的规格，介绍和出售各种烟草，收集有关统计资料。[③] 茶叶主要由茶叶公司进行管理和销售。此外，马拉维还有棉花发展协会（Cotton Development Association）、咖啡联合会（Coffee Association）等对各自领域进行管理，包括最低价格、收购事宜、政策补贴等的制定。

马拉维特别重视以经济作物出口为主的“经济外交”。以经济作物出口为导向的外向型经济的发展，同该国的国内政策、周边国家的港口、外部

① [美]罗伯特·H. 贝茨著，曹海军、唐吉洪译：《热带非洲的市场与国家：农业政策的政治基础》，吉林出版集团有限责任公司 2011 年版，第 10 页。

② International Business Publications. *Malawi Foreign Policy and Government Guide*. International Business Publications, 2004, p.86.

③ [南非]斯万齐·阿格纽、[美]迈克尔·斯塔布斯主编，开封师范学院地理系译：《马拉维地图集》，河南人民出版社 1977 年版，第 136 页。

世界的市场关系密切。这些商品的价格水平常常是不稳定的。[①] 世界市场的价格及供求关系影响着该国农产品的收入、农民的利益及国家的外汇收入。当前，国际贸易结构、国际经济秩序很不公平，“中心—外围”结构中，发展中国家往往是发达国家的依附者。发达国家控制着全球的贸易、金融等大权，掌握着游戏规则的设定权，并借此对发展中国家进行盘剥。例如，通过不合理的国际分工，压低发展中国家的农产品价格，导致其外汇收入减少，经济损失惨重。西方国家还对本国农业生产进行补贴和保护，农产品生产和销售难以实现真正的自由贸易。[②] 这对马拉维农业发展很不公平。马拉维参与世界经济，需要灵活地进行“南北对话”，维护本国的国家利益。同时，通过“南南合作”的方式，加强同新兴经济体的经贸合作，追求更为公正、平等的贸易关系，共同构建国际经济新秩序。马拉维可以依托“经济外交”的手段，实现本国的减贫与发展（见表 3-4）。

表 3-4 1995—2005 年马拉维经济作物出口所占的比例 [③]

（单位：%）

商品名称	1995—1999 年	2000—2005 年
烟草	70.5	54.6
茶叶	9.0	8.8
蔗糖	7.0	11.4
棉花	1.7	2.1
咖啡	2.7	0.8

（四）旅游产业

马拉维被誉为“非洲热情之心”，旅游产业是该国较具特色的优势资源。马拉维不仅有宜人的自然风光，还有历史悠久的文化遗产。该国的旅游产业资源丰富，这是可以向外推出的一张名片。旅游产业资源的开发，既可以增加马

① [美]威廉·内斯特著，姚远、汪恒译：《国际关系：21 世纪的政治与经济》，北京大学出版社 2005 年版，第 445 页。

② [赞]丹比萨·莫约著，王涛、杨惠等译，刘鸿武审校：《援助的死亡》，世界知识出版社 2010 年版，原书序，第 16 页。

③ Ephraim W. Chirwa et al. “Agricutural Growth and Poverty Reduction in Malawi: Past Performance and Recent Trends”. *ReSAKSS Working Paper,* 2008(8), p.15.

拉维的外汇收入，也可以提升该国的国家形象，推动其文化软实力的建设。马拉维可以借助文化外交的途径，推动外部世界了解它，同时，借此助推本国旅游业的发展。

马拉维总统在进行国事访问时，可以向他国介绍本国的旅游文化。通过在旅游签证、住宿、购物等方面的优惠政策，吸引国外游客的到来，促进其旅游业更好、更快地发展。该国的旅游景点包括马拉维湖国家公园、麦克里尔角（Cape Maclear）的海洋公园、卡松古（Kasungu）国家公园、姆兰杰（Mulanje）山、恩科塔科塔（Nkhotakota）野生动物保护区等。

马拉维的旅游业被认为是最具发展潜力的产业之一。[①]2012 年，马拉维旅游获得国际媒体和旅游机构的多个奖项提名，并被国家地理频道列为“2013 年全球十大旅游目的地之一”[②]。马拉维的旅游文化较具特色，以历史文化、自然风光、民族多样等为亮点，如马拉维湖及其岛屿，国家公园、野生动物和森林资源，历史和文化景点，自然风光等旅游景点。[③]

马拉维的旅游业具有诸多相对优势：

第一，建国以来，马拉维的政局长期保持稳定，这为该国旅游业的快速发展奠定了必要基础；

第二，马拉维的旅游文化资源十分丰富，自然和人文景点较多，有利于吸引国外的游客；

第三，马拉维尚未开发的旅游资源较多，发展潜力巨大。马拉维可以大力发展自然旅游、文化旅游、农业旅游、生态旅游等。

当然，马拉维的旅游业还存在基础设施差、投资不够、意识不强、市场不足等问题，需要马拉维政府加强同其他国家的合作，推进本国旅游产业的发展。马拉维可以通过外交途径，促进本国旅游业的发展。其中，包括两个层面：一是，提升国外游客的人数，增加国家的外汇收入；二是，吸引外资对本国旅游业的投资，加强旅游景点、配套设施等的建设，提升旅游业的整体

① Ministry of Economic Planning and Development. “Malawi Economic Growth Strategy Volume Ⅱ: Main Report”. Ministry of Economic Planning and Development, July 2004, p.86.

② 《马拉维将成为 2013 年全球十大旅游目的地之一》，中国旅游新闻网，2013 年 1 月 4 日，http://www.cntour2.com/viewnews/2013/01/04/BixGS39ZCU0s9r5vVV9p0.shtml, 2015 年 3 月 1 日。

③ “National Tourism Policy for Malawi” [2014-11-15]. http://www.e-travelworld.cn/malawi/Publications/documents/NATIONAL%20TOURISM%20POLICY.pdf.

水平。

马拉维的旅游业同外部世界的关系较为密切，需要其通过“文化外交”和“经济外交”，向国外展现本国的旅游文化，加强同其他国家在旅游业的合作。马拉维旅游业的投资机会包括：（1）开发野生动物保护区和湖边的酒店、旅店；（2）开发城市中心和度假区的餐馆、酒店；（3）分时度假（Time-Share）的发展；（4）野生动物保护区；（5）用于马拉维湖的游艇及赌场。①

旅游业是马拉维大力发展的支柱产业，也是该国外汇收入的重要来源。旅游文化作为一种可再生资源，对马拉维的经济发展起着重要作用。在这一方面，马拉维可以通过加强同外部世界的合作，促进本国旅游产业的快速发展（见表 3-5），也可以通过“政党外交”“地方外交”“公共外交”等途径加强同他国在此领域的合作，汲取经验，取长补短。

表 3-5 2000—2006 年马拉维的国外游客人数 ②

（单位：人）

年份（年）	2000	2001	2002	2003	2004	2005	2006
人数	227600	266339	382647	424000	427360	437718	637772

二、国外因素

民主化以来，影响马拉维外交政策制定的国外因素可以从地区主义和全球化浪潮两个方面进行论述。

（一）地区主义

20 世纪 90 年代初，南部非洲地区政治形势发生了重大变化。1994 年，南非种族主义政权倒台及新南非诞生后，地区合作及地区一体化成为周边国家共同追求的目标。1992 年，由“南部非洲发展协调会议”转变而成的“南共体”宣告成立。③ 至此，“南共体”逐渐成为南部非洲地区的一体化组织，在地区政

① International Business Publications. *Malawi Foreign Policy and Government Guide*. International Business Publications, 2004, p.284.

② Malawi Ministry of Tourism, Wildlife and Culture Revised. “Tourism Investment Opportunities in Malawi”. Malawi Ministry of Tourism, Wildlife and Culture, 2008.

③ [英]巴里 · 布赞、[丹]奥利 · 维夫著，潘忠岐、孙霞、胡勇等译：《地区安全复合体与国际安全结构》，上海人民出版社 2010 年版，第 223 页。

治、经济、安全等方面发挥着越来越重要的作用。马拉维是该组织的成员国，并积极参与共同体的各项事务。

1994 年，由“东部和南部非洲优惠贸易区”（Preferential Trade Area for Eastern and Southern Africa, PTA，简称“东南非优惠贸易区”）转变而成的“东部和南部非洲共同市场”（Common Market for Eastern and Southern Africa, COMESA，简称“东南非共同市场”）成立。马拉维作为该组织的成员国，分享着公共产品，也承担着责任和义务。

2002 年，由非洲统一组织转变而来的非洲联盟正式成立。非洲联盟的成立，大大促进了非洲国家各项事业的发展。非洲联盟在各个领域制定的政策文件，对非洲各国的发展有重要影响。马拉维作为非洲联盟的成员国，特别重视同其他非洲国家在非洲联盟内部的合作，并积极参与非洲联盟的各项事务。同时，马拉维的发展也离不开非洲联盟的大力支持。

民主化以来，随着南部非洲地区形势的变化，马拉维把外交的重心放到了区域合作上来。马拉维依托东南非共同市场、“南共体”、非洲联盟等，大力加强同非洲各国在政治、经济、安全等领域的合作，尤其是在经贸领域的合作。南部非洲地区是政治、经济地缘关系最为紧密的地区。南非在地区一体化进程中有重要的作用。[①]20 世纪 90 年代以来，南部非洲国家之间的经贸合作更为频繁。马拉维是“南共体”的成员国，在分享共同体的公共产品的同时，也履行着地区维和、主权让渡等相关义务，并积极参与着交通建设、自贸区建设、安全合作、反毒品走私等方面的地区事务。马拉维也重视在次地区安全方面的多边合作，通过积极的外交斡旋和调解，发出本国在地区事务中的政治声音。

南部非洲的地区合作显得更为现实。“南共体”曾推出“贸易走廊”交通网、经济带建设等项目，包括公路、铁路、水运等，旨在强化该地区国家之间的经贸联系及经贸合作。由于地缘政治、地缘经济、海洋政治等因素的影响，出海口问题始终是影响马拉维外交政策制定的重要因素。因此，马拉维特别重视同坦桑尼亚、莫桑比克、南非等国在出海口、经贸领域的合作关系。通

---

① [美]索尔·科恩著，严春松译：《地缘政治学：国际关系的地理学》，上海社会科学院出版社 2012 年版，第 425 页。

过连接出海口的公路、铁路、输油管道等交通网的建设及港口—腹地经济带、产业群建设等，推进马拉维同周边国家经贸合作关系的发展。“北方发展走廊”（North Development Corridor）和“纳卡拉发展走廊”（Nacala Development Corridor）就是该地区交通、经济、电力等合作的重要体现。实际上，交通走廊在该地区的经济合作及一体化过程中，发挥着重要的作用。①

非洲地区一体化方面，马拉维积极响应非洲联盟决议，在非洲地区层面提出过本国主张。非洲联盟是非洲地区最大的一体化组织，它设立有相应的附属机构，在推进非洲地区经济发展、安全合作等方面发挥着重要作用。政治方面，马拉维重视同非洲国家、非洲联盟的团结与合作，共同促进非洲地区的复兴。经济方面，马拉维积极参与“非洲发展新伙伴计划”，落实非洲联盟关于非洲国家经济发展的倡议。安全方面，马拉维参与非洲联盟的集体安全机制，并在地区维和等方面有所表现。此外，在非洲地区的基础设施建设、粮食安全、疾病防治、科技进步等方面，马拉维都积极参与，分享其中的公共产品，承担成员国的义务，共同推进非洲国家的联合自强与文化复兴。

马拉维重视通过经济外交、首脑外交、多边外交等，加强同其他非洲国家的合作关系。同时，通过周边外交，马拉维也能够加强同东南非、南部非洲国家的合作关系，实现互利共赢的共同发展。

（二）全球化浪潮

20世纪90年代初，美苏两极格局解体，国际秩序似乎呈现出美国“一超独霸”的局面。由于战略地位有所下降，非洲国家此时被西方国家所冷落和忽视。世纪之交，随着全球化进程的日益加快，非洲大陆逐渐受到世界大国的重视，成为大国博弈的重要场所。面对全球化，马拉维是参与、反对，还是逃避？实际上，全球化进程，既有利，也有弊。一方面，马拉维可以通过参与经济全球化，吸引国外的资金和技术，促进本国工业、农业等的发展，借助国际市场出口其农产品，共同应对全球化进程中的问题，实现本国经济的更好发展。另一方面，全球化浪潮会给马拉维的国家安全和发展带来诸多挑战。这些

① Vuyisani Moss. *Economic Integration in Southern Arica: Role of Transport Corridors Towards Promoting Broader Regional Economic Cooperation in Southern Africa.* VDM Verlag, 2010.

问题包括国界透明化，跨国公司、非政府组织等非国家行为体活跃起来，[①] 国家主权将会遭受威胁。此外，艾滋病扩散、粮食危机、恐怖主义、金融风险等非传统安全威胁也会大大增加。

面对全球化的浪潮，马拉维不可避免地要认同全球化，[②] 同国际社会一起参与其中。因为，逆全球化潮流而行，马拉维将会被世界孤立，被边缘化。全球化是当代国际关系中最为突出的现象之一。[③] 全球经济是相互依存的一个有机整体，马拉维难以脱离世界经济而独自发展。2008 年的“全球金融风暴”就曾给马拉维经济以沉重打击。面对全球化的浪潮，马拉维要通过外交途径处理好本国同世界大国、国际组织之间的合作关系，为经济发展营造良好的外部环境，从而争取获得更多的国家利益。

1. 同世界大国的合作关系。

世界大国是全球化浪潮的推动者和引领者。进入 21 世纪，非洲地区丰富的资源、广阔的市场、廉价的劳动力等受到大国的重视。这些大国纷纷踏入非洲大陆，展开异常激烈的争夺和博弈。美国、中国、印度等国同非洲国家设立“合作论坛”机制，旨在加强同非洲国家在各领域的合作。面对大国博弈非洲的国际背景，马拉维需要利用各种多边论坛机制，加强同世界大国的合作，拓展本国的外交空间，为本国减贫、发展、债务等问题的解决，提供更多的可能与机会。因为，“全球性公共产品的供给依赖于大国、富国和强国”[④]。西方国家主导的国际政治经济秩序对非洲国家而言极为不利，其发展援助的模式及成效也越来越受到质疑。[⑤] 马拉维在参与国际贸易的过程中，要想免费搭车已不可能。

近年来，美国、欧盟等在对马拉维提供经济援助的同时，在该国民主、人权等方面有严格要求，并对其内部事务指手画脚，横加干涉。面对西方国家设

---

① [俄] M. M. 列别杰娃著，刘再起、田园译：《世界政治》，武汉大学出版社 2008 年版，第 85 页。

② Ministry of Foreign Affairs (Malawi). *The Foreign Policy of the Government of the Republic of Malawi*. Ministry of Foreign Affairs (Malawi), 2010, p.15.

③ 俞正梁、陈志敏、苏长和等：《全球化时代的国际关系》，复旦大学出版社 2000 年版，第 175 页。

④ [美] 斯科特 · 巴雷特著，黄智虎译：《合作的动力：为何提供全球公共产品》，上海人民出版社 2012 年版，第 204 页。

⑤ [赞] 丹比萨 · 莫约著，王涛、杨惠等译，刘鸿武审校：《援助的死亡》，世界知识出版社 2010 年版。

定的游戏规则，马拉维需要根据本国国情，以国家利益为出发点，通过外交手段灵活应对，把握好合作的外交分寸。因为，马拉维外交持续存在的内容是依赖外部援助和亲西方的立场。[①]

进入 21 世纪，全球经济格局发生较大变化，新兴经济体开始活跃于国际经济舞台之上。中国、印度、巴西等新兴经济体为世界经济的发展提供了新的动力，其经济发展模式也为他国提供了不少经验。近年来，许多非洲国家在外交方面“向东看”，加强同亚洲新兴经济体的合作，并学习这些国家经济发展的经验。尤其是中国和印度的经济崛起，带动了非洲国家的经济发展。[②] 近年来，国际社会也经常提及“中国模式”或“北京共识”。中国对非洲国家的援助模式也越来越受到重视和赞赏。[③] 马拉维同新兴经济体的经贸合作，可以减少其对西方国家不公正的国际经济秩序的过度依赖。中国在发展援助方面不设定政治条件，这对马拉维国家的经济发展特别有利。马拉维可以通过自主制定的经济政策，实现本国经济的快速发展。

马拉维同英国、美国、中国、德国、印度、加拿大、巴西等国均有合作关系。马拉维在同世界大国的合作过程中，需要处理好“南北关系”和“南南关系”，利用国外资金、国际市场等，学习他国减贫和发展的有益经验，更好地促进本国经济的发展，避免成为其经济附庸或剥削对象。其外交要以现实的国家利益为核心，在自主和妥协之间进行平衡。

2. 同国际组织的合作关系。

国际组织在全球化的进程中扮演着重要角色。20 世纪 90 年代以来，马拉维重视通过国际多边合作，借助各类国际组织的资源，争取更多的国家利益。同时，通过“多边外交”，参与国际事务和全球治理，发出本国的政治声音。马拉维是联合国的成员国，也是其专门机构——联合国贸易和发展会议（United Nations Conference on Trade and Development, UNCTAD）、联合国教科文组织（United Nations Educational Scientific and Cultural Organization, UNESCO）、联合

① Korwa Gombe Adar, Rok Ajulu. *Globalization and Emerging Trends in African States' Foreign Policy-Making Process: A Comparative Perspective of Southern Africa*. Ashgate Publishing Company, 2002, p.84.

② Harry G. Broadman. *Africa's Silk Road: China and India's New Economic Frontier*. The World Bank, 2007.

③ [美] 黛博拉 · 布罗蒂加姆著，沈晓雷、高明秀译：《龙的礼物：中国在非洲真实的故事》，社会科学文献出版社 2012 年版。

国工业发展组织（United Nations Industrial Development Organization, UNIDO）等的成员国。[①] 马拉维可以借此推进本国各项事业的发展。联合国粮农组织在推动各国农业发展、保障全球粮食安全等方面有着重要作用。近年来，马拉维在农业发展、渔业资源开发、可持续发展等方面与其有过项目合作。此外，马拉维也可以同联合国非洲经济委员会（United Nations Economic Commission for Africa, UNECA）、国际农业发展基金（International Fund for Agriculture Development, IFAD）、国际电信联盟（International Telecommunication Union, ITU）等联合国专门机构加强合作，促进本国经济发展。

马拉维也是世界银行和国际货币基金组织的成员国。世界银行和国际货币基金组织受西方国家的影响较大。马拉维制订的发展计划若同这两个组织的援助计划相冲突，它们就会给予马拉维相应的警告或制裁。实际上，它们给马拉维制订的经济发展计划并非完全对症下药，这种"灵丹妙药"可能会带来难以预料的结果。马拉维在接受援助的过程中，需要根据本国国情做出选择。否则，马拉维将会丧失国家发展的决策权，其带来的负面影响是不可低估的。

国际自由贸易的过程中，世界贸易组织主要负责制定规则。[②] 马拉维可以通过外交途径，加强同世界贸易组织在全球贸易方面的合作，运用相应的游戏规则、优惠待遇等，保护国内产业发展，吸引外国投资，扩大对外贸易。马拉维还可以同世界卫生组织在艾滋病防治、医疗卫生等领域进行合作，改善本国国民的健康水平，促进本国医疗卫生事业的发展。

此外，马拉维还可以同红十字国际委员会（International Committee of the Red Cross, ICRC）、世界知识产权组织（World Intellectual Property Organization, WIPO）、"不结盟运动"、"七十七国集团"等进行合作，参与国际组织的合作项目，借助这些组织的宗旨，推进本国相关领域的发展。这些是马拉维外交政策制定过程中，需要加以考量的重要因素。

---

① International Business Publications. *Malawi Foreign Policy and Government Guide*. International Business Publications, 2004, p.75.

② [美] 小约瑟夫・奈著，张小明译：《理解国际冲突：理论与历史》，上海人民出版社 2002 年版，第 287 页。

第二节　多党民主以来马拉维的外交：原则、目标、战略及决策过程

多党民主以来，面对国内外形势的变化，马拉维适时调整了外交政策。但无论如何，实现安全和发展这两大目标，维护本国的国家利益，始终是马拉维外交的核心。马拉维通过宪法、外交文件等，明文规定了本国外交的原则、目标和战略。这为历届政府外交政策的制定及调整，奠定了必要的前提和基础。马拉维每位总统执政时期的外交政策虽不尽相同，但追求国家利益始终是其外交的宗旨。民主化以来，马拉维的外交决策过程同班达一党专政时期完全不同。影响外交决策的变量因素很多，且较为复杂。政党、族群、宗教、地域、性别、青年、媒体、政治事件、外部压力等都在影响着该国的内政和外交。国家高层和外交部门将收集到的信息进行理性分析后，最后才提出了本届政府的基本外交政策。此外，制定出来的外交政策还要经受国内外局势变化的考验，当然，也要得到灵活的调整。

一、多党民主以来马拉维的外交原则、外交目标与外交战略

（一）马拉维的外交原则

多党民主以来，马拉维外交出现新的变化，国内政治与国际体系之间的互动更为频繁。民主政治因素开始越来越多地影响马拉维外交。民主、人权、自由、良政、透明等价值理念成为马拉维的外交原则，并在该国外交活动中得到了落实和体现。同时，马拉维外交需要考虑的因素包括经济增长、减贫和可持续发展，而这些是以政治稳定，国家安全，贸易、投资和旅游业发展等为前提的。[①] 对现实利益的追求过程，也体现出马拉维的外交原则。基于对以上国家利益的整体考量，马拉维外交必须坚持 10 条基本原则：

---

① Ministry of Foreign Affairs (Malawi). *The Foreign Policy of the Government of the Republic of Malawi.* Ministry of Foreign Affairs (Malawi), 2010, p.4.

（1）以国家主权平等、民主、尊重人权和基本自由为信仰，这些是各国人民社会经济发展和福祉的基本需求；

（2）支持为促进人人权利平等与公平正义、各民族自决权的努力；

（3）重申关于促进、保护人权和基本自由的承诺；

（4）坚持公认的基本政治价值，以良政、透明和问责为基本指导原则；

（5）支持并继续以非洲联盟和联合国的原则、理念处理国际事务；

（6）以促进和维护国际和平与安全、追求同所有国家的睦邻友好关系为信仰；

（7）以改革国际经济秩序，支持和促进一个公平与平等的国际贸易体系为信仰；

（8）致力于促进经济合作和地区一体化，特别是南部非洲国家的经济合作和一体化；

（9）以非洲联盟、非洲经济共同体（African Economic Community, AEC）在加快发展、维护和平与安全上的重要作用为信仰；

（10）以促进和实现经济增长、减贫和可持续发展为信仰，正如国内政策阐明的那样。

——马拉维共和国的外交基本原则[①]

马拉维的外交基本原则是该国政治理念和价值追求的凝练表达，也是该国外交宗旨和外交目标的重要体现。马拉维外交事务与国际合作部制定的外交原则特别重要，它为该国历届政府外交政策的制定和调整提供了重要参考。同时，马拉维的外交活动也必须遵循这 10 条基本原则。

① Ministry of Foreign Affairs (Malawi). *The Foreign Policy of the Government of the Republic of Malawi*. Ministry of Foreign Affairs (Malawi), 2010, pp.4-5.

（二）马拉维的外交目标

马拉维的外交宗旨是实现本国的国家利益。马拉维是南部非洲地区的内陆小国，同全球一百多个国家建立有外交关系，而不是南部非洲地区的霸主，更不是在国际政治舞台上的大国。该国外交追求的是现实的国家利益，以及安全和发展两大长期目标。同时，马拉维也重视在国际舞台上扮演独特角色，展现本国的主权独立、政治理念、文化软实力等，对外发出本国的政治声音。马拉维的外交目标可以分为长期目标和中短期目标。

1. 长期目标。

马拉维的外交宗旨是维护本国的国家利益，其外交的长期目标是保障国家的主权和安全，实现减贫和发展。国家主权平等，不受他国侵犯，独立自主地处理本国内部事务，这是马拉维外交首要的目标追求。同时，马拉维是世界上最不发达的国家之一，减贫和发展是该国各项事业的核心，也是该国外交长期追求的目标。《马拉维共和国政府的外交政策》中明文规定，该国外交需要实现以下6个目标：

> （1）维护马拉维的领土完整、安全和主权；
>
> （2）追求社会经济的发展和繁荣、马拉维全体国民的福祉；
>
> （3）通过促进贸易、投资和旅游业发展，实现经济增长和可持续发展；
>
> （4）保护人权、民主和基本自由；
>
> （5）为子孙后代保护环境和健全环境管理；
>
> （6）加强经济合作，推进经济一体化。
>
> ——马拉维共和国的外交目标[①]

从这6个方面可以看出，马拉维外交的长期目标除了安全和发展以外，还包括自由、民主、人权等政治理念及环境保护等方面的内容。毫无疑问，安全和发展是最重要的长期目标。

---

① Ministry of Foreign Affairs (Malawi). *The Foreign Policy of the Government of the Republic of Malawi*. Ministry of Foreign Affairs (Malawi), 2010, p.6.

2. 中短期目标。

马拉维外交的中短期目标主要是配合政府完成具体的“减贫和发展计划”，追求国家发展的现实利益。马拉维政府曾制订有若干个 3 年“减贫和发展计划”，这些具体计划的落实和执行，离不开外交部门的大力支持。因为，马拉维是世界上最不发达的国家之一，国家财政预算依赖于国外的援助。只有加强同外部世界的广泛合作，该国才能获得“减贫和发展计划”所需要的资金。马拉维《2020 年愿景》（*Vision 2020*）中明确指出，马拉维共和国的外交政策旨在促进、加强和维持马拉维的政治、经济、文化和社会利益，重在促进马拉维在全球范围的经济利益，包括投资、贸易和旅游业。[①] 因此，外交事务与国际合作部的使命就是通过外交关系，寻求国外的经济援助和经贸投资，促进马拉维贸易、投资和旅游业的发展。当前，马拉维外交部门的工作就是按照《2020 年愿景》，致力于减贫和经济的可持续增长。[②] 同时，外交部门还要同国家的其他部门密切配合，寻求国外的资金援助和经贸投资，落实国家的“减贫与发展计划”。

（三）马拉维的外交战略

多党民主以来，马拉维依据外交原则、外交目标，制定了本国的外交战略。《马拉维共和国政府的外交政策》从贸易、投资和旅游业，调动援助，人权、自由、民主，多边主义，南部非洲，非洲，西欧，中东欧，北美，中南美洲，亚太，中东和海湾地区，国际和平与安全共 13 个方面，详细阐述了马拉维的外交战略。这些内容可以划分为 6 个部分：

1. 经济发展。

主要包括贸易、投资和旅游业的发展。经济发展是马拉维外交的目标追求，也是马拉维外交战略的重要内容。

> 马拉维应该通过积极参与双边、地区和多边合作协议或安排，促进贸易、投资和旅游业的发展。在这方面，国家的驻外使馆应该优先

① International Business Publications. *Malawi Foreign Policy and Government Guide*. International Business Publications, 2004, p.63.

② Ibid.

考虑在贸易、外国直接投资和旅游业方面，提升国家利益。

——马拉维共和国的外交战略[①]

2. 经济援助。

国外援助在马拉维经济发展过程中起着重要作用。马拉维的外交战略中明确指出，在吸引国外经济、技术援助方面，马拉维外交部门要同其他部门密切配合，以争取更多的经济利益。

3. 政治理念。

政治理念包括自由、民主和人权等。马拉维的外交战略要重视自由、民主、人权等政治理念，并在次区域、区域、国际多边外交场合，积极推动和保护这些价值理念。同时，马拉维方面认为，同公民权利和政治权利相较而言，经济、社会和文化权利同样重要。[②] 马拉维外交也需要重视发展权利。

马拉维应该参加所有促进和保护人权和基本自由的相关多边论坛……马拉维应该继续支持旨在全面实现经济、社会和文化权利的努力，包括发展权利。

——马拉维共和国的外交战略[③]

4. 多边主义。

马拉维是联合国、世界银行、世界贸易组织、非洲联盟、非洲发展银行、"南共体"、东南非共同市场、英联邦、非加太—欧盟（African, Caribbean and Pacific Group of States–European Union, ACP–EU）等国际和地区组织的成员国。多边外交是马拉维对外交往的重要途径。马拉维可以通过多边外交，表达政治诉求，发出政治声音，争取经济利益。

通过这些国际和地区组织，马拉维应该致力于建立一个稳定的国

① Ministry of Foreign Affairs (Malawi). *The Foreign Policy of the Government of the Republic of Malawi*. Ministry of Foreign Affairs (Malawi), 2010, pp.6-7.

② Ibid, p.8.

③ Ibid.

际经济秩序。包括一种公平、平等的国际贸易体系，它有利于经济增长和可持续发展。马拉维应该寻求开放性的国际贸易和投资，审查所有对发展中国家不利的贸易条件。马拉维应该公开参加各种多边论坛或双边互动，讨论债务减免问题。

——马拉维共和国的外交战略①

5. 地区合作。

地区主义是马拉维外交战略的分析纬度。马拉维同世界各地的合作可以划分为 2 个层面：

（1）非洲大陆以内，主要包括南部非洲地区和非洲地区。马拉维地处南部非洲地区，次区域合作是该国外交的重点，也是其周边外交的重要体现。马拉维同其他南部非洲国家的合作涉及政治、经济、社会、安全等领域。同时，马拉维重视非洲区域合作，支持非洲联盟的各项决议和行动。

马拉维支持非洲联盟在预防、管控、解决冲突方面加强能力的努力，并尽力参加非洲的维和行动与和平建设。马拉维应该增强同非洲国家的紧密合作，以实现经济一体化，鼓励贸易和吸引外国投资。

——马拉维共和国的外交战略②

（2）非洲大陆以外，包括西欧、中东欧、北美、中南美洲、亚太、中东和海湾地区。马拉维同这些地区的合作除了政治交往、文化交流等以外，主要是为了获得经济利益。包括投资、贸易、官方援助、技术转移、农业发展、旅游业发展等。西欧、北美是马拉维重点合作的地区。因为，马拉维经济援助和经贸投资长期依靠西方国家。民主化以来，马拉维开始重视同中东地区、亚太地区进行合作，以拓展本国的外交空间，争取更多的经济利益。

---

① Ministry of Foreign Affairs (Malawi). *The Foreign Policy of the Government of the Republic of Malawi.* Ministry of Foreign Affairs (Malawi), 2010, p.9.

② Ibid, p.10.

马拉维应该继续推进和加强同西欧国家在政治、经济、文化领域的合作。尤其是，为了外国投资、技术转移和官方发展援助，马拉维应该从西欧国家那里寻求更多的机会。马拉维应该加强同西欧国家的贸易联系……同欧盟及其成员国的合作过程中，谋求利益的最大化……

——马拉维共和国的外交战略①

6. 国际和平与安全。

马拉维虽然国家不大，但在维护世界和平与安全方面，也扮演着自己独特的角色。在此方面，马拉维外交战略重视以下 3 点：

（1）就核武器、裁军、武器扩散等问题，阐明马拉维政府的明确立场。

（2）维护国际和平与安全，积极参与维和行动。

马拉维应该支持预防、管控和解决冲突问题的双边、次区域和多边机制。马拉维也应该参与维和行动与和平建设。

——马拉维共和国的外交战略②

（3）承认所有独立国家的合法政府。

以上是马拉维外交战略的主要内容。马拉维外交战略的整体布局，始终立足马拉维的外交原则和外交目标，符合本国的具体国情和当前的国际格局，它为马拉维外交政策的制定提供了长远规划。

二、多党民主以来马拉维的外交决策过程

多党民主以来，马拉维的外交决策过程同以往相比，已经发生了重大变化。马拉维的外交决策不仅受到总统个人因素的影响，还受到副总统、外交

① Ministry of Foreign Affairs (Malawi). *The Foreign Policy of the Government of the Republic of Malawi*. Ministry of Foreign Affairs (Malawi), 2010, p.11.

② Ibid, p.14.

部部长、内阁、议会、反对党、选民等因素的制约。外交权力由集中变为分散。马拉维的外交决策方包括总统、副总统、外交部部长、内阁成员等。总统掌握重要的决策权，内阁成员向总统提供外交建议，外交部部长在外交决策过程中起重要作用。立法机构虽然有制约作用，但它在决策过程中没有实际作用。[①]“通过社会、政治和经济的运行，总统和官僚机构形成了他们的决策。”[②]马拉维的外交政策形成以后，受到内外因素的共同影响，马拉维也会对其进行灵活的调整。

（一）国内政治对外交决策过程的影响

马拉维的国内政治对其外交决策影响较大。民主化以来，执政党和反对党关于国家权力的争夺成为该国国内较为常见的政治现象。由于马拉维对外部世界的依赖较大，外交政策就成为政党之间争论的焦点。执政党往往谴责反对党的敌对立场，并通过各种手段打压反对党。例如，宾古·瓦·穆塔里卡执政时期，当局曾以贪污腐败、阴谋政变等罪名，逮捕了马拉维的前总统埃尔森·巴基利·穆卢齐。同时，反对党则通过煽动民众进行集会、游行和制造政治骚乱事件等，对执政当局施加政治压力。2011 年的“7・20 骚乱事件”就是很好的体现。马拉维国内的政治博弈同该国的外交政策的制定和调整紧密相连。当然，马拉维的外交决策集团在制定外交政策时，也会参考反对党或其他政治团体的外交主张，以符合国家和执政党的共同利益。同时，国内政治出现突发事件时，马拉维的外交政策也会进行务实调整，以缓和国内的政治局势，维护国家的政治稳定。

（二）国际体系对外交决策过程的影响

马拉维的经济发展需要国外的资金和技术等，这是该国外交需要解决的主要问题。国际形势的发展变化，将会影响马拉维的外交决策。班达总统威权统治时期，马拉维借助国际冷战和地区形势，通过亲西方的外交政策，获得了大量的援助和投资，推进了本国经济的发展。20 世纪 90 年代以来，国际格局发生重大变化，世界多极化和经济全球化趋势愈加明显。当时，马拉维

---

① Korwa Gombe Adar, Rok Ajulu. *Globalization and Emerging Trends in African States' Foreign Policy-Making Process: A Comparative Perspective of Southern Africa*. Ashgate Publishing Company, 2002, p.83.

② Ibid, p.73.

不受西方世界的重视。马拉维要想获得西方的援助和投资，就得按照其游戏规则办事，制定亲西方的外交政策。否则，同西方国家的外交关系恶化，马拉维将会受到政治压力和经济制裁。因而，马拉维的外交决策必然会受到西方因素的影响。随着全球化进程的日益加快，新兴经济体开始出现在国际经济舞台上。在参与经济全球化的过程中，马拉维不可避免地会受到国际体系的影响。马拉维经济高度依赖对外贸易，国家高层在进行外交决策时，必然会考虑到国际政治经济体系。此外，国际体系的发展变化，也会影响马拉维的外交决策。

总之，民主化以来，马拉维的外交决策过程已经发生变化。总统的外交决策权受到一定程度的限制，部分外交权力被官僚机构所分割。但不论如何，总统在外交决策过程中依旧扮演着重要角色。马拉维外交决策过程的特征是，行政部门的权力大于立法部门，居于支配地位；国家官僚机构从属于国家元首。[①] 外交决策权越来越受到执政党因素的影响。国际和平与安全的环境、好的政府在经济发展中的积极作用，有利于马拉维外交政策的正常执行。顺应国内外环境的发展变化，马拉维外交政策应该定期审查。[②] 因此，马拉维外交决策集团要密切跟踪国内外形势，灵活、务实地调整本国的外交政策。

第三节　多党民主以来马拉维历届政府的外交政策

1994 年，马拉维实行多党民主政治以来，先后由埃尔森・巴基利・穆卢齐、宾古・瓦・穆塔里卡、乔伊斯・班达（女）、阿瑟・彼得・穆塔里卡 4 任总统执政。其中，埃尔森・巴基利・穆卢齐、宾古・瓦・穆塔里卡和阿瑟・彼得・穆塔里卡均连任 2 届。乔伊斯・班达则是在宾古・瓦・穆塔里卡总统 2012 年因病离世后，依据宪法规定，继任国家总统。阿瑟・彼得・穆塔里卡是马拉维的现任总统。马拉维历届总统的外交风格各异，在各自执政时期的外交政策各具特色，并根据国内外形势的变化不断调整。马拉维每届总统的执政

---

① Korwa Gombe Adar, Rok Ajulu. *Globalization and Emerging Trends in African States' Foreign Policy-Making Process: A Comparative Perspective of Southern Africa*. Ashgate Publishing Company, 2002, p.84.

② Ministry of Foreign Affairs (Malawi). *The Foreign Policy of the Government of the Republic of Malawi*. Ministry of Foreign Affairs (Malawi), 2010, p.15.

时间是 5 年，新当选的总统都会重新制定本国的外交政策。因此，马拉维外交政策的变化周期短。若总统实现连任，其外交政策便能够延续。然而，即使是连任，由于内外部因素的影响，马拉维的外交政策也会有所调整。多党民主以来，马拉维 4 任总统的外交政策如下。

一、埃尔森·巴基利·穆卢齐总统执政时期的外交政策（1994—2004 年）

埃尔森·巴基利·穆卢齐（1943—　），曾担任马拉维国民大会党主席，直至 1982 年。班达执政时期，埃尔森·巴基利·穆卢齐曾担任教育、交通、运输等部长，后来开始经商。[①]1992 年，埃尔森·巴基利·穆卢齐组建联合民主阵线，并担任该党主席。1994 年，马拉维举行首次多党民主选举，联合民主阵线候选人埃尔森·巴基利·穆卢齐当选为国家总统。1999 年，马拉维举行总统大选，埃尔森·巴基利·穆卢齐再度当选为国家总统（以下称其为“穆卢齐总统”）。2001 年，穆卢齐总统试图通过修宪的方式，三度竞选国家总统，但遭到国内选民的强烈反对，以失败告终。1994—2004 年，穆卢齐总统执政时期，马拉维的内政、外交面临着各种考验。穆卢齐总统对该国的政治、经济等进行了改革，并调整了本国的外交政策，实现了向民主化时代的过渡。穆卢齐总统执政时期，马拉维的外交政策主要体现在以下 3 个方面。

（一）加强同西方国家、国际组织的合作关系，以获取经济援助和经贸投资

穆卢齐总统执政时期，马拉维特别重视同西方国家的传统关系。这是因为西方国家是马拉维的贸易伙伴国。同时，马拉维的财政预算离不开西方的援助。[②] 英国、美国、德国、日本等是马拉维的主要援助国。西方国家在给予马拉维经济援助的同时，往往会附加政治、经济等方面的条件。为了摆脱国内经济的困局，获得经济发展需要的资金和技术，马拉维只能接受这些游戏规则。1998 年，美国、日本及联合国经济组织向该国提供了 4.43 亿美元的援助。[③]2000 年开始，欧盟推出了《科托努协定》（*Cotonou Agreement*），用

① Owen J. M. Kalinga, Cynthia A. Crosby. *Historical Dictionary of Malawi.* Scarecrow Press, 2001, p.271.
② Ibid, p.272.
③ 葛佶：《简明非洲百科全书（撒哈拉以南）》，中国社会科学出版社 2000 年版，第 577 页。

于替换《洛美协定》；美国制定了《非洲增长与机遇法案》（*African Growth and Opportunity Act*, AGOA）、《千年挑战账户》（*Millennium Challenge Account*, MCA）等，这对于马拉维争取国外援助而言，极为有利。同时，马拉维也特别重视同世界银行、国际货币基金组织、世界卫生组织、联合国粮农组织等国际组织的合作。1994 年，国际货币基金组织就曾向马拉维提供过 2100 万美元贷款。[①]

由于政治腐败问题较为严重，国内外经济环境较为复杂，马拉维的经济改革面临诸多问题。马拉维的经济改革若偏离方向，西方国家就会通过中止援助的方式进行施压。2001 年，美国、英国、丹麦等国就曾因为马拉维的国内问题，停止了对该国的经济援助。马拉维同西方国家关系紧张后，穆卢齐总统则亲自奔赴欧美国家进行接触和谈判，推进双方在政治、经济等方面的合作。"2002 年初，为解决西方部分国家冻结对马援助问题，穆卢齐总统先后前往美、英求援。"[②] 穆卢齐总统执政时期，马拉维同西方国家的外交关系虽有摩擦，但合作较多。马拉维也因此获得了大量的经济援助和经贸投资。

马拉维国家的发展离不开西方国家的支持。然而，其在国际贸易体系中始终处于从属地位。只要这种不公平、不公正的游戏规则持续存在，马拉维就难以实现减贫与发展的目标。西方发达国家是全球化的主要推动者，穆卢齐总统主张国际贸易更加公平，倡导国际关系民主化，并指出西方国家不应逃避责任。

> 关于国际贸易，进入发达国家市场依然困难。我相信发达国家有义务帮助我们，确保我们有能力、高效地进入全球市场，有意义地参与全球化进程。若这种议论纷纷的全球化仅对少数国家有利，世界就不能称为民主，从这种不平衡中获取利益的国家，不能心安理得。
>
> ——2000 年穆卢齐总统在联合国大会千年首脑会议上的发言[③]

---

① 世界知识年鉴编辑委员会：《1996/97 世界知识年鉴》，世界知识出版社 1997 年版，第 362 页。

② 世界知识年鉴编辑委员会：《2003/2004 世界知识年鉴》，世界知识出版社 2004 年版，第 437 页。

③ Ministry of Foreign Affairs (Malawi). *The Foreign Policy of the Government of the Republic of Malawi*. Ministry of Foreign Affairs (Malawi), 2010, p.210.

（二）重视同邻国、“南共体”、非洲联盟等的外交关系，参与南部非洲地区的政治、经济、文化、安全等事务，共同推进该地区的一体化进程

穆卢齐总统特别重视同周边国家的外交关系。马拉维实行“睦邻友好”的周边外交政策，并寻求在非洲事务中发挥更为积极的作用。[①]1994 年，穆卢齐总统就职后不久就出访了莫桑比克、津巴布韦、博茨瓦纳和赞比亚。[②] 马拉维是个内陆国家，所以该国的进出口贸易需要通过南非、莫桑比克、坦桑尼亚的港口进行货物的集散和周转。穆卢齐总统执政时期，合作和发展成为其与周边国家的共同追求。马拉维同周边国家的关系逐步改善后，为其出海口安全和经济发展提供了重要保障。北部走廊、太特（Tete）走廊、塞纳（Sena）走廊、林波波（Limpopo）走廊、纳卡拉走廊等交通网开通后，马拉维的进出口贸易量增加，客观上促进了本国经济的发展。马拉维东向印度洋的出海口主要依赖坦桑尼亚的达累斯萨拉姆港和莫桑比克的贝拉港、纳卡拉港。穆卢齐总统特别重视同两国在出海口、经贸、交通运输等领域的互利合作。国际形势的缓和、周边环境的稳定，也为马拉维同周边国家的合作提供了前提与基础。

马拉维同赞比亚、津巴布韦原先都是英属中非联邦的成员国。因此，彼此之间的关系较为密切。马拉维曾是这两个国家劳动力的提供地。穆卢齐总统特别重视同赞比亚、津巴布韦的经贸合作。赞比亚的贸易出口还依赖马拉维通向印度洋的支线交通。马拉维南下通往南非的货物，也需要经过津巴布韦境内。马拉维同津巴布韦签有专门的贸易协定。1994 年，新南非诞生后，马拉维同南非的传统伙伴关系得到加强。南非不仅有马拉维进出口贸易的重要港口，而且两国的合作是全方位的，并签有经贸、交通、出海口等方面的贸易协定。因此，南非在马拉维的对外关系中占有重要地位。

马拉维的总统和外交部部长经常出席“南共体”、东南非共同市场、非洲统一组织、非洲联盟等的会议。积极参与“南共体”框架下的地区经济合作，重视同周边国家在交通、基础设施、出海口、电力、能源、安全等领域的合作，共同推进该地区的一体化进程。1992 年，“南共体”成立以后，南部非洲

① Amy Mckenna. *The History of Southern Africa*. Rosen Education Service, 2011, p.107.

② 葛佶：《简明非洲百科全书（撒哈拉以南）》，中国社会科学出版社 2000 年版，第 577 页。

国家之间的经贸合作更加频繁。穆卢齐总统执政时期，马拉维积极参与南部非洲地区经贸、安全、医疗卫生等领域的合作。2001 年，“南共体”第 21 届首脑会议在马拉维的布兰太尔举行，穆卢齐总统还担任了“南共体”的轮值主席。马拉维也是东南非共同市场的成员国，重视同周边国家在该组织内部的合作。穆卢齐总统大力支持非洲统一组织的各项决议，并在非洲维和行动中扮演着一定角色。[①]2001 年，马拉维议会通过决议，同意非洲联盟章程的草案，这给予非洲联盟的成立以重要支持。

（三）加强同北非、中东地区伊斯兰国家的外交关系，获取经济发展所需要的外资、技术等

穆卢齐总统是穆斯林出身，这是其加强同伊斯兰国家关系的主要动因。[②]他特别重视通过伊斯兰文化纽带，加强同伊斯兰国家的外交关系。其中，包括埃及、利比亚、苏丹、马来西亚及海湾国家，涉及西亚、北非、东南亚地区。1995 年 6 月，科威特元首访问马拉维，并从科威特发展基金（Kuwait Development Fund, KDF）中为其提供了 3.15 亿美元的贷款。[③]1998 年，马拉维同沙特阿拉伯、伊朗、马来西亚建立了正式的外交关系。此外，穆卢齐总统还出访了科威特、利比亚、苏丹等伊斯兰国家，寻求彼此在经贸领域的合作。2000 年，穆卢齐总统出访苏丹，旨在加强两国在经济、能源等领域的合作。

穆卢齐总统虽然重视同伊斯兰国家关系，但其在同伊斯兰国家的合作过程中，采用的是现实主义的外交策略，经济利益是该国同伊斯兰国家合作的实质追求。同时，穆卢齐总统也坚决反对伊斯兰极端恐怖主义活动。2001 年，“9・11 事件”发生以后，马拉维就同美国进行密切合作，逮捕了数名为基地组织提供资金的伊斯兰恐怖分子。总体来看，穆卢齐总统执政时期，马拉维同伊斯兰国家的合作，重在追求现实的经济利益。

---

① Owen J. M. Kalinga, Cynthia A. Crosby. *Historical Dictionary of Malawi*. Scarecrow Press, 2001, p.139.

② Korwa Gombe Adar, Rok Ajulu. *Globalization and Emerging Trends in African States' Foreign Policy-Making Process: A Comparative Perspective of Southern Africa*. Ashgate Publishing Company, 2002, p.82.

③ David S. Bone. *Malawi's Muslims: Historical Perspectives*. Christian Literature Association in Malawi, 2000, p.26.

二、宾古·瓦·穆塔里卡总统执政时期的外交政策（2004—2012 年）

宾古·瓦·穆塔里卡（1934—2012），早年曾获得过印度德里大学的经济学硕士学位，后又在美国取得博士学位。他是著名的经济学家，曾担任东南非共同市场的秘书长。2002 年，他出任马拉维的经济计划与发展部部长。2004 年，他以联合民主阵线候选人的身份参加总统大选，当选为国家总统。执政期间，宾古·瓦·穆塔里卡发起反腐运动，导致他同前总统穆卢齐在此问题上产生严重分歧。2005 年，他退出联合民主阵线，组建民主进步党，并任该党主席。2009 年，马拉维举行总统大选，宾古·瓦·穆塔里卡以民主进步党候选人的身份再度当选为国家总统。2012 年 4 月 6 日，他因突发心脏病，离开人世。2004—2012 年，宾古·瓦·穆塔里卡总统执政时期，马拉维的外交政策变动较大，主要体现在以下 3 个方面。

（一）同西方国家、国际组织的关系由缓和走向恶化，西方国家的制裁使该国外交陷入困境

宾古·瓦·穆塔里卡总统执政初期，马拉维同西方国家的关系较为平稳，该国还曾获得过英国、美国、德国、丹麦等国的经济援助。后来，宾古·瓦·穆塔里卡总统按照自己的政治、经济主张，在国内进行了大刀阔斧的改革，这触动了西方国家的利益。西方国家对其行为特别不满，批评他在国内的改革独断专行，同西方国家给予的改革方案背道而驰。对此，宾古·瓦·穆塔里卡总统表现得更为激进，并没有退让、妥协。他驳斥了西方国家对其行为的指责，并指出这是在干涉马拉维的内政。自此，马拉维同西方国家的关系变得紧张起来。英国将马拉维总统描述成“独裁者”的外交电报泄密，直接导致两国互逐外交官事件的发生。[①] 接着，英国中止了其对马拉维的所有财政援助，[②] 这更令两国关系雪上加霜。此外，宾古·瓦·穆塔里卡同津巴布韦、苏丹等国的所谓“独裁者”关系密切，西方国家对此行为极为不满，并对他本人特别厌恶。马拉维同西方国家关系恶化后，承受着政治压力、经济制裁和外交封锁。

---

① 《英国、马拉维因马拉维总统遭批事件互逐外交官》，环球网，2011 年 4 月 27 日，http://world.huanqiu.com/roll/2011-04/1658180.html，2015 年 3 月 1 日。

② 《英国中止援助马拉维》，人民网，2011 年 7 月 15 日，http://news.hexun.com/2011-07-15/131478285.html，2015 年 3 月 1 日。

宾古·瓦·穆塔里卡在国内发起的反腐败运动，通过国家权力打击政治反对派，引起国内不少政党和民众的不满。国内的反对党开始寻求同西方国家的合作，对宾古·瓦·穆塔里卡施加压力，迫使其改变内外政策。2011年，由于马拉维经济和社会问题得不到解决，民众开始通过集会、示威、游行等表达不满，对抗政府，甚至还出现了暴力冲击政府机构的行为。这就是2011年的"7·20骚乱事件"[①]。西方国家和国际组织则借此事件，给予马拉维以经济制裁和外交封锁。英国取消了对马拉维3500万美元的经济援助；美国也取消了对其3.5亿美元的项目援助。[②] 宾古·瓦·穆塔里卡总统并没有被吓倒，而是通过惩治部分违法分子、调整本国内外政策等，缓和了国内的社会矛盾，维护了国家的政治稳定。他提出要自主、平等地开展外交活动，而非屈从于西方国家的压力，任由其他国家干涉本国内政。所以在宾古·瓦·穆塔里卡总统执政时期，马拉维同西方国家的关系由缓和走向恶化。

> 非洲国家和向非洲提供援助的国家应成为平等的伙伴关系，而不是主从关系。非洲国家在制定发展议题时，应拒绝援助方提出的不合理条件。
>
> ——2010年宾古·瓦·穆塔里卡总统在G20首尔峰会接受韩联社的书面专访[③]

（二）加强同周边国家的外交关系，积极参与南部非洲、非洲地区的各项事务，提升本国在该地区的政治影响和国家形象

马拉维特别重视同周边国家的外交关系，并通过"南共体"、东南非共同市场等地区组织，加强同周边国家的经济合作，推进地区经济的一体化。宾古·瓦·穆塔里卡总统执政时期，马拉维同周边国家的关系得到进一步发展。马拉维总统频繁出席各种双边、多边会议，旨在加强同周边国家在政

---

① 关于2011年马拉维国内发生的"7·20骚乱事件"，参见武涛：《马拉维国家缘起、演变、发展史研究》，云南大学硕士学位论文，2012年，第96—98页。

② 邓坤伟：《马拉维首位女总统就职，呼吁各党派保持团结稳定》，《人民日报》2012年4月9日。

③ 《马拉维总统：非洲国家与援助方不应成为主从关系》，韩联社，2010年10月27日，http://chinese.yonhapnews.co.kr/n_g20/2010/10/27/9402000000ACK20101027001300881.HTML，2015年3月1日。

治、经济、安全等方面的合作。2004 年，马拉维、赞比亚、莫桑比克及坦桑尼亚四国总统签署协定，共同启动“姆特瓦拉发展走廊（Mtwara Development Corridor）”计划[①]。该计划的主要内容是加强彼此在出海口、交通、电力、通信、输油管道、经贸等领域的合作，提升这些国家之间的经贸水平，实现互利共赢的共同发展。2005 年，宾古·瓦·穆塔里卡总统出席了东南非共同市场第 10 届首脑会议，并就关税同盟、贸易合作等问题提出了主张。2008 年 8 月 17 日，“南共体”自由贸易区正式启动。[②] 虽然马拉维国内经济存在诸多困难，关税收入会因此大为减少，但马拉维依然参与其中，并期望利用自贸区推动本国商品的出口。2010 年，非洲联盟第 14 届首脑会议召开，马拉维总统宾古·瓦·穆塔里卡当选为新一届的轮值主席。[③] 他明确指出，担任非洲联盟轮值主席不会给本国带来任何经济利益。相反，马拉维将会为其任职期间的活动，提供经费支持。担任轮值主席期间，宾古·瓦·穆塔里卡出色地完成了自己的职责和使命。更为重要的是，他借此平台展现了本国的国家形象，突显了马拉维的独立、自尊和自信等。

（三）探索多元化的外交，外交“向东看”，重视同亚洲国家的经贸合作，同中国建立外交关系

宾古·瓦·穆塔里卡总统执政时期，马拉维同西方国家的关系逐步恶化。面对西方国家的政治压力和经济制裁，马拉维开始探索多元化的外交，以摆脱较为不利的外交局面。随着亚洲国家经济的崛起，马拉维外交开始“向东看”，重视同亚洲国家在经贸、投资、援助等领域的合作。宾古·瓦·穆塔里卡总统是经济学家，他希望马拉维在经济发展道路上，汲取中国、印度等国在减贫和发展方面的经验，借此推进马拉维经济的发展。同时，马拉维也可以搭乘这些国家经济发展的“快车”，为本国经济发展寻找资金、市场等。马拉维同中国、印度、日本、韩国、马来西亚等国在贸易、投资、市场等方面合作广泛。中国、印度、日本、韩国等国举办过对非洲国家经贸合作的论坛，宾古·瓦·穆

① 《非洲四国启动姆特瓦拉发展走廊计划》，新华网，2004 年 12 月 16 日，http://news.xinhuanet.com/world/2004-12/16/content_2342369.htm，2015 年 3 月 30 日。

② 《南部非洲共同体自贸区正式启动》，中国商务部西亚非司网站，2008 年 9 月 3 日，http://xyf.mofcom.gov.cn/aarticle/Nocategory/200809/20080905760709.html，2015 年 3 月 30 日。

③ 刘海虹：《非盟轮值主席穆塔里卡：喜事不断》，《瞭望东方周刊》2010 年第 6 期。

塔里卡总统就曾出席过论坛会议。他通过多边外交的途径，旨在让亚洲国家了解本国的经济特色和投资机会，加强彼此在经济领域的互利合作。

2007 年 12 月 28 日，马拉维同中国正式建立大使级的外交关系[①]。中国政府承诺向马拉维援建议会大厦、马拉维科技大学、国际会议中心等重点项目。[②]建交以后，两国关系发展较快。马拉维方面得到了中国政府的大量援助，并赞赏这种不附加任何政治条件、说到做到的真诚援助。两国在经贸、基础设施、教育、医疗卫生、文化等领域的交流和合作较为频繁。2008 年 3 月，宾古・瓦・穆塔里卡总统对中国进行了首次国事访问，并就两国关系的发展进行了真诚、友好的交谈。[③]2010 年 4 月，宾古・瓦・穆塔里卡总统参观上海世博会，旨在为该国经济发展寻求可能的外部机会。马拉维还积极参加中非合作论坛，加强同中国在各领域的全面合作。马拉维同中国的建交与合作，为该国外交打开了新局面。

三、乔伊斯・班达总统执政时期的外交政策（2012—2014 年）

乔伊斯・班达（女，1950—　）曾在剑桥大学、哥伦比亚大学接受过高等教育。早年的婚姻不幸，导致她开始经商，并获得了成功。后来，她开始从事教育和女权运动，成为马拉维著名的女权运动家。随后，乔伊斯・班达进入政坛。2006 年，她担任马拉维的外交部部长。2009 年，她又出任马拉维的副总统。2010 年，乔伊斯・班达由于不同意总统胞弟阿瑟・彼得・穆塔里卡参加 2014 年的总统选举，同宾古・瓦・穆塔里卡总统产生政治分歧，被逐出民主进步党。然而，她仍担任副总统的职务。2011 年，乔伊斯・班达组建人民党，并在多个公开场合批评总统的内外政策。2012 年 4 月 6 日，宾古・瓦・穆塔里卡突然离世后，依据宪法的规定，乔伊斯・班达于 4 月 7 日就任该国总统。她是南部非洲地区第一位、非洲地区第二位女总统，在福布斯权势女性排行榜中位居非洲地区首位。[④]2014 年 5 月 20 日，马拉维举行总统大选，乔伊斯・班

① 新华社：《中国与马拉维建交》，《人民日报》2008 年 1 月 15 日。
② 外交部：《中国援马拉维科技大学项目隆重举行奠基仪式》，《中国日报》2011 年 4 月 12 日。
③ 曹鹏程：《胡锦涛与马拉维总统举行会谈》，《人民日报》2008 年 3 月 26 日。
④ 武涛：《马拉维女总统乔伊斯・班达》，《国际研究参考》2013 年第 10 期，第 50 页。

达在竞选中失利，其两年的总统生涯结束。2012—2014 年，乔伊斯·班达总统的执政时间虽然只有短短两年，但她的外交政策较具特色，主要表现在以下 2 个方面。

（一）改善同西方国家、国际组织的外交关系，接受西方国家提供的改革方案，重新获得经济援助和经贸投资

宾古·瓦·穆塔里卡总统执政后期，马拉维同西方国家的关系逐步恶化。随后，西方中止了对马拉维的经济援助，该国经济陷入困境之中。乔伊斯·班达担任副总统时，就对宾古·瓦·穆塔里卡总统的外交政策提出过批评，导致两人关系逐渐走向对立。乔伊斯·班达接任总统职位后，掌握国家各项大权，开始调整本国的外交政策。马拉维通过多种途径，争取西方国家的信任，改善同西方国家的关系，并借此重新获得了经济援助。例如，接受西方的经济改革方案、拒绝苏丹总统巴希尔参加 2012 年非洲联盟峰会[①]等。西方国家对这个亲西方的女总统也给予颇多期待，英国、美国、德国等重启了对该国的援助计划。世界银行、国际货币基金组织等也通过资金援助，帮助马拉维恢复经济。此外，乔伊斯·班达总统还通过双边外交、多边外交，加强同西方国家在民主政治、经贸、医疗卫生、交通、电力、基础设施等领域的全面合作。

乔伊斯·班达总统执政时期，马拉维实行亲西方的外交政策，改善同西方国家的关系，争取到了不少国家利益。毫无疑问，马拉维外交难以完全脱离西方国家而独自发展。因为，马拉维 40% 的财政依靠国际援助，[②]而西方国家是其经济援助的主要提供方。因此，乔伊期·班达总统改善同西方国家的关系，有利于本国国家利益的实现。然而，西方国家及国际组织的经济援助并不能保证马拉维的经济发展。事实上，西方国家提供的发展方案并未起到多大效果，这两年里马拉维的经济状况依旧不容乐观。乔伊斯·班达总统完全倒向西方的外交政策也遭到反对党的批评，其认为这种做法直接损害了马拉维的经济独立和国家尊严。

---

① 《马拉维政府宣布放弃主办非盟峰会》，新华网，2012 年 6 月 9 日，http://news.xinhuanet.com/world/2012-06/09/c_112167185.htm，2015 年 3 月 30 日。

② 邓坤伟：《马拉维首位女总统就职，呼吁各党派保持团结稳定》，《人民日报》2012 年 4 月 9 日。

（二）继续加强同周边国家的合作关系，积极参与区域经济一体化；推进多元化的务实外交，寻求经济合作的新伙伴

乔伊斯·班达总统执政时期，马拉维继续加强同周边国家在政治、经济、安全、交通运输、出海口等领域的合作，推进彼此之间的睦邻友好关系。当然，马拉维同周边国家之间还出现过紧张局面。2012 年，由于马拉维湖的边界争端问题升级，马拉维与坦桑尼亚的关系恶化。周边国家、“南共体”曾呼吁两国保持冷静和克制，通过外交谈判的方式，和平解决该问题。[①] 为避免出现同坦桑尼亚那样的边界纠纷，马拉维同莫桑比克还就两国湖区的石油勘探问题进行过协商。[②] 马拉维同周边国家关系紧张，甚至爆发军事冲突，显然不符合各方利益，也会破坏地区稳定。事实上，经贸合作才是马拉维周边外交的核心。马拉维重视通过双边外交，加强同邻国在各领域的合作。同时，马拉维还通过多边外交，积极参与区域经济的整合。“南共体”、东南非共同市场是该地区的经济一体化组织，马拉维重视同其成员国在经贸、交通、农业、医疗卫生、安全等领域的合作。马拉维借此平台在获得经济发展的同时，也在地区舞台上扮演着独特角色。

> 马拉维完全同意通过地区一体化促进经贸、投资和基础设施的发展。为此，马拉维是东南非共同市场、“南共体”的成员国。该地区为马拉维的商品提供了广阔市场。如何通过取消关税和非关税壁垒，同时，通过发展基础设施，使区域内商品和服务的流通便利，这是加强区域内贸易和区域内联通的挑战。马拉维同样支持东南非共同市场、“南共体”、东非共同体三方的行动，能够着眼于协调彼此的政策和项目。这将创造一个更大的市场，为该地区吸引更多的投资。
>
> ——2012 年乔伊斯·班达总统在英联邦会议上的演讲 [③]

---

① 《南共体呼吁马拉维和坦桑理智解决分歧》，新华网，2012 年 8 月 15 日，http://news.xinhuanet.com/world/2012-08/15/c_112725901.htm，2015 年 3 月 30 日。

② 《马拉维就石油勘探与莫桑比克协商》，中国商务部网站，2012 年 10 月 16 日，http://www.mofcom.gov.cn/aarticle/i/jyjl/k/201210/20121008386480.html，2015 年 3 月 30 日。

③ Joyce Banda. “Transcript: Malawi’s Policy and Priorities for a Globalized World”. *Chatham House*, 2012(7).

乔伊斯·班达总统积极推进多元化的务实外交。她是马拉维同中国建交的重要见证者之一。时任马拉维外交部部长的乔伊斯·班达，曾经出席过中国同马拉维诸多合作项目的签字仪式。乔伊斯·班达总统特别重视同中国这个新伙伴的经贸合作。她曾高度评价中国政府给予马拉维的各项援助，认为中国是马拉维“真正的朋友”，并鼓励中国企业加大对马拉维的经济投资。乔伊斯·班达总统还通过经济外交、公共外交的方式，出席了在中国昆明举办的中国—南亚博览会（China–South Asia EXPO, CSAE），并借此推进两国在烟草、咖啡、旅游等方面的合作。中国政府在减贫、发展、教育、医疗等方面经验丰富，马拉维重视同中国在这些领域进行合作。此外，马拉维也重视同印度、日本、韩国、马来西亚等亚洲国家的经济合作。这些亚洲国家为马拉维的经济发展提供了资金、技术、市场等。近年来，由于国内石油短缺的现象较为严重，马拉维也重视同中东国家进行能源合作。2012 年 10 月 3 日，由于缺乏购买石油的外汇，马拉维就曾向科威特寻求过帮助。乔伊斯·班达总统在对外交往过程中，重视展现本国的文化软实力，这有助于马拉维外交空间的拓展。

> 当年我作为外交部部长见证了两国友好关系的确立，今天我又参加了具有里程碑意义的中国援马道路项目的交接仪式。这让我感到很兴奋！
>
> ——2013 年乔伊斯·班达总统在奇蒂帕—卡龙加公路交接仪式上的讲话[①]

四、阿瑟·彼得·穆塔里卡总统执政以来的外交政策（2014 年至今）

阿瑟·彼得·穆塔里卡（1940— ）是已故前总统宾古·瓦·穆塔里卡的胞弟，也是马拉维著名的政治家。他曾担任马拉维司法、教育、外交等部的部长。早在宾古·瓦·穆塔里卡总统执政时期，阿瑟·彼得·穆塔里卡就被指定为民主进步党 2014 年的总统候选人。2012 年，阿瑟·彼得·穆塔里卡担任

① 《马拉维总统高度评价中国援建公路项目》，新华网，2013 年 1 月 8 日，http://news.xinhuanet.com/world/2013-01/08/c_124199660.htm，2015 年 3 月 30 日。

民主进步党主席。2014 年 5 月 20 日，马拉维举行总统选举。5 月 30 日，选举结果公布，阿瑟·彼得·穆塔里卡以 36.4% 的得票率当选为总统。[①]2014 年 6 月 2 日，阿瑟·彼得·穆塔里卡发表就职演说《人民的意志》，初步阐述了未来马拉维内政外交政策的走向。2015 年 12 月，在中非合作论坛约翰内斯堡峰会上，阿瑟·彼得·穆塔里卡总统明确指出，“非洲人应该将命运的主动权掌握在自己手中”，马拉维的减贫与发展只能依靠本国人民。为此，他特别指出，要增强自信、激发潜力，这样才能实现自立自强。阿瑟·彼得·穆塔里卡总统执政以后，马拉维的外交政策主要体现在以下 2 个方面。

（一）通过接触、交流、谈判、游说等务实方式，寻求西方国家、国际组织的经济援助，敢于向西方国家传递本国的政治诉求

阿瑟·彼得·穆塔里卡总统执政以后，马拉维国内的经济形势日益严峻，急需西方国家为其提供经济援助。2014 年 8 月 1 日，马拉维希望西方国家能够提供 5 亿美元的资金援助，以解决该国国内的预算问题，但遭到西方国家的拒绝。[②] 西方国家明确指出，马拉维国内问题，特别是“现金门”政治腐败事件尚未解决之前，它们不可能提供经济援助。马拉维国内的经济发展，离不开西方国家的援助，所以不可能同西方国家完全决裂，这不符合马拉维的国家利益。马拉维希望通过联合调查的方式，解决国内“现金门”问题。2014 年 10 月 7 日，利隆圭高等法院判处“现金门”首位嫌犯 3 年有期徒刑。随后，马拉维继续推进“现金门”问题的解决，借此缓和同西方国家的关系。由此可见，阿瑟·彼得·穆塔里卡总统的外交方式较为灵活、务实，他通过接触、谈判等方式，最大限度地化解矛盾、增进互信。

同西方国家的关系改善以后，美国、欧盟、英国、法国等给予马拉维大量援助，涉及经济、社会福利、教育、基础设施、军事、人道主义等方面。2014 年 8 月，阿瑟·彼得·穆塔里卡总统参加“美非峰会”，为该国电力发展争取

① 武涛：《马拉维：女总统时代的结束及新总统时代的到来》，中国社科院西亚非洲研究所网站学术论坛“非洲论坛”，2014 年 6 月 23 日，http://iwaas.cass.cn/dtxw/fzdt/2014-06-23/3059.shtml，2015 年 3 月 30 日。

②《马拉维政府希西方提供 5 亿美元医疗卫生援助遭拒》，中国驻马拉维大使馆经商参处网站，2014 年 8 月 1 日，http://malawi.mofcom.gov.cn/article/jmxw/201408/20140800683628.shtml，2015 年 3 月 30 日。

到美方 3.5 亿美元的援助。[①]2015 年 5 月 29 日，马拉维与欧盟签署了 5.6 亿欧元的援助协议。[②]2016 年 2 月，马拉维与美国签署了一项军事合作协议。此外，世界银行、非洲发展银行等也为马拉维的经济发展、灾后重建等提供过援助。2014 年 8 月 14 日，马拉维与世界银行签署 8380 万美元的贷款协议，用于技能发展和社会发展；[③]2015 年 5 月 15 日，双方又签署 8000 万美元的贷款协议，用于灾后重建。[④]

当然，阿瑟·彼得·穆塔里卡总统也曾在公开场合对西方国家的援助方式提出过批评。2014 年 9 月 26 日，马拉维总统阿瑟·彼得·穆塔里卡在第 69 届联合国大会上发表了 17 分钟的演讲。他强烈批评西方国家的援助承诺难以捉摸、未能兑现，直接影响到发展中国家经济的预期发展，给马拉维的经济发展带来不可预测性，难以实现联合国千年发展目标（Millennium Development Goals, MDGs）。他希望西方国家能够言而有信，履行承诺，帮助马拉维实现减贫与发展的目标。

> 像马拉维一样，发展中国家难以实现千年发展目标的一个原因是资源不足。发展合作伙伴的承诺难以预测，并不能按期完成。为了实现 2015 年以后的发展事项，国际社会不应重复错误。更重要的是，问责和透明、监管和评估机制应该得到提升。
>
> ——2014 年阿瑟·彼得·穆塔里卡总统在第 69 届联合国大会上的发言[⑤]

---

① 《马拉维政府寄望美非首脑会议》，中国驻马拉维大使馆经商参处网站，2014 年 8 月 6 日，http://malawi.mofcom.gov.cn/article/jmxw/201408/20140800688534.shtml，2015 年 3 月 30 日。

② 《欧盟将向马提供 5.6 亿欧元援款》，中国商务部网站，2015 年 5 月 31 日，http://www.mofcom.gov.cn/article/i/jyjl/k/201505/20150500992184.shtml，2017 年 4 月 30 日。

③ 《马拉维与世界银行签署 340 亿克瓦查贷款协议》，中国驻马拉维大使馆经商参处网站，2014 年 8 月 14 日，http://malawi.mofcom.gov.cn/article/jmxw/201408/20140800700296.shtml，2015 年 3 月 30 日。

④ 《世界银行向马提供 8000 万美元贷款用于灾后重建》，中国商务部网站，2015 年 5 月 15 日，http://www.mofcom.gov.cn/article/i/jyjl/k/201505/20150500973738.shtml，2017 年 4 月 30 日。

⑤ Arthur Peter Mutharika. “Republic of Malawi Speech by his Excellency Prof. Arthur Peter Mutharika President of the Republic of Malawi at the General Debate of the 69th Session of the United Nations General Assembly in New York” (2014-09-25) [2015-03-01]. http://foreignaffairs.gov.mw/.

（二）继续加强同周边国家的合作关系，重视同中国、印度、俄罗斯、巴西等新兴经济体的互利合作

阿瑟·彼得·穆塔里卡总统上台后，继续加强同周边国家的合作关系。2014年8月，“南共体”会议召开期间，阿瑟·彼得·穆塔里卡总统指出，要加强同邻国在矿产开发方面的合作，实现本国由矿产“进口国”向“出口国”的转变。2014年9月，马拉维同赞比亚、莫桑比克签署备忘录，重新开放恩桑杰（Nsanje）口岸。2014年11月，东南非共同市场会议期间，马拉维就共同化肥政策提出建议。2015年6月，马拉维、埃及、苏丹等26个非洲国家签署了一项自由贸易协定。通过整合东南非共同市场、“南共体”和东非共同体，建立“三合一自由贸易区”（Tripartite Free Trade Area, TFTA），成立非洲地区最大的自贸区。此外，马拉维同非洲发展银行的合作较为密切，主要涉及交通建设、经济发展、人道主义等方面的援助。2014年8月1日，马拉维同非洲发展银行签署了1亿多美元的援助协议。①2016年1月5日，非洲发展银行提供3亿美元用于纳卡拉铁路和港口项目，马拉维从中获得8360万美元资金。②2017年5月，马拉维和赞比亚联合实施的“松圭（Songwe）流域发展计划”一期项目，得到了非洲发展银行的融资援助。

阿瑟·彼得·穆塔里卡曾在总统就职演说中提出，马拉维要寻求经济发展的新伙伴，加强同中国、俄罗斯、印度、巴西等新兴经济体的合作，③搭乘这些国家经济发展的“快车”，实现更为公正、平等的经贸合作。2014年10月21日，马拉维同中国签署协定，其中规定对该国输往中国97%的商品实行免关税④，这为马拉维商品进入中国市场提供了有利条件。2015年11月，马拉维参加“印度—非洲峰会”，并获得印度4.2亿美元的贷款和援助。⑤同时，马

① 《马拉维同非洲发展银行签署逾1亿美元的援助协议》，中国驻马拉维大使馆经商参处网站，2014年8月1日，http://malawi.mofcom.gov.cn/article/jmxw/201408/20140800683636.shtml，2015年3月30日。

② 《非洲发展银行提供3亿美元用于纳卡拉铁路和港口项目》，中国商务部网站，2016年1月7日，http://www.mofcom.gov.cn/article/i/jyjl/k/201601/20160101229246.shtml，2017年4月30日。

③ 《马拉维新总统就职 称将与中、俄“交朋友”》，人民网，2014年6月3日，http://wz.people.com.cn/n/2014/0603/c184381-21332457.html，2015年3月30日。

④ 《中马两国签署输华商品免关税待遇换文》，中国驻马拉维大使馆网站，2014年10月23日，http://mw.china-embassy.org/chn/sghdhzxxx/t1203270.htm，2015年3月30日。

⑤ 《马拉维希望印度尽快拨付2360亿克瓦查资金》，中国驻马拉维大使馆网站，2015年11月10日，http://www.mofcom.gov.cn/article/i/jyjl/k/201511/20151101160527.shtml，2017年4月30日。

拉维还希望两国尽快签署《双边投资保护与促进协议》（*Bilateral Investment Promotion and Protection Agreement*, BIPPA），以保护和促进双向投资。2015 年 12 月，阿瑟・彼得・穆塔里卡总统出席中非合作论坛约翰内斯堡峰会。他高度赞扬中非合作论坛机制、中非关系和两国关系，指出马拉维应该学习中国的成功经验，也成为伟大的国家。[①] 近年来，马拉维政府官员经常到中国的城市、乡村、学校、工业园区等进行考察，希望从中国模式中汲取本国发展的有益经验。2017 年 10 月，中国共产党第十九次全国代表大会召开，引起马拉维方面的高度关注。阿瑟・彼得・穆塔里卡对于中国所取得的巨大成就表示钦佩，并对长期以来中国的援助表示感谢。2018 年，阿瑟・彼得・穆塔里卡应邀出席中非合作论坛北京峰会，受到中国国家主席习近平的亲切接见，其间，他还走访了中国国内的一些高校、企业等。他明确指出，马拉维高度重视对华关系，愿与中国方面携手合作，促进两国关系不断发展。

2019 年 5 月 21 日，马拉维举行总统、议会和地方政府“三合一”选举，阿瑟・彼得・穆塔里卡得票率为 38.57%，位居第一，[②] 在竞选中获胜，实现连任。未来 5 年，阿瑟・彼得・穆塔里卡总统的外交政策还有待进一步观察。

---

① 《马拉维总统穆塔里卡盛赞中非合作和中马关系》，中国商务部网站，2015 年 12 月 7 日，http://www.mofcom.gov.cn/article/i/jyjl/k/201512/20151201204693.shtml，2017 年 4 月 30 日。

② 《马拉维连任总统穆塔里卡宣誓就职》，新华网，2019 年 5 月 29 日，http://www.xinhuanet.com/2019-05/29/c_1124554242.htm，2019 年 6 月 2 日。

地区视角：马拉维同周边国家的关系

马拉维是南部非洲地区的内陆国家，同时，该国又位于东非和南部非洲之间的“走廊地带”。因而，马拉维同周边国家政治、经济等方面的关系极为密切。马拉维的内政、外交不仅可以影响周边国家，周边国家政治、经济、安全、外交等方面的变化也会制约该国发展。马拉维作为被包围起来的内陆国家，出海口问题始终是该国外交中的核心问题。马拉维的出海口主要依靠坦桑尼亚、莫桑比克、南非这 3 个国家的港口进行周转和集散。因此，马拉维特别重视周边外交。从周边地区的视角来看，马拉维的周边国家包括赞比亚、津巴布韦、坦桑尼亚、莫桑比克以及南非。同时，马拉维还是“南共体”、东南非共同市场的成员国。

马拉维同赞比亚、津巴布韦的关系密切，三国有着政治、经济等方面的交往历史和合作基础。1953—1963 年，它们还被英国殖民当局组合成为英属中非联邦，即英国殖民者口中所谓的“国家”。英国殖民当局的初衷就是最大限度地整合 3 块殖民地的优势资源，实现三者经济的密切合作，为殖民当局带来更多的经济利益。这为后来 3 个国家的经济合作及经济一体化奠定了必要基础。同时，三国还都曾是英联邦的成员国。[①] 冷战时期，马拉维同赞比亚、津巴布韦的关系受到国际环境、地区政治的影响较大，有个逐步变化的过程。20 世纪 90 年代以来，马拉维同赞比亚、津巴布韦在经贸、交通、电力等方面的合作较为广泛。同时，在地区合作背景之下，它们也在积极推进该地区的一体化进程。在事关地区发展的共同问题上，进行了友好的交流和合作。

马拉维同坦桑尼亚和莫桑比克的关系较为密切，这 3 个国家被马拉维湖自然地联系到了一起。同时，马拉维东向印度洋的出海口安全依赖于这 2 个国家的国际港口，其中，对莫桑比克的依赖更甚。因为，“没有稳定的出海口，内陆国家的主权经常有危险之虞，它们处在其邻国的军事及经济压力影响之

① 2003 年，津巴布韦退出英联邦。参见《津巴布韦正式退出英联邦》，《人民日报》2003 年 12 月 9 日。

下"[1]。冷战期间，马拉维同坦桑尼亚在意识形态、外交线路、领土争端等问题上相互对立，导致两国关系极度恶化。马拉维同葡属东非洲关系密切，不仅获得其经济援助，还确保了本国的出海口安全。莫桑比克独立以后，马拉维同莫桑比克政府、"莫抵运"之间的关系较为复杂，但两国进行了外交接触和谈判，逐步解决了这些困扰两国关系的问题。20 世纪 90 年代以来，马拉维同坦桑尼亚、莫桑比克在经贸、交通、出海口等方面的合作更为密切。马拉维湖被这 3 个国家所包围。马拉维同莫桑比克在该湖东南部的边界问题早已解决。然而，马拉维同坦桑尼亚在该湖东北部的边界仍未划定。2012 年，两国围绕该湖的边界争端问题升级，导致两国的政治关系恶化，并影响到两国经贸、交通等领域的合作。

马拉维同南非的关系最为密切。冷战期间，马拉维奉行亲南部非洲白人种族主义政权的"现实主义"外交政策，是唯一同南非建交的撒哈拉以南非洲独立国家。马拉维和南非建立的是全面合作伙伴关系。建交以后，南非不仅给予马拉维经济、军事等方面的援助，帮助马拉维实现迁都至利隆圭，而且还为马拉维的货物进出口提供良港，供其进行中转和集散。马拉维同南非的关系虽然较为密切，但它们的地位并不是平等的。马拉维是这个地区霸主的追随者，海斯廷斯·卡穆祖·班达就曾被痛批为"白人的小伙计"。因此，马拉维在外交方面必须同南非保持一致，否则将会受到停止援助、封锁出海口等的严厉制裁。同时，南非还会挑拨马拉维同莫桑比克的关系，给马拉维的外交带来诸多问题。20 世纪 90 年代以来，随着新南非的诞生及"南共体"的成立，马拉维和南非在政治、经济等方面的合作更为频繁，两国关系得到显著提升。

马拉维不仅是非洲统一组织、非洲联盟的成员国，而且还是"南共体"、东南非共同市场的成员国。该国特别重视与周边地区的经贸合作，通过搭乘地区合作的"快车"，更好、更快地促进本国经济的发展。马拉维在参与地区一体化的过程中，能够获得地区组织的"公共产品"，分享其中的共同利益。同时，马拉维在参与地区合作过程中，也需要履行相应的义务，扮演一定的角色。马拉维可以在粮食安全、疾病控制、环境污染等地区问题上，提出本国的

① [美] 索尔·科恩著，严春松译：《地缘政治学：国际关系的地理学》，上海社会科学院出版社 2012 年版，第 424 页。

意见和建议，并在参与地区维和行动中发挥积极作用。“南共体”、东南非共同市场为马拉维国家的经济发展提供了重要的合作平台。

第一节　马拉维与赞比亚、津巴布韦的关系

马拉维、赞比亚和津巴布韦原是英属中非联邦的重要组成部分。尼亚萨兰的主要任务是为南罗得西亚、北罗得西亚的厂矿提供充足的劳动力资源。英属中非联邦的10年时间，这3个国家的经济得到整合，实现了彼此经济的优势互补和密切合作。这也是殖民当局为获取更多经济利益而创建联邦的初衷。中非联邦的10年，客观上促进了这3个殖民地的经济合作及其一体化。1963年，英属中非联邦解体。1964年，马拉维和赞比亚先后取得国家独立。1965年，南罗得西亚单方面脱离英国，建立起白人政权，改名“罗得西亚”，但未得到国际社会的承认。直至1980年，罗得西亚白人政权才倒台。同年，改名津巴布韦，并宣告独立。

冷战时期，由于国际体系、地区政治、国内因素等的影响，马拉维同赞比亚的关系恶化，同罗得西亚白人政权的关系密切。20世纪80年代开始，随着南部非洲地区的政治形势的重大变化，马拉维同赞比亚、津巴布韦的关系逐步改善。90年代以后，马拉维同赞比亚、津巴布韦在政治、经济等方面的合作更为密切。这3个国家都属于内陆国家，因此特别重视在经贸、交通、电力、能源、出海口等方面的合作。随着南部非洲地区经济一体化速度的加快，马拉维与赞比亚、津巴布韦的合作关系将得到进一步提升。

一、马拉维与赞比亚的关系

1964年，马拉维和赞比亚先后取得国家独立。马拉维与赞比亚的关系大致可以划分为两大时期。

（一）冷战时期

1964年，马拉维取得国家独立后，赞比亚也紧跟其后取得国家主权。由于马拉维国内政局的突然变化，马拉维与赞比亚的关系变得紧张，并且逐步恶

化。这主要受到国际冷战、地区政治、马拉维国内政治等因素的影响，两国在意识形态、外交路线、政治互信、领土争端、出海口合作、对白人种族主义政权的态度、同中国的关系等方面直接对立，没有相互妥协的余地。班达奉行的亲西方、亲白人种族主义政权的“现实主义”外交路线，在南部非洲地区，甚至在整个撒哈拉以南非洲地区都独树一帜。马拉维的外交路线同非洲统一组织的外交路线相违背，甚至该国还拒绝执行非洲统一组织制裁南非的相关决议。因此，建国初期，马拉维与赞比亚的关系较为微妙，显得紧张。因为，它们的外交路线是相悖的、冲突的。20 世纪 80 年代开始，随着国际冷战环境的变化、地区政治形势的发展，马拉维的“现实主义”外交政策也在不断进行着调整。两国关系虽有一些摩擦，但还是得到了明显改善。冷战时期，马拉维与赞比亚关系的恶化主要表现在以下 4 个方面。

1. 两国的外交路线、意识形态是完全对立的。

马拉维总理 / 总统班达和赞比亚总统卡翁达在争取民族解放和国家独立时，政治观点基本一致，那就是团结其他非洲殖民地人民，支持他们实现民族解放。马拉维取得独立后，班达基于国际冷战背景及本国具体国情，奉行亲西方、亲白人种族主义政权的“现实主义”外交路线。这种民族利己主义的外交路线同包括赞比亚在内的非洲国家、非洲统一组织的“泛非主义”外交路线直接对立，导致马拉维同赞比亚在各领域的合作面临种种问题的考验。

外交路线方面，赞比亚的外交路线是由卡翁达总统制定的。在对他有用、事关国家利益的方面，他会听取内阁的建议。[①] 因此，赞比亚内阁支持卡翁达总统的外交路线及政策。外交方面，赞比亚同周边国家坦桑尼亚一道，支持非洲国家反殖民主义、反种族主义的正义斗争，支持非洲统一组织团结非洲独立国家、制裁南部非洲地区白人政权的相关决议。

为了获得经济援助、保障出海口安全，马拉维基于对本国国情及国家利益的考量，同西方国家、该地区的白人政权保持密切关系，并反对非洲统一组织制裁南非的决议，要求通过接触和谈判，渐进地、理性地解决该地区的殖民主义和种族主义问题。卡翁达总统曾多次在非洲统一组织的非公开场合指明马拉

① Korwa Gombe Adar, Rok Ajulu. *Globalization and Emerging Trends in African States' Foreign Policy-Making Process: A Comparative Perspective of Southern Africa*. Ashgate Publishing Company, 2002, p.240.

维外交政策的错误。由于马拉维是独立主权国家，两国还存在紧密的经济联系，卡翁达总统通过善意的提醒，希望能够影响班达总统，使其改变该国的政治理念和外交路线。班达对卡翁达总统的政治立场及外交路线并不支持，他多次拒绝参加非洲统一组织的会议，拒绝执行非洲统一组织制裁南非的决议。外交路线的对立，导致两国关系紧张，马拉维还受到非洲统一组织其他成员国的蔑视及孤立。

意识形态方面，基于国际冷战的时代背景，赞比亚同坦桑尼亚一样，站在社会主义阵营一边，选择了社会主义的发展道路，并同社会主义国家保持一致。马拉维实行的是一党专政的政治体制，班达虽然没有提及政治制度的性质，但该国始终站在西方阵营一边，成为西方国家在南部非洲地区的一颗重要棋子，发挥着政治平衡的重要作用。两极格局的背景之下，马拉维和赞比亚的政治立场对立，选择的阵营又不相同，这就导致两国在各项政策上产生了分歧。

马拉维同西方国家、白人政权的关系紧密，致使赞比亚极为不满。卡翁达总统担心马拉维会借助南非、葡萄牙的军事力量，威胁本国的主权和安全。赞比亚同社会主义国家的关系密切，使得原本就对社会主义极为厌恶的班达也感到特别担忧。班达害怕苏联等社会主义国家会支持赞比亚、坦桑尼亚，并同马拉维政治反对派一起，共同侵犯马拉维的国家主权，推翻自己在本国的统治。意识形态的对立，最终导致马拉维和赞比亚两国在政治、安全等方面缺乏互信，各领域的合作难以展开，两国关系逐步恶化。

2. 赞比亚境内的马拉维“叛逃阁员”问题。

1964 年，马拉维取得国家独立后不久，该国境内就爆发了“内阁危机”。以契彭贝尔为首的内阁部长们同班达在内政、外交路线上产生了严重分歧，致使双方关系完全决裂。随后，班达对内阁部长们在国内的“反叛活动”进行了镇压，走投无路的 6 位内阁部长前往赞比亚、坦桑尼亚等周边国家进行政治避难。其中，布瓦瑙西、肖卡尼两位部长去了赞比亚。[①]1966 年 6 月，身在美国的契彭贝尔向赞比亚政府提出申请，想居住在该国境内。赞比亚政府同意了其

① Harvey J. Sindima. *Malawi's First Republic: An Economic and Political Analysis.* University Press of America, 2002, p.147.

请求，但让其居住在远离城镇的地方，并且不能从事颠覆性的活动。[①] 契彭贝尔拒绝了这样的条件限制，但这仍然引起了班达的高度紧张，并对赞比亚政府的立场表示怀疑。这些内阁部长之所以选择赞比亚、坦桑尼亚等国作为避难所，主要是因为他们同这些国家的政治立场、外交路线类似。他们支持非洲国家的民族解放运动及非洲统一组织的各项决议，批评班达的“现实主义”外交路线及政策。这些内阁部长也支持同中国建交，希望得到中国政府的经济援助。

然而，班达认为内阁部长们缺乏国际政治的眼光，没有立足基本国情和国家利益。他认为，同撒哈拉以南非洲国家、社会主义国家站在一起，对马拉维自身而言，不仅毫无益处，还会直接威胁本国的安全和发展。马拉维国内的政治博弈结束后，逃往赞比亚的内阁部长不仅获得了“落脚地”，而且在赞比亚组建了政治流亡团体，长期从事反对班达总统独裁统治的斗争。赞比亚境内就有马拉维民主联盟（Malawi Democratic Union, MDU），该组织的总书记是德兹科里多（Dzikolido）。[②] 班达认为，是赞比亚政府为这些政治流亡人员提供了支持，使他们能在赞比亚境内从事颠覆马拉维现有政权的活动。赞比亚外交部部长西蒙·卡普韦普韦（Simon Kapwepwe）对此予以否认，并澄清赞比亚只是为他们提供政治避难而已。[③]

> 虽然我们对友好邻邦为我们的政治反对派提供庇护感到不悦，但我们从未对此有过争吵。然而，事实上，这些人在赞比亚不仅被给予政治庇护，而且赞比亚的一些人还被允许同暴徒站在一起，来反对我们。
>
> ——马拉维新闻编辑的评论[④]

班达总统曾对赞比亚收留本国内阁阁员的政治立场表示怀疑，并多次要求赞比亚能够遣返本国的内阁阁员，但遭到拒绝。长期以来，班达总统特别担心

---

① Colin Baker. *Revolt of the Ministers: The Malawi Cabinet Crisis, 1964–1965.* I. B. Tauris, 2001, p.284.

② 葛公尚：《万国博览·非洲卷》，新华出版社 1998 年版，第 631 页。

③ Carolyn McMaster. *Malawi—Foreign Policy and Development.* Julian Friedmann, 1974, p.145.

④ Ibid.

这些内阁阁员及反对派会在赞比亚、坦桑尼亚等的支持下，建立起实力强大的反政府武装组织，再返回国内进行颠覆活动，威胁自己的政治统治。事实上，有些反对派组织也的确返回国内，从事过反对班达总统的活动。这些分布在赞比亚等周边国家的反对力量的存在，始终令班达总统感到紧张。因而，班达总统曾通过越境暗杀、绑架回国进行审讯等方式，对这些异己力量进行打击。1989 年，班达总统就对在赞比亚的异己政治组织领导人及其家人进行过炸弹袭击，导致多名人员死亡。这种跨境的秘密活动，侵犯了赞比亚的国家主权，自然令其极为不满。

20 世纪 80 年代末，随着国际局势的发展变化，民主化浪潮席卷非洲各地。赞比亚境内的马拉维反对派开始组建政党团体，旨在实现本国的政治变革。1992 年，马拉维政治反对力量在赞比亚建立了民主联盟临时委员会（Interim Committee of the Democratic Alliance, ICDA），主席为查库富瓦·奇哈纳（Chakufwa Chihana）。[①] 最后，班达总统在马拉维的政治统治被推翻，马拉维迎来政治民主化时代，这同这些反对力量的推动有密切关系。马拉维的“叛逃阁员”问题始终是两国关系中的重大问题，直至 20 世纪 90 年代初马拉维政治民主化时代的到来，这一问题才得到缓解。

3. 边界及领土争端问题。

马拉维与赞比亚的政治关系恶化后，两国在其他领域也受到这种对立气氛的影响，出现了一些新的变化。1968 年 9 月，班达总统在马拉维国民大会党会议上公开表示，马拉维的领土范围应该是马拉维帝国时期的边界。[②] 他在讲话中明确提出，马拉维同赞比亚的真实边界应以卢安瓜河（Luangwa River）为界。这就意味着班达总统对赞比亚东部的 4 块地区提出主权要求。[③] 马拉维的领土扩张主义引起周边国家的强烈不满。按照班达总统的领土诉求，赞比亚、坦桑尼亚、莫桑比克等国的领土安全都会遭受威胁。赞比亚、坦桑尼亚等国认为，马拉维的领土诉求没有国际法依据。非洲统一组织曾对非洲国家的领土争端问题出台过相关决议，要求非洲国家尊重已经形成的殖民边界，不能进行领

① 葛公尚：《万国博览 · 非洲卷》，新华出版社 1998 年版，第 632 页。

② [埃及] 布特罗斯 · 加利著，仓友衡译：《非洲边界争端》，商务印书馆 1979 年版，第 20—21 页。

③ Carolyn McMaster. *Malawi—Foreign Policy and Development.* Julian Friedmann, 1974, p.147.

土扩张，并要求各国通过和平途径、在非洲范围内解决领土争端问题。[①] 赞比亚认为，马拉维的领土诉求同非洲统一组织的决议相违背，是一种极其危险的民族主义。

班达总统在公开场合多次谈及以卢安瓜河为该国的边界后，引起卡翁达总统的强烈反对和不满。赞比亚方面认为，马拉维敢于这样大胆叫嚣，是因为其背后有南非和葡萄牙的支持。因而，赞比亚同坦桑尼亚采取了联合行动，旨在共同应对马拉维的领土扩张主义。卡翁达曾明确指出，若班达总统借用南非和葡萄牙的军队对赞比亚发动进攻，那么，将会遭到惨败。马拉维只有承认赞比亚的领土主权，赞比亚才会同马拉维建立外交关系。实际上，马拉维与赞比亚的边界问题同两国的政治对立、缺乏互信密切相关。言语方面彼此挑衅，会使两国矛盾呈螺旋式上升，导致马拉维提出领土诉求，以此表达对赞比亚的敌视态度。随着两国关系的不断改善，通过协商和谈判的方式，解决两国领土争端问题是有可能的。

> 如果对赞比亚宣战，见鬼去吧！我们已经准备好了！
>
> ——赞比亚总统卡翁达对马拉维总统班达提出领土诉求的回应[②]

4. 经贸、交通、出海口等方面的合作困难重重。

马拉维同赞比亚在政治方面的对立关系直接影响到两国在经贸、交通、出海口等方面的合作。马拉维、赞比亚同属内陆国家，出海口问题是两国共同存在的问题。两国的经济都是出口导向型，都依赖于外部市场。马拉维的商品主要是烟草、茶叶、棉花等经济作物。作为“铜矿之国”的赞比亚，其经济主要依靠铜矿石出口。两国的经贸合作没有太多的互补性，但两国在交通、基础设施、出海口等方面的合作空间较大。

国际冷战的背景下，两国选择的阵营不同，导致两国在政治、外交等方面完全对立。通过亲南部非洲种族主义政权的外交政策，马拉维同葡属东非洲及南非白人政权的关系密切。这样，马拉维的出海口问题得到了解决。该国的商

---

① 顾章义：《非洲国家边界问题初探》，《西亚非洲》1984 年第 3 期，第 25 页。

② Carolyn McMaster. *Malawi—Foreign Policy and Development*. Julian Friedmann, 1974, p.149.

品可以通过莫桑比克的港口东出印度洋，通过南非的国际港口南下进行集散。同样是内陆国家的赞比亚，同罗得西亚白人政权的关系紧张，导致该国的商品出口遭到封锁，通往出海口的支线问题难以得到解决。

20世纪70年代以前，为了避免货物经罗得西亚境内运往莫桑比克的贝拉港，赞比亚政府希望能通过马拉维境内将铜矿石、茶叶及其他商品运到贝拉港进行集散。尽管这条线路毫无优势，并且运输速度缓慢。然而，考虑到地区政治，赞比亚别无选择。赞比亚同马拉维商议之后，班达总统同意了赞比亚的请求。两国的经贸合作关系发展迅猛，双方都得到了经济利益。1966—1968年，赞比亚通过马拉维的水运方式获取石油，马拉维从中也获得收益。1968年，达累斯萨拉姆通往恩多拉（Edola）的石油管线开通，[①] 两国之间的石油运输合作就此停止。1966年，马拉维开始经营免税进入该国的赞比亚烟草作物。它们被作为"赞比亚生产"进行加工、包装和销售。[②] 赞比亚通过马拉维进行烟草出口，马拉维每年从中获得大量的经济利益。1967年10月，班达总统告知议会，每个月有8000吨的赞比亚铜矿石通过马拉维的水运进行运输。他还说道："我们只是静静地做工作，帮助我们的朋友和兄弟赞比亚，并不想得到任何称赞。"[③] 实际上，马拉维深知本国可以借助地缘关系，通过赞比亚进出口货物的周转，获得相当可观的经济利益。经济方面的相互依存，使得两国的关系微妙、紧张，却没有完全破裂。

赞比亚总统卡翁达多次指出，不支持本国境内的马拉维反对派从事颠覆活动，但这仍未消除马拉维总统班达的顾虑。然而，马拉维并未在此问题上对赞比亚采取对抗态度。[④] 因为，两国关系恶化会影响到双边的经贸合作。马拉维将会损失从赞比亚那里得到的运输费、关税等。1967年10月，班达总统认为，两国之间的关系紧张。[⑤] 两国的紧张关系影响到双边经贸时，赞比亚开始寻求新的合作伙伴，但仍同马拉维进行接触，维持两国的关系。

---

① Marcia M. Burdette. *Zambia: Between Two Worlds*. Dartmouth Publishing Co., Ltd., 1988, p.136.

② Carolyn McMaster. *Malawi—Foreign Policy and Development.* Julian Friedmann, 1974, p.146.

③ Ibid, p.146.

④ Harvey J. Sindima. *Malawi's First Republic: An Economic and Political Analysis.* University Press of America, 2002, p.181.

⑤ Carolyn McMaster. *Malawi—Foreign Policy and Development.* Julian Friedmann, 1974, p.147.

1968年，赞比亚外交部部长率领代表团出访马拉维，就成立赞比亚高级委员会（Zambia High Commission）、确立两国正式的外交关系、增进争议问题的理解等进行过商讨。①1970年10月，赞比亚在马拉维的布兰太尔设立高级委员会。1971年，马拉维同赞比亚签署了一项贸易协定。②1974年5月，卡翁达总统对马拉维进行了为期一天的短暂访问。③赞比亚与马拉维之间的关系特别微妙。赞比亚虽然不赞同马拉维的外交政策，但在批评马拉维外交方面较为慎重。因为，这会影响到两国关系，进而影响到赞比亚通过马拉维的进出口贸易。

赞比亚的出海口问题是通过中国政府援建的坦赞铁路得到缓解的。然而，坦赞铁路的运输成本较高，运量有限，导致赞比亚在某些时候不得不通过南非的港口中转。马拉维同赞比亚也曾在东向印度洋的出海口方面尝试进行合作。马拉维希望能够修建一条北向的坦赞铁路支线，来解决本国部分商品及赞比亚商品的出口问题。由于马拉维同周边国家的政治关系紧张，它们之间的谈判以失败告终。赞比亚也曾希望同马拉维进行交通领域的合作，通过其境内的铁路和公路，将赞比亚的铜矿石、茶叶等货物运输至莫桑比克的国际港口，以解决本国的出海口问题。然而，冷战时期的地区政治环境，导致两国在经贸、交通、出海口等方面的合作经常受到政治因素的制约。地区形势的缓和、双边关系的改善，将有利于两国在各个领域的互利合作。

20世纪70年代末至80年代初，马拉维与赞比亚的关系有所改善。两国在多个场合进行过接触和谈判，这为两国关系的发展奠定了必要基础。赞比亚等国发起《卢萨卡宣言》，并成立“前线国家”，马拉维对此不够积极，态度也不够明朗。然而，南部非洲发展协调会议成立之时，马拉维已是该组织的成员国。马拉维同赞比亚等国在该组织内部进行合作，共同致力于该地区种族主义、经济发展等问题的解决。随着该地区政治形势的变化，马拉维同赞比亚的关系得到进一步改善。1982年，两国共同设立赞比亚—马拉维联合常设委员会（Zambia / Malawi Joint Permanent Commission），主要任务是探讨

① Carolyn McMaster. *Malawi—Foreign Policy and Development.* Julian Friedmann, p.148.

② Harvey J. Sindima. *Malawi's First Republic: An Economic and Political Analysis.* University Press of America, 2002, p.182.

③ Ibid, p.181.

双方共同关心的经贸、安全等方面的问题。20世纪80年代末，两国关系又被民主化浪潮联系在一起。赞比亚实行多党民主制之后，其境内的马拉维反对派成立了多个民主政治团体，并同马拉维境内的反对力量相结合，共同推进马拉维的政治民主化进程。1994年，班达总统的政治统治被推翻，两国关系迎来新的时期。

（二）20世纪90年代以来

20世纪90年代以来，随着两极格局的解体及国际冷战的结束，两国都已实现政治体制的转型，双边合作关系得到发展。两国都特别重视区域经济合作，包括经贸、电力、能源、交通走廊、出海口等方面。通过希雷河—赞比西河水运合作，赞比亚的货物通过两国的内河航道运输到莫桑比克的国际港口进行中转，在赞比亚出口贸易得到发展的同时，马拉维也获得关税和交通等方面的收入。两国还加强在坦赞铁路方面的合作，从马拉维境内修建北向通往坦赞铁路的支线，推进马拉维和赞比亚交通、贸易等方面的合作。2004年，马拉维、赞比亚、坦桑尼亚、莫桑比克共同启动了“姆特瓦拉发展走廊”计划。[①] 该计划主要是通过周边地区交通网的修建及连接，推进周边国家交通、信息、贸易等的发展，并借助坦桑尼亚的姆特瓦拉港进行出口贸易。其中，涉及两国的合作项目包括赞比亚向马拉维出口电力、连接两国的公路建设等。

早在2000年，赞比亚和马拉维就计划修建连接两国，并通往莫桑比克纳卡拉港的姆钦吉—奇帕塔铁路（Mchinji-Chipata Railway Line）。最终，两国获得了美国政府的贷款及美国跨国公司的设计方案。2006年，马拉维、赞比亚、莫桑比克三国决定重新启动“纳卡拉发展走廊”铁路项目。马拉维和赞比亚的姆钦吉—奇帕塔铁路是其重要组成部分。这条铁路将同莫桑比克的纳卡拉国际港口连通，来解决马拉维和赞比亚的出海口问题。同时，这也将极大地拉动周边国家交通、经贸等方面的发展。2007年，赞比亚和马拉维的两国领导人共同启动了姆钦吉—奇帕塔铁路项目。该铁路的总长27km，连接两国的边界城市姆钦吉和奇帕塔。这条铁路支线可以通往莫桑比克的纳卡拉国际港。若铁路

① 《非洲四国启动姆特瓦拉发展走廊计划》，新华网，2004年12月16日，http://news.xinhuanet.com/world/2004-12/16/content_2342369.htm，2015年3月30日。

修建成功，将会为赞比亚提供最近的出海港口，使该国的运输成本降低 55%。[①]同时，这条铁路将延长希雷河—赞比西河的水运，可以用于运输农产品、煤炭等商品，有助于两国经济的共同发展。

2009 年，马拉维和赞比亚两国政府就铁路对接问题的谈判进入实质性阶段，技术连接已经不存在任何问题。2010 年，赞比亚、马拉维、莫桑比克三国总统共同出席姆钦吉—奇帕塔铁路的建成和通车仪式。这条铁路是“纳卡拉发展走廊”的重要支线，能够打通周边国家的交通，便于货物、人员等的流通，也可以发挥纳卡拉港的重要作用。该铁路有利于促进地区经济的一体化，将使马拉维和赞比亚这两个内陆国家获得最近的出海口，以保障两国的国家安全和经济利益。2012 年，赞比亚同马拉维就姆钦吉—奇帕塔铁路的合作运营问题进行了商讨和谈判，两国还签署合作的备忘录。[②]

近年来，两国在联合打击烟草、粮食、木材等走私活动方面合作较多。烟草是马拉维外汇收入的主要来源。每年走私到赞比亚等周边国家的烟草，就给马拉维造成了巨大的经济损失。2015 年 3 月，马拉维与赞比亚两国官方人员密切配合，进行了联合打击烟草走私的活动。此外，两国在电力供应、能源开发、关税协商等方面也有密切合作。2015 年 8 月 11 日，马拉维和赞比亚签署了“电力互联协议”，两国在电力进出口方面进行合作。2017 年，第 15 届“赞比亚—马拉维联合常设委员会”召开，马拉维和赞比亚签署了“避免双重征税协定”，旨在促进两国之间的贸易和投资。同时，两国还签订了移民、旅游、农业、畜牧业、卫生、科技等方面的合作协议。[③]

二、马拉维与津巴布韦的关系

马拉维与津巴布韦的关系是随着津巴布韦国内政局变化而逐步向前发展的。两国的关系大致可以划分为两大阶段。

① 《赞比亚和马拉维总统启动姆钦吉—奇帕塔铁路项目》，中国铁路网，2007 年 8 月 30 日，http://www.railcn.net/international-railway/news/rail1864.html，2015 年 3 月 30 日。

② 《赞政府即将正式运营奇帕塔—姆钦吉铁路》，中国商务部网站，2012 年 4 月 16 日，http://www.mofcom.gov.cn/aarticle/i/jyjl/k/201204/20120408070935.html，2017 年 8 月 1 日。

③ 《赞比亚和马拉维签署避免双重征税协定》，中国商务部网站，2017 年 4 月 11 日，http://www.mofcom.gov.cn/article/i/jyjl/k/201704/20170402555685.shtml，2017 年 8 月 1 日。

（一）1964—1980 年

1963 年，英属中非联邦解体。1964 年，南罗得西亚组建了白人政府。1965 年，南罗得西亚总理伊安 · 史密斯（Ian Smith）单方面宣布脱离英国而独立，并改国名为“罗得西亚”。津巴布韦人民在津巴布韦人民联盟（Zimbabwe African People’s Union, ZAPU, 简称“人盟”）和津巴布韦民族联盟（Zimbabwe African National Union, ZANU, 简称“民盟”）的领导之下，进行了反殖民主义和反种族主义的长期斗争。1964—1980 年，包括英国、非洲国家、非洲统一组织、联合国等在内的国际社会对罗得西亚白人政权实行经济制裁，唯独非洲独立国家马拉维同罗得西亚白人政权保持密切关系，从中获得自身所需的安全保障和经济利益。马拉维与罗得西亚关系紧密，这同班达“现实主义”的外交路线及政策密不可分。

班达认为，对罗得西亚政权进行经济制裁毫无意义。这种对抗不仅没有必要，而且显得极为幼稚。罗得西亚同南非、莫桑比克的白人政权是密切合作的关系，它们可以彼此呼应，以缓解外部世界所施加的压力。他认为，非洲国家没有军事能力推翻罗得西亚这个强大的政权，英国是不可能推翻该政权的，苏联有这种军事能力，但解决不了罗得西亚的根本问题。因而，班达判断，罗得西亚政权将会存在很长一段时间。非洲国家很难改变罗得西亚存在的现实，能做的仅仅是道义上的谴责。唯有接触和谈判，才是解决问题的关键。同时，随着地区局势的发展变化，该问题最终会得到解决，他对此深信不疑。马拉维与罗得西亚的经贸关系密切，该国的进出口商品需在罗得西亚中转。班达认为，马拉维若同罗得西亚关系恶化，则会直接损害本国的经济利益。同时，制裁罗得西亚也会给本国经济造成致命性的打击。

维护本国的国家利益是马拉维外交的宗旨。因而，马拉维要处理好罗得西亚和国际社会之间政治博弈的关系。马拉维在对罗得西亚问题发表看法时，其外交言语使用要尤为慎重。若批评言语过重，罗得西亚必然会制裁马拉维。偶尔出现批评言辞，多是马拉维为减轻国际社会对其施加的压力而采取的手段。即便这样，很多非洲国家仍经常批评马拉维在此问题上优柔寡断，立场不明。1966 年以后，国际社会对罗得西亚政权进行经济制裁。马拉维尽管同意了制裁方案，但仍同罗得西亚政权保持经贸往来。马拉维的外交政策同班达个人密不可分。班达同罗得西亚白人政权维持合作关系，主要是基于以下 2 点原因。

第一，班达认为，罗得西亚政权不可能在短时间内被推翻，解决该问题的条件还不够成熟，马拉维没有必要去做毫无意义却损害本国国家利益的事。

1. 通过国际社会的政治施压和经济制裁是不可能推翻该政权的。

班达认为，国际社会的政治施压和经济制裁作用不大。罗得西亚政权的实力较强，它必然会一意孤行，不会因为政治压力而屈服、退让，放弃自身的政治权力。同时，南非、莫桑比克的白人政权也会给罗得西亚在政治、经济、军事等方面以大力支持，使其有足够信心继续维持政治统治。因此，生存方面，罗得西亚不存在问题。此外，罗得西亚的经济实力也不容忽视。它有着完备的工业体系和坚实的农业基础。英国、联合国等的经济制裁难以找到其软肋。期望经济制裁一夜之间就能起到奇迹般作用，那是不切实际的。[①] 经济制裁是需要较长时间才能对罗得西亚起到作用的。因此，罗得西亚政权将长期存在。同时，道德谴责在国际政治中起不到决定性的作用，非洲国家和非洲统一组织也拿不出任何有效的应对办法。

班达认为，马拉维参与制裁罗得西亚，不仅起不到效果，还将会给本国的国家安全和经济发展带来负面影响。况且，马拉维这个贫穷国家也没有对其进行经济制裁的足够资本。马拉维与罗得西亚的经济是相互依存的紧密关系，马拉维不可能任何时候都去追随宗主国英国，对罗得西亚进行全面的经济制裁。毫无疑问，那么做会给马拉维经济带来严重损害，将会危及马拉维自身的国家利益。

> 我们唯一可以追随英国的路线、追随英国的行动是给予其道义支持。因为，面对自己，我们要坦率和诚实，我们没有物质、经济或其他手段做任何事情……我想对自己、对我的国民、对外部世界诚实。
>
> ——1965 年 11 月 14 日班达总理面向全国的广播讲话 [②]

① Harvey J. Sindima. *Malawi's First Republic: An Economic and Political Analysis.* University Press of America, 2002, p.174.

② Ibid.

2. 通过军事手段解决罗得西亚问题只是个幻想而已。

班达认为，非洲国家之中没有可以同罗得西亚抗衡的军事强国，英国等西方大国不可能会为此诉诸武力，苏联等可能会有意识形态渗透的行动，但不可能单纯地帮助非洲国家解决罗得西亚问题。

（1）非洲独立国家没有能力发动对罗得西亚的战争。

许多非洲国家领袖，例如恩克鲁玛，就曾提出通过非洲独立国家发动对罗得西亚的战争解决该问题的见解。班达认为，非洲国家的军事干预是极其幼稚、可笑的。罗得西亚的军事实力强大，并且空军力量不可低估。若发动进攻，其军队可以在一个星期内占领整个东非和中非。[①] 此外，罗得西亚还有南非这个军事大国的鼎力支持。撒哈拉以南非洲地区还没有哪个独立国家具备那么强大的军事实力，能够同罗得西亚相抗衡。北非阿拉伯国家虽然有这样的实力，如埃及、利比亚、阿尔及利亚等，但他们难以到达这个地区。[②] 班达认为，若非洲国家真的发动对罗得西亚的战争，那么直接受到战争伤害的将会是周边国家。其中，就包括马拉维。因此，选择战争方式是极不明智的，是以卵击石。况且，这种想法也只是个幻想，根本无法实现。

（2）英国不可能发动对罗得西亚的战争。

许多非洲国家认为，解决罗得西亚问题是英国的责任。[③] 英国既然能够对罗得西亚进行经济制裁，反对这个白人种族主义政权，就极有可能会通过发动战争，废除罗得西亚宪法，进而解决这个问题。然而，班达认为，英国不可能会对罗得西亚动用武力。因为，罗得西亚的统治者及部分定居者是英国人、有英国血统的人或英国人的后裔，他们是不会自相残杀的。假如英国议会同意政府发动战争，这些军人来到罗得西亚后，也不可能同其“亲朋好友”在战场上进行厮杀。[④] 这是不符合基本常理的。因此，英国不可能通过武力解决该问题。

（3）苏联等有能力发动对罗得西亚的战争，但不会做出有损本国国家利益的事。

---

① Harvey J. Sindima. *Malawi's First Republic: An Economic and Political Analysis*. University Press of America, 2002, p.175.

② Ibid.

③ Carolyn McMaster. *Malawi–Foreign Policy and Development*. Julian Friedmann, 1974, p.114.

④ Harvey J. Sindima. *Malawi's First Republic: An Economic and Political Analysis*. University Press of America, 2002, p.175.

班达认为，苏联等有实力对罗得西亚动武，但在国际冷战的背景下，它们不可能轻易发动战争。因为，罗得西亚的统治者是西方人，苏联不可能因此同西方人、西方国家发生武力冲突。直接铲除罗得西亚政权，并不符合它的国家利益。假若苏联敢于冒险对罗得西亚动武，它也不会在事后轻易撤离，让非洲人真正自由地处理他们自己的事务。[①] 班达的现实考量，包含着对社会主义国家的敌视态度。同时，也有理性认识问题后的某种忧虑。

总之，班达认为，国际社会的政治施压和经济制裁不可能短期奏效，罗得西亚政权将会存在很长一段时间。因此，马拉维不可能完全同罗得西亚断绝关系，尤其是经济方面的往来。

第二，若马拉维同罗得西亚关系交恶，马拉维不仅会损失大量的经济利益，国家安全也会遭受威胁。

罗得西亚单方面宣布独立以后，马拉维继续同其保持合作关系，但这种关系难以捉摸，较为复杂。一方面，马拉维同罗得西亚有着极为紧密的经济关系，它不可能对罗得西亚进行经济制裁。另一方面，马拉维在经济方面依赖于英国，英国会向该国施加政治压力，要求其采取制裁行动。马拉维处在两者的夹缝中，承受着巨大的压力，需要进行利益平衡。这种选择往往都是根据国际形势的变化，随机应变地做出有利于本国的外交决策。马拉维不可能斩钉截铁地完全支持一方，而是要在两者之间游离，言语方面更为理性。因此，在经济制裁罗得西亚问题上，马拉维的态度较为模糊。

班达说："如果我现在同英国断绝外交关系，我将失去对威尔逊（Wilson，时任英国首相）的影响。"[②] 同时，若马拉维同罗得西亚保持亲密的外交关系，断绝同英国的外交关系，马拉维将会失去主要的财政援助。[③] 英国和罗得西亚对马拉维来讲都特别重要，马拉维的经济发展都依赖于它们。因此，在这个问题上，马拉维面临两难困境。英国提出对罗得西亚进行经济制裁获得联合国安理会授权后，班达才对罗得西亚发出制裁的言语。

马拉维同意制裁罗得西亚后，两国的进出口贸易受到严重影响，贸易总额

---

① T. David Williams. *Malawi: The Politics of Despair.* Cornell University Press, 1978, p.304.

② Carolyn McMaster. *Malawi—Foreign Policy and Development.* Julian Friedmann, 1974, p.115.

③ Ibid.

持续下跌。1965 年，马拉维从罗得西亚进口的商品占 36%，价值总额达 1486 万克瓦查（Kwacha）；1971 年，马拉维从罗得西亚进口的商品下降到 14.75%，总额为 1325 万克瓦查。[①] 马拉维同意进行经济制裁后，为此付出了惨痛的经济代价。1967 年 2 月 16 日，马拉维总统班达写信给联合国秘书长，表示该国将不会对罗得西亚进行经济制裁。因为，马拉维的糖和肉依赖于罗得西亚。[②] 马拉维在罗得西亚问题上较为理性和谨慎，没有严格落实国际社会的制裁方案，以免影响两国的政治关系和经济合作。

1967 年，人盟就向坦桑尼亚的《民族主义者报》（*The Nationalist*）提供消息，指出马拉维的制裁存在漏洞。[③] 马拉维贸易部长虽然对此进行否认，但随后的调查结果显示，其制裁确实存在漏洞。罗得西亚的烟草运往马拉维后，以“马拉维烟草”的标签出口到美国、日本、意大利等国，马拉维从中获得了大量经济利益。马拉维重视同罗得西亚的经贸合作，并依靠该国打通了至南非国际港口的出海口线路。1969 年，班达总统还曾建议将葡属东非洲的纳卡拉铁路延伸到罗得西亚境内。实际上，罗得西亚为马拉维货物的进出口提供了中转站。同时，罗得西亚被经济制裁时，马拉维经济从中获得了很多经济利益，尤其是罗得西亚的烟草贸易。

马拉维采取“现实主义”的外交策略，通过模棱两可的制裁态度维持同罗得西亚的关系，在英国和罗得西亚之间取得平衡，以确保本国的国家利益。面对局势的发展变化，马拉维也会随机应变，采取行动附和英国或调整与罗得西亚的关系。甚至某些时候，马拉维还会扮演国际社会与罗得西亚之间的“平衡者”或“调解者”的角色。班达特别推崇外交方式中的调解和谈判。他认为，国际政治的诸多问题完全可以和平解决。因此，马拉维主张通过“接触加谈判”，通过渐进式的和平途径，最终解决罗得西亚问题。

班达指出，面对罗得西亚的现实状况，罗得西亚不应建立像马拉维、赞比亚或坦桑尼亚那样全由非洲人进行统治的政府……未来的最佳方式是建立所有

---

① Carolyn McMaster. *Malawi—Foreign Policy and Development.* Julian Friedmann, 1974, p.117.

② Harvey J. Sindima. *Malawi's First Republic: An Economic and Political Analysis.* University Press of America, 2002, p.174.

③ Carolyn McMaster. *Malawi—Foreign Policy and Development.* Julian Friedmann, 1974, p.118.

人的政府。罗得西亚境内有许多欧洲人愿意同非洲人一起工作。[①] 实际上，班达希望罗得西亚各方能够相互妥协，达成共识。他并未给罗得西亚境内的人盟和民盟以支持，对于《卢萨卡宣言》和“前线国家”的各项主张，他的态度也不是很积极。因为，班达不想因此得罪罗得西亚政权。

（二）1980 年以来

1978 年，罗得西亚白人政府、人盟、民盟等签署协议，宣布成立临时政府。通过民主选举的和平途径，1980 年 4 月 18 日，津巴布韦宣布独立，并建立了津巴布韦共和国。卡南·巴纳纳（Canaan Banana）当选为津巴布韦共和国的首位总统。但他的当选只是形式上的，实权掌握在罗伯特·穆加贝手中。1987 年，穆加贝当选为总统。随后，他又实现 6 次连任。2017 年 11 月 15 日，津巴布韦军方采取行动，扣留了穆加贝总统。随后，执政党津巴布韦非洲民族联盟—爱国阵线（Zimbabwe African National Union – Patriotic Front, ZANU–PF）解除了其在党内的领导职务。11 月 22 日，穆加贝辞去总统职务，埃默森·姆南加古瓦（Emmerson Mnangagwa）被推选为新总统。[②]

20 世纪 80 年代，随着南部非洲地区形势的突变，马拉维积极参与南部非洲发展协调会议，开始加强同邻国的合作。1980 年是津巴布韦历史的转折点，也是马拉维与津巴布韦关系的拐点。自此，马拉维开始调整外交政策，以加强同津巴布韦的合作关系。马拉维在过去同罗得西亚政权保持密切关系，并未对津巴布韦的民族解放运动给予太大支持。因此，两国关系的改善需要有一个过程。1986 年，马拉维同津巴布韦共同设立联合常设委员会，专门处理两国关系中的重大问题。[③] 此外，两国高层之间的交流与合作逐渐加强。1986 年 5 月，津巴布韦总理穆加贝出访马拉维，两国签订了贸易、航空合作的总协定。[④] 1990 年 4 月，马拉维总统班达出席了津巴布韦独立 10 周年庆典。[⑤] 1991 年 8 月，津巴布韦总统穆加贝出访马拉维。[⑥]

---

① Carolyn McMaster. *Malawi—Foreign Policy and Development.* Julian Friedmann, 1974, pp.115-116.

② 张全:《“后穆加贝时代”，津巴布韦将走向何方》,《解放日报》2017 年 11 月 23 日。

③ 葛公尚:《万国博览 · 非洲卷》，新华出版社 1998 年版，第 645 页。

④ 世界知识年鉴编辑委员会:《1987 世界知识年鉴》，世界知识出版社 1987 年版，第 225 页。

⑤ 葛公尚:《万国博览 · 非洲卷》，新华出版社 1998 年版，第 645 页。

⑥ 世界知识年鉴编辑委员会:《1992/93 世界知识年鉴》，世界知识出版社 1993 年版，第 322 页。

1992 年，“南共体”成立后，两国在经贸、交通、能源、电力等领域的合作逐步展开。1994 年，穆卢齐当选为马拉维总统后不久，就出访了津巴布韦。两国重视在“南共体”框架下就粮食安全、经贸合作、交通建设等方面展开合作。2000 年开始，津巴布韦的“土地改革”得罪了西方国家，遭到这些国家的政治打压和经济制裁，该国经济逐渐走向崩溃，通货膨胀特别严重。西方国家还对津巴布韦的内政进行干涉，指责“独裁者”穆加贝在选举中舞弊，并打压该国的外交空间，对其进行外交封锁。穆卢齐总统执政时期，马拉维对此进行了持久的忍耐。[①] 2001 年，穆卢齐总统担任“南共体”轮值主席。他曾明确指出，“南共体”支持津巴布韦的“土地改革”，这涉及非洲人的权利及尊严，[②] 该国的改革也有可能会为非洲各国的土地改革提供经验。2003 年，穆卢齐总统卸任“南共体”主席后，仍积极参与调解津巴布韦危机。[③]

2004 年，宾古・瓦・穆塔里卡总统执政时期，马拉维声明将同穆加贝总统及津巴布韦人民站在一起，在所有的国际、地区问题上给予其支持。[④] 在西方国家的眼中，穆加贝领导下的津巴布韦是“暴政前哨国”（Outposts of Tyranny）。然而，马拉维与津巴布韦的关系较为密切。2006 年，马拉维同津巴布韦签订“双边贸易协定”。2005—2009 年，马拉维在与津巴布韦的贸易中出现顺差。2005—2007 年，马拉维设法提高了其对津巴布韦的出口，超过 800%。[⑤] 津巴布韦原先是马拉维最重要的贸易伙伴国。随着马拉维同赞比亚、莫桑比克、南非的合作关系的加强，马拉维从津巴布韦的进口商品必然会有所减少。这样，马拉维就能形成对津巴布韦的贸易顺差。

乔伊斯・班达总统执政时期，马拉维实行亲西方的外交政策，开始在各种场合疏远穆加贝总统，旨在取悦西方国家，并争取经济援助。然而，这并未影响到两国之间的经济合作。2012 年 10 月 30 日，马拉维同津巴布韦启动简

---

① Eugenio Njoloma. “A Study of Intra-African Relations: An Analysis of the Factors Informing the Foreign Policy of Malawi Towards Zimbabwe”. A Thesis for Master Degree, Rhodes University, 2010, p.2.

② 《南共体首脑呼吁加快解决津巴布韦土地改革问题》，新华网，2001 年 9 月 12 日，http://news.xinhuanet.com/news/20010912/858821.htm，2015 年 3 月 1 日。

③ 世界知识年鉴编辑委员会：《2004/2005 世界知识年鉴》，世界知识出版社 2005 年版，第 433 页。

④ Eugenio Njoloma. “A Study of Intra-African Relations: An Analysis of the Factors Informing the Foreign Policy of Malawi Towards Zimbabwe”. A Thesis for Master Degree, Rhodes University, 2010, p.2.

⑤ Ibid, p.56.

化贸易制度，旨在促使两国贸易的便利化。[①]2013 年 8 月 17 日，第 33 届“南共体”首脑会议召开，“南共体”轮值主席、马拉维总统乔伊斯·班达就曾指出，西方应该解除对津巴布韦的制裁，这在客观上有助于两国关系的发展。阿瑟·彼得·穆塔里卡执政以后，加强了同津巴布韦的全面合作。2015 年 4 月 10 日，马拉维与津巴布韦签署了一项合作备忘录，两国将在旅游开发和推广方面进行合作。[②] 此外，阿瑟·彼得·穆塔里卡还曾表示，要加强同津巴布韦在矿业开发、交通运输等领域的广泛合作。

第二节　马拉维与坦桑尼亚、莫桑比克的关系

马拉维同坦桑尼亚、莫桑比克的关系特别密切。地理位置方面，这 3 个国家环绕在马拉维湖的周围，共同占有马拉维湖的主权。同时，作为沿海国家的坦桑尼亚、莫桑比克有着优良的国际港口，马拉维东向印度洋的出海口安全依赖于这两个国家的国际港口，包括达累斯萨拉姆港、姆特瓦拉港、贝拉港、纳卡拉港等。马拉维对莫桑比克的国际港口依赖更多。冷战期间，马拉维同坦桑尼亚在意识形态、外交路线、领土争端等问题上相互对立，导致马、坦两国关系逐渐恶化。坦桑尼亚同赞比亚关系密切，马拉维同坦桑尼亚的关系类似于该国同赞比亚的关系，故马拉维同两国的关系都是敌对关系。

1975 年前，马拉维同葡属东非洲关系密切。葡萄牙当局不仅给予马拉维经济援助，而且帮助其修建通往港口的公路、铁路。这样，马拉维就确保了出海口安全。1975 年，莫桑比克独立以后，马拉维开始加强同莫桑比克政府的合作关系。后来，“莫抵运”使得两国关系较为复杂，南非也开始挑拨马拉维同莫桑比克政府与反政府武装之间的关系，导致两国关系出现紧张局面。通过外交接触和谈判，两国关系得到改善。莫桑比克内战也给马拉维带来了负面影响。连接出海口的铁路被“莫抵运”破坏后，马拉维的整个经济遭受重创。莫桑比克难民涌入马拉维境内，也给该国带来不少社会问题。

---

① 《津巴布韦和马拉维启动简化贸易制度》，中国商务部网站，2012 年 11 月 5 日，http://www.mofcom.gov.cn/aarticle/i/jyjl/k/201211/20121108449993.html，2015 年 3 月 1 日。

② 《马拉维与津巴布韦合作进行旅游开发》，中国驻马拉维大使馆经商参处网站，2015 年 4 月 14 日，http://malawi.mofcom.gov.cn/article/jmxw/201504/20150400946212.shtml，2016 年 4 月 14 日。

20 世纪 90 年代以来，马拉维同坦桑尼亚、莫桑比克在经贸、交通、出海口等方面的合作日益增多。马拉维、坦桑尼亚、莫桑比克也积极参与区域经济合作，推进“姆特瓦拉发展走廊”“纳卡拉发展走廊”等项目的建设。关于三国共有的马拉维湖边界划分问题，马拉维同莫桑比克在该湖东南部的边界问题早在 1954 年就已经解决。[①] 然而，马拉维同坦桑尼亚在该湖东北部的边界仍未划定。2012 年，两国围绕该湖的边界争端逐步升级，导致两国的政治关系恶化，并影响到双方在经贸、交通等领域的合作。马拉维同坦桑尼亚、莫桑比克的关系特别重要，该国的经济发展离不开这两个沿海邻国的国际港口。

一、马拉维与坦桑尼亚的关系

1964 年，坦噶尼喀和桑给巴尔（Zanzibar）合并为联合共和国。同年，更名为“坦桑尼亚联合共和国”，尼雷尔任该国的开国总统。马拉维同坦桑尼亚的关系大致可以划分为 2 个时期。

（一）冷战时期

马拉维建国后不久，该国国内就爆发了“内阁危机”。最终，班达在政治博弈中取胜，内阁部长们则逃往赞比亚、坦桑尼亚等周边国家进行政治避难。班达奉行“现实主义”外交路线，而内阁部长们同坦桑尼亚等非洲国家、非洲统一组织一样，倡导“泛非主义”外交路线。这两种外交路线是完全对立的。马拉维的 3 位内阁部长逃至坦桑尼亚，并获得该国的政治庇护和相应支持，这引起马拉维方面的不满。两国在马拉维的“叛逃阁员”、马拉维湖的边界争端、经贸和出海口合作等方面存在诸多问题，导致两国关系特别紧张，并逐步走向恶化。赞比亚和坦桑尼亚的关系特别友好，外交路线也都保持一致。因此，马拉维同坦桑尼亚的关系与马拉维同赞比亚的关系是极其相似的。20 世纪 80 年代开始，随着国际环境和地区形势逐步明朗，马拉维同坦桑尼亚的政治关系逐渐改善，并在边界问题、经贸合作等方面达成诸多共识。冷战时期，马拉维与坦桑尼亚关系恶化主要表现在以下 4 个方面。

---

① United States of America, Department of State. “Malawi-Mozambique Boundary”. *International Boundary Study,* 1971(112).

1. 两国的外交路线、意识形态是完全对立的。

坦桑尼亚和赞比亚关系密切，政治立场、外交路线保持一致，两国都支持非洲统一组织的各项决议，奉行“泛非主义”外交路线。马拉维“叛逃阁员”同这两个国家也持相同的政治立场，倡导“泛非主义”外交路线。意识形态方面，坦桑尼亚和赞比亚实行社会主义制度，都站在社会主义阵营一边。坦桑尼亚和赞比亚在政治、外交等方面的政策较为相似。因此，马拉维同这两个国家的外交关系也没有太大差别。政治方面，班达认为马拉维没有走资本主义道路，而是第三条道路，但该国站在西方阵营一边，同社会主义国家相对抗。加之，班达本人对社会主义极为厌恶，导致马拉维同坦桑尼亚的关系紧张。外交方面，马拉维奉行“现实主义”外交路线，这同坦桑尼亚的“泛非主义”外交路线相悖，尤其是同南非、葡萄牙白人政府的关系方面，两国的外交政策完全不同。①

马拉维同西方国家、津巴布韦、莫桑比克、南非的关系密切，并获得了它们的经济援助，也保障了本国的出海口安全。坦桑尼亚同赞比亚、中国等社会主义国家的关系特别友好，这给厌恶社会主义国家的班达带来不安。马拉维方面担心坦桑尼亚、赞比亚会在苏联、中国的大力支持下，在该地区进行意识形态方面的渗透。尼雷尔总统曾在公开场合多次向班达施压，要求其调整外交路线，采取大多数非洲国家、非洲统一组织所主张的激进的、反殖民主义的外交政策，这令班达极为恼火和不满。班达认为，马拉维是主权国家，具有独立确定外交政策的权力，其他国家无权干涉。包括坦桑尼亚在内的其他非洲国家领导人认为，马拉维的外交路线是民族利己主义的，甚至有的非洲国家领导人还贬斥班达为“白人的帮凶”或“非洲大陆的毒瘤”。

外交路线和意识形态方面的对立，导致马拉维和坦桑尼亚的政治关系紧张，并在其他因素的共同作用之下，逐步走向恶化。

> 遗憾的是，我们和马拉维在对待葡萄牙关系方面是不同的。马拉维政府将葡萄牙人看作朋友。然而，其他非洲人都知道，葡萄牙人、南非布尔人和罗得西亚是非洲和非洲人的敌人。这不仅是马拉维和坦

① Harvey J. Sindima. *Malawi's First Republic: An Economic and Political Analysis.* University Press of America, 2002, p.179.

桑尼亚，也是马拉维和整个非洲外交政策的不同之处。

——1965 年坦桑尼亚总统尼雷尔在新年致辞中的讲话[①]

2. 坦桑尼亚境内的马拉维“叛逃阁员”问题。

马拉维“内阁危机”结束以后，有 3 位内阁部长逃到邻国坦桑尼亚，他们分别是契尔瓦、卡尼亚马・丘梅和契西萨。其中，契彭贝尔是途经坦桑尼亚，最后前往美国定居。[②] 坦桑尼亚政府给予这些流亡人员政治庇护，他们在坦桑尼亚境内还可以工作。后来，这些人员在坦桑尼亚境内指责班达的政治统治，还组建政治流亡团体马拉维社会主义者劳动党（Malawi Socialist Labour Party, MSLP）和马拉维共和军（Malawi Republican Army, MRA）。[③] 甚至，部分政治流亡人员还重返马拉维国内，从事反对班达威权统治的活动。这些政治异己势力的存在，令班达感到不安。同时，也给马拉维的国家安全和政治稳定带来威胁。

马拉维“叛逃阁员”问题还导致两国的新闻媒介相互攻击，并抹黑和丑化对方国家的领袖形象。1964 年 10 月 15 日，坦桑尼亚的《民族主义者报》发表题为《关于班达的真相及其破坏马拉维的独立》的文章，对班达个人及其政治统治进行攻击。[④] 坦桑尼亚政府后来澄清，这并非坦桑尼亚官方的说法，但仍引起班达的怀疑。他认为，坦桑尼亚政府有意支持这些政治流亡人士，让这些异己分子重返国内，进而推翻其在马拉维的政治统治。班达的猜测和误解，令两国的政治关系更为紧张。班达为了消除顾虑，竟采取越境暗杀、绑架回国等手段对这些人员进行打击。这种秘密的越境活动令坦桑尼亚极为不满，导致两国难以实现政治互信。

此外，班达、马拉维的媒体和电台等也对尼雷尔总统进行攻击和指责。班达认为，尼雷尔只是坦桑尼亚的傀儡，实权掌握在该国的外交部部长，即马拉维“叛逃阁员”卡尼亚马・丘梅的好友奥斯卡・坎伯纳（Oscar Kambona）手

① Carolyn McMaster. *Malawi—Foreign Policy and Development.* Julian Friedmann, 1974, p.137.

② Colin Baker. *Revolt of the Ministers: The Malawi Cabinet Crisis, 1964–1965.* I.B. Tauris, 2001, p.274.

③ 葛公尚：《万国博览・非洲卷》，新华出版社 1998 年版，第 631 页。

④ Harvey J. Sindima. *Malawi's First Republic: An Economic and Political Analysis.* University Press of America, 2002, p.179.

中。[①] 毫无疑问，这样的人身攻击并不利于两国关系的改善。尼雷尔总统也曾试图通过双边部长级会谈和交换信件的方式，邀请班达参加东非国家首脑会议，借此为两国的紧张关系进行降温。然而，两国关系的改善，缺乏有利的国际环境和缓和的政治气氛。

根据我们对所有人的庇护政策，马拉维的 3 位前部长已被允许入境，这方面没有反对意见。如果他们愿意，他们将待在这里，也能工作。但政府并不支持他们或其他避难者利用我们的善意，从事一些政治或其他活动反对马拉维政府。

——1964 年 10 月，坦桑尼亚政府阐明其对马拉维前部长的庇护政策[②]

坦桑尼亚的真正统治者……不是尼雷尔，而是坎伯纳……坎伯纳在 3 年前、2 年前使尼雷尔成为傀儡。他现在是坦桑尼亚的统治者。这也是丘梅想对我做的……丘梅在我国没能成功。我拒绝成为傀儡……我不是，我不是。

——1965 年 9 月，班达总理对坦桑尼亚收容马拉维“叛逃人员”的讲话[③]

3. 马拉维湖的边界争端问题。

马拉维湖的边界争端是殖民时期的历史遗留问题。[④] 马拉维和莫桑比克围绕该湖东南部的边界问题早已得到解决。1954 年，英国和葡萄牙这两个宗主国就此问题达成共识，并签署了相应的文件。[⑤] 然而，马拉维和坦桑尼亚在该湖东北部的边界问题未能得到解决。1964 年，马拉维独立以后，班达就对整

① Harvey J. Sindima. *Malawi's First Republic: An Economic and Political Analysis.* University Press of America, 2002, p.179.

② Ibid.

③ Ibid.

④ 关于马拉维湖边界争端问题的历史演变及未来可能的走向，参见武涛：《马拉维湖的边界争端问题探析》,《亚非纵横》2014 年第 2 期。

⑤ United States of America, Department of State. “Malawi-Mozambique Boundary”. *International Boundary Study,* 1971(112).

个马拉维湖提出主权要求。后来，班达更是提出要将领土面积恢复到马拉维联盟时期的疆域。

这种领土扩张主义的言辞，更像是受到当时周边政治气氛的影响之后，班达个人情绪的宣泄或虚张声势的提法。班达提出这样的领土诉求后，遭到包括坦桑尼亚在内的周边国家的坚决反对和强烈谴责。马拉维和坦桑尼亚独立以后，两国的政治关系紧张，马拉维湖东北部的边界问题这才逐步受到两国的高度重视。1967 年，两国围绕该湖的边界争端问题正式浮现。[①] 班达总统认为，马拉维湖东北部的整个湖面都属于本国，两国的边界应以该湖的湖岸为界，马拉维享有整个湖面的主权。坦桑尼亚则认为，两国的边界应以该湖东北部湖面的中间线进行划分。两国都认为各自的主张有历史事实及国际法作为依据。[②]

1968 年 9 月 26 日，坦桑尼亚副总统拉希迪·卡瓦瓦（Rashidi Kawawa）在群众游行中指出，班达总统之所以敢提出这样的领土诉求，是因为得到了南非、罗得西亚、葡萄牙的支持。[③] 两国的边界争端问题同彼此之间的政治对立密切相关。[④] 这两个问题交织到一起，使得边界争端问题更为复杂。班达曾经明确提出，两国边界谈判的前提条件是先解决该国的“叛逃阁员”问题。这种提议遭到坦桑尼亚方面的严词拒绝。实际上，两国政治方面的猜忌和敌视，打破了原本可以通过外交谈判手段解决该问题的基础。20 世纪 60 年代末，两国还在边界上相互监视，防止对方有军事挑衅的举动。70 年代初，两国的政治气氛特别紧张，极有可能爆发军事冲突。[⑤]

20 世纪 70 年代末，两国的政治敌对关系有所缓和，双方开始在边界问题上进行接触和谈判。1978 年，两国还就领土争端问题，进行过多次协商和实地勘测，[⑥] 这奠定了两国就此问题进行和平谈判的基础。1981 年，两国在坦桑

---

① Harvey J. Sindima. *Malawi's First Republic: An Economic and Political Analysis.* University Press of America, 2002, p.180.

② 武涛：《马拉维湖的边界争端问题探析》，《亚非纵横》2014 年第 2 期，第 26—28 页。

③［埃及］布特罗斯·加利著，仓友衡译：《非洲边界争端》，商务印书馆 1979 年版，第 21—22 页。

④ James Mayall. "The Malawi-Tanzania Boundary Dispute". *The Journal of Modern African Studies*, 1973, 11(4), p.611.

⑤ Finnigan Wa Simbeye. "Dar es Salaam Warns On Lake Nyasa Dispute". AllAfrica, August 7, 2012 [2014-12-13]. http://allafrica.com/stories/201208070236.html.

⑥ 陆庭恩、彭坤元：《非洲通史：现代卷》，华东师范大学出版社 1995 年版，第 591 页。

尼亚举行部长级会议，达成解决领土争端问题的初步协议。[①]20 世纪 90 年代初，两国在马拉维湖的渔业资源、航行自由、旅游开发等方面时常出现冲突，但没有导致两国关系的直接对抗。该问题要想得到圆满解决，有待两国关系进一步改善。

4. 出海口合作方面难以开展。

马拉维是个内陆国家，需要通过沿海邻国的国际港口进行货物中转，以保障本国商品的出海口安全。坦桑尼亚是东非地区的沿海国家，有坦噶（Tanga，位于该国的北部）、达累斯萨拉姆（中部）、姆特瓦拉（南部）3 个优良的国际港口。[②] 其中，达累斯萨拉姆和姆特瓦拉离马拉维较近，是马拉维出海口的可能选择。1964 年，班达还曾同内阁成员讨论通过连接达累斯萨拉姆港的铁路，来解决该国出海口问题的可能性。[③] 由于马拉维国内政局的变化及马拉维同坦桑尼亚关系的恶化，这个北向的出海口路线方案被废止。马拉维曾同赞比亚商讨通过两国交通运输领域的合作，使两国的铁路和公路同达累斯萨拉姆港实现连通，进而解决两个内陆国家的出海口问题。后来，马拉维和赞比亚在线路的选择上出现分歧。马拉维考虑更多的是本国的利益，加上它与赞比亚、坦桑尼亚的关系恶化，这 3 个国家的出海口合作方案被废止。马拉维最终选择放弃北向印度洋的出海口，主要有以下 3 个方面的原因：

第一，马拉维与坦桑尼亚的关系恶化，导致两国的出海口合作难以开展；

第二，通往达累斯萨拉姆港的铁路或公路线路太长，且该港在吞吐能力、货物通关等方面未必有优势；

第三，相比而言，莫桑比克的贝拉港和纳卡拉港离马拉维更近，更便捷。这也是马拉维在外交方面靠向葡属东非洲的主要原因。

坦赞铁路开通后，马拉维也曾希望同坦桑尼亚、赞比亚进行合作，修建北向通往坦赞铁路的支线，将本国及赞比亚的货物运到达累斯萨拉姆港进行出口。由于坦赞铁路的运量有限、成本较高等，该方案被暂缓考虑。20 世纪 80 年代，随着两国关系的逐步改善，马拉维开始重视同坦桑尼亚进行出海口合作，将

① 顾章义：《非洲国家边界问题初探》，《西亚非洲》1984 年第 3 期，第 25 页。

② [英]莱恩·贝里主编，南京大学地理系非洲地理组译：《坦桑尼亚图志》，商务印书馆 1975 年版，第 196—201 页。

③ T. David Williams. *Malawi: The Politics of Despair.* Cornell University Press, 1978, p.302.

达累斯萨拉姆港作为其北向的出海口。1989 年，马拉维和坦桑尼亚进行合作，共同建设从马拉维通往坦桑尼亚达累斯萨拉姆港的“北方发展走廊”。

20 世纪 60—70 年代，由于种种原因，马拉维同坦桑尼亚的关系交恶，两国在各领域的合作难以开展。1980 年，津巴布韦取得独立后，南部非洲地区的政治形势发生重大变化。马拉维顺应历史潮流，开始在外交方面回归非洲，并积极参与南部非洲地区的一体化。马拉维同坦桑尼亚的关系也逐步改善。两国特别重视在双边、多边场合的交流和合作。1983 年 5 月，马拉维同坦桑尼亚签订“航空协议”。同年 8 月，两国又签署修建公路的协议。[①]1985 年，马拉维同坦桑尼亚建立外交关系。[②]1989 年，坦桑尼亚总统姆维尼（Mwinyi）出访马拉维，并出席该国的独立庆典。[③] 同年，两国加强“北方发展走廊”建设，旨在帮助两国实现经贸合作，并解决马拉维北向印度洋的出海口问题。

（二）20 世纪 90 年代以来

20 世纪 90 年代以来，马拉维与坦桑尼亚的关系得到快速发展。两国在政治、经济、出海口、地区事务等方面合作广泛。两国在和平解决马拉维湖边界问题方面也曾达成过共识。这个时期，两国关系主要体现在以下 2 个方面。

1. 政治、经济和出海口合作。

20 世纪 90 年代以来，马拉维和坦桑尼亚的合作关系得到进一步发展。政治方面，1991 年，马拉维总统班达对坦桑尼亚进行了国事访问。[④]1992 年，坦桑尼亚第二副总统出访马拉维，双方签署了“引渡协议”。[⑤] 这为两国相关问题的解决，提供了法律基础。1994 年和 1995 年，马拉维、坦桑尼亚分别举行首次多党民主选举，实现了各自民主政治体制转型。此后，两国高层之间互访频繁，并在地区和国际事务方面合作广泛。经济方面，两国在经贸、能源、电力、交通等领域的合作较多。出海口合作则是其中的重要体现。

马拉维和坦桑尼亚有“北方发展走廊”的合作项目。西方国家和国际组织

① 世界知识年鉴编辑委员会：《1984 世界知识年鉴》，世界知识出版社 1984 年版，第 154 页。

② Owen J. M. Kalinga, Cynthia A. Crosby. *Historical Dictionary of Malawi.* Scarecrow Press, 2001, Chronology xxix.

③ 世界知识年鉴编辑委员会：《1990/91 世界知识年鉴》，世界知识出版社 1991 年版，第 341 页。

④ 世界知识年鉴编辑委员会：《1992/93 世界知识年鉴》，世界知识出版社 1993 年版，第 322 页。

⑤ 世界知识年鉴编辑委员会：《1993/94 世界知识年鉴》，世界知识出版社 1994 年版，第 314 页。

曾对该项目提供过经济援助。1992 年，“北方发展走廊”项目竣工，推进了两国在经贸领域的合作。1998 年，马拉维、坦桑尼亚、赞比亚和莫桑比克开始筹划“姆特瓦拉发展走廊”计划，旨在通过交通、电力、通信等的建设，推进周边国家之间的经济合作。2004 年，四国领导人签署合作协议，正式启动“姆特瓦拉发展走廊”计划。该项目的投资高达 26 亿美元，主要包括：姆特瓦拉至马拉维湖边的石油管道，赞比亚至马拉维、坦桑尼亚的电力输送，连接赞比亚、马拉维、坦桑尼亚的公路等。① 马拉维 44% 的燃油进口依赖达累斯萨拉姆和姆贝亚（Mbeya）通往该国的输油管道。② 近年来，两国在输油管道建设方面也有诸多合作。

马拉维与坦桑尼亚的经贸和出海口合作，也可以同中国“21 世纪海上丝绸之路”建设进行对接。近年来，中国重视同东非、南部非洲沿海国家进行经贸合作，并认为这些非洲国家是“海上丝绸之路的历史和自然延伸”。中国同坦桑尼亚在国际港口、铁路、公路、输油管道等方面的合作较多。这为马拉维与坦桑尼亚的经贸和出海口合作提供了有利条件。2013 年，中国与坦桑尼亚签署合作备忘录，在达累斯萨拉姆西北方向的巴加莫约（Bagamoyo）建造非洲最大港口，项目投资达到 100 亿美元。巴加莫约经济特区被誉为“非洲的深圳”，作为港口城市，其未来经济发展的潜力较大，将会影响马拉维等周边国家。巴加莫约港口建成后，集装箱年吞吐能力将达到 2000 万箱，将使马拉维等东南非内陆国家从中受益。③2015 年 10 月 16 日，坦桑尼亚巴加莫约港建设项目正式启动。马拉维与坦桑尼亚的经贸合作，可以搭乘中国“21 世纪海上丝绸之路”建设的“便车”，将双边合作扩展为多边合作，以实现合作共赢和共同发展。

2. 马拉维湖的边界争端问题。

20 世纪 90 年代以来，马拉维和坦桑尼亚在马拉维湖的捕鱼权、自由航行等方面时常发生冲突。两国关系的改善，为该问题的解决创造了良好的政治氛围。2010 年，马拉维和坦桑尼亚共同设立“联合专家委员会”（Joint Committee

---

① 《非洲四国启动姆特瓦拉发展走廊计划》，新华网，2004 年 12 月 16 日，http://news.xinhuanet.com/world/2004-12/16/content_2342369.htm，2015 年 3 月 30 日。

② 夏新华、顾荣新：《列国志 · 马拉维》，社会科学文献出版社 2006 年版，第 133 页。

③ 《外媒关注中国在坦桑尼亚建非洲最大港口》，参考消息网，2013 年 4 月 10 日，http://finance.cankaoxiaoxi.com/2013/0410/190813.shtml，2015 年 4 月 1 日。

of Experts）。该委员会在解决马拉维湖边界争端时，坚持两点原则：一是彼此信任，公开透明；二是兼顾两国的利益。最后，经过两国相关人员的协商和谈判，由委员会制定出解决该问题的路线图法律文件。①2010年，坦桑尼亚总理平达（Pinda）表示，坦桑尼亚和马拉维已就此问题的解决达成基本共识。两国将通过和平谈判、国际机制解决该问题，但这需要很长时间。②

然而，不久之后，马拉维湖的油气资源争夺，导致两国边界争端问题升级，破坏了两国前期合作的基础。2011年，马拉维单方面给予英国石油公司油气开采权，地点正好位于两国的边界争议地区。坦桑尼亚对此表示极为愤慨和坚决反对，并通过外交途径，进行抗议和警告。2012年8月，英国石油公司受权飞机进入争议地区，进行高空勘探湖底资源的活动。坦桑尼亚方面谴责马拉维的单边行动，指责其行为侵犯了本国主权，也破坏了两国达成的共识。坦桑尼亚要求马拉维立即停止入侵活动，并通过调集兵力、运送粮食等给予马拉维军事恐吓。马拉维总统乔伊斯·班达表示要同国家共存亡，③来捍卫本国的领土主权和国家尊严。她极力谴责坦桑尼亚的军事挑衅，并称这将损害两国关系和地区和平。两国领土争端问题升级后，政治关系逐步恶化，各领域的合作也受到影响。

2012年8月14日，“南共体”呼吁两国保持忍耐、理智和克制，通过和平途径、外交手段解决该问题。④同年8月18日，第32届“南共体”首脑会议上，各国元首还就该问题进行过专门商讨。2013年6月，“南共体”制定出解决该问题的路线图方案。⑤2013年7月，莫桑比克和南非的前领导人还在两国中间施展“穿梭外交”，进行外交调解和斡旋。通过双边谈判、多边调解，两国都在寻求该问题的最终解决方案。截至2017年，两国就此问题的双边谈判进展缓慢，在“南共体”框架下的调解也未见成效。同时，两国还经常就此

① “Tanzania, Malawi Meet over Border” [2014-12-13]. http://www.dailynews.co.tz/home/?n=13039.

② Faraja Jube. “Tanzania: Discussions to Solve Malawi Border Conflict Soon”(2010-02-04)[2015-04-01]. http://allafrica.com/stories/201002050139.html.

③ Alvar Mwakyusa. “Tanzania: Banda Says Ready to Die for” (2012-08-13) [2014-12-13]. http://allafrica.com/stories/201208130130.html.

④ 《南共体呼吁马拉维和坦桑理智解决分歧》，新华网，2012年8月15日，http://news.xinhuanet.com/2012-08/15/c_112725901.htm，2015年4月1日。

⑤ Rex Chikoko. “SADC Seeks Solution to Malawi-Tanzania Border Dispute”[2014-12-13]. http://www.africanewswire.net/story.php?title=sadc-seeks-solution-to-malawi-tanzania-border-dispute.

问题相互指责，这直接影响两国关系的正常发展。马拉维和坦桑尼亚就此问题的解决还需要进一步观察。

二、马拉维与莫桑比克的关系

马拉维与莫桑比克的关系特别密切。这是因为，马拉维东向印度洋的出海口主要依靠莫桑比克的贝拉港和纳卡拉港。马拉维和莫桑比克在地理位置上十分接近，加上莫桑比克有着优良的国际港口，因此，内陆国家的马拉维特别重视两国的合作关系。早在殖民时期，英国和葡萄牙两个殖民宗主国就于 1890 年签订了有关出海口合作方面的协定，并于 1950 年通过《贝拉协定》(*Beira Convention*) 进行再次确认。[①] 签订出海口的合作协定，并不意味着马拉维的出海口安全就能得到保障。它的落实要靠道德，而非法律。联合国大会在商讨经贸问题时，也曾指出，内陆国家有自由通向海洋的权利。[②] 然而，内陆国家的出海口问题经常会受到沿海国家内政、周边关系等的影响。

马拉维是南部非洲地区的内陆国家，其地理位置的局限性导致该国长期依赖莫桑比克的国际港口。班达曾对莫桑比克等周边国家提出领土要求，要将该国领土恢复到马拉维联盟时期的疆域。当时，马拉维联盟的国力和疆域已经辐射到东南非沿岸。班达的话语也能反映出，他想通过领土诉求的途径，为本国争取到出海港口。独立初期，马拉维奉行亲近葡萄牙白人政权的“现实主义”外交，主要是由于马拉维无出海口，[③] 该国不得不同控制着贝拉港的葡萄牙人打交道。[④] 葡属东非洲的国际港口可以解决马拉维的出海口问题。实际上，马拉维同莫桑比克的关系始终围绕着出海口和经贸活动展开。马拉维的对外贸易在很大程度上取决于同莫桑比克的协定。[⑤] 当然，两国在合作过程中也会有不

---

① Harvey J. Sindima. *Malawi's First Republic: An Economic and Political Analysis.* University Press of America, 2002, p.171.

② Carolyn McMaster. *Malawi—Foreign Policy and Development.* Julian Friedmann, 1974, pp.119-120.

③ Harvey J. Sindima. *Malawi's First Republic: An Economic and Political Analysis.* University Press of America, 2002, p.171.

④ [英] 约翰 · G. 派克著，史一竹译：《马拉维政治经济史》，商务印书馆 1973 年版，第 252 页。

⑤ [南非] 斯万齐 · 阿格纽、[美] 迈克尔 · 斯塔布斯主编，开封师范学院地理系译：《马拉维地图集》，河南人民出版社 1977 年版，第 7 页。

少矛盾和冲突。

葡属东非洲时期，马拉维同葡萄牙白人政府当局保持着密切关系。马拉维获得了葡萄牙当局的经济援助。同时，葡萄牙还帮助马拉维修建了通往纳卡拉港的公路和铁路。因此，马拉维的出海口安全就得到了保障。然而，对于莫桑比克的民族解放运动及“莫解阵”，马拉维没有给予物质援助或道义支持。因为马拉维不想因此惹来麻烦，破坏其与葡萄牙当局的关系，损害本国的国家利益。

1974 年，葡萄牙的殖民统治结束，莫桑比克过渡政府成立。1975 年，莫桑比克宣告独立，成立莫桑比克人民共和国。此时，马拉维开始调整本国的外交政策，加强同莫桑比克新政府的合作。1976 年，该国的反政府组织“莫抵运”成立。“莫抵运”长期从事反政府军事活动，直至 1992 年，该组织才与莫政府签订了“和平协议”。在此期间，马拉维同莫桑比克政府和反政府武装的关系错综复杂。莫桑比克政府曾指责马拉维方面支持“莫抵运”，并威胁将关闭边界口岸，切断其出海口。加上南非在其中挑拨离间，致使两国关系遭受损害。莫桑比克内战期间，“莫抵运”毁坏了铁路、公路等交通运输线，致使马拉维货物进出受到严重影响。随之而来的大量难民的渗入，也给马拉维带来了不少社会问题。

1994 年，马拉维和莫桑比克都实现了民主政治体制的转型。此后，两国在经贸、交通、出海口等方面的合作更为密切。早在 1994 年，“莫抵运”就成为莫桑比克的合法政党，并且是第二大反对党。然而，近年来，“莫抵运”与莫政府之间冲突不断，也给马拉维与莫桑比克的合作关系带来了负面影响。

（一）1964—1974 年

1964 年，马拉维取得国家独立。班达理性地认识到，马拉维外交必须立足本国国情，首先解决出海口安全问题。马拉维不得不与葡萄牙人打交道，这是因为马拉维没有出海口，[①] 要依靠葡属东非洲的国际港口进行货物中转。班达曾公开表示，非洲大陆的完全解放是迟早的事。马拉维只能量力而行，不能为此牺牲国家利益。由于缺乏出海口，沿海国家的国内政治和周边地区的国际关系直接影响着马拉维的外交决策。最终，班达确立了亲白人政权的“现实主

① Harvey J. Sindima. *Malawi's First Republic: An Economic and Political Analysis.* University Press of America, 2002, p.171.

义”外交政策，同葡属东非洲白人政府关系密切。

> 关于殖民主义问题，马拉维是最为不幸的非洲国家。它受到无法控制的环境的压力，被迫与葡属东非洲打交道。没有人比我对此更感到遗憾。
>
> ——1964年12月班达在联大关于马拉维与葡萄牙关系的发言[①]

1. 同葡属东非洲白人政府的关系。

1966年，班达总统曾对议会公开表示，他在过去3年同葡属东非洲当局就连接两国的铁路问题进行过多次私下协商，并在1965年得到对方的肯定答复。实际上，马拉维很早就同葡萄牙当局商讨贸易协定的细节内容。班达坚持认为，若对马拉维人民有利，他也愿意同“魔鬼”达成协定。[②]1965年以后，马拉维同葡萄牙签订了一系列协定，内容包括布兰太尔至贝拉的航线，通往葡属东非洲入海口的纳卡拉铁路，允许葡萄牙的商业银行、石油公司等资本进入马拉维境内。[③]1969年12月，葡属东非洲总督曾对马拉维进行过为期8天的访问，重点商讨了纳卡拉铁路的扩建问题，并就经贸领域的合作展开过交流。

1970年，班达总统向议会通告，葡萄牙政府已经同意借给马拉维250万英镑，用于修建该国边界连通到葡属东非洲的公路。这是葡萄牙政府首次借款给撒哈拉以南非洲国家。[④]1970年，连接马拉维边界与葡属东非洲纳卡拉港的新铁路开通，全长1126km。[⑤]1971年，班达总统对葡属东非洲进行了为期3天的访问。[⑥] 葡萄牙方面曾经怀疑马拉维暗中支持“莫解阵”的活动，后来马拉维政府对此予以澄清，打消了葡萄牙方面的过多顾虑。葡萄牙当局的军队还曾越界进入马拉维境内，抓捕“莫解阵”的成员。马拉维政府则假装不知，并未

---

① Harvey J. Sindima. *Malawi's First Republic: An Economic and Political Analysis.* University Press of America, 2002, p.171.

② T. David Williams. *Malawi, The Politics of Despair.* Cornell University Press, 1978, p.215.

③ Harvey J. Sindima. *Malawi's First Republic: An Economic and Political Analysis.* University Press of America, 2002, p.171.

④ Ibid, p.172.

⑤ [南非]斯万齐・阿格纽、[美]迈克尔・斯塔布斯主编，开封师范学院地理系译：《马拉维地图集》，河南人民出版社1977年版，第7页。

⑥ Carolyn McMaster. *Malawi—Foreign Policy and Development.* Julian Friedmann, 1974, p.126.

对这种入侵行为进行严厉谴责。马拉维与葡属东非洲有着密切的合作关系。这样，该国的出海口安全才得到保障，经贸合作才得以推进。相比而言，同样是内陆国家的邻国赞比亚，曾因长期对抗周边地区的白人政权，遭到罗得西亚、南非、葡属东非洲的围堵和封锁，国家安全和发展面临诸多问题。

2. 同“莫解阵”的关系。

为了凝聚成为团结统一的政治力量，共同反抗葡萄牙的殖民统治，1962年，葡属东非洲境内的3个民族主义政治团体合并成为“莫解阵”。[①]1964—1974年，“莫解阵”曾以坦桑尼亚为基地，长期从事民族解放运动。其他非洲国家曾给予“莫解阵”物质、道义方面的支持。苏联、古巴等不仅给予其武器、物资等方面援助，而且还派遣军事顾问，帮助其培训军队，教授作战经验。然而，马拉维没有给予“莫解阵”以同情和支持，反倒是同葡萄牙当局保持密切关系。马拉维的民族利己主义行为，遭到其他非洲国家的普遍谴责，更引起“莫解阵”的强烈不满。

1965年，战争已经扩展到葡属东非洲的尼亚撒省，并扩展到马拉维湖一带。[②]由于两国边界都是尼昂加人，这就造成大量难民涌入马拉维境内。起初，马拉维同意为难民提供避难场所，并允许“莫解阵”进行探视，其还可从难民中征召战士。1965年，马拉维同葡萄牙当局达成协议后，就不允许“莫解阵”战士从马拉维边界进入葡属东非洲。[③]马拉维亲近葡萄牙殖民当局，禁止“莫解阵”人员重返葡属东非洲，导致其与“莫解阵”关系恶化。同时，马拉维政府还谴责“莫解阵”人员隐藏在该国境内，并从马拉维边界越境发起军事行动。因为，这在表面上让马拉维背上了其“帮凶”的罪名，使其受到葡萄牙白人政府的指责，令其同葡萄牙当局的关系紧张。此外，“莫解阵”发动的军事行动，经常导致葡属东非洲的交通线瘫痪，直接影响到马拉维的出海口安全。

> 我们需要澄清的是，马拉维决不允许自己被当作诱饵。如果任何

---

① Korwa Gombe Adar, Rok Ajulu. *Globalization and Emerging Trends in African States' Foreign Policy-Making Process: A Comparative Perspective of Southern Africa*. Ashgate Publishing Company, 2002, p.118.

② [美]理查德·吉布逊著，复旦大学国际政治系编译组译：《非洲解放运动：当代反对白人少数统治的斗争》，上海人民出版社1975年版，第390页。

③ Harvey J. Sindima. *Malawi's First Republic: An Economic and Political Analysis*. University Press of America, 2002, p.172.

国家想对抗南部非洲地区的白人政权，他们应该公开地进行。他们不要站在马拉维的背后做这些……如果他们这样做，我们将认为这是故意的，并对其采取强有力的行动。无论这些自由战士天真与否，他们进入马拉维将会被立刻解除武装。如果他们反抗，马拉维将对其诉诸武力。如果一些国家或组织试图干涉，马拉维将运用它所掌握的所有武力来保护自己……

——1971 年 12 月 3 日马拉维总统班达的讲话[①]

1974 年，葡萄牙发生军事政变。葡萄牙新政府同“莫解阵”进行谈判后，双方于 9 月签署《卢萨卡协定》。葡萄牙新政府勉强同意“莫解阵”的独立要求，但要经过 9 个月的过渡时期。[②] 莫桑比克过渡政府就此正式成立，“莫解阵”借此巩固了其权力。

（二）1975—1994 年

1975 年 6 月 25 日，莫桑比克宣告独立。[③] 莫桑比克政局发生变化后，马拉维调整了其与葡萄牙、莫桑比克政府、“莫解阵”的关系。1976 年初，莫桑比克的反政府武装“莫抵运”成立，从事了长达 16 年的反政府军事活动。莫桑比克新政府成立以后，给南非的种族主义政权带来不少压力，南非白人政府对此感到极为不安。通过支持莫桑比克的反政府武装，南非方面维护了其在该地区的利益。面对局势的突然变化，为了维护本国国家利益，马拉维开始加强同莫桑比克新政府在政治、经济、外交、出海口等领域的合作。南非则对马拉维的背叛行为进行了惩罚，在其通往南非的出海口方面进行限制。同时，利用莫桑比克的反政府武装问题，挑拨马拉维同莫桑比克政府之间的关系。

1981 年 7 月 1 日，马拉维同莫桑比克建立外交关系。[④]1982 年开始，莫桑比克政府对马拉维持怀疑态度，认为其支持该国境内的反政府武装“莫抵运”。1983 年，莫桑比克派代表团参加马拉维国民大会党的年会。1984 年，莫桑比

---

① Harvey J. Sindima. *Malawi's First Republic: An Economic and Political Analysis*. University Press of America, 2002, p.172.

② Korwa Gombe Adar, Rok Ajulu. *Globalization and Emerging Trends in African States' Foreign Policy-Making Process: A Comparative Perspective of Southern Africa*. Ashgate Publishing Company, 2002, p.118.

③ Ibid.

④ 世界知识年鉴编辑委员会：《1982 世界知识年鉴》，世界知识出版社 1982 年版，第 313 页。

克总统萨莫拉（Samora）出访马拉维。同年，两国签订“合作总协定”，成立联合委员会，处理两国关系中的重大问题。[①]1986年，莫桑比克指责马拉维支持其境内的反政府武装“莫抵运”，并威胁如若继续，莫桑比克将关闭两国的边界，封锁其东向印度洋最近的出海口。同年，两国签署“安全防御协定”，旨在加强两国在打击“莫抵运”方面的合作。同时，改善两国之间的关系。

1987年，马拉维军队进驻莫桑比克境内，任务是保护纳卡拉沿线铁路，确保马拉维的出海口安全。1988年7月，莫桑比克总统希萨诺（Chissano）对马拉维进行国事访问，[②]并就两国共同关心的问题进行了探讨。同年9月，马拉维的布兰太尔与莫桑比克的贝拉港结为友好城市。[③]莫桑比克内战期间，大量难民涌入马拉维境内，[④]使其成为两国关系中的重大问题。1988年12月，两国和联合国难民署（United Nations High Commissioner for Refugees, UNHCR）签署共同协议，鼓励马拉维境内的莫桑比克难民重返本国。[⑤]据统计，1985—1995年，马拉维方面收容的莫桑比克难民达到100多万人，这给马拉维经济造成很大压力，但该国也获得了很多国际援助。[⑥]

1990年，纳卡拉铁路重新开通，[⑦]两国在经贸和出海口方面继续加强合作。1992年，莫桑比克政府同“莫抵运”签署“和平协议”，莫桑比克内战结束。这为两国的经贸合作奠定了重要基础。同年，两国加强通往贝拉港的贸易合作，并重新开放了“太特发展走廊”（Tete Development Corridor）。1993年，马拉维军队撤出莫桑比克的铁路沿线，改由联合国维和部队进驻，进而实现了莫桑比克政局的和平过渡。莫桑比克内战期间，由于通往贝拉港和纳卡拉港的铁路和公路遭到破坏，马拉维的对外贸易遭受重大损失，不得不向更加偏远的南非和坦桑尼亚支付更多的费用。20世纪90年代以来，通往莫桑比克国际港口的铁路和

① 葛公尚：《万国博览·非洲卷》，新华出版社1998年版，第645页。

② 夏新华、顾荣新：《列国志·马拉维》，社会科学文献出版社2006年版，第252页。

③ 世界知识年鉴编辑委员会：《1989/90世界知识年鉴》，世界知识出版社1990年版，第342页。

④ Harri Englund. *From War to Peace on the Mozambique-Malawi Borderland.* Edinburgh University Press for the International African Institute, 2002.

⑤ 葛公尚：《万国博览·非洲卷》，新华出版社1998年版，第645页。

⑥ International Business Publications. *Malawi Foreign Policy and Government Guide*. International Business Publications, 2004, p.75.

⑦ Vuyisani Moss. *Economic Integration in Southern Arica: Role of Transport Corridors Towards Promoting Broader Regional Economic Cooperation in Southern Africa.* VDM Verlag, 2010, p.49.

公路逐渐得到恢复，但进展速度比较缓慢，直接影响到两国贸易的开展。

（三）1994 年以来

1994 年，马拉维和莫桑比克都已实现民主政治体制的转型。同年，马拉维总统穆卢齐对莫桑比克进行了国事访问。1999 年，莫桑比克总统希萨诺出席了马拉维总统穆卢齐的就职仪式。除了政治交往以外，马拉维和莫桑比克还重视交通、电力、能源、通信、出海口、灾害救助等方面的合作。例如，2000 年，莫桑比克出现洪水灾害，马拉维空军紧急出动，拯救了 1000 多个灾民。① 同年，两国达成铝矿和电力合作的协议。②20 世纪 90 年代以来，经济合作成为南部非洲国家的共同追求。借助周边地区的稳定环境，在“南共体”、非洲联盟等多边框架下，两国还重点加强经贸、交通、出海口等方面的合作。

莫桑比克有三大国际港口，即马普托（Maputo, 该国沿海的南部）、贝拉（中部）和纳卡拉（北部）。马拉维的进出口贸易主要依靠莫桑比克的贝拉港和纳卡拉港进行货物中转。因此，通往这 2 个国际港口的交通运输线就显得特别重要。20 世纪 90 年代以来，在“南共体”的大力推动下，在世界银行、非洲发展银行等的贷款援助下，马拉维、莫桑比克等周边国家重点建设的项目包括“北方发展走廊”“贝拉发展走廊”“纳卡拉发展走廊”“太特发展走廊”“马普托发展走廊”等。这些项目涉及公路、铁路、输油管道、水运、航空等的建设及维护，旨在通过交通运输网和经济带的建设，实现沿海港口和内陆腹地的经济互动，带动周边地区经贸、电力、能源等的发展，推动南部非洲地区的经济一体化。

1996 年 6 月，马拉维和莫桑比克曾对“纳卡拉发展走廊”的铁路支线进行过升级和改造。③2004 年，马拉维、莫桑比克、赞比亚和坦桑尼亚共同签署“北方发展走廊”协议，旨在加强彼此在交通、经贸、能源、电力等方面的合作。④2009 年 6 月，非洲发展银行提供 1.81 亿美元的贷款，用于“纳卡拉发展走廊”的项目建设。⑤2014 年 7 月 31 日，非洲发展银行提供 7000 万美元的贷

① Amy Mckenna. *The History of Southern Africa*. Rosen Education Service, 2011, p.107.

② 世界知识年鉴编辑委员会：《2001/2002 世界知识年鉴》，世界知识出版社 2002 年版，第 459 页。

③ Vuyisani Moss. *Economic Integration in Southern Arica: Role of Transport Corridors Towards Promoting Broader Regional Economic Cooperation in Southern Africa*. VDM Verlag, 2010, p.49.

④ 世界知识年鉴编辑委员会：《2005/2006 世界知识年鉴》，世界知识出版社 2006 年，第 445 页。

⑤《非发行批准向马拉维、莫桑比克发放 1.81 亿美元贷款》，中国商务部网站，2009 年 6 月 30 日，http://www.mofcom.gov.cn/aarticle/i/jyjl/k/200906/20090606366909.html，2014 年 12 月 20 日。

款，用于“纳卡拉公路走廊”第4期项目。[①] 2015年4月，马拉维、莫桑比克和赞比亚三国政府启动“纳卡拉公路走廊”第4期项目。2016年1月5日，非洲发展银行提供3亿美元资金，用于纳卡拉铁路和港口建设，旨在推动马拉维、莫桑比克等国的经济合作及其一体化。

马拉维与莫桑比克在发展走廊建设的过程中，重视输油管道、电力输送等方面的合作。2014年，马拉维90%以上的石油依赖于莫桑比克贝拉港和纳卡拉港的油罐车运输，其余的则依赖于坦桑尼亚达累斯萨拉姆输入。[②] 因而，马拉维计划修建连通贝拉港的输油管道，以解决本国的能源安全问题。2016年，马拉维石油进口量的70%依靠莫桑比克贝拉港和纳卡拉港，30%则从坦桑尼亚达累斯萨拉姆输入。[③] 近年来，莫桑比克政府与“莫抵运”的冲突再起，导致马拉维的能源安全受到威胁。同时，马拉维的出海口安全也受到莫桑比克内政的影响。电力资源输送方面，两国也有项目合作。2016年，马拉维与莫桑比克决定重新设计电力互联方案，两年后两国将实现电力互联。

马拉维与莫桑比克的经贸和出海口合作，也可以对接中国政府提出的“一带一路”倡议。2016年年初，中国外交部部长王毅出访马拉维、毛里求斯、莫桑比克、纳米比亚，目的是推动南部非洲国家参与“21世纪海上丝绸之路”建设。中国已将莫桑比克作为“21世纪海上丝绸之路”的自然延伸地带。[④] 近年来，中国企业同莫桑比克在公路、桥梁、港口、海洋经济、临港工业区等方面合作广泛。马拉维、莫桑比克均可以参与中国的“21世纪海上丝绸之路”建设。这样，就能将南部非洲内陆腹地、莫桑比克沿海港口城市、印度洋海上交通线串联起来，推动地区经济的整合与世界经济的融合，实现各方的互利共赢和共同发展，更好地促进马拉维与莫桑比克两国关系的发展。

---

① 《马拉维同非洲发展银行签署逾1亿美元的援助协议》，中国商务部网站，2014年8月1日，http://www.mofcom.gov.cn/article/i/jyjl/k/201408/20140800683636.shtml，2014年12月20日。

② 《马拉维计划修建跨国输油管道》，中国驻马拉维大使馆经商参处网站，2014年5月1日，http://www.mofcom.gov.cn/article/i/jyjl/k/201405/20140500569905.shtml，2014年12月20日。

③ 《马石油进口商公司莫桑比克贝拉线路燃油运输量减半》，中国驻马拉维大使馆经商参处网站，2016年10月24日，http://malawi.mofcom.gov.cn/article/jmxw/201610/20161001482204.shtml，2017年4月1日。

④ 《王毅：加强中国与莫桑比克产能、农业、和平安全合作》，中国外交部网站，2016年2月3日，http://www.fmprc.gov.cn/web/wjbzhd/t1337849.shtml，2017年4月1日。

第三节 马拉维与南非的关系

马拉维同南非的关系特别紧密，两国也是全方位的合作伙伴。殖民时期，马拉维的政治精英同非洲国家站在一起，追随“泛非主义”政治浪潮，坚决反对南非的种族隔离制度。1964 年，马拉维独立以后，班达根据本国的国情，逐渐确立起“现实主义”外交政策，同南非白人种族主义政权关系密切。马拉维独具特色的“现实主义”外交政策，同非洲统一组织倡导的“泛非主义”外交路线完全对立，受到其他非洲独立国家的谴责和孤立。马拉维与南非白人政府的关系密切，并且是第一个同南非种族主义政权建立外交关系的撒哈拉以南非洲国家。两国的亲密关系主要体现在援助、经贸和出海口等方面的合作上。建交以后，南非给予马拉维经济援助，帮助该国实现迁都至利隆圭、修建通往纳卡拉港的铁路等，并为该国货物中转提供了出海口。

冷战时期，马拉维和南非在外交方面互有需求。20 世纪 80 年代，随着莫桑比克和津巴布韦分别取得独立，南部非洲地区的白人种族主义政权遭到沉重打击。为了重返非洲国家的怀抱，马拉维开始调整本国的外交政策，加强同周边国家的合作，尤其是同莫桑比克的合作。马拉维的“背叛行为”遭到南非的严厉惩罚。例如，南非利用“莫抵运”问题，挑拨马拉维与莫桑比克政府的关系；南非的国际港口对马拉维商品进行经济制裁；等等。在此阶段，马拉维同南非保持着合作关系，但两国时常会出现一些摩擦。

1994 年，南非举行首次不分种族的大选。最终，纳尔逊·曼德拉（Nelson Mandela）当选为南非首任黑人总统。这标志着南非种族隔离制度[①]（Apartheid）的结束，民主、平等的新南非诞生。同年，马拉维举行首次多党民主选举，实现了政治体制的转变。因而，1994 年是两国关系走向新时期的重要起点。马拉维和南非既注重双边合作，也重视“南共体”框架下的合作。随着全球化进程的日益加快，南非这个南部非洲经济的“火车头”作用将更加明显，马拉维与南非的合作关系也会得到持续推进。

① 关于南非的“种族隔离制度”，参见夏吉生：《南非种族关系探析汇编》，华东师范大学出版社 1996 年版。

一、1964—1980 年

1964 年，班达开始奉行“现实主义”外交政策，同南非的白人种族主义政权关系密切。两国都有各自的利益考量。独立以后，马拉维要解决该国的出海口和经济发展问题。毫无疑问，南非具有明显的优势，可以帮助马拉维解决这两大问题。同时，南非实行“种族隔离制度”，受到国际社会的政治压力和经济制裁，急需周边国家的理解和支持。马拉维可以扮演地区政治力量“平衡者”的角色，作为南非抗衡赞比亚、坦桑尼亚等国的前沿阵地。最终，马拉维和南非实现了利益交换，确立了合作伙伴关系。随着地区政治形势的发展变化，尤其是莫桑比克和津巴布韦的分别独立，南非的白人政权遭受沉重打击。同时，马拉维“现实主义”外交政策也在不断地进行着调整。这从马拉维对待《卢萨卡宣言》、“前线国家”等的态度转变中就能体现出来。20 世纪 80 年代以前，马拉维与南非的合作关系主要体现在 3 个方面。

（一）政治方面

马拉维对待南非的外交政策迥异于其他非洲国家。该国采取的是亲白人种族主义政权的“现实主义”外交政策。班达认为，解决南非种族主义问题的关键不在于“孤立与制裁”，而是要通过“接触与对话”的和平途径来解决。他认为，交流和谈判是解决冲突问题的正确选项，暴力或武力只会给对方留下仇恨，最终问题也得不到解决。建国初期，班达基于对国家利益的整体考量，对外奉行“现实主义”外交政策，同南非白人政权保持着亲密的合作关系。他始终从本国国情出发考虑外交问题，国家利益是该国外交的出发点和归宿。

> 如果我们要解决南部非洲地区的种族主义问题……我们必须开启对话。我们必须相互出访对方国家……今天，明天，下周，下个月，明年，五年，十年，甚至二十年，问题不一定能够解决。但是，相信我，我真诚地、坚定地认为，这是解决我们问题的唯一办法……
>
> ——1970 年班达总统谈论马拉维亲近南非的原因[①]

① Harvey J. Sindima. *Malawi's First Republic: An Economic and Political Analysis.* University Press of America, 2002, p.178.

1967年，马拉维与南非建立大使级外交关系。[①] 马拉维也因此成为首个同南非种族主义政权建交的撒哈拉以南非洲国家。由于南非的种族主义盛行，考虑到黑人大使在南非公共场合可能会遭受歧视或怠慢，马拉维政府灵活地派出一名白人担任首位驻南非大使。[②] 其余的驻南非外交官，则均由黑人担任。1970年，南非总理沃斯特（Vorster）出访马拉维。1971年，马拉维总统班达回访南非，成为撒哈拉以南非洲国家中首位访问南非的国家元首。[③]1972年，南非总统福歇（Fouche）访问马拉维。建交以后，两国的首脑、议会、部长等的互访和交流较为频繁。

> 只要对国家有利、符合马拉维人民的利益，就是魔鬼我也要与它打交道、签订条约。
>
> ——班达总统表达马拉维与南非建交的坚定立场[④]

（二）经济方面

马拉维和南非的经济联系较为紧密，主要表现在援助、投资和经贸等领域。1965年，马拉维和南非的两家公司签订蔗糖方面的合作协议。1966年，南非的非固定大使曾两次前往马拉维，重点商讨两国的“贸易协定”问题。1967年3月，马拉维派出高级代表团出访南非，两国最终签署“双边贸易协定”。[⑤] 该贸易协定的内容包括16个部分，详细规定了双边的经贸活动。[⑥] 由于马拉维的剩余劳动力资源丰富，两国还签订有“劳工协定”。该协议保障了马拉维劳工的合法权益，客观上也有利于其外汇收入的增加。

在马拉维发展项目的预算方面，南非曾经提供过资金援助。1968年5月，南非向马拉维提供460万英镑的贷款，用于马拉维新首都的建设。随后，南非

---

① Owen J. M. Kalinga, Cynthia A. Crosby. *Historical Dictionary of Malawi.* Scarecrow Press, 2001, Chronology xxviii.

② 葛佶：《南非：富饶而多难的土地》，世界知识出版社1994年版，第269页。

③ 沐涛：《南非对外关系研究》，华东师范大学出版社2003年版，第107页。

④ 葛公尚：《万国博览·非洲卷》，新华出版社1998年版，第645页。

⑤ Harvey J. Sindima. *Malawi's First Republic: An Economic and Political Analysis.* University Press of America, 2002, p.176.

⑥ "Malawi and South Africa: Trade Agreement". *International Legal Materials*, 1968,7(4), pp.757-758.

提供资金援助，帮助马拉维修建纳卡拉铁路的支线。1970年7月，纳卡拉铁路支线建成通车，南非还派遣人员出席铁路的开通仪式。[①]1968年11月，班达总统出访南非，鼓励南非对马拉维进行私人投资。特别是在消费品生产和旅馆建设方面。[②] 此外，班达总统还期待南非投资本国的矿产开采。

马拉维向南非出口的商品主要包括烟草、茶叶、棉花等农副产品，还包括剩余劳动力。1964年底，南非矿厂中的马拉维劳工为35693人。1971年底，劳工人数达90000人。[③] 由此可见，两国在经贸、劳动力等方面的合作较为密切（见表4-1、表4-2）。1975年，运送马拉维劳工前往南非的飞机失事。此后，班达总统决定不再向南非运送劳工。[④] 实际上，这同当年莫桑比克的独立密切有关。班达总统是想调整马拉维与莫桑比克的关系，以减少对南非的过度依赖。此外，两国还在旅游业、农业、银行、金融等方面有过交流和合作。

表4-1 1964—1973年南非在马拉维进出口总额中所占的百分比[⑤]

（单位：%）

年份（年）	从南非的进口额占总进口额的百分比	对南非的出口额占总出口额的百分比
1964	6	5
1965	5	4
1966	7	3
1967	8	3
1968	11	5
1969	14	3
1970	13	4
1971	11	5
1972	12	6
1973	18	5

① Harvey J. Sindima. *Malawi's First Republic: An Economic and Political Analysis.* University Press of America, 2002, p.177.

② Carolyn McMaster. *Malawi—Foreign Policy and Development.* Julian Friedmann, 1974, p.103.

③ Ibid, pp.100-101.

④ 葛佶、何丽儿、杨立华、孙耀楣：《南部非洲动乱的根源》，世界知识出版社1989年版，第208页。

⑤ T. David Williams. *Malawi: The Politics of Despair.* Cornell University Press, 1978, p.294.

表 4-2 1964—1974 年马拉维流动劳工的外汇收入[①]

（单位：百万克瓦查）

年份（年）	1964	1966	1968	1970	1971	1972	1973	1974
总收入	3.2	4.3	4.3	9.0	11.5	12.8	21.1	30.9
来自南非的收入	2.3	3.0	3.5	7.8	10.5	12.0	19.4	29.7

（三）军事方面

马拉维和南非虽然没有签订“军事同盟条约”，但两国的军事交流和军事合作较为密切。南非总理沃斯特曾提出两国军事合作的两种可能形式：一是在发生任何袭击马拉维的情况下，南非，可能还有葡萄牙，同意为班达总统提供军事支持。[②]马拉维的叛乱部长们或他们的追随者可能会从坦桑尼亚或赞比亚发动这样的袭击。二是马拉维建设新首都利隆圭，南非为其提供财政援助，获得将利隆圭用作空军基地的权利。[③]马拉维在南部非洲地区的战略地位较为重要，它是西方国家在该地区对抗社会主义国家的前沿阵地，也是南非在种族主义问题上对抗周边国家的重要帮手，因为马拉维主张同南非进行接触和谈判。

南部非洲地区各种政治力量相互博弈，马拉维经常起着“缓冲地带”的作用。南非可以利用马拉维，缓解周边国家给其施加的压力。南非重视同马拉维的军事合作，甚至还会对其进行军事支持。建国初期，马拉维敢于向周边国家提出领土诉求，很大程度上是因为得到了南非的军事支持。1971 年，马拉维总统班达出访南非时，同南非签订了“军事协议”。根据该协议，南非为马拉维第二步枪营提供军事装备，并进行军事培训。[④]南非给予马拉维军事援助，也有控制马拉维政权、将其视为“棋子”的战略考量。南非训练的安保部队曾给马拉维国家安全带来不少隐患，令班达总统极为不满，并感到担忧。因此，马拉维在同南非进行军事合作的过程中，也有顾虑和警惕。

---

① T. David Williams. *Malawi: The Politics of Despair.* Cornell University Press, 1978, p.296.

② Carolyn McMaster. *Malawi—Foreign Policy and Development.* Julian Friedmann, 1974, p.106.

③ Ibid, p.107.

④ Harvey J. Sindima. *Malawi's First Republic: An Economic and Political Analysis.* University Press of America, 2002, p.178.

二、1980—1994 年

20 世纪 80 年代至 90 年代初，马拉维与南非继续保持合作关系。例如，1980 年，南非曾向马拉维提供 970 万克瓦查的借款。[①] 此时，马拉维开始重视同周边国家的合作关系，积极参与南部非洲发展协调会议，以减少对南非的过度依赖。面对周边地区政治形势的变化，南非白人政府面临诸多挑战。南非通过“莫抵运”问题制造地区矛盾，挑拨马拉维同莫桑比克政府之间的关系，最大限度地维护了本国的国家利益。然而，马拉维外交因此背负了更多的压力。两国关系虽然存在一些问题，但并未阻断两国在经贸、出海口等方面的合作。

1980 年，南部非洲发展协调会议召开，马拉维曾参与该组织的创建过程。1981 年，南部非洲发展协调会议在马拉维的布兰太尔举行。马拉维交通运输部长进行了热情洋溢的大会总结。他明确指出，该国将加强同南部非洲其他国家的经贸合作。实际上，该组织是区域内国家为摆脱对南非的经济依赖而成立的。因此，大会召开时，还特意邀请了南非驻马拉维参赞，以免引起南非方面的不满或抗议。然而，这仍然让南非政府感到愤慨，并对马拉维的言行极为恼怒。南非的《金融邮报》(*Financial Mail*) 就曾鼓动政府对马拉维方面的言行进行制裁，关闭该国的出海口，给其经济以致命一击。[②]

马拉维原本想疏远南非，加强同其他邻国的经贸合作，尤其是同莫桑比克在出海口、经贸等方面的合作。然而，南非软硬兼施，迫使马拉维不得不向其寻求帮助，以强化两国的合作关系。1982 年起，南非指使“莫抵运”攻击马拉维至贝拉港的交通运输线，使马拉维的农产品出口运输费增长了 2—3 倍。1984 年，南非又鼓动“莫抵运”攻击马拉维至纳卡拉港的铁路，致使马拉维损失 1 亿克瓦查。[③] 此外，南非还迫使马拉维为“莫抵运”提供基地，这令马拉维同莫桑比克政府的关系恶化。南非的挑拨、经济制裁等，给马拉维外交带来不少难题。由此可见，南非并不能容忍马拉维解除依附关系、重返撒哈拉以南非洲国

---

① 沐涛：《南非对外关系研究》，华东师范大学出版社 2003 年版，第 97 页。

② 葛佶、何丽儿、杨立华、孙耀楣：《南部非洲动乱的根源》，世界知识出版社 1989 年版，第 209 页。

③ 同上。

家怀抱的做法，而是通过恩威并用的各种手段，极力维护两国的传统关系。

马拉维的经济发展是难以摆脱南非的。两国签订有“劳工协定”。马拉维每年到南非务工的人数都能保持在1万多人。1984年，马拉维与南非签订“运输协定”，马拉维借此获得进出口货物降低运输费的待遇。1984年4月，南非外交部部长出访马拉维。1985年12月，南非外交部副部长访问马拉维。[①]1988年9月，南非总统博塔（Botta）访问马拉维。[②]两国开始加强在交通、贸易、教育、安全、卫生等方面的合作。1989年6月，南非经济事务部部长及副部长出访马拉维。1989年，南非成为马拉维第二大贸易进口伙伴。1990年，南非成为马拉维最大的商品进出口国。[③]1990年8月，南非总统德克勒克（De Klerk）出访马拉维。两国签署了“贸易协定”，马拉维的烟草、茶叶、棉花、蔗糖等商品可以免关税进入南非。此外，两国还签署了“航空协定”。1990年9月，两国恢复通航。[④]1992年，南非非洲人国民大会（African National Congress, ANC）主席纳尔逊·曼德拉还访问了马拉维。

20世纪90年代初，面对国际环境和地区形势的变化，两国的经贸合作依然保持着持久的活力。马拉维参与南部非洲发展协调会议，并加强同周边国家的经贸合作。然而，马拉维不可能脱离南非而独自发展，它需要南非的国际港口进行进出口货物的中转。同时，南非也需要马拉维的人力、资源、市场等。1992年，“南共体”成立。两国可以在“南共体”框架下，进一步推进两国在经贸、交通等领域的合作，全面提升两国的合作伙伴关系。

三、1994年以来

1994年，马拉维举行首次多党民主选举，穆卢齐当选为总统。同年，南非也举行首次不分种族的总统大选，纳尔逊·曼德拉当选为该国总统。南非的种族隔离制度被废除后，两国关系迎来新的历史时期。随着全球化进程的日益加快，南非逐渐成为地区经济的“领头羊”，两国的合作关系也在不断推

① 世界知识年鉴编辑委员会:《1987世界知识年鉴》，世界知识出版社1987年版，第225页。
② 世界知识年鉴编辑委员会:《1989/90世界知识年鉴》，世界知识出版社1990年版，第342页。
③ 夏新华、顾荣新:《列国志·马拉维》，社会科学文献出版社2006年版，第249页。
④ 世界知识年鉴编辑委员会:《1992/93世界知识年鉴》，世界知识出版社1993年版，第320页。

进。1994 年，南非对马拉维的出口总额为 6.22044 亿兰特；进口总额为 1.85221 亿兰特。1995 年，南非对马拉维的出口总额为 6.63979 亿兰特；进口总额为 2.06651 亿兰特。[①] 1998 年，马拉维总统穆卢齐出访南非，重点探讨两国在经贸、投资、交通等领域的合作。1999 年，两国的贸易总额为 3.21 亿美元。其中，马拉维向南非的出口总额为 740 万美元；从南非的进口总额为 2.47 亿美元。[②] 此外，两国还通过非洲联盟、"南共体"等多边场合，就政治、经济、交通、电力、安全等方面的合作进行过交流，在客观上推进了两国关系的发展。

21 世纪以来，南非仍然是马拉维重要的贸易合作伙伴。马拉维和南非是全天候的合作伙伴，签有"贸易协定""航空协定"等。两国的合作领域包括经贸、投资、农业、矿产、旅游、交通、卫生等。近年来，两国的经贸数据显示，南非在马拉维经济发展中占据重要地位。2000 年，马拉维对南非的出口额为 4060 万美元，占其出口总额的 10.5%，列第 3 位；马拉维从南非的进口额为 2.602 亿美元，占其进口总额的 46.3%，列第 1 位。[③] 2010 年，马拉维对南非的出口额为 6730 万美元，占其出口总额的 6.7%，列第 5 位；马拉维从南非的进口额为 4.88 亿美元，占其进口总额的 37.9%，列第 1 位。[④] 2012 年，马拉维对南非的出口额为 6850 万美元，占其出口总额的 6.3%，列第 4 位；马拉维从南非的进口额为 4.437 亿美元，占其进口总额的 26.8%，列第 1 位。[⑤] 由此可见，马拉维所需的商品长期依靠从南非进口。当然，马拉维也向南非出口烟草、茶叶、棉花等经济作物。

近年来，两国重视私营企业之间的合作。2009 年，南非 Gondo 资源公司对马拉维姆兰杰（Mulanje）地区的铝土矿资源进行过可行性研究。[⑥] 同年，南非 Thuthuka 公司为马拉维铌矿的开发项目提供过 1060 万美元的投资。[⑦] 2012

---

① Jim Broderick, Gary Burford, Gordon freer. *South Africa's Foreign Policy: Dilemmas of a New Democracy.* Palgrave Macmillan, 2001, p.59.

② 世界知识年鉴编辑委员会：《2001/2002 世界知识年鉴》，世界知识出版社 2002 年版，第 459 页。

③ IHS Global Insight. *Country Intelligence: Report Malawi.* IHS Global Insight, June 1, 2012, p.12.

④ Ibid, pp.11-12.

⑤ IHS Global Insight. *Country Intelligence: Report Malawi.* IHS Global Insight, June 4, 2013, p.10.

⑥《南非 Gondo 资源公司拟开发马拉维铝土矿》，中铝网，2009 年 1 月 16 日，http://news.cnal.com/enterprise/2009/07-01/124641107132837.shtml，2015 年 4 月 1 日。

⑦《马拉维铌矿项目获南非公司 1000 万美元投资》，中国商务部网站，2009 年 8 月 24 日，http://www.mofcom.gov.cn/aarticle/i/jyjl/k/200908/20090806476480.html，2015 年 4 月 1 日。

年9月，马拉维和南非官方达成共识，两国将加强私营企业之间的合作。[①]2013年，南非 Sac Oil 公司获得马拉维政府颁发的石油勘探许可证。[②] 南非企业在马拉维境内进行投资或设厂，将会推动马拉维相关产业的发展。

当然，两国关系中也存在一些问题。近年来，马拉维经济处在困境中，国家对外汇的管制较严，直接影响到两国的经济合作。例如，2012年3月，南非航空马拉维办事处无法将公司收入汇回南非约翰内斯堡总部。群体性突发事件也会影响两国关系的发展。例如，2015年4月，南非多地爆发大规模排外暴力事件，波及的马拉维公民就达到3200人，其中，2人死亡。[③] 马拉维政府通过提供资金撤回本国侨民、为撤回人员提供就业岗位、保护该国境内的南非企业和店铺等，旨在降低该事件对两国关系的影响，防止本国国内出现报复性的打砸抗议活动。

毫无疑问，南非始终是马拉维对外关系中不可忽视的重要合作伙伴。2014年，新当选的马拉维总统阿瑟·彼得·穆塔里卡在就职演说中指出，马拉维将重点加强同新兴经济体的经贸合作。其中，就包括南部非洲地区的“火车头”南非。同时，加强同南非的全面合作伙伴关系，也是马拉维周边外交的重要内容。

第四节　马拉维与非洲区域/次区域组织的关系

“地区主义”是马拉维对外关系的重要分析框架。马拉维与非洲区域/次区域组织的合作，主要包括：非洲统一组织/非洲联盟、南部非洲发展协调会议/南部非洲发展共同体、东南非优惠贸易区/东南非共同市场。马拉维与这些区域/次区域组织的关系较为密切，它们在马拉维对外关系中占有重要地位。马拉维分享这些组织提供的“公共产品”的同时，也履行着作为成员国应尽的义务。马拉维是个内陆小国，在国际政治和世界经济舞台上微不足道。该

---

① 《南非、马拉维将加强两国私营部门间合作》，中国经济网，2012年9月13日，http://intl.ce.cn/specials/zxgjzh/201209/13/t20120913_23676532.shtml，2015年4月1日。

② 《南非一家公司获马石油勘探许可》，中国商务部网站，2013年1月9日，http://www.mofcom.gov.cn/aarticle/i/jyjl/k/201301/20130108516869.html，2015年4月1日。

③ 《南非排外袭击事件对马拉维公民影响迅速扩大》，中国商务部网站，2015年4月21日，http://www.mofcom.gov.cn/article/i/jyjl/k/201504/20150400948752.shtml，2017年4月1日。

国外交追求的并非大国地位或地区霸主，而是安全和发展的两大目标，并在地区事务中发出声音，塑造良好的国家形象，提升本国的软实力。马拉维同非洲国家的交往较多，这些组织为其外交活动搭建起了良好的平台。马拉维同这些区域/次区域组织的关系并非自始至终都好，而是有个调整和转变的过程。这也是马拉维各个时期外交政策在区域/次区域组织中的体现。

一、马拉维与非洲统一组织/非洲联盟的关系

1963年，非洲统一组织成立，[①]由31个已经独立的非洲国家组成。起初的职责是帮助非洲还未独立的国家，摆脱西方殖民主义的统治。后来，扩展到协调和加强非洲国家之间的经济、文化、医疗卫生等方面的合作。1990年，纳米比亚独立以后，殖民主义时代结束，非洲统一组织完成了其历史使命，并处在转型时期。2002年，非洲联盟成立，正式取代非洲统一组织。非洲联盟是非洲地区最大的一体化组织，其组织机构、运行机制等较为完备，在非洲大陆扮演着重要角色。2002年以来，非洲联盟在非洲大陆的影响力日益提升，马拉维的发展离不开非洲联盟的支持。

1964年，马拉维独立以后，班达同内阁部长们在该国外交路线问题上产生严重分歧。班达奉行亲西方、亲白人种族主义政权的"现实主义"外交路线，内阁部长们则追随非洲统一组织主张的"泛非主义"外交路线，支持非洲国家的民族解放运动。这两种外交路线完全对立，没有任何妥协的余地。马拉维"内阁危机"结束以后，班达独揽国家大权，逐渐确立起"现实主义"外交路线。最终，马拉维与非洲统一组织的外交路线相冲突，导致彼此之间的关系逐渐恶化。同时，马拉维还备受非洲统一组织其他成员国的谩骂和孤立。尽管如此，班达始终坚信，未来的非洲大陆必然会走向统一，但现在的时机还不够成熟。因而，马拉维没有义务做毫无意义之事，并为此牺牲本国的国家利益。

① Owen J. M. Kalinga, Cynthia A. Crosby. *Historical Dictionary of Malawi.* Scarecrow Press, 2001, Chronology xxvii.

当我说我相信统一，我指的是真的、真实的、真正的统一，而不是名义上的统一和事实上的不统一……非洲统一组织必须是一个真的、真实的、真正的非洲统一组织……

——1964年7月24日班达总理对非洲统一组织的看法[①]

班达明确指出，非洲大陆完全摆脱殖民主义统治，这是大势所趋。然而，在支持非洲国家民族解放运动时，每个非洲国家都有各自的难处。不能因为帮助朋友，而把自己带入深渊。各国要基于本国国情，量力而行，独立自主地进行外交决策，切勿感情用事。他还特别提到，西方殖民活动的后果，导致马拉维缺乏出海口，必须依靠沿海邻国的港口。因此，马拉维要加强同南非、葡属东非洲等的外交关系。否则，该国的出海口安全和经济发展将会遭受致命性威胁。这是许多非洲国家所不能理解的。

帮助那些国家和那些仍处在殖民统治之下的我们的兄弟姐妹，对我们来说是神圣的职责。然而，话虽如此，有必要指出的是，不是所有已经独立的非洲国家都能持相同的立场帮助……如其所愿……由于地理位置的原因，一些非洲独立国家对此爱莫能助。我的国家马拉维就是其中的一个。赞比亚，一旦独立……将是其中的一个。还有，贝专纳（Bechuanaland，“博茨瓦纳”的旧称）……将是另一个。由于殖民历史和殖民地理，马拉维和赞比亚被剥夺了他们拥有的港口。因而，我强烈反对任何形式的帝国主义和殖民主义。同时，为了帮助我们的兄弟姐妹，我和其他人在会上一样感到焦虑……依靠马拉维的国力和我拥有的权力去帮助，这是十分有限的，并受到地理位置的限制。

——1964年8月7日班达总理在非洲统一组织会议上的讲话[②]

① Harvey J. Sindima. *Malawi's First Republic: An Economic and Political Analysis.* University Press of America, 2002, p.184.

② Ibid.

班达曾在非洲统一组织大会上多次指出，该组织对南非白人政权进行孤立和制裁的做法是毫无意义的。他主张通过接触、对话、谈判等理性方式，实现种族主义问题的逐步解决。实际上，马拉维经常充当南非白人政权与非洲统一组织进行调解和沟通的“桥梁”。非洲统一组织通过制裁南非的决议时，班达表示坚决反对，并拒绝执行非洲统一组织的相关决议。他的言行自然遭到该组织其他成员国领导人的普遍谴责，他自己还被贴上“白人小伙计”的标签。然而，班达坚持认为，只要对马拉维人民有帮助，他愿意与“魔鬼”打交道。[①]班达嘲讽非洲统一组织的战略决策，简直是幼稚至极，缺乏国际政治的长远眼光，仅仅是一种不切实际的幻想，根本达不到任何的实际效果。他还特别指出，非洲的悲剧就在于，有太多无知的人处在权力和责任的位置之上。[②]

班达的狂妄言行，导致马拉维与非洲统一组织的关系恶化。1966 年，班达总统指出，他将不会再参加非洲统一组织的会议。[③]1967 年，马拉维就拒绝参加非洲统一组织的会议。班达总统数次拒绝参会，对该组织的凝聚力有所破坏。有的成员国提出将马拉维驱逐出非洲统一组织，马拉维的处境极为孤立和艰难。受到地区政治和国际环境的影响，马拉维与非洲统一组织的关系也在逐步改善。班达总统认识到，过度依赖南非也会带来诸多问题，特别是经济方面会受到南非的制约。南部非洲政治形势逐渐明朗以后，马拉维开始重视同非洲统一组织的合作，积极落实该组织在政治、经济等方面的决议，依托非洲统一组织的机制平台，解决该国面临的各种问题。

1990 年，纳米比亚取得国家独立。1994 年，南非种族隔离制度被废除。完成反殖民主义、反种族主义的任务后，非洲统一组织处于转型时期。1994 年，穆卢齐当选为马拉维总统后，积极参与非洲统一组织的各项事务。后来，马拉维议会还通过了对非洲联盟宪章草案的表决。2002 年，非洲联盟成立。该组织是非洲地区最大的一体化组织，旨在推进非洲大陆的和平与稳定、减贫与发展，并在国际事务中发出非洲国家的共同声音。马拉维积极参与非洲联盟的历次会议，并认真贯彻落实非洲联盟的各项决议和文件。经济方面，支持非

① T. David Williams. *Malawi: The Politics of Despair.* Cornell University Press, 1978, p.215.

② Harvey J. Sindima. *Malawi's First Republic: An Economic and Political Analysis.* University Press of America, 2002, p.185.

③ Ibid, p.185.

洲联盟推出的《非洲发展新伙伴计划》；安全方面，重视非洲集体安全机制，支持“非洲国家相互审查机制”，参与非洲地区的维和行动。马拉维分享着非洲联盟在基础设施建设、农业发展、疾病防治等方面的公共产品，并履行着成员国应尽的各项义务。

2010 年 1 月，马拉维总统宾古·瓦·穆塔里卡当选为非洲联盟轮值主席。他特别对外指出，当选非洲联盟轮值主席并不会给本国带来任何经济利益。相反，本国将会为他担任期间的费用，提供财政支持。宾古·瓦·穆塔里卡是经济学家出身，担任非洲联盟轮值主席期间，他特别重视非洲国家的减贫与发展，提出了许多建设性的意见和建议。他特别指出，非洲国家不要过于悲观，因为非洲地区并不贫穷，而是有着丰富的资源和人才，未来的非洲将成为全球经济的增长点。[①]2010 年 3 月，马拉维主办的非洲联盟经济论坛（African Union Economic Forum, AUEF）隆重举行，共有 500 位代表出席了这次论坛。马拉维为此次论坛提供了 300 万美元的费用。时任非洲联盟轮值主席的马拉维总统宾古·瓦·穆塔里卡也出席了这次论坛。[②] 宾古·瓦·穆塔里卡总统担任非洲联盟轮值主席期间，在非洲和国际舞台上，展现了本国的国家形象，发出了本国的政治声音。

2012 年，迫于西方国家的政治压力和经济制裁，马拉维总统乔伊斯·班达要求非洲联盟拒绝苏丹总统巴希尔参加其主办的第 19 届非洲联盟峰会。然而，非洲联盟委员会并不同意马拉维的主张，而是要求其邀请非洲所有国家的元首参会。最终，马拉维放弃主办这届非洲联盟峰会。[③]2014 年以来，阿瑟·彼得·穆塔里卡总统积极参加非洲联盟峰会，同其他非洲国家一道，共同探讨发展与减贫、地区安全等问题。

---

① 《马拉维总统穆塔里卡当选新一届非盟轮值主席》，新华网，2010 年 1 月 31 日，http://news.xinhuanet.com/world/2010-01/31/content_12909287.htm，2015 年 4 月 21 日。

② 《马拉维积极筹备非盟经济论坛》，中国商务部网站，2010 年 4 月 7 日，http://www.mofcom.gov.cn/aarticle/i/jyjl/k/201004/20100406857019.html，2015 年 4 月 21 日。

③ 《马拉维政府宣布放弃主办非盟峰会》，新华网，2012 年 6 月 9 日，http://news.xinhuanet.com/world/2012-06/09/c_112167185.htm，2015 年 4 月 21 日。

二、马拉维与南部非洲发展协调会议 / 南部非洲发展共同体的关系

1979 年，赞比亚、莫桑比克、坦桑尼亚等国代表在坦桑尼亚的阿鲁沙召开会议，通过了《南部非洲：走向经济解放》(*Southern Africa: Toward Economic Liberation*) 的宣言，决定成立南部非洲地区的经济合作组织。[①]1980 年，南部非洲发展协调会议宣告成立。该组织最初的目的是加强各成员国之间的经济合作，摆脱对南非经济的过度依赖，[②]协调行动以促进各国之间的经济合作。南部非洲发展协调会议明确指出，南部非洲的不发达、被剥削、危机和冲突，将会通过经济解放进行克服。[③]该组织的机制运行方面，马拉维主要负责渔业、森林和自然资源的协调工作。[④]实际上，该组织的成立同南部非洲地区的地缘关系和政治、经济形势密切相关。同其他非洲地区相比而言，南部非洲各国相互依存，已经形成了一个有机整体。马拉维、赞比亚、津巴布韦等内陆国家，依赖南非、莫桑比克等周边沿海国家的港口进行商品周转，南非是南部非洲地区的大国，内陆国家的政治、经济等方面受其影响和制约。

20 世纪 80 年代以前，南部非洲地区的政治走向，深受殖民主义和种族主义的影响。作为内陆国家的赞比亚，奉行“泛非主义”外交路线，同非洲独立国家站到一起，共同反对罗得西亚、葡属东非洲、南非的白人政府。这些白人政府则通过封锁出海口，予以报复，致使赞比亚经济遭受损失。后来，赞比亚通过中国政府援建的坦赞铁路，解决了本国商品的出海口问题，减少了对白人政府的过度依赖。同样是内陆国家的马拉维，则选择追随该地区的白人政权。马拉维在获得经济援助的同时，出海口安全也得到了保障。1975 年和 1980 年，莫桑比克和津巴布韦分别取得国家独立。南部非洲地区的殖民主义和种族主义遭受打击，只剩下南非白人政府的统治。面对地区政治形势的变化，马拉维灵活调整外交政策，积极参与地区经济合作，共同创建南部非洲发展协调会议，旨在摆脱对南非的过度依赖，保障本国的国家安全和经济发展。

---

① 葛佶：《简明非洲百科全书（撒哈拉以南）》，中国社会科学出版社 2000 年版，第 844 页。

② Vuyisani Moss. *Economic Integration in Southern Arica: Role of Transport Corridors Towards Promoting Broader Regional Economic Cooperation in Southern Africa.* VDM Verlag, 2010, p.10.

③ 葛佶、何丽儿、杨立华、孙耀楣：《南部非洲动乱的根源》，世界知识出版社 1989 年版，第 209 页。

④ Owen J. M. Kalinga, Cynthia A. Crosby. *Historical Dictionary of Malawi.* Scarecrow Press, 2001, p.369.

南部非洲发展协调会议重视通过交通和基础设施建设，带动区域内国家之间的经济合作及其一体化。1981 年，该组织成立了南部非洲交通与交流委员会（Southern Africa Transport and Communications Commission, SATCC），[①] 旨在推动次区域交通运输网的建设。南部非洲发展协调会议优先考虑的是修建摆脱南非的交通运输网点。同时，重点修复三条交通走廊：（1）通过铁路，连接津巴布韦到莫桑比克海岸的“贝拉发展走廊”；（2）通过坦赞铁路、赞比亚铁路系统，连接一些地区到达累斯萨拉姆的“北方发展走廊”；（3）连接马拉维到莫桑比克纳卡拉港的“马拉维走廊”。[②] 马拉维曾积极参与“北方发展走廊”项目建设。莫桑比克内战期间，该国的铁路、公路等交通运输网破坏严重，直接影响到马拉维与其的经贸合作。因此，两国重视在该组织的支持下对沿海交通网的修复。

1992 年，“南共体”成立，正式取代南部非洲发展协调会议。“南共体”及其成员国按照五项原则行事：（1）所有成员国主权平等；（2）团结、和平与安全；（3）人权、民主与法制；（4）平等、平衡与共同利益；（5）和平解决纷争。[③] “南共体”还有实现发展、经济增长、减贫，提高南部非洲人民的生活标准和质量，通过地区一体化帮助社会弱势群体；发展共同的政治价值观、体系和制度；促进和维护和平与安全等目标。[④] “南共体”旨在通过消除关税壁垒，建立经济共同市场，实现地区经济一体化。1994 年，南非加入“南共体”，并成为带动该组织发展的“火车头”。目前，“南共体”已成为非洲地区发展较快的次区域一体化组织。“南共体”的合作领域由经济扩展到政治与安全。[⑤] 1996 年，“南共体”建成了政治、安全和防务机构。其中，就包括国家间防务与安全委员会（Inter-State Defence and Security Committee, ISDSC）。[⑥]

---

① Vuyisani Moss. *Economic Integration in Southern Arica: Role of Transport Corridors Towards Promoting Broader Regional Economic Cooperation in Southern Africa.* VDM Verlag, 2010, p.13.

② Owen J. M. Kalinga, Cynthia A. Crosby. *Historical Dictionary of Malawi.* Scarecrow Press, 2001, pp.369-370.

③ Vuyisani Moss. *Economic Integration in Southern Arica: Role of Transport Corridors Towards Promoting Broader Regional Economic Cooperation in Southern Africa.* VDM Verlag, 2010, p.11.

④ Ibid, p.12.

⑤ Laurie Nathan. *Community of Insecurity: SADC's Struggle for Peace and Security in Southern Africa.* Ashgate Publishing Company, 2012, p.19.

⑥ [英]巴里・布赞、[丹]奥利・维夫著，潘忠岐、孙霞、胡勇等译：《地区安全复合体与国际安全结构》，上海人民出版社 2010 年版，第 223 页。

“南共体”向内陆成员国提供了费用更少、效率更高的通向大海的交通条件。[①] 因此，马拉维特别重视同“南共体”在交通、出海口、经贸等领域的合作。“南共体”推出过“贝拉发展走廊”“纳卡拉发展走廊”等计划，旨在通过公路、铁路、水运、输油管道、航空等交通网建设，加强周边国家在经贸、电力、能源等方面的合作，促进港口与腹地之间经济带、产业群的建设，保障该地区内陆国家的出海口安全和经贸发展。马拉维是这些发展走廊项目的受益国之一。此外，马拉维还积极参与“南共体”框架下的农业发展、水资源利用、地区安全、艾滋病防治、女权运动、打击走私活动等方面的合作，发出本国在地区事务中的政治声音，提升本国在南部非洲的软实力。

1997 年，“南共体”第 17 届首脑会议在马拉维的布兰太尔召开。马拉维总统穆卢齐同与会的各国首脑就双边、多边合作问题进行了广泛交流。2001 年，“南共体”第 21 届首脑会议又在马拉维的布兰太尔举行。马拉维总统穆卢齐出席了这次会议，并以“南共体”轮值主席的身份发表了重要讲话。针对津巴布韦土地改革的问题，他表达了“南共体”及其成员国的基本立场，即支持津巴布韦的土地改革。穆卢齐明确指出，津巴布韦土地改革具有示范意义，也能体现非洲国家的独立和尊严。西方国家将这个问题国际化后，穆卢齐主张通过对话和谈判解决该问题。2002 年 1 月 13 日，马拉维副总统马莱韦齐（Malewezi）呼吁“南共体”各国全力解决刚果（金）、安哥拉内战及津巴布韦土地改革等地区冲突问题。[②]2002 年 1 月 14 日，“南共体”在马拉维的布兰太尔举行特别首脑会议，重点讨论这 3 个重大问题。同年 8 月，“南共体”轮值主席、马拉维总统穆卢齐再次就地区冲突问题进行警告，并进行调解和斡旋。同年，南部非洲各国出现了严重的粮食短缺问题。穆卢齐呼吁国际社会提供紧急粮食援助，防止出现人道主义危机。[③]

2012 年 8 月，马拉维和坦桑尼亚关于马拉维湖的边界冲突升级后，“南共

---

① [美]索尔·科恩著，严春松译：《地缘政治学：国际关系的地理学》，上海社会科学院出版社 2012 年版，第 424 页。

② 《马拉维呼吁南共体各国全力解决地区冲突》，新华网，2002 年 1 月 13 日，http://news.xinhuanet.com/newscenter/2002-01/13/content_235921.htm，2015 年 4 月 1 日。

③ 《南共体轮值主席呼吁国际社会紧急援助南部非洲》，新华网，2002 年 8 月 18 日，http://news.xinhuanet.com/newscenter/2002-08/18/content_528563.htm，2015 年 4 月 1 日。

体”曾呼吁两国保持冷静和克制。[①] 随后，“南共体”还启动了应急方案，并制定出解决该问题的路线图。此外，“南共体”其他成员国的前领导人也积极斡旋，希望该问题能够得以和平解决。2013 年，“南共体”第 33 届首脑会议在马拉维召开。“南共体”轮值主席、马拉维女总统乔伊斯·班达认为，“南共体”应重点发展农业生产，以确保粮食安全。她还特别指出，津巴布韦的政治形势已有所变化，国际社会应该取消对该国的各种制裁。[②]2014 年，阿瑟·彼得·穆塔里卡总统执政以来，马拉维积极参与“南共体”首脑会议主题的讨论，重视同其他成员国在粮食安全、工业化、资源开发、能源安全、基础设施等方面的合作。

三、马拉维与东南非优惠贸易区 / 东南非共同市场的关系

1981 年，东南非优惠贸易区成立。马拉维是其创始国之一。[③] 该组织要求成员国在农业、工业、交通、电力、金融等方面加强合作，逐步消除关税壁垒，促进商品自由流通，进而建立经济共同体。1982 年，包括马拉维全权代表在内的各方在赞比亚卢萨卡开会，决定进一步推进东南非优惠贸易区成员国之间的经济合作。[④] 马拉维位于东非和南部非洲之间的“走廊地带”，借助东南非优惠贸易区这座桥梁，可以加强同周边国家的经贸合作，促进本国经济的快速发展。马拉维积极参加东南非优惠贸易区的历届会议，并在减免商品关税、简化通关手续、贸易区结算等方面受益较多。该组织还曾对马拉维粮食收获前后的损失情况进行过研究，并为该国制订出防止粮食损失的方案。[⑤] 当然，马拉维在享受该组织公共产品的同时，也要履行削减关税、简化通关手续等方面的承诺。

---

① 《南共体呼吁马拉维和坦桑理智解决分歧》，新华网，2012 年 8 月 15 日，http://news.xinhuanet.com/world/2012-08/15/c_112725901.htm，2015 年 4 月 1 日。

② 《第 33 届南共体首脑会议落幕 就减少贫困等问题达成共识》，网易网站，2013 年 8 月 19 日，http://news.163.com/13/0819/09/96KOFG4P00014JB5.html，2015 年 4 月 1 日。

③ Owen J. M. Kalinga, Cynthia A. Crosby. *Historical Dictionary of Malawi*. Scarecrow Press, 2001, Chronology xxviii.

④ 陈宗德、吴兆契：《撒哈拉以南非洲经济发展战略研究》，北京大学出版社 1987 年版，第 28 页。

⑤ 钟伟云：《东南部非洲优惠贸易区：成就、问题与挑战》，《西亚非洲》1994 年第 1 期，第 58 页。

1994年，东南非共同市场成立，正式取代东南非优惠贸易区。马拉维与东南非共同市场的关系密切，东南非共同市场第一届首脑会议就是在马拉维首都利隆圭召开的。马拉维当选为该组织的首届主席国，穆卢齐总统当选为轮值主席。宾古·瓦·穆塔里卡也出任过东南非共同市场的秘书长。[①] 该组织旨在通过消除关税壁垒，加强成员国之间人员、商品、资本等的自由流通，促进各国经济的发展及其一体化。1997年，马拉维的进口关税同比降低了70%。[②]2000年，该组织启动了非洲首个“自由贸易区”。2009年，东南非共同市场正式建立“关税同盟”，所有成员国使用同样的关税。该组织的发展步骤为：（1）建立“关税同盟”；（2）建立自由贸易区；（3）建立“货币同盟”。目标是到2025年建立“货币同盟”，进而实现经济一体化。

2000年，东南非共同市场启动“自由贸易区”时，马拉维就是最早加入的9个成员国之一。马拉维作为该组织的成员国，享受着免关税的优惠待遇，也承受着外汇减少等方面的压力。东南非共同市场历届会议都有鲜明的主题。2011年，第7届东南非共同市场商务论坛在马拉维举行。会议重点探讨关税、运输、出口等方面的问题。[③]2011年10月，第15届东南非共同市场首脑峰会在马拉维首都利隆圭举行。会议回顾了自贸区建设的发展情况及其存在的问题，探讨了关税同盟路线图、服务贸易、知识产权等方面的问题。2013年4月，东南非共同市场秘书处贸易部门主管表示，东南非共同市场、“南共体”、东非共同体应加强地区经济治理，减少非关税壁垒，促进区域经济发展，维护各国消费者利益。[④]2014年12月，东南非共同市场开始推广“边境一站式通关”模式，用于提高成员国进出口货物的通关效率。马拉维的姆钦吉也在尝试这种模式。[⑤]

东南非共同市场长期致力于区域内国家的经济发展。2014年，东南非共

---

① Owen J. M. Kalinga, Cynthia A. Crosby. *Historical Dictionary of Malawi.* Scarecrow Press, 2001, p.104.

② 《东南非共同市场成员国降低关税》，《中国乡镇企业信息》1997年第4期，第39页。

③ 《东南非共同市场峰会即将在马拉维召开》，中国商务部网站，2011年9月7日，http://www.mofcom.gov.cn/aarticle/i/jyjl/k/201109/20110907731207.html，2015年4月1日。

④ 《东南非共同市场呼吁各国取消非关税壁垒》，中国驻赞比亚大使馆经商参处网站，2013年4月17日，http://zm.mofcom.gov.cn/article/jmxw/201304/20130400093522.shtml，2015年4月1日。

⑤ 《东南部非洲共同市场推广“边境一站式通关”模式》，中国驻马拉维大使馆经商参处网站，2014年12月17日，http://malawi.mofcom.gov.cn/article/jmxw/201412/20141200840518.shtml，2015年4月1日。

同市场区域内的贸易额就已经达到188亿美元。这与2000年启动自贸区时的30亿美元贸易额相比，增长了5倍多。[①] 然而，东南非共同市场并不满足于此，而是希望进一步扩大自贸区的范围，让更多的周边国家能从中受益。2015年6月，马拉维等26个非洲国家签署了一项“自由贸易协定”。该协定旨在整合东南非共同市场、“南共体”和东非共同体，建立非洲最大的自由贸易区，推动周边国家的经济发展及其一体化。2015年12月，东南非共同市场已经取消了95.9%的非关税壁垒。[②] 参与东南非共同市场的发展，加强同周边国家的经济合作，马拉维将会实现更好的发展。

① 《东南部非洲共同市场2014区域内贸易额为188亿美元》，中国商务部网站，2015年1月7日，http://www.mofcom.gov.cn/article/i/jyjl/k/201501/20150100859824.shtml，2017年4月1日。

② 《东南非共同市场取消95.9%非关税壁垒》，中国商务部网站，2015年12月10日，http://www.mofcom.gov.cn/article/i/jyjl/k/201512/20151201207742.shtml，2017年4月1日。

第五章

大国视角：马拉维同世界大国的关系

马拉维是南部非洲地区的内陆国家，也是世界上最不发达的国家之一。该国的经济发展对外部世界的依赖较大，尤其难以摆脱世界大国的影响。因此，马拉维特别重视大国外交，以争取获得援助、投资、技术、市场等。冷战时期，马拉维曾借助国际政治环境，搭乘西方大国的“便车”，创造过“马拉维式的经济奇迹”。21 世纪开始，随着非洲的战略地位愈发重要，世界大国开始在非洲展开博弈，新兴经济体也积极拓展非洲市场。这为非洲国家争取国外援助和投资，推进本国的减贫和发展，提供了有利的国际环境。马拉维对外交往的大国，多集中于世界经济大国。这些经济大国可以划分为两个层面：一是北方的传统经济大国，包括英国、美国、日本、德国、加拿大等；二是南方的新兴经济体大国，包括中国、印度、巴西、俄罗斯等。

冷战时期，马拉维在外交方面倒向西方阵营。除了周边外交以外，马拉维最重要的交往对象就是北方大国。马拉维同这些大国在意识形态、经济援助、经贸投资等方面合作广泛。20 世纪 60 年代中期至 70 年代末，马拉维经济保持平稳发展，GDP 年均增长率超过 5%，[①] 并在非洲创造了“经济奇迹”。究其原因，离不开同北方大国在各个领域的合作。20 世纪 80 年代开始，马拉维经济陷入困境。此时，北方大国通过提供“胡萝卜”援助，逼迫其进行经济结构调整。然而，这些“治病良方”或“神丹妙药”，并未起到“药到病除”的作用。恰恰相反，该国经济的“病情”更加严重。同时，北方大国还借此施加政治压力，逼迫其进行政治民主化改革。马拉维虽然深知其害，但是别无选择，只能尽量争取援助。宾古·瓦·穆塔里卡总统执政时期，马拉维同北方大国的关系恶化，遭到政治打压、经济制裁和外交封锁。马拉维外交开始转型，寻求同南方大国的经济合作。

21 世纪伊始，国际经济格局发生重大变化，新兴经济体逐渐活跃于国际经济舞台之上，扮演着世界经济“助推器”的角色。这些南方的新兴经济体大

① Owen J. M. Kalinga, Cynthia A. Crosby. *Historical Dictionary of Malawi.* Scarecrow Press, 2001, p.131.

国包括中国、印度、巴西、俄罗斯等。因此，马拉维在同北方大国交往的同时，开始注重同南方大国的合作。一方面，南方大国在减贫、发展等方面的成功经验，能够为马拉维提供某种借鉴或启示。另一方面，南方大国能够为马拉维提供援助、投资和市场等，有助于推动该国经济的发展。近年来，马拉维积极加强同中国、印度、巴西、俄罗斯等南方大国的合作。2007 年年末，马拉维同中国建立了外交关系，寻找到新的合作伙伴。赞比亚学者丹比萨·莫约（Dambisa Moyo）曾强烈批评西方国家的援助模式。她指出，西方的援助已经走到终点，非洲国家需要的不是施舍，而是平等的贸易和投资。南方大国可以为非洲国家的发展提供历史性机遇。① 宾古·瓦·穆塔里卡总统对此也持类似观点。近年来，马拉维历届政府特别重视同南方大国的经济合作。

英国是马拉维殖民统治时期的宗主国。独立以后，马拉维同英国的关系依旧比较密切，该国也是英联邦的成员国。更为重要的是，英国为马拉维国家的发展提供了大量的经济、技术援助和贸易投资。同时，受到英国殖民统治的影响，马拉维同英国保持着紧密的经济关系。依附，还是自立？这个问题始终困扰着马拉维，需要该国进行利益平衡和外交抉择。民主化以来，英国政府的援助和投资，同马拉维的内政、外交紧密相连。通过中止援助、外交封锁等手段，英国经常干涉马拉维的内政和外交。这给马拉维的国内政治和外交决策带来诸多负面影响。同时，这也会引发马拉维国内的政局动荡和社会危机，更不利于该国经济的可持续发展。

马拉维与美国这个世界超级大国关系密切。冷战时期，马拉维实行亲西方的外交政策。美国将其视为“战略棋子”或“平衡力量”，来牵制赞比亚、坦桑尼亚等周边社会主义国家。作为美国在南部非洲地区的“马前卒”，马拉维获得了美国方面的经济、技术援助和经贸投资。20 世纪 80 年代开始，美国的经济援助同马拉维政治、经济等方面的改革挂钩。为获得资金援助和经贸投资，马拉维被迫进行了民主政治、市场经济等方面的改革。进入 21 世纪，马拉维与美国在援助、经贸等领域继续保持着合作。同时，两国在民主政治、军事、反恐等领域的合作日渐增多。马拉维曾想通过树立“非洲地区民主国家典

① [赞]丹比萨·莫约著，王涛、杨惠等译，刘鸿武审校：《援助的死亡》，世界知识出版社 2010 年版。

范”的形象，加强两国之间的合作关系，以获得更多的经济援助和贸易优惠政策。

马拉维与中国建交时间较短，但两国在政治、经济、文化等方面的合作日益频繁。毫无疑问，中国因素已成为马拉维经济发展的新动力。独立初期，马拉维外交部部长就同中国政府在两国建交问题上进行过接触和谈判。由于当时的国际冷战背景、地区政治环境、马拉维国内政治等因素的共同影响，两国长期以来没有建立外交关系。2007年岁末，马拉维同中国建交后，两国关系发展迅猛。近年来，马拉维与中国的合作途径较多，中非合作论坛是两国合作的重要平台。马拉维重视同中国进行全面合作。该国还在学习“中国模式”，借鉴中国的发展经验，以实现本国的减贫和发展。

马拉维与其他南北方大国的合作也较为密切。一方面，继续开展同其他北方传统经济大国的合作。除了英国和美国以外，马拉维与德国、加拿大、日本等国也有着紧密的合作关系。这些北方大国是马拉维经济合作的长期伙伴。当然，马拉维与欧盟也有多方面的合作。欧盟曾对非洲国家推出过《洛美协定》、《科托努协定》等，马拉维就曾获得过相应的援助项目。[①] 由于欧盟是区域组织，本章不做讨论，仅讨论其同其他北方大国的双边关系。另一方面，积极开展同其他南方新兴经济体大国的合作关系。近年来，马拉维重视同南方大国的经贸合作。除中国以外，主要还有印度、巴西、俄罗斯等国。加强同南方大国的合作，可以拓展马拉维的外交空间，使自身摆脱对北方大国的过度依赖，以便寻求更为公正、平等的贸易关系，实现本国减贫和发展的最终目标。

第一节 马拉维与英国的关系

英国是马拉维殖民统治时期的宗主国。独立以后，马拉维是英联邦的成员国，[②] 两国依旧保持着较为亲密的关系。马拉维虽然已经是主权独立国家，但殖民时期所留下的政治体制和经济制度，使该国在各方面仍难以摆脱英国的束

---

① Government of Malawi-European Commission. *Draft Joint Annual Report 2006.* European Commission, 2007.

② Owen J. M. Kalinga, Cynthia A. Crosby. *Historical Dictionary of Malawi.* Scarecrow Press, 2001, Chronology xxviii.

缚。政治方面，马拉维继续沿用旧有的国家体制，只在某些方面进行了必要的调整和完善。经济方面，马拉维依旧保持经济作物种植及出口制度。马拉维所生产的烟草、茶叶、咖啡、棉花等经济作物主要向英国出口，同其保持着紧密的经济纽带关系。马拉维难以脱离英国而独立发展的原因还在于，该国需要英国的经济援助、贸易投资及出口市场等，这也是该国经济能够得到发展的重要保障。

冷战时期，英国的经济、技术援助对马拉维经济的发展有着重要影响。由于马拉维的援助国较多，地区政治形势的变化，以及两国关系出现裂痕等，英国政府的经济援助在某些时候会逐渐减少，但它仍然有助于马拉维的经济发展。20 世纪 80 年代开始，英国通过“收紧口袋”的方式，逼迫马拉维进行政治、经济等方面的改革。民主化以来，马拉维国内执政党的政策，往往影响到英国对该国的经济援助。若马拉维不走英国所引领的发展道路，该国就会受到英国方面的经济制裁，给本国的经济发展和社会稳定带来负面影响。独立以后，马拉维经常在依附和自立之间进行徘徊。寻求经济的自主发展是马拉维外交的目标追求。同时，该国经济的“独立之路”也会受到英国的制约，这条道路还很漫长。

一、冷战时期

1964 年，马拉维取得国家独立，摆脱了英国的殖民统治。关于马拉维内政和外交政策的走向问题，班达和内阁部长们产生了严重分歧。

内政方面，内阁部长们主张进行完全“非洲化”的改革，即通过革命的方式，将英国殖民统治的残余势力全部清除出去，政府、医院、学校等机构的人员由非洲黑人担任，逐步消除英国在马拉维的影响。基于对“现实主义”因素的考量，班达认为，马拉维虽然取得国家独立，但想要完全摆脱英国的控制和影响，这不仅是无视殖民历史，更没有现实的物质基础。马拉维需要英国政府的经济援助，需要英国的各类技术人员、公务人员等。这样，马拉维的国家机器才能有效地运转起来。因而，班达反对完全“非洲化”的主张，认为本国在内政方面必须保持同英国的传统关系。这样，马拉维才能获得英国的经济、技术援助。民族解放运动时期，英国殖民当局的官员曾经反问班达博士，若马拉维获得独立，如何解决这么多人口的吃饭问题？班达博士的回答很干脆："宁愿饿死，也要独立。"然而，独立以后，班达不得不面对现实问题。他认为内阁部长们的做法只会激化矛盾，造成彼此之间的关系恶化，损害马拉维的国家利益。

外交方面，内阁部长们同非洲国家、非洲统一组织站在一起，奉行"泛非主义"外交路线，支持非洲国家的民族解放运动。因此，内阁部长们主张同英国决裂，通过这种反殖民主义的激进方式，在道义方面给予未独立的非洲国家大力支持。班达倒向西方国家的阵营，旨在通过亲西方的"现实主义"外交，加强彼此之间的关系，获得西方国家的经济援助和经贸投资。相比于非洲内外的其他国家，马拉维与英国的经济关系更为重要。[①] 因此，班达特别重视同宗主国英国的传统关系。他认为，内阁部长们对抗英国的做法极为鲁莽，缺乏对国际政治的清醒认知。他们盲目地追随"泛非主义"政治浪潮，只会得到毫无价值的国家形象，并不能给本国带来直接的现实利益。因而，班达认为，马拉维在外交方面必须加强同英国的传统友谊。这样，才能有益于本国的国家利益。

马拉维"内阁危机"结束后，班达建立起一党专政的政治体制，其内政、外交政策得到贯彻。这样，马拉维与英国继续保持着紧密的合作关系。20 世纪 60—70 年代，正是国际冷战的重要时期，美、苏两大阵营在非洲地区的争夺日益激烈。此时，南部非洲地区深受社会主义、资本主义、殖民主义、种族主义等政治因素影响，地区政治局势特别复杂。英国同其他西方大国一样，积极争取马拉维倒向西方阵营一边，将其作为对抗赞比亚、坦桑尼亚等社会主义国家的前沿阵地，防止社会主义意识形态向南部非洲地区渗透。为此，英国给予马拉维大量的经济、技术援助。1977 年，莫桑比克宣布建立科学社会主义社会后，英国更加重视同马拉维在意识形态方面的合作，以防止社会主义的"多米诺骨牌"倒向南部非洲地区。班达总统曾经指出，他的"建国方针不是资本主义，也不是社会主义或共产主义"[②]。然而，马拉维在外交政策方面，

---

① Carolyn McMaster. *Malawi—Foreign Policy and Development.* Julian Friedmann, 1974, p.70.

② 陆庭恩、彭坤元：《非洲通史：现代卷》，华东师范大学出版社 1995 年版，第 424 页。

亲近西方资本主义国家，敌视社会主义国家。20 世纪 80 年代末以前，马拉维与英国在意识形态方面保持一致，通力合作。

马拉维与英国关系紧密的原因在于，英国政府为该国经济和社会的发展提供了大量的经济和技术援助。1964—1969 年，英国对马拉维的经济援助为 9884.2 万克瓦查，而马拉维的总支出为 3.11691 亿克瓦查。[①] 可以看出，英国的援助将近占到其本国总支出的约 1/3。独立以后，马拉维还聘用了 5000 多名英国技术专家，帮助该国发展经济。[②] 英国的直接援助不仅涉及马拉维的财政，还涉及新农村发展项目。[③] 简而言之，英国对马拉维的官方援助项目，主要包括 2 个层面。

第一，发展援助的项目，涉及自然资源、交通运输、工业、邮政与电信、公共住房、政府建筑、电力与公共事业、健康等领域。[④]

第二，技术援助的项目，包括学生与新兵、所有的专家、辅助专家和志愿者、海外服务援助计划（Overseas Service Aid Scheme, OSAS）、环境、调查等方面。[⑤]

英国政府对马拉维的官方援助有时也会减少，其原因是多方面的。

（1）马拉维获得国外援助较多的情况下，英国就会减少项目合作；

（2）马拉维经济平稳、财政充足的情况下，英国有可能减少援助；

（3）英国在自身财政紧张的情况下，会减少对马拉维的援助；

（4）英国对马拉维的内外政策不满时，有可能中止援助项目。

从表 5-1 可以看出，自 1966 年起英国的援助额在逐年减少。1972—1973 年，马拉维在经济发展较好的情况下，偿还了前期的债务。1973 年开始，马拉维的经济实现了高速增长，英国的援助金额则逐步减少，直至 20 世纪 80 年代马拉维经济陷入困境。

---

① Harvey J. Sindima. *Malawi's First Republic: An Economic and Political Analysis.* University Press of America, 2002, p.72.

② 葛公尚：《万国博览 · 非洲卷》，新华出版社 1998 年版，第 644 页。

③ Owen J. M. Kalinga, Cynthia A. Crosby. *Historical Dictionary of Malawi.* Scarecrow Press, 2001, p.136.

④ Kathryn Morton. *Aid and Dependence: British Aid to Malawi.* Croom Helm for the Overseas Development Institute, 1975, p.112.

⑤ Ibid, p.136.

表 5-1　1964—1973 年英国对马拉维的援助 [①]

（单位：百万克瓦查）

年份（年）	最大允许数额	已使用数额
1964	8.50	10.00
1965	12.50	11.88
1966	10.60	8.48
1967	9.20	8.32
1969—1970	7.26	7.26
1970—1971	4.20	4.20
1971—1972	3.60	0.84
1972—1973	2.60	–0.96

马拉维虽然实行亲西方的政策，但它同时也实行亲南部非洲地区白人种族主义政权的政策。罗得西亚白人政权宣布独立时，马拉维并没有同英国站在一起。班达明确指出，马拉维只能给予英国方面道义支持，因为该国同罗得西亚有密切的经贸关系。当非洲国家领导人猜测英国可能会对罗得西亚发动战争时，他却对此予以否定，并认为该政权将会存在一段时间。因而，马拉维与英国、罗得西亚的关系特别微妙，其持一种模糊的立场。当英国政府对罗得西亚进行经济制裁时，班达出于该国同罗得西亚的经贸关系，起初并没有追随英国。1965 年 11 月 17 日，马拉维突然取消其与罗得西亚之间的“特惠贸易协定”，开始对罗得西亚的商品征收关税，导致双方之间的进出口贸易急剧下降。[②] 班达灵活地调整本国对罗得西亚的外交政策，主要是担忧本国同英国的关系会恶化。罗得西亚和英国对马拉维而言，都很重要，但英国更为重要。

马拉维的外交路线基本不变，但外交政策时时刻刻都在进行调整，以至于有的非洲国家领导人认为，该国的外交政策前后矛盾，班达是个奇怪、难以捉摸的人。马拉维能够游离于英国和罗得西亚之间，左右逢源，同班达个人的外交手段和外交风格密不可分。受到英国的强大压力，即使马拉维在外交方面同意制裁罗得西亚，但在具体的落实、执行过程中也会有所保留。[③] 马拉维和罗

① Harvey J. Sindima. *Malawi's First Republic: An Economic and Political Analysis.* University Press of America, 2002, p.72.

② Ibid, p.174.

③ Carolyn McMaster. *Malawi—Foreign Policy and Development.* Julian Friedmann, 1974, p.118.

得西亚双方都默认这种“非法贸易”，因为两国都能从中获利。然而，这引起英国政府的猜忌和不满。此外，马拉维虽然接受制裁罗得西亚的协议，但拒绝执行有损本国重大利益的相关条款。1980年以前，马拉维与英国的双边关系受到罗得西亚问题的影响较大。当然，还有葡属东非洲、南非白人种族主义政权的问题。只不过，马拉维和罗得西亚原来同属英属中非联邦，三者的历史和现实关系最为紧密。罗得西亚政权倒台后，津巴布韦宣布独立，马拉维又重新调整了自身与英国、津巴布韦的关系。

马拉维与英国有着紧密的贸易关系。建国初期，两国的经贸活动受到周边地区政治环境的影响较大。当马拉维同罗得西亚、南非等种族主义政权保持亲密关系时，英国政府就会通过贸易制裁等手段，向马拉维施加政治压力，两国的贸易额也会受到影响。冷战期间，南部非洲地区的国际关系极为复杂，周边国家政局的稳定或变动，通往出海口铁路线的建设或破坏，南非这个“地区霸主”的拉拢或施压等，都会导致马拉维出口商品的急剧增长或减少。因此，马拉维与英国的双边经贸关系不仅取决于两国，更受到国际冷战背景、地区政治环境、马拉维与周边出海口国家关系的影响。

农业是马拉维国民经济的基础，经济作物则是马拉维对外出口的主要商品。1964年，农产品占该国国内商品出口额的96%；1972年，占国内商品出口额的95%。农产品之中，烟草和茶叶就占2/3。[①] 马拉维农产品的出口之中，英国占到绝大多数的份额，其中，包括茶叶、烟草、棉花、花生、玉米等。因此，马拉维的农产品出口依赖于英国的市场。同时，马拉维进口的商品有1/3来自英国，主要包括汽车及其零件、棉织品和硫酸铵。[②] 以当时的市场价格来计算，1964—1973年，马拉维的GDP年平均增长率为12%[③]，两国的经贸关系也得到了快速发展（见表5-2）。20世纪80年代开始，马拉维经济发展放缓，陷入困境之中，但两国的传统经济纽带依然没有中断（见表5-3）。

① Carolyn McMaster. *Malawi—Foreign Policy and Development.* Julian Friedmann, 1974, p.77.

② [南非]斯万齐·阿格纽、[美]迈克尔·斯塔布斯主编，开封师范学院地理系译：《马拉维地图集》，河南人民出版社1977年版，第229页。

③ Carolyn McMaster. *Malawi—Foreign Policy and Development.* Julian Friedmann, 1974, p.25.

表 5-2　马拉维与英国的贸易额占其贸易总额的比重[①]

（单位：%）

年份（年）	1964	1965	1966	1967	1968	1969	1970	1971	1972	1973
对英国的出口	48	47	48	55	51	46	48	44	43	41
从英国的进口	23	25	31	28	31	30	27	28	30	25

表 5-3　马拉维与英国的贸易进出口额[②]

（单位：千克瓦查）

年份（年）	1988	1989
从英国的进口额	2383	2385
进口总额	11538	15236
对英国的出口额	133600	153100
出口总额	754600	746600

20世纪80年代，西方国家在国际冷战格局中处于攻势地位。原本同英国关系密切的马拉维，开始受到英国方面的政治压力。英国越来越不能接受马拉维实行一党专政的政治体制，并对班达总统的独断专行、权力滥用、政治腐败等问题进行了严厉谴责。[③] 英国要求马拉维进行政治民主化、经济自由化等方面的改革。此时，马拉维承受着政治压力和经济制裁威胁，班达总统被迫对内外政策进行调整，以维护两国之间的合作关系，从而获得英国政府的经济援助。

二、20世纪90年代以来

20世纪90年代初，马拉维受到西方国家政治、经济等方面的压力，开始进行政治民主化的转型。其中，英国方面的压力较大。班达总统面对内外压力，被迫实行多党民主制。英国对马拉维的民主政治转型过程给予了密切关注。穆卢齐当选为马拉维多党民主以来的首位总统之后，马拉维与英国的双边

① Kathryn Morton. *Aid and Dependence: British Aid to Malawi.* Croom Helm for the Overseas Development Institute, 1975, p.41.

② Harvey J. Sindima. *Malawi's First Republic: An Economic and Political Analysis.* University Press of America, p.114.

③ Ibid, p.208.

关系迎来新的历史时期。两国关系涉及政治、经济、社会、教育等各个方面，援助和经贸是两国合作关系的核心。

（一）马拉维国内执政党的内外政策开始影响英国政府的援助

民主化以来，马拉维要想获得英国的援助，就需要在内政、外交政策方面同英国保持一致。否则，该国就有可能受到英国方面的经济制裁，援助资金和合作项目就会被中止。因而，马拉维执政党的政策直接影响英国的经济援助。1994 年，穆卢齐当选为马拉维的首位民选总统后，开始向中东国家争取经济援助，但这并不影响该国与英国的传统关系。穆卢齐总统执政两届，内外政策变化不大。1995—1999 年，英国官方为马拉维提供的援助总额为 4.06 亿美元。[①]1999 年，英国的援助额为 3700 万美元。[②]2000—2003 年，英国官方给予马拉维的援助总额为 3.247 亿美元。[③] 穆卢齐总统执政后期，腐败问题较为严重，加上他在担任“南共体”轮值主席时，支持津巴布韦的土地改革，这也在一定程度上影响了英国对马拉维的经济援助。

宾古・瓦・穆塔里卡总统执政初期，马拉维同英国的关系较好，英国政府在他当选的 2004 年，就为该国提供过 1.195 亿美元的援助。[④]2010 年，英国政府向马拉维的教育事业提供过 5000 万英镑的援助，[⑤] 旨在改善该国的教育状况。宾古・瓦・穆塔里卡总统执政后期，他的内政、外交政策令英国当局极为不满。被曝光的英国外交电报显示，英国政府将宾古・瓦・穆塔里卡看作“独裁者”，并干涉马拉维的内政。这导致两国相互驱逐外交官事件的发生。[⑥]英国还中止对马拉维的援助，暂停种子和化肥的补贴项目，使该国约 40% 的财政预算难以兑现。2011 年“7・20 骚乱事件”发生后，马拉维与英国的关系更为恶化。此时，马拉维开始加强同周边国家、亚洲国家的经贸合作，以解决该国外交、经济等方面遇到的难题，同时，意图在摆脱对英国政府经济

① 高晋元：《英国—非洲关系史略》，中国社会科学出版社 2008 年版，第 352 页。
② Owen J. M. Kalinga, Cynthia A. Crosby. *Historical Dictionary of Malawi*. Scarecrow Press, 2001, p.133.
③ 高晋元：《英国—非洲关系史略》，中国社会科学出版社 2008 年版，第 352 页。
④ 同上，第 352 页。
⑤ 《英国宣布向马拉维教育部门提供 5000 万英镑援助》，中国商务部网站，2010 年 3 月 17 日，http://www.mofcom.gov.cn/aarticle/i/jyjl/k/201003/20100306824646.html，2015 年 4 月 1 日。
⑥ 《英国、马拉维因马拉维总统遭批事件互逐外交官》，中新网，2011 年 4 月 27 日，http://www.chinanews.com/gj/2011/04-27/3003179.shtml，2015 年 4 月 1 日。

援助的过度依赖。

2012 年，乔伊斯·班达总统执政后，通过亲西方的外交政策，赢得了英国政府对其的信任。最终，英国重新启动了对马拉维的援助项目。2014 年，阿瑟·彼得·穆塔里卡上台执政以后，马拉维政府出现“现金门”贪污丑闻。这直接导致英国政府对其丧失信任，再次中止了对马拉维的援助项目。英国驻马拉维大使曾经明确指出，马拉维政府能否彻查“现金门”事件，是能否恢复援助国信心的关键所在。两国关系缓和后，英国继续对其进行援助。2015 年 6 月，英国政府决定向马拉维提供 1160 万欧元教育援助，其中，700 万欧元将用于小学校舍建设。[①]2016 年，英国政府多次向马拉维提供粮食援助，旨在帮助马拉维人民度过困难时期。2016 年 11 月，英国政府向马拉维提供 74 套总价值 400 万英镑的药品储存设备，目的在于改善其医疗条件。[②]

（二）两国的经贸合作不断拓展，开始涉足能源、矿产等领域

马拉维是一个农业国家，烟草、茶叶、棉花、蔗糖、咖啡等经济作物是该国的支柱产业，也是该国外汇收入的主要来源。马拉维与英国的农业合作时间较长，英国是其经济作物的主要出口国。直至今日，经济作物仍是马拉维对英国出口的主要商品。同时，马拉维的农产品资源丰富，这引起英国公司的投资兴趣。例如，2011 年，英国向马拉维投资 2500 万美元，用于建立水果饮料工厂。[③]

英国曾是马拉维的宗主国，两国的经贸关系较为密切。然而，从表 5-4 中可以明显看出，英国在马拉维进出口总额中所占的比重并不是很大。从近几年的数据也可得出同样的结论。2010 年，马拉维对英国的出口额为 3820 万美元，占其出口总额的 3.8%，列第 9 位；马拉维从英国的进口额为 2860 万美元，占其进口总额的 2.2%，列第 9 位。[④]2012 年，马拉维对英国的出口额为 3330

---

① 《英国向马拉维提供 1160 万欧元教育援助》，中国驻马拉维大使馆经商参处网站，2015 年 6 月 25 日，http://malawi.mofcom.gov.cn/article/jmxw/201506/20150601023529.shtml，2017 年 4 月 1 日。

② 《英国向马援助价值 40 亿克瓦查的药品储存设备》，中国驻马拉维大使馆经商参处网站，2016 年 11 月 17 日，http://malawi.mofcom.gov.cn/article/jmxw/201612/20161202022857.shtml，2017 年 4 月 1 日。

③ 《英国投资 2500 万美元在马拉维建水果加工厂》，中国商务部网站，2011 年 12 月 6 日，http://www.mofcom.gov.cn/aarticle/i/jyjl/k/201112/20111207865157.html，2017 年 4 月 1 日。

④ IHS Global Insight. *Country Intelligence: Report Malawi.* IHS Global Insight, June 1, 2012, pp.11-12.

万美元，占其出口总额的3.1%，列第10位；马拉维从英国的进口额没有排到前10位。[①] 当然，其原因也是多方面的。同时，也说明马拉维的经贸合作伙伴更加多元化。

表5-4 2000—2003年马拉维与英国的贸易概况 [②]

年份（年）	2000	2001	2002	2003
出口额（百万美元）	15.3	19.6	17.3	17.5
占出口总额的比例（%）	3.6	4.1	3.7	3.1
进口额（百万美元）	18.1	13.0	22.1	18.3
占进口总额的比例（%）	3.2	2.9	4.0	3.0

近年来，两国的经贸合作不断拓展，开始涉足矿产、能源、电力等领域。尤其是，马拉维国内发现了煤、铀、镍、铝矾土、稀土、钽等20多种矿物，引起了英国公司的投资兴趣。2009年3月，英国Lisungwe矿产勘探公司在马拉维境内发现了镍矿和稀土矿。[③] 同年6月，该公司获得了勘探马拉维中部黄铁矿的许可证。2011年8月，英国石油公司获得了有领土争议的马拉维湖东北部湖底油气资源的勘探许可证。[④]2016年5月，英国Green Heart能源公司计划投资3亿美元，帮助马拉维提高电力覆盖率，改善该国人民的生活。[⑤] 两国在能源、矿产、电力等新领域的合作，将会推进两国经贸关系继续向前发展。

第二节　马拉维与美国的关系

马拉维与美国之间的关系较为密切。冷战时期，美国和苏联在非洲地区的争夺日益激烈。南部非洲地区更是各种政治力量博弈的场所。马拉维实行亲西

① IHS Global Insight. *Country Intelligence: Report Malawi.* IHS Global Insight, June 1, 2012, p.10.

② Kennedy K. Mbekeani. "Malawi: Studies on Past Industrial Trade Reforms Experience and Economic Implications"[2014-12-25]. http://www.unctad.info/upload/TAB/docs/TechCooperation/malawi_study.pdf, pp.229-230.

③ 《英国矿产公司在马拉维发现镍和稀土等矿资源》，中国有色网，2009年3月23日，http://www.cnmn.com.cn/ShowNews.aspx?id=13558，2015年4月1日。

④ 《英国公司获准在马拉维湖勘探石油》，中国商务部网站，2011年08月26日，http://cn.made-in-china.com/info/article-1653854.html，2015年4月1日。

⑤ 《英国企业投资3亿美元在马修建太阳能发电站》，中国驻马拉维大使馆经商参处网站，2016年5月4日，http://malawi.mofcom.gov.cn/article/jmxw/201605/20160501312343.shtml，2017年4月30日。

方的外交政策，美国将其视为“战略棋子”进行战略布局，并给予马拉维经济、技术方面的援助。20 世纪 80 年代开始，马拉维的经济陷入困境。此时，国际冷战格局中，美国正好处于攻势地位。美国政府向班达总统施加政治压力，迫使马拉维不得不进行政治、经济等方面的改革。

1994 年，马拉维推行多党民主政治体制。穆卢齐总统在继续保持亲西方外交政策的同时，开始加强同中东国家的交往。这种外交政策令美国政府感到极为不安，其担心这种交往活动有可能会将伊斯兰极端主义思想带到非洲地区。因而，马拉维政治民主化的初期，美国重视加强两国在军事领域的合作，以保障美国在南部非洲地区的国家利益。

2000 年以来，马拉维与美国在各领域的合作日益紧密。这是因为，美国已经建立起较为完备的对外援助体系。同时，美国对非洲经贸合作的机制平台也确立了起来，两国之间的经贸合作有了制度保障。近年来，两国关系发展较快。乔伊斯・班达总统执政时期，美国还曾将马拉维视为“非洲地区民主国家的楷模”。当然，两国关系也存在不少问题，需要妥善解决。

一、1964—2000 年

1964 年，马拉维取得国家独立。随后，美国政府就对该国主权予以承认。冷战时期，南部非洲地区的国际关系较为复杂，殖民主义、种族主义、泛非主义、社会主义、资本主义等存在于该地区。美国和苏联更是在周边地区展开博弈，进行意识形态的渗透，争夺各类资源、沿海港口等。赞比亚、坦桑尼亚靠向社会主义阵营一边，葡属东非洲的“莫解阵”在坦桑尼亚等社会主义国家的支持下，也在积极地推动着本国的民族解放运动。马拉维独立以后，美国密切关注着其内政、外交政策的走向。当时，班达和内阁部长们在对外政策方面关于倒向哪个阵营，争执不休。“内阁危机”结束以后，班达在国内确立了一党专政的体制，奉行亲西方的外交政策，倒向西方阵营一边。这在非洲独立国家之中是极为少见的，美国政府对此高度重视。美国加强同马拉维的双边关系，主要是将其作为一颗“战略棋子”，制衡周边地区的各类政治力量。马拉维的战略地位特别重要，美国加强同马拉维的外交关系，可以实现以下两个目的。

一是意识形态方面，马拉维在该地区可以起到“桥头堡”作用，抵制赞比亚、坦桑尼亚的社会主义思想向南部非洲地区渗透。班达对社会主义或共产主义极为厌恶，他曾到处宣扬共产主义思想将对非洲地区造成威胁。[①] 这给美国主导的西方阵营以重要的政治支持，使马拉维在该地区成为反共、反社会主义的前沿阵地。

二是种族主义方面，班达主张“接触＋谈判”的外交理念，马拉维可以扮演“缓冲地带”的角色，调解西方国家与南部非洲白人政府之间的对立关系。美国政府重视马拉维在解决南部非洲种族主义问题方面所起的积极作用。马拉维是美国在该地区的重要合作伙伴。美国政府支持马拉维的外交政策，鼓励该国在该地区事务中发挥适当影响。

1964 年，两国确定外交关系后，美国政府就曾给予该国经济、技术方面的援助。班达早年曾留学美国，接受过美国多所高校的教育。因此，他对美国政治和国际政治有较深的认识。马拉维虽然同美国建立有外交关系，但班达对冷战时期美国的意图还是有所戒备的。独立初期，美国并不是马拉维最为重要的经济援助国，其在马拉维的影响力不及英国。美国政府曾向该国派遣 50 位和平队（Peace Corps）志愿者，[②] 他们通过农业、医疗、管理、教育等方面的技术交流和合作，来帮助该国实现经济发展和社会进步。后来，由于部分志愿者从事非法活动，[③] 班达担心这些人员可能会威胁到本国的国家安全。因此，将所有的和平队志愿者驱逐出境，导致两国关系遭遇挫折。美国领事馆原先定在首都松巴，但实际上是在布兰太尔。直至 1976 年两国建立大使级外交关系后，美国大使馆才从布兰太尔迁往新首都利隆圭。[④] 由此可见，班达还是担心离美国太近，会给国家安全带来威胁。建国初期，班达基于对多种因素的考量，在加强同美国合作的同时，保持着必要的警惕心理。

两国建交以后，马拉维需要美国的经济、技术援助，美国则需要马拉维在

① Owen J. M. Kalinga, Cynthia A. Crosby. *Historical Dictionary of Malawi.* Scarecrow Press, 2001, p.393.

② 葛公尚：《万国博览 · 非洲卷》，新华出版社 1998 年版，第 644 页。

③ International Business Publications. *Malawi Foreign Policy and Government Guide*. International Business Publications, 2004, p.76.

④ Office of the Historian, Bureau of Public Affairs, United States Department of State. “A Guide to the United States’ History of Recognition, Diplomatic, And Consular Relations, By Country, Since 1776: Malawi”[2014-12-25]. http://history.state.gov/countries/malawi.

该地区扮演重要角色。1967 年，班达总统出访美国。[①] 美国国际开发署、美国和平队志愿者曾对该国提供经济、技术方面的援助。当然，两国也有贸易往来，尽管不是很多。1978 年，班达总统对美国进行国事访问。此时，马拉维经济开始回落。班达总统出访美国，意在争取美国的经济援助，解决本国面临的现实问题。美国对马拉维提供的援助项目，涉及中学、大学的奖学金和教师培训，医疗卫生，经济结构调整，交通运输等方面。[②] 后来，美国还成为马拉维重要的援助国和合作伙伴。同年，美国和平队志愿者重返马拉维，继续从事经济、技术等方面的援助工作。[③]20 世纪 80 年代，美国迫使马拉维进行政治、经济等方面的改革，来换取该国经济发展所需要的资金援助。美国贸易发展署成立后，给予马拉维项目援助的同时，还带动了两国经贸关系的发展（见表 5–5）。

表 5–5 马拉维与美国的贸易进出口额 [④]

（单位：千克瓦查）

年份（年）	1988	1989
从美国的进口额	551	478
进口总额	11538	15236
对美国的出口额	83600	93300
出口总额	754600	746600

20 世纪 80 年代至 90 年代初，美国成为马拉维第四大援助国。美国在南部非洲地区有重要的战略利益，马拉维则成为美国重要的合作伙伴。美国不仅没有在公开场合指责马拉维，还通过援助、经贸等途径，强化两国的合作关系。美国的意图是通过马拉维这颗“战略棋子”，撬动南部非洲地区的国际关系，解决该地区的各类国际问题。

在推动南部非洲实现和平转变的过程中，马拉维是一个可以信赖

① 梁根成：《美国与非洲：第二次世界大战结束至 80 年代后期美国对非洲的政策》，北京大学出版社 1991 年版，第 60 页。

② Owen J. M. Kalinga, Cynthia A. Crosby. *Historical Dictionary of Malawi.* Scarecrow Press, 2001, p.393.

③ International Business Publications. *Malawi Foreign Policy and Government Guide*. International Business Publications, 2004, p.76.

④ Harvey J. Sindima. *Malawi's First Republic: An Economic and Political Analysis.* University Press of America, 2002, p.114.

的伙伴。在坚持同南非进行对话、改善同莫桑比克和津巴布韦关系方面，马拉维是一个保持克制的宝贵力量。美国安全顾问帮助马拉维持续发挥这样的作用，并维持其现有的方向和政策，致力于这个敏感地区的稳定。此外，就朋友和敌人而言，安全关系是一个象征，美国准备继续在南部非洲地区发挥积极和建设性的作用。

——1991 年美国国会代表就安全援助项目所做的讲话[①]

1994 年，马拉维举行多党民主选举。最终，穆斯林出身的穆卢齐当选为该国的总统，并于 1999 年实现总统的蝉联。1994—2000 年，马拉维与美国的双边关系处于调整时期。穆卢齐总统执政时期，马拉维特别重视同西亚、北非国家的外交关系，并与沙特阿拉伯、科威特、利比亚等国关系密切。穆卢齐总统的穆斯林身份及其与中东国家的密切交往，引起美国政府的不满和不安。美国担忧马拉维同伊斯兰国家交往密切，会使该国国内的基督徒受到打压。虽然穆卢齐奉行“不结盟”的外交政策，但美国仍然对其外交活动表示怀疑。[②] 世纪之末，美国非常重视同马拉维在民主政治、人权等方面展开合作，强化两国在意识形态方面的认同感。

马拉维的战略地位较为重要，美国非常重视两国之间的军事合作。1994 年，马拉维加入“联合交流培训”（Joint Combined Exchange Training, JCET）项目之中。绝大多数的高级军官还参与了美国“国际军事教育与培训”（International Military Education and Training, IMET）项目。[③] 马拉维借此获得美国的军事培训和军事资源，从而实现了本国军队军事能力的提升。1997 年，美国政府推出“非洲危机应对计划”（African Crisis Response Initiative, ACRI），旨在通过对非洲国家进行军事技术培训和军事装备援助，提升其应对突发事件和维护地区和平的能力。马拉维就是 7 个非洲受援国中的一个，

---

① Harvey J. Sindima. *Malawi's First Republic: An Economic and Political Analysis*. University Press of America,, 2002, p.209.

② Owen J. M. Kalinga, Cynthia A. Crosby. *Historical Dictionary of Malawi*. Scarecrow Press, 2001, p.394.

③ Korwa Gombe Adar, Rok Ajulu. *Globalization and Emerging Trends in African States' Foreign Policy-Making Process: A Comparative Perspective of Southern Africa*. Ashgate Publishing Company, 2002, p.86.

也是南部非洲唯一的受援国。[①] 通过这些军事援助项目，马拉维和美国在军事、安全等领域进行了密切合作。

> 1994 年，在我们反抗压迫和一党独裁的过程中，你们给予我们宝贵的技术、经济和道德援助，马拉维共和国对此表示感激。去年（1999 年），总统和议会选举期间……我们需要一个推动力，帮助我们巩固我国年轻的民主制度……将马拉维从一个贫穷国家提升到一个繁荣国家……我将不遗余力地……进一步加强我们两国之间幸好存在的热情和友好关系……我特别期待您的支持和指导。
>
> ——2000 年马拉维驻美新任大使向美国提交国书 [②]

> 没有比"非洲危机应对计划"更好的例子，证明我们两国共同利益关系的成功……最终，美国的援助项目培训了 12000 名军人……为非洲大陆维和活动和人道主义援助。在"非洲危机应对计划"训练和培训过程中，马拉维军队表现优秀，你们可以为此感到骄傲。
>
> ——2000 年美国总统比尔·克林顿接受国书并做回复 [③]

克林顿（Clinton）总统执政后期，美国在继续保持对马拉维经济援助的同时，开始谋划同包括马拉维在内的撒哈拉以南非洲国家的经贸合作。美国的战略意图是，通过转变合作模式，以贸易合作带动共同利益的发展。美国在对非洲国家提供援助的同时，更加注重美国自身的经济利益（见表 5–6）。2000 年，美国国会经过多次商讨，终于通过《非洲增长与机遇法案》。该法案降低了符合规定的撒哈拉以南非洲国家部分商品进入美国市场的准入门槛，为包括马拉维在内的非洲国家同美国进行经贸合作，奠定了法律基础，提供了制度保障。

---

① International Business Publications. *Malawi Foreign Policy and Government Guide*. International Business Publications, 2004, p.76.

② Korwa Gombe Adar, Rok Ajulu. *Globalization and Emerging Trends in African States' Foreign Policy-Making Process: A Comparative Perspective of Southern Africa*. Ashgate Publishing Company, 2002, pp.85-86.

③ Ibid, p.86.

表 5-6 1998—2000 年美国对马拉维的援助[①]

（单位：万美元）

援助领域	1998 年（实际）	1999 年（预计）	2000 年（请求）
发展援助	2680	2266.1	–
非洲发展基金	–	–	2360
儿童生存与疾病	1030	946.7	725
经济支持基金	20	–	–

二、2001 年以来

21 世纪伊始，马拉维与美国的政治关系历经波折，但两国关系还算较好。穆卢齐总统是穆斯林出身，他特别重视同中东国家的合作关系。然而，这引起了美国政府的强烈不满。马拉维国内的穆斯林族群尧人，更令美国政府感到怀疑和不安。2001 年，“9 · 11 事件”发生后，美国开始在全球范围内进行反恐活动。美国担忧其驻马拉维大使馆可能会受到恐怖攻击，曾关闭过驻马拉维大使馆，致使两国关系出现紧张局面。2003 年，布什（Bush）总统出访南部非洲时，马拉维不是出访国家，但穆卢齐总统仍同美方进行联系，希望进一步改善两国关系。[②] 同年，马拉维政府部门还同美国联邦调查局（Federal Bureau of Investigation, FBI）进行合作，逮捕该国境内 5 名为基地组织（AL–Qaeda）筹集资金的嫌犯，[③] 借此强化两国在政治和安全等领域的合作。

宾古 · 瓦 · 穆塔里卡总统执政早期，马拉维与美国的政治合作较为密切。后来，美国难以接受其国内政治改革，通过经济制裁对其施压，导致两国关系出现紧张局面。例如，2011 年，“7 · 20 骚乱事件”发生后，马拉维政府对此进行镇压。然而，美国以未实行良政为由，中止其对马拉维的援助项目。乔伊斯 · 班达总统上台后，两国的政治关系得到改善。她通过制裁非洲地区的所谓“独裁政权”，推进民主政治、人权等的建设，树立“民主国家的典范”，赢得美国政府的赞赏及援助。2012 年，美国国务卿希拉里（Hillary）出访马拉维。

① International Business Publications. *Malawi Foreign Policy and Government Guide*. International Business Publications, 2004, p.220.

② 夏新华、顾荣新：《列国志 · 马拉维》，社会科学文献出版社 2006 年版，第 240 页。

③ 《马拉维和美国情报局逮捕 5 名基地恐怖组织嫌疑人》，中国新闻网，2003 年 6 月 24 日，http://www.chinanews.com/n/2003-06-24/26/316957.html，2015 年 4 月 30 日。

2013年，美国总统奥巴马会见乔伊斯·班达总统，其目的就是加强两国在民主政治、人权、反恐、安全等方面的合作。2014年，阿瑟·彼得·穆塔里卡总统执政后，积极加强同美国的双边关系。同年，他还前往美国，出席了第一届“美非领导人峰会”（U.S.–Africa Leaders Summit）。①

进入21世纪，两国关系发展较快。这主要得益于美国对非洲援助体系的完善和经贸合作机制的建立。美国国际开发署、美国贸易发展署、美国非洲发展基金会（United States African Development Foundation, USADF）、美国千年挑战公司等对非洲实施了大量援助计划，包括医疗卫生、艾滋病防治、粮食安全、水资源利用、清洁能源开发、文化教育、基础设施、减贫与发展等领域，如表5–7所示。其中，就有针对马拉维的援助项目。经贸方面，“美非经贸合作论坛”（US–Sub–Saharan Africa Trade and Economic Cooperation Forum）的建立，为两国的经贸合作搭建起了机制平台。《非洲增长与机遇法案》的修订及完善，为马拉维商品免关税出口到美国提供了机遇。

表5–7　2001—2017年美国政府给予非洲的大型援助计划②

合作领域	项　目　内　容
农业发展	总统结束非洲饥饿计划
医疗卫生	总统艾滋病紧急援助计划、全球健康行动计划
饮用水	贫困地区水行动计划
文化教育	非洲教育行动计划
能源、电力	清洁能源行动计划、电力非洲计划
信息技术	数字自由行动计划
基础设施	非洲基础设施项目
减贫与发展	千年挑战账户
军事与安全	非洲应急行动培训与援助计划
经贸、商业	非洲竞争力与贸易扩大计划、贸易非洲计划

（一）马拉维与美国在援助领域的合作

近年来，美国政府给予马拉维的援助项目较多。美国国际开发署针对马拉维的援助项目涉及农业发展、医疗卫生、教育、电力、能源、水资源利用、基

① 《马拉维总统赴美参加美非领导人峰会》，中国商务部网站，2014年8月4日，http://www.mofcom.gov.cn/article/i/jyjl/k/201408/20140800685573.shtml，2015年4月30日。

② 武涛、张永宏：《美国对非科技合作的历程、途径及趋势》，《国际经济合作》2014年第6期。

础设施等领域。美国贸易发展署对马拉维的援助项目主要涉及两国经贸发展领域。美国千年挑战公司是“千年挑战账户”的执行机构。该机构对非洲的援助有良政、保障人权、自由贸易等的要求，援助项目侧重于减贫和发展方面。近年来，该机构对马拉维的援助项目较多。① 此外，美国进出口银行（EXIM Bank）、美国海外私人投资公司（Overseas Private Investment Corporation, OPIC）等政府机构，也对马拉维进行过相应的项目援助。美国非洲发展基金会是最大的民间对非援助机构。该机构主要为马拉维底层社会提供援助，内容涉及减贫、创造就业、增加收入及提供社会福利等方面。

美国国际开发署对马拉维的援助每年超过 2700 万美元，主要用于减贫和提高粮食安全（见表 5-8）。②2008 年 5 月，美国非洲发展基金会向马拉维的 16 个项目提供 280 万美元的援助。③2009 年 4 月，美国非洲发展基金会提供 750 万美元的资金援助，用于马拉维中小企业发展和农业生产。④2010 年，美国国际开发署提供 2600 万美元的资金援助，用于马拉维的疟疾防治。⑤2011 年，美国千年挑战公司启动了针对马拉维电力、能源领域的援助计划。通过提供 3.507 亿美元的援助资金，帮助马拉维振兴电力行业，解决该国缺电的问题。电力行业的振兴计划包括两个部分：一是基础设施开发活动，约 2.83 亿美元；二是电力部门改革活动，约 2570 万美元。⑥2012 年，美国国际开发署又为马拉维提供了援助项目。其中，1000 万美元用于马拉维的基础教育，2120 万美元用于该国的可持续经济发展，1.295 亿美元用于该国的健康、人口及营养方

---

① Malawi Government, MCC. “Program Implementation Agreement by and Between the United States of America, Acting Through the Millennium Challenge Corporation and the Republic of Malawi”. Malawi Government, MCC, October 2, 2012.

② International Business Publications. *Malawi Foreign Policy and Government Guide*. International Business Publications, 2004, p.76.

③ The United States African Development Foundation.“USADF’s Malawi Program”[2014-12-26]. http://www.adf.gov/USADFMalawi.html.

④ 《美国向马拉维注入 750 万美元扶持当地中小企业》，中国商务部网站， 2009 年 4 月 15 日，http://www.mofcom.gov.cn/aarticle/i/jyjl/k/200904/20090406174621.html，2015 年 4 月 30 日。

⑤ 《美国向马拉维提供 2600 万美元抗疟援助》，中国商务部网站，2010 年 4 月 28 日，http://www.mofcom.gov.cn/aarticle/i/jyjl/k/201004/20100406890206.html，2015 年 4 月 30 日。

⑥ “Malawi Threshold Program”(2011-07-04)[2014-12-26]. http://www.mcc.gov/pages/countries/program/malawi-compact.

面，3700 万美元用于该国的艾滋病防治。[①]

表 5-8 2012—2013 年美国国际开发署对马拉维的援助 [②]

（单位：百万美元）

项目	2011 年（实际）	2012 年（预计）	2013 年（请求）
项目总和	172.6	166.7	145.8
发展援助	37.0	31.5	19.0
粮食用于和平	20.7	18.0	11.0
全球健康项目—国家	46.4	46.4	45.1
全球健康项目—美国国际开发署	68.0	70.5	70.4
国际军事教育与培训	0.4	0.3	0.3

2015 年 6 月，千年挑战公司马拉维分公司与印度一家公司签订 890 万美元的电力基础设施发展协议，旨在大幅提高马拉维电力公司的电力输出能力，以保证供电质量。[③] 同年 10 月，千年挑战公司马拉维分公司与法国一家企业签订 750 万美元的电力输送系统改造合同。这两个项目都是 3.5 亿美元千年挑战公司电力项目的一部分。2015 年 10 月，美国海外私人投资公司对外宣布，其对马拉维中小型企业 1 亿美元的资助基金已经进入最后审批程序。2016 年 2 月 24 日，马拉维与美国共同签署了一份军事合作协议，旨在为未来两国开展军事合作提供一个框架。[④] 近年来，美国在人道主义援助方面，也给予过马拉维诸多帮助。2016 年 2 月，美国向马拉维提供 2700 万美元的粮食援助，旨在帮助马拉维灾民度过困难时期。[⑤]8 月，美国又向马拉维提供 4750 万美元的粮

① USAID. *Malawi 2012-13 Education Fact Sheet* [2014-12-26]. http://www.usaid.gov/where-wework/africa/Malawi; USAID. *Malawi 2012-13 Sustainable Economic Growth Fact Sheet* [2014-12-26]. http://www.usaid.gov/where-wework/africa/Malawi; USAID. *Malawi 2012-13 Health, Population, and Nutrition Fact Sheet* [2014-12-26]. http://www.usaid.gov/where-wework/africa/Malawi.

② Nicolas Cook. “Malawi: Recent Developments and U.S. Relations”. Congressional Research Service, March 21, 2013.

③ 《美国千年挑战公司（马拉维）签署新的电力协议》，中国驻马拉维大使馆经商参处网站，2016 年 7 月 1 日，http://malawi.mofcom.gov.cn/article/jmxw/201607/20160701352400shtml，2017 年 4 月 30 日。

④ 《马拉维与美国签署军事合作协议》，中国驻马拉维大使馆经商参处网站，2016 年 2 月 26 日，http://malawi.mofcom.gov.cn/article/jmxw/201602/20160201263851.shtml，2017 年 4 月 30 日。

⑤ 《美国向马拉维提供 2700 万美元粮食援助》，中国驻马拉维大使馆经商参处网站，2016 年 3 月 1 日，http://malawi.mofcom.gov.cn/article/jmxw/201603/20160301266224.shtml，2017 年 4 月 30 日。

食援助。[①]11 月，美国再次向马拉维提供 2300 万美元粮食援助。[②]2017 年 2 月，美国继续向马拉维提供 460 万美元粮食援助。[③]

（二）马拉维与美国在经贸领域的合作

21 世纪以来，马拉维与美国之间的经贸关系得到发展。其中，“美非经贸合作论坛”、“美非领导人峰会”、《非洲增长与机遇法案》及其修正案起到了重要的推动作用。正是借助美非之间的经贸合作机制，马拉维与美国的经贸合作更具活力。通过“美非经贸合作论坛”这一平台，马拉维和美国的政府官员、企业、非政府组织（Non-Government Organization, NGO）等可以进行交流与合作。2014 年，首届“美非领导人峰会”举行，马拉维新当选的总统阿瑟·彼得·穆塔里卡亲赴美国，为本国经济发展寻求更多的援助和投资。他希望美国企业能够充分利用马拉维的劳动力优势和广大市场，加大对马拉维的投资。其中，包括采矿业和矿业加工，如铝土矿、铌、磷锆镧矿、煤和铀矿等。[④]《非洲增长与机遇法案》及其修正案的颁布，为两国之间的经贸合作提供了法律基础和制度保障。依托《非洲增长与机遇法案》及其修正案，马拉维商品出口到美国享受普惠制（Generalized System of Preferences, GSP）的免关税待遇。跨入 21 世纪以后，两国的贸易情况如下：

2001 年，马拉维免关税出口到美国的商品价值达 3540 万美元，占该国对美国商品出口额的 49%，其中，绝大多数是农产品。[⑤]2002 年，马拉维免关税出口到美国的商品价值达 4700 万美元，占该国对美国商品出口额的 69%，涉及的劳动人数达 6500 名，包括 2500 个就业岗位。[⑥]2003 年，马拉维免关税出

① 《美国再次向马提供 350 亿克瓦查粮援》，中国驻马拉维大使馆经商参处网站，2016 年 8 月 23 日，http://malawi.mofcom.gov.cn/article/jmxw/201609/20160901386019.shtml，2017 年 4 月 30 日。

② 《美国政府再次向马提供 2300 万美元粮食援助》，中国驻马拉维大使馆经商参处网站，2016 年 11 月 3 日，http://malawi.mofcom.gov.cn/article/jmxw/201611/20161101603076.shtml，2017 年 4 月 30 日。

③ 《美国再次向马提供 460 万美元粮食援助》，中国驻马拉维大使馆经商参处网站，2017 年 2 月 20 日，http://malawi.mofcom.gov.cn/article/jmxw/201703/20170302534053.shtml，2017 年 4 月 30 日。

④ 《马拉维总统穆塔里卡欢迎美国企业投资》，中国商务部网站，2014 年 8 月 7 日，http://www.mofcom.gov.cn/article/i/jyjl/k/201408/20140800689991.shtml，2015 年 4 月 30 日。

⑤ Office of the U.S. Trade Representative. “2002 Comprehensive Report on U.S. Trade and Investment Policy Toward Sub-Saharan African and Implementation of the African Growth and Opportunity Act”. *The Second of Eight Annual Reports*, May 2002, p.109.

⑥ Office of the U.S. Trade Representative. “2003 Comprehensive Report on U.S. Trade and Investment Policy Toward Sub-Saharan African and Implementation of the African Growth and Opportunity Act”. *The Third of Eight Annual Reports*, May 2003, p.96.

口到美国的商品价值达5930万美元，占其对美国商品出口额的74%，其中，纺织和服装是新的贸易领域。[①]2004年，马拉维免关税出口到美国的商品价值达6440万美元，占其对美国商品出口额的81%。[②]2005年，马拉维免关税出口到美国的商品价值达6600万美元，占其对美国商品出口额的57%。[③]2006年，马拉维免关税出口到美国的商品价值达6100万美元，占其对美国商品出口额的77%。[④]2007年，马拉维免关税出口到美国的商品价值达5900万美元；包括茶叶、服装、糖、坚果和扁豆。[⑤]

在《非洲增长与机遇法案》及其修正案之下，通过以上数据可以看出马拉维商品免关税出口到美国的贸易状况。《非洲增长与机遇法案》经历过多次修订，部分内容进行过调整，优惠的范围及年限进行过扩展和延长，这更有利于马拉维商品出口到美国。当然，美国的《非洲增长与机遇法案》也存在诸多问题，客观上限制了马拉维商品对美国的出口。阿瑟·彼得·穆塔里卡总统上台执政以后，马拉维政府就希望灵活运用《非洲增长与机遇法案》的规则，更好地促进马拉维商品对美国的出口。

近年来，马拉维与美国之间的贸易往来较为频繁。当然，两国贸易额也受到多种因素影响，有所波动。2010年，马拉维对美国的出口额为6910万美元，从美国的进口额为4080万美元。[⑥]2012年，马拉维对美国的出口额为6290万美元，从美国的进口额为7030万美元。[⑦]2013年，马拉维与美国的贸易总额为1.27亿美元，其中，马拉维对美国的出口额为7300万美元，从美国的进口

① Office of the U.S. Trade Representative. "2004 Comprehensive Report on U.S. Trade and Investment Policy Toward Sub-Saharan African and Implementation of the African Growth and Opportunity Act". *The Fourth of Eight Annual Reports*, May 2004, p.93.

② Office of the U.S. Trade Representative. "2005 Comprehensive Report on U.S. Trade and Investment Policy Toward Sub-Saharan African and Implementation of the African Growth and Opportunity Act". *The Fifth of Eight Annual Reports*, May 2005, p.97.

③ Office of the U.S. Trade Representative. "2006 Comprehensive Report on U.S. Trade and Investment Policy Toward Sub-Saharan African and Implementation of the African Growth and Opportunity Act". *The Sixth of Eight Annual Reports*, May 2006, p.107.

④ Office of the U.S. Trade Representative. "2007 Comprehensive Report on U.S. Trade and Investment Policy Toward Sub-Saharan African and Implementation of the African Growth and Opportunity Act". *The Seventh of Eight Annual Reports*, May 2007, p.105.

⑤ Office of the U.S. Trade Representative. "2008 Comprehensive Report on U.S. Trade and Investment Policy Toward Sub-Saharan African and Implementation of the African Growth and Opportunity Act". *The Eighth of Eight Annual Reports*, May 2008, p.115.

⑥ IHS Global Insight. *Country Intelligence: Report Malawi.* IHS Global Insight, June 1, 2012, pp.11-12.

⑦ IHS Global Insight. *Country Intelligence: Report Malawi.* IHS Global Insight, June 4, 2013, p.10.

额为5400万美元，贸易顺差为1900万美元。[①]2014年，马拉维对美国的出口额下降至6680万美元，贸易顺差降至1600万美元。[②] 美国是马拉维重要的贸易合作伙伴，马拉维重视与美国在经贸领域的合作。

第三节 马拉维与中国的关系[③]

1964年，马拉维取得国家独立。中国政府曾就两国建交的问题与其官方进行过积极接触。然而，马拉维长期未同中国政府建交。这是由当时的国际冷战背景、地区政治环境，以及该国的国内政治等因素共同决定的。马拉维独立后不久，班达和以卡尼亚马·丘梅、契彭贝尔为首的内阁部长们在该国内政、外交政策方面出现对抗性的分歧。内阁部长们奉行“泛非主义”外交路线，主张同中国政府建交，以获取中国方面的经济援助。同时，希望依靠中国政府的大力支持，帮助其他非洲国家争取民族解放和国家独立。班达奉行“现实主义”外交路线，倒向资本主义阵营，希望得到西方国家的援助和支持。经过反复考虑以后，他拒绝与中国政府建交。马拉维外交部部长曾与中国外交特使在坦桑尼亚的达累斯萨拉姆进行过谈判，并达成两国建交的初步共识。然而，班达对此极力反对。“内阁危机”结束后，班达掌握国家各项大权，推行亲西方的“现实主义”外交路线，反对同社会主义国家进行接触和交往。班达执政以后，自然不会同中国政府建交。

20世纪90年代以来，随着国际、地区形势的变化，中国综合国力的逐步提升，基于对国家利益的现实考量，2007年12月28日，马拉维与中国政府终于建立起大使级的外交关系。建交以后，两国关系发展较快，成绩显著，但也存在着不少问题，需要双方进行沟通和解决。近年来，马拉维外交也在积极“向东看”，中国因素已成为该国经济发展的新动力。同时，马拉维政府认为，

---

① 《马拉维同美国近年双边贸易和投资情况》，中国商务部网站，2014年8月14日，http://www.mofcom.gov.cn/article/i/dxfw/gzzd/201408/20140800698340.shtml，2015年4月30日。

② 《马2014年对美出口降至6680万美元》，中国驻马拉维大使馆经商参处网站，2014年8月14日，http://malawi.mofcom.gov.cn/article/jmxw/201504/20150400945814.shtml，2015年4月30日。

③ 本节内容经过修改已经公开发表，参见武涛：《马拉维对华关系的转型：1964—2015年》，见李安山主编：《中国非洲史研究会文集（2015）》，社会科学文献出版社2016年版，第204—220页。

“中国以市场为导向的经济可以借鉴”[①]。“中国模式”、中国减贫和发展的有益经验，对该国经济发展都有重要的参考价值。

目前，马拉维与中国已经形成了合作共赢的伙伴关系。未来，两国的发展空间还很广阔，潜力较大，可以借助有利的机制和政策进行深度挖掘。

一、马拉维长期未同中国政府建交的原因

1964 年 7 月 6 日，马拉维对外宣布独立。早在 7 月 4 日，中国外交部部长陈毅就发去电报，表示中国政府承认马拉维的主权独立。[②] 然而，马拉维举行独立庆典时，班达同时邀请了中国政府和中国台湾当局代表参加，遭到中国政府的严词拒绝。随后，《人民日报》发表评论：“加入到帝国主义冷战中，毫不掩饰地干涉中国内政。”[③] 中国政府要求马拉维拒绝让中国台湾当局人员在场，但班达指出中国无权要求马拉维做出这样的决定。实际上，班达对与中国政府的外交立场犹豫不决。正如他自己所言，“需要时间进行综合考虑”，以判断此事对该国的利弊。他认为，同中国政府建交，不仅是外交政策问题，更是冷战时期的战略决策问题。最终，中国政府未派人员前往马拉维参加其独立庆典。

建国初期，马拉维的国内政治直接影响到两国能否建交。班达同以卡尼亚马·丘梅、契彭贝尔为首的内阁部长们在该国内政、外交政策方面出现对抗性的分歧，这种政治对立可以追溯到英国殖民统治时期。当时，为了争取民族独立，他们彼此达成妥协。独立以后，他们之间的矛盾难以调和，一触即发。

关于是否同中国政府建交的问题，双方立场完全对立。

一方面，内阁部长们追随非洲地区的政治浪潮，推行反殖民主义、反种族主义的“泛非主义”外交路线，主张同中国政府建交。

他们按照非洲统一组织的要求，同非洲刚独立的国家站在一起，大力支持非洲各国的民族解放运动。意识形态方面，他们倒向社会主义阵营一边，

① 《马拉维共和国总统：中国以市场为导向经济可借鉴》，网易网站，2015 年 4 月 30 日，http://money. 163.com/15/0909/18/B33DGTOM0025565C.html#from=relevant#xwwzy_35_bottomnewskwd，2015 年 9 月 9 日。

② 陈毅：《中华人民共和国外交部长陈毅关于中华人民共和国政府决定承认马拉维，给马拉维（尼亚萨兰）总理海斯廷斯·班达的电文》，《中华人民共和国国务院公报》1964 年第 11 期。

③ Carolyn McMaster. *Malawi—Foreign Policy and Development.* Julian Friedmann, 1974, p.59.

积极加强同社会主义国家的合作，借此给殖民统治的残余力量以沉重打击。周边国家赞比亚、坦桑尼亚同中国建交后，彼此关系友好。这为马拉维同中国建立外交关系提供了可能。卡尼亚马·丘梅、契彭贝尔等内阁部长支持同中国政府建立外交关系。他们认为，不应该给本国树立敌人，要接受非洲和国际形势的现实。① 毫无疑问，马拉维不可能忽视中国的存在。他们期望获得中国政府的经济援助，也希望借助中国政府的大力支持，帮助其他非洲国家取得民族独立。1964 年 8 月，马拉维 3 位内阁部长同中国外交特使何英在坦桑尼亚的达累斯萨拉姆进行了关于两国建交问题的外交谈判。最终，双方达成初步共识，即中国政府将给予马拉维的援助金额由原先的 600 万美元提高到 1800 万美元。②

> 相比于“名存实亡的中华民国”，马拉维难以承受同中华人民共和国这个强大国家为敌的压力。从长远来看，马拉维不用担心，只有采取合乎逻辑的步骤，承认中华人民共和国，并且忽略中国台湾。这不仅是一种责任，也避免为我们带来不必要的麻烦。
>
> ——内阁部长们主张同中国建交的讲话③

另一方面，班达立足对国内外局势的判断和对国际政治本质的考量，奉行亲西方、亲白人种族主义政权的“现实主义”外交路线，敌视社会主义国家，拒绝同中国这个社会主义大国建交。

独立初期，班达反对同中国建交的原因包括：

（1）他担心因此得罪西方阵营，使本国同西方国家的关系恶化，得不到经济援助和投资，给本国的进出口贸易带来灾难性的影响；

（2）他对社会主义和共产主义极为厌恶，因此不可能同中国这个社会主义大国建交；

（3）他担心内阁部长们同中国关系亲密会威胁到自身的政治统治地位；

---

① Colin Baker. *Revolt of the Ministers: The Malawi Cabinet Crisis, 1964–1965*. I.B. Tauris, 2001, p.131.

② Owen J. M. Kalinga, Cynthia A. Crosby. *Historical Dictionary of Malawi*. Scarecrow Press, 2001, p.72.

③ Colin Baker. *Revolt of the Ministers: The Malawi Cabinet Crisis, 1964–1965*. I.B. Tauris, 2001, p.131.

（4）中国这个社会主义大国在周边地区的外交活动频繁，对邻国有较大的政治影响，他担忧本国的国家安全会因此受到威胁。

马拉维外交部部长卡尼亚马·丘梅等同中国方面达成建交初步共识，班达听闻后极为吃惊和恼怒，并且表示坚决反对。卡尼亚马·丘梅等内阁部长要求班达承认中华人民共和国时，他认为部长们的语气是一种命令和强迫。他拒绝接受中国政府的巨额援助，认为这是一种“赤裸裸的贿赂”。1964 年 9 月 15 日，中国驻坦桑尼亚使馆发表声明，指出这是毫无根据的捏造和谎言。[①] 实际上，马拉维同中国建交的问题被班达同内阁部长们的政治博弈所“绑架”。中国政府的援助也被班达当作攻击内阁部长们的借口，被指责为“行贿和腐败”。[②]

实际上，班达一直怀疑中国支持该国的前内阁部长成员。马拉维国内局势缓和以后，班达曾试图缓和同中国的关系。1964 年 12 月，班达曾在联合国大会召开前夕发表讲话，指出要让中国重返联合国。[③] 然而，数周以后，当他错误判断中国支持“叛逃”出境的前内阁部长时，他就转变了支持中国政府的立场。从那时起，马拉维官方支持中国台湾当局继续留在联合国，还于 1966 年同中国台湾当局建立了所谓“外交关系”。[④]

> 中华人民共和国过去的经历表明，他对武装斗争尤为崇敬，他对其他国家的事务公开干涉，直言不讳地憎恨联合国组织。我们觉得，一些国家赞成他加入联合国之前，应该要求他在这些问题方面，要有改变之心和真正意愿的具体证明。如果承认，就必须尊重和遵守联合国的基本原则。
>
> ——1965 年 9 月马拉维总理班达在联大会议中的讲话[⑤]

---

① ［英］约翰·G. 派克著，史一竹译：《马拉维政治经济史》，商务印书馆 1973 年版，第 256 页。注：1963 年 12 月 14 日至 1964 年 2 月 10 日，中国国务院总理周恩来出访非洲十国，提出了中国对外经济、技术援助的“八项原则”。其中，包括平等互利、不附加任何政治条件、不干涉内政等。具体内容，参见赵儒林：《中非关系 50 年大事记（1949~1999）》，《西亚非洲》2000 年第 5 期，第 73—74 页。

② Carolyn McMaster. *Malawi—Foreign Policy and Development.* Julian Friedmann, 1974, p.59.

③ Owen J. M. Kalinga, Cynthia A. Crosby. *Historical Dictionary of Malawi*. Scarecrow Press, 2001, p.72.

④ Ibid, p.72.

⑤ Harvey J. Sindima. *Malawi's First Republic: An Economic and Political Analysis.* University Press of America, 2002, p.182.

班达基于国际冷战背景和地区政治环境，以本国的现实利益为立足点，推行亲西方的“现实主义”外交路线。他对中国持敌视态度，并认为中国是“干涉主义”和“帝国主义”国家。他还罗列出所谓“事实”，包括中国的军事力量；中国在财政方面支持马拉维的前内阁部长们，特别是外交部部长卡尼亚马·丘梅；中国支持“莫解阵”的活动；等等。[①] 他曾在英联邦会议的多边场合，对中国的各种行为横加指责。他站在西方阵营一边，支持西方国家对中国进行战略遏制。意识形态方面的对立，使得马拉维同中国不可能建立外交关系。

马拉维国内两种外交路线的冲突和博弈是理想与现实、道义与利益的激烈碰撞。在是否同中国建交的问题上，班达和内阁部长们的立场完全相悖。经过“内阁危机”的政治博弈，班达确立起一党专政的威权统治体制。他独揽国家各项大权，推行“现实主义”外交路线。

通过以上论述可以看出，两国未能建交的影响因素有2个：一是马拉维国内两大政治集团外交路线的对抗；二是受当时国际冷战局势和地区政治等的影响。

马拉维“内阁危机”结束后，内阁部长们被解职或自动放弃职权。参与“叛乱”的6位部长陆续逃往邻国赞比亚和坦桑尼亚，但这仍令班达感到不安。此后，马拉维对中国仍保持高度警惕，[②] 害怕社会主义思想渗透到本国境内。他还担心中国政府可能会“输出革命”，帮助这些“叛逃阁员”返回国内，推翻自己在本国的政治统治。因此，马拉维长期未同中国建交，也没有正式的官方交往。当然，中国政府也不可能同马拉维交往。

班达曾带领马拉维人民创造出“马拉维式的经济奇迹”。1964—1979年，马拉维国内生产总值年均增长率达到6%；1980—1991年，虽受旱灾、出口受阻等的影响，但仍以3.1%的速度不断增长。[③] 马拉维经济长期依赖英国、美国、德国、丹麦等西方国家，加上自身经济发展取得显著成绩，使得该国没有必要同中国进行经济合作。20世纪80年代，马拉维经济陷入困境，该国积极拓展

---

① Harvey J. Sindima. *Malawi's First Republic: An Economic and Political Analysis*. University Press of America, 2002, p.182.

② T. David Williams. *Malawi: The Politics of Despair.* Cornell University Press, 1978, p.307.

③ 葛佶：《简明非洲百科全书（撒哈拉以南）》，中国社会科学出版社2000年版，第572页。

本国的外交空间，并同部分社会主义国家建立起外交关系。[①] 然而，马拉维未改善其与中国的关系，主要有以下 3 个原因。

第一，冷战还未结束，班达仍对中国这个社会主义大国心存不安，担忧其威胁本国的国家安全，更不敢因此得罪西方国家。

第二，中国的经济还处于困难时期，改革开放还处于起步阶段，中国对非工作的重心是进行经济合作。两国的经济并非相互依赖，因此，双方都不会过多地关注对方。

第三，马拉维与坦桑尼亚的关系刚刚改善，其通过中国援建的坦赞铁路，解决本国货物进出口问题还处于设想阶段。况且，这条北线存在线路较远、成本较高、运量有限等问题。因此，马拉维没有必要急于改善同中国的关系。

冷战结束后，马拉维和中国在政府和民间层面有了间接接触。由于各种因素的限制，直到 2007 年岁末，两国才建立外交关系。

二、马拉维对华关系的转型过程

1966 年，马拉维同中国台湾当局建立了所谓“外交关系”。1966—2007 年，马拉维同中国台湾当局将这种关系维持了 42 年之久。2007 年 12 月 28 日，马拉维与中国政府建立大使级外交关系，并彻底断绝同中国台湾当局的往来。

（一）马拉维同中国台湾当局的所谓“外交关系”

班达对外推行“现实主义”外交路线，拒绝同中国政府建交。加上中国台湾当局的政治拉拢和经济诱惑，基于国家安全和国家利益的理性考虑，1966 年，马拉维同中国台湾当局建立了所谓“外交关系”。

冷战期间，马拉维同中国台湾当局的合作关系受到国际环境的影响较大。当然，这其中也包括各自的利益需求。1967 年 8 月，马拉维总统班达出访中国台湾地区。中国台湾当局向马拉维派出农业技术人员，帮助该国农民学习种植水稻的方法。1968 年 3 月，双方还签署了“经济合作协定”。[②]1977 年，双

① 1982 年，马拉维同朝鲜建交；1985 年，又分别同罗马尼亚、阿尔巴尼亚建交。Owen J. M. Kalinga, Cynthia A. Crosby. *Historical Dictionary of Malawi.* Scarecrow Press, 2001, Chronology.

② 世界知识年鉴编辑委员会：《1982 世界知识年鉴》，世界知识出版社 1982 年版，第 313 页。

方将“农业技术协定”延长两年。马拉维同中国台湾当局的交流和互访较为频繁，主要涉及议会、行政院、政党、工商界等部门。1980 年，马拉维同中国台湾当局的议会、行政院等进行过互访。1981 年，中国台湾当局派人出访马拉维。1982 年，中国台湾“国大”代表团出访马拉维。1984 年 9 月，马拉维同中国台湾当局签订两项“灌溉工程协定”。[①]1990 年 11 月，马拉维同中国台湾当局签订“提供军事装备”的协定，继续开展水利灌溉等项目的合作。[②] 马拉维同中国台湾当局保持着亲密的政治、经济合作关系。中国台湾当局给予马拉维的援助项目包括：签订通航协议；提供经济援助；农业技术援助；贷款购买飞机；建造医院；修筑公路；派遣医疗队；培训技术人员；等等。此外，还给予马拉维人道主义援助。

1994 年，马拉维实行多党民主制，该国的外交政策有所变化，开始同中国政府进行接触。然而，两国关系还未发展到建交的程度。这是由于在这个阶段西方国家借民主、人权等问题围堵中国，中国外交处于困境之中；中国台湾当局则借此机会，通过“银弹外交”（Money Diplomacy），积极维护所谓“邦交关系”，同时，阻挠马拉维同中国政府、民间进行接触。随着“台独”势力的抬头，中国台湾当局开始拓展“外部空间”，通过给予马拉维更多的经济利益，要求其帮助中国台湾加入联合国、世界卫生组织等机构。1997 年，中国台湾当局向马拉维提供 2700 万美元的援助；1998 年，中国台湾当局向马拉维提供 250 万美元的资金援助，并同马方签署提供 1500 万美元修建医院的协议；[③]2002 年，中国台湾当局向马拉维提供 6000 万美元的贷款用于修筑该国的公路；[④] 马拉维同中国台湾当局还签署过相关协议，承诺支持中国台湾加入联合国等机构。

1995 年、1996 年、1999 年、2002 年和 2003 年，马拉维总统穆卢齐 5 次出访中国台湾地区。当然，双方也有经贸合作。2001 年，双边贸易额为 1061 万美元。[⑤]2004 年，双边贸易额为 956.3 万美元。2005 年，宾古·瓦·穆塔里

---

① 葛公尚：《万国博览·非洲卷》，新华出版社 1998 年版，第 644 页。
② 世界知识年鉴编辑委员会：《1991/92 世界知识年鉴》，世界知识出版社 1992 年版，第 339 页。
③ 世界知识年鉴编辑委员会：《1998/99 世界知识年鉴》，世界知识出版社 1999 年版，第 405 页。
④ 世界知识年鉴编辑委员会：《2003/2004 世界知识年鉴》，世界知识出版社 2004 年版，第 437 页。
⑤ 世界知识年鉴编辑委员会：《2001/2003 世界知识年鉴》，世界知识出版社 2003 年版，第 449 页。

卡总统出访中国台湾地区，马拉维借此获得了军事和经济等方面的援助。

（二）马拉维与中国政府的早期接触及最终建交

20 世纪 90 年代以前，马拉维同中国政府没有任何直接交往。20 世纪 90 年代初，两国官方开始了早期的外交接触。1992 年，中国驻津巴布韦大使受邀以非官方的身份走访该国；中国红十字会还为该国的旱灾提供 1500 吨玉米的粮食援助。[①]1994 年，穆卢齐当选为民主化以来马拉维的首位总统。中国时任国家主席江泽民致电予以祝贺，并表达了中国愿在和平共处五项原则基础上同马拉维建立并发展友好合作关系的愿望。[②] 此时，穆卢齐总统对于重新评估两国关系很感兴趣，首次派出内阁部长访问中国。[③]1994 年，中国常驻联合国代表李肇星在联大会议期间会见了马拉维外交部部长。

1995 年，马拉维同中国政府的间接交往更为频繁。中国驻津巴布韦大使顾欣尔应邀非正式访问马拉维，中国红十字会还为该国捐赠了 30 万美元现汇，马拉维政府代表团参加在北京举行的第四届“联合国世界妇女大会”，中国经贸代表团出访马拉维。1996 年 6 月，中国驻津巴布韦大使刘贵今访问马拉维。同年，两国还通过“南共体”部长级会议、议联大会、世界太阳能高峰会议等多边场合进行过间接交流。1997 年，马拉维的主要新闻媒体记者访问中国。1998 年，马拉维新闻部长访问中国。2000 年，马拉维常驻联合国代表走访中国。2002 年，马拉维驻日大使走访北京进行交流。马拉维还受到中国邀请，以观察员身份出席中非合作论坛部长级会议。2006 年，马拉维工会大会代表团出访中国。[④] 两国官方和民间交往增多，为改善双边关系奠定了基础。

当时，两国的经贸关系也有所变化。中国对马拉维的商品出口包括纺织品、服装、日用品等。马拉维也向中国出口少量的木材、茶叶等经济作物。此外，中国华为公司积极帮助马拉维建设光缆，与其进行信息技术方面的合作。两国的经贸总额，2001 年仅有 490 万美元，[⑤]2003 年为 1079 万美元，2004 年

---

① 世界知识年鉴编辑委员会：《1994/95 世界知识年鉴》，世界知识出版社 1995 年版，第 347 页。

② 世界知识年鉴编辑委员会：《1995/96 世界知识年鉴》，世界知识出版社 1996 年版，第 345 页。

③ Owen J. M. Kalinga, Cynthia A. Crosby. *Historical Dictionary of Malawi*. Scarecrow Press, 2001, p.72.

④ 王娇萍：《孙春兰会见马拉维工会客人》，《工人日报》2006 年 3 月 2 日。

⑤ 汪勤梅：《中国和马拉维经贸发展推动双边外交关系》，《中国经济时报》2008 年 1 月 31 日。

为1880万美元，2006年达到3173万美元。[①] 两国经贸关系的发展有助于推进两国关系的改善。

20世纪90年代，中国外交遭受西方国家的围堵，处在困境之中。更为重要的是，中国经济实力还不够强大，马拉维看不到同中国建交能有多大益处。90年代末，尽管有迹象表明，马拉维有可能会紧随南非之后，同中国政府建交，[②] 但基于国家利益的现实原因，两国没能在世纪之末建交。

进入21世纪，随着中国综合国力的提升，马拉维开始考虑同中国政府建交。原因有以下3个方面。

第一，马拉维越来越不能承受忽视中国所付出的代价。马拉维需要借助中非合作论坛机制，搭乘中国经济高速发展的“快车”，谋求自身发展所需的经济利益。

第二，马拉维同中国台湾当局的“外交关系”出现不少问题。中国台湾当局认为马拉维方面敷衍了事，没有履行自己的政治承诺，反而不断地抬高援助金额的要价；马拉维则认为中国台湾当局“说多做少”“一拖再拖，难以兑现”，其援建项目是“豆腐渣工程”。[③]

第三，经过两年的谈判，马拉维和中国在建交方面已达成初步共识。中国政府承诺为该国提供项目援助。据报道，中国政府的援助金额达到60亿美元。[④] 更为重要的是，马拉维总统宾古·瓦·穆塔里卡支持两国建交，议会也已通过两国建交的相关决议。

2007年12月28日，马拉维与中国发表建交联合公报。马拉维政府宣布，承认中华人民共和国政府是中国唯一合法的政府，台湾是中国领土不可分割的一部分，并支持中国政府的祖国统一大业。[⑤] 自此，两国关系拉开新的序幕。

---

① 世界知识年鉴编辑委员会:《2004/2005世界知识年鉴》，世界知识出版社2005年版，第433页；世界知识年鉴编辑委员会:《2006/2007世界知识年鉴》，世界知识出版社2007年版，第427页；世界知识年鉴编辑委员会:《2007/2008世界知识年鉴》，世界知识出版社2008年版，第428页。

② Owen J. M. Kalinga, Cynthia A. Crosby. *Historical Dictionary of Malawi*. Scarecrow Press, 2001, p.72. 注: 1998年1月1日，南非与中国建交。

③ 《台当局说多做少，“豆腐渣”工程轰塌台马“邦交”》，《国际先驱导报》2008年1月22日。

④ 《马拉维与台湾方面断交，与北京建交》，和讯网，2008年1月15日，http://news.hexun.com/2008-01-15/102874699.html，2015年4月30日。

⑤ 《中国与马拉维建交》，《人民日报》2008年1月15日。

三、马拉维与中国的合作关系：表现、问题及对策

马拉维与中国建交以后，中国政府援建的议会大厦、国际会议中心暨商务宾馆、马拉维科技大学、国家体育馆等大型项目都按期、保质完成。马拉维总统宾古·瓦·穆塔里卡表示，中国的援助不附加任何政治条件，中国政府“言必信，行必果”，是马拉维真正的好朋友、好伙伴。[①] 他曾多次在中国援建项目的交接仪式中喊出：“中华人民共和国万岁！”马拉维人民也随之欢呼，载歌载舞。2009 年 12 月 12 日，他在中国援建的国际会议中心暨商务宾馆开工仪式上讲道：“如今还有谁敢指着我的鼻子说，我与中华人民共和国建交是错误的吗？”全场一致高呼：“没有。”[②] 近年来，两国的合作关系发展较快，成绩显著。同时，也存在着不少问题，需要双方进行沟通和解决。

（一）马拉维与中国合作关系的表现

两国建交后，双边关系得到快速发展。近年来，两国的政党、地方政府、社会团体等的交往较为频繁。同时，两国在中非合作论坛、中国—南亚博览会、中国—东北亚博览会等多边场合也有密切合作。两国的合作主要涉及政治、经济、科教文卫等方面。

1. 政治方面。

建交以后，两国高层之间互访频繁。2008 年 1 月 26 日，马拉维总统宾古·瓦·穆塔里卡会见了来访的中国国家主席胡锦涛的代表、中国外交部部长助理翟隽。同日，马拉维外交部部长乔伊斯·班达同中国外交部部长助理翟隽共同出席中国驻马拉维大使馆的揭牌仪式。[③]2008 年 3 月 25 日，胡锦涛主席在北京会见了宾古·瓦·穆塔里卡总统。两国领导人还签署了经济、技术合作协议。[④]2008 年 3 月 26 日，宾古·瓦·穆塔里卡总统出席了马拉维驻中国大使馆的开馆仪式。2009 年 1 月 15 日，他在利隆圭会见了中国外交部部长杨洁篪，双方就两国未来的合作问题进行了广泛交流。2013 年，马拉维女总统乔

① 《中国援马拉维科技大学项目隆重举行奠基仪式》，中国外交部网站，2011 年 4 月 12 日，http://www.fmprc.gov.cn/mfa_chn/wjdt_611265/zwbd_611281/t814267.shtml，2015 年 5 月 30 日。

② 《马拉维总统穆塔里卡盛赞中国是“伟大的朋友”》，中国外交部网站，2009 年 12 月 13 日，http://www.fmprc.gov.cn/mfa_chn/zwbd_602255/wshd_602258/t633103.shtml，2015 年 5 月 30 日。

③ 王能标：《马拉维总统会见中国国家主席代表》，《人民日报》2008 年 1 月 28 日。

④ 曹鹏程：《胡锦涛与马拉维总统举行会谈》，《人民日报》2008 年 3 月 26 日。

伊斯·班达出席了在中国云南省昆明市举办的中国—南亚博览会，并就与中国在烟草、花卉、旅游、能源等领域的合作进行了交流。[①]

2015 年 1 月，中国国家主席习近平致电马拉维总统阿瑟·彼得·穆塔里卡，对该国发生的洪涝灾害进行了慰问。2015 年 9 月 7 日，阿瑟·彼得·穆塔里卡总统对中国进行了为期 5 天的访问。他认为，此次访华“为马拉维的发展打开了一扇窗户”。9 月 10 日，中国国务院总理李克强会见了来华出席达沃斯论坛的阿瑟·彼得·穆塔里卡总统。2015 年 12 月 5 日，马拉维总统阿瑟·彼得·穆塔里卡在中非合作论坛约翰内斯堡峰会上高度赞扬中非合作和两国关系，并希望在得到中国援助和投资的同时，学习中国减贫与发展的经验。[②] 此外，两国的政党、地方政府、社会团体等也有往来。例如，马拉维利隆圭市同中国广西南宁市结成友好城市，马拉维布兰太尔市同中国江西南昌市结成友好城市。

2. 经济方面。

近年来，两国经贸合作关系发展较快。2007 年，两国的经贸总额仅有 4282 万美元；2013 年，就已达到 2.5 亿美元。[③]2009 年 6 月，马拉维副总统乔伊斯·班达出席了中非棉业公司巴拉卡项目的剪彩仪式。2010 年，马拉维同中国签署关于输往中国商品免关税待遇的换文，涉及的马拉维商品包括农产品、矿产、纺织品等。2010 年，两国的经贸总额为 1.12 亿美元，增长率达到 36.1%，其中马拉维出口到中国的商品包括烟草、茶叶、棉花、咖啡及木材等。[④]2011 年 3 月，中国公司对马拉维的投资已达 3500 万美元，包括 39 个中方企业，涉及农产品、建筑、通信、零售、木材等相关领域或行业。[⑤]2012 年，两国签署了《团体旅游谅解备忘录》。2014 年，马拉维与中国共同举行投资洽谈会。2014 年 10 月 21 日，马拉维与中国签署换文，该国 97% 的商品输华将

① 张寅、张彤:《李纪恒会见马拉维总统》,《云南日报》2013 年 6 月 6 日。

② 《马拉维总统穆塔里卡盛赞中非合作和中马关系》，中国商务部网站，2015 年 12 月 7 日，http://www.mofcom.gov.cn/article/i/jyjl/k/201512/20151201204693.shtml，2017 年 4 月 30 日。

③ 《驻马拉维大使张清洋就中马关系在〈每日时报〉发表署名文章》，中国驻马拉维大使馆网站，2015 年 2 月 16 日，http://mw.china-embassy.org/chn/sghdhzxxx/t1238539.htm，2017 年 4 月 30 日。

④ 伊佳:《马拉维：农业才是顶梁柱》,《国际商报》2012 年 1 月 16 日。

⑤ 胡玉灰:《马拉维：生产者是老大》,《国际商报》2011 年 8 月 1 日。

会受到免关税的待遇。[①]2015 年 1 月 29 日，马拉维与中国签署两项《经济技术合作协定》。[②]2015 年 6 月 5 日，中国北京信威通信公司计划投资 2 亿美元，为该国农村地区提供通信网络建设服务。[③]

2015 年 8 月 23 日，中国政府商贸代表团访问马拉维。2015 年 10 月 21 日，马拉维与中国开展进一步合作计划，包括建设 30 万 kw 的燃煤电站、电子政务网等，总共约 15 亿美元。[④]2015 年 12 月，马拉维政府对外宣布，中国即将启动第二期援马项目，总金额约 10 亿美元，主要涉及能源、旅游、农业和制造业等领域。2016 年 6 月，中国—马拉维投资论坛在利隆圭举行。2016 年 11 月，两国政府签署 2300 万美元光纤骨干网优惠贷款项目的框架协议。[⑤] 该项目将改善马拉维的网络现状，促进该国信息产业的发展。

马拉维与中国的经贸合作，空间较广，潜力较大。未来两国将会在农业、交通、基础设施、信息通讯、能源、电力、旅游等领域加强合作。马拉维是以经济作物出口为导向的农业国家，该国的烟草、茶叶、棉花、咖啡等农产品较为有名。马拉维可以借助中国的广阔市场，以更为平等、公平的贸易方式，推销本国的农产品。中国无疑是马拉维实现“南南合作”的重要合作伙伴。马拉维可以搭乘中国这个经济发展的“快车”，利用中国的资金、技术、市场及发展经验等，发挥自身经济的优势，进而实现本国经济的快速发展。

3. 科教文卫方面。

（1）科技方面：中国政府为马拉维援建了农业技术示范中心，提供农业技术设备，派遣农业技术专家进行指导。2014 年 12 月，两国签署了 1040 万美元的太阳能合作协议，旨在改善马拉维的电力供应状况。[⑥] 此外，中国还为

① 《中马两国签署输华商品免关税待遇换文》，中国外交部网站，2014 年 10 月 23 日，http://www.fmprc.gov.cn/mfa_chn/wjdt_611265/zwbd_611281/t1203271.shtml，2015 年 4 月 30 日。

② 《中马经济技术合作协定在利隆圭签署》，中国驻马拉维大使馆经商参处网站，2015 年 1 月 29 日，http://malawi.mofcom.gov.cn/article/jmxw/201501/20150100882846.shtml，2017 年 4 月 30 日。

③ 《中国北京信威通信公司计划向马通信业投资 2 亿美元》，中国商务部网站，2015 年 6 月 8 日，http://www.mofcom.gov.cn/article/i/jyjl/k/201506/20150601008386.shtml，2017 年 4 月 30 日。

④ 《中国承诺支持马拉维一揽子经济项目》，中国商务部网站，2015 年 10 月 22 日，http://www.mofcom.gov.cn/article/i/jyjl/k/201510/20151001150457.shtml，2017 年 4 月 30 日。

⑤ 《中马签署 165 亿克瓦查光纤骨干网项目》，中国商务部网站，2016 年 11 月 15 日，http://www.mofcom.gov.cn/article/i/jyjl/k/201611/20161101874687.shtml，2017 年 4 月 30 日。

⑥ 《马拉维与中国签署 1040 万美元太阳能合作大单》，国际新能源网，2014 年 12 月 30 日，http://newenergy.in-en.com/html/newenergy-2229696.shtml，2015 年 4 月 30 日。

马拉维培训了各种技术人才。

（2）教育方面：中国政府援建有马拉维科技大学、乔洛（Thyolo）中学、中马友谊小学等，并为该国提供中国政府奖学金、图书及教学设备等。2013年8月，马拉维大学同中国孔子学院总部签署建立孔子学院的协议，中国对外经贸大学和马拉维大学共同建立孔子学院。2013年12月，中国援建的马拉维科技大学和中马友谊小学分别举行交接仪式，两国的相关代表签署交接证书。马拉维科技大学包括办公大楼、教学楼、学生公寓、图书馆等配套设施，可供3000多名学生使用。这将推进马拉维高等教育事业的发展。

（3）文化方面：马拉维重视通过文化外交，加强同中国的文化交流和文化合作，展现其历史文化和国家形象。马拉维的艺术团体曾经出现在中国世博会等公开场合。中国的民族音乐、武术、杂技等表演团体经常在马拉维演出。2010年，两国签署了“文化合作协定”，旨在加强两国在文化、教育、艺术、传媒等领域的合作。2011年10月2日，“中华文化聚焦：2011马拉维中国民族音乐会”在马拉维的利隆圭举行。[①] 2015年4月，中国国家新闻出版广电总局与马拉维国家电视台签署了播放中国影视节目的合作协议。

（4）卫生方面：2008年6月，中国派出援马医疗队先遣人员。2008年7月，两国代表签署“医疗服务协定书”。2010年，“中非光明行”大型医疗团队走进马拉维，免费为白内障病人进行复明手术，受到当地人的欢迎。[②]2017年4月，中国医药卫生代表团抵达马拉维，双方就加强医疗卫生合作进行了磋商。此外，两国在传染病救治、医务人员培训、援建医院、医疗器材及药品、医药生产、公共卫生等方面也有合作协议。

马拉维与中国建交时间虽短，但两国的合作关系发展较快。例如，中国向马拉维提供无偿援助和低息贷款，援建奇蒂帕—卡龙加公路，打钻600口水井，提供办公用品等。中国也及时提供人道主义援助。2015年5月7日，中国为马拉维水灾提供60万美元现汇。2016年1月31日，中国向马拉维提供

① 《驻马拉维使馆举办中国民族音乐会》，中国驻马拉维大使馆网站，2011年10月3日，http://mw.china-embassy.org/chn/sghdhzxxx/t864866.htm，2015年4月30日。

② 白剑峰：《“中非光明行”在非洲引起强烈反响》，《人民日报（海外版）》2010年12月15日。

价值923万美元的紧急粮食援助。[①]2016年9月，中国向马拉维提供6500吨大米，用于解决该国的粮食危机。目前，两国的合作潜力巨大，前景广阔。

（二）两国合作关系存在的问题及对策

1. 两国贸易总额增长较快，但贸易结构并不平衡。

中国企业、商人积极参与马拉维的经济建设，该国民众可以在国内购买到中国物美价廉的商品。[②] 然而，马拉维商品对中国的出口额还不是很大，且主要依靠本国农产品、经济作物等的出口，这是制约马拉维对华出口的主要原因。例如，2011年，马拉维从中国的进口额为1.12亿美元，对中国的出口额为0.46亿美元；2012年，马拉维从中国的进口额为2.49亿美元，对中国的出口额为0.48亿美元。[③] 马拉维希望本国商品能够进入中国，借此扩大出口，增加外汇收入。中国对马拉维的贸易顺差是市场经济的结果，并非中国的刻意追求。不过，中国愿意帮助马拉维扩大出口，实现其减贫与发展的目标。例如，中国烟草已有多年库存，但为了缩小对马拉维的贸易顺差，中国烟草专卖局每年还从该国进口烟草近3000吨。[④]2014年10月，两国达成协议，马拉维97%的商品输往中国享受免关税的优惠待遇。马拉维可以借助这样的有利条件，拓展同中国在经贸领域的合作，尤其是旅游业、采矿业等新兴行业的合作，形成对华出口的产业优势，推动两国经贸结构更加均衡。

2. 由中国政府推动、中国国有企业参与的项目较多，中国民营企业投资的项目较少。

近年来，中国政府承诺为马拉维修建议会大厦、公路、国家体育馆等，主要由中国政府积极推动，中国国有企业落实执行。这种政府包揽的合作模式有自身的好处，即能够按期、保质地完成。然而，两国的经贸合作关系要想得到可持续发展，必须借助市场经济。马拉维人口众多，有潜在的消费市场；该国

---

① 《中国承诺向马提供紧急粮食援助》，中国商务部网站，2016年2月1日，http://www.mofcom.gov.cn/article/i/jyjl/k/201602/20160201250541.shtml，2017年4月30日。

② 《马拉维97%的产品可以免税出口到中国》，环球网，2015年9月3日，http://world.huanqiu.com/hot/2015-09/7411380.html，2017年4月30日。

③ 《中国同马拉维的关系》，中国外交部网站，2017年8月，http://www.fmprc.gov.cn/web/gjhdq_676201/gj_676203/fz_677316/1206_678116/sbgx_678120/t271696.shtml，2017年12月1日。

④ 《驻马拉维大使张清洋就中马关系在〈每日时报〉发表署名文章》，中国驻马拉维大使馆网站，2015年2月16日，http://mw.china-embassy.org/chn/sghdhzxxx/t1238539.htm，2017年4月30日。

是烟草、茶叶、咖啡、棉花等经济作物的生产国，农业资源较为丰富；该国的能源、矿产、电力、通信、基础设施等方面的建设急需外部的资金和技术。这就为中国民营企业进入马拉维提供了机遇。例如，中国华为公司很早就参与其中。然而，马拉维的投资环境并不理想，中国民营企业进入该国也存在很大风险。例如，该国存在电力奇缺、能源不足、治安较差、外汇管制较严等问题，有些政策或法规可能会损害外国投资者的利益，不利于外国企业的投资。那么，中国民营企业在对马拉维进行投资时，就要保持清醒的头脑，加强风险规避，慎重做出决定，而非盲目地走进该国。马拉维则要提供更好的投资环境，吸引更多的中国企业走进本国。

3. 中国企业、商人同当地人存在利益冲突，也存在不了解或无视马拉维法律的现象。

两国关系改善后，中国政府在为马拉维提供援建项目时，雇用了不少当地的工人，不仅培养了一批技术工人，还解决了他们的工作问题。例如，国际会议中心项目，中国公司雇用了近 800 名当地工人，而中方人员仅 200 多人；国家体育馆项目，雇用的绝大多数是马拉维当地工人，共有 1238 人。[①] 尽管如此，还有一些人指责中国企业没能给予该国更多的就业机会，称中国企业缺乏必要的社会责任。对于这个问题，中国企业在进行经贸投资时，应该积极参与当地的社会公共事务，注意当地百姓的利益需求，处理好同当地人的关系。2015 年 4 月，布兰太尔中国商会向马拉维灾区进行募捐就是很好的例子。近年来，中国商人在马拉维从事小商品经营后，为当地百姓带来了廉价的商品，但也使当地商人感到恐慌，引发了抗议。[②] 当地经商者曾向政府和媒体控诉，中国商人的竞争活动剥夺了他们的经济利益，使他们生意冷清，难以生存。

马拉维鼓励外国投资，但这并不意味着完全开放。中国企业、商人进行投资时，应该了解当地的法律，以免造成不必要的财产损失。为了保护本国商人的利益，马拉维出台法律，禁止外国人在其农村经营零售业，只允许外国人

① 《驻马拉维大使张清洋就中马关系在〈每日时报〉发表署名文章》，中国驻马拉维大使馆网站，2015 年 2 月 16 日，http://mw.china-embassy.org/chn/sghdhzxxx/t1238539.htm，2017 年 4 月 30 日。

② 2012 年 2 月 1 日，卡隆加 33 名商贩向政府递交联名请愿书，要求依法关闭当地的中国商铺，以保护本地商人的利益。参见李安山：《中国—非洲合作面临的新挑战与可持续性问题探析》，《当代世界》2012 年第 10 期，第 22 页。

在利隆圭、布兰太尔等 6 个城市经商。该法律旨在“规范外国投资，避免本地商人遭遇竞争”。实际上，这条法律早就出台，并非专门针对中国商人，而是包括所有外国投资者。[①] 因此，法律在前，中国商人对此不甚了解，违法在后。虽然中国商人认为这项法律对自己不公，违反了市场经济自由竞争的原则，但遵守马拉维国家的法律是前提。当然，中国商人自身的合法权益遭受损害后，向使馆寻求援助也是需要的。此外，中国人还应注意不能带现金外汇、象牙饰品等出境，不能用旅游签证居留或经商，这些都是违法行为。这方面的问题也需要两国法律界学者进行研讨和交流。

4. 马拉维国内治安状况令人担忧，且已威胁到中国投资者的人身安全和财产安全。

近年来，马拉维国内已经发生过多起中国商铺被抢，中国人遭劫、受伤、遇害的事件。2011 年，“7・20 骚乱事件”发生后，有 10 余家中国商铺遭到抢劫；2012 年 9 月 15 日，利隆圭市某华商在家中发现小偷，在抓捕小偷时中弹受重伤；2013 年 3 月 13 日晚，利隆圭市某中餐厅遭持枪抢劫，300 多万克瓦查被抢，5 位中国人受伤，1 人伤势严重；2013 年 7 月 13 日，布兰太尔市某华人食用油加工厂遭到一伙持枪劫匪的抢劫，工厂老板不幸遇害；2014 年 2 月 8 日，中国在马拉维的某公司项目基地遭持械抢劫，财产遭受损失，人员受轻伤。中国驻马拉维大使馆曾多次敦促马方加大执法力度，严惩犯罪分子，保护中国人的人身和财产安全，恢复中国投资者的信心。毫无疑问，马拉维国内治安状况的恶劣，给中国企业的投资带来了负面影响。马拉维需要加强对国内治安的整治力度，增强中国等外国投资者的信心。同时，改善治安状况也有利于吸引中国游客，促进马拉维旅游业的发展。

马拉维同中国建交后，中国已成为该国重要的合作伙伴。正如马拉维总统阿瑟・彼得・穆塔里卡所言，“中国是马拉维真正的朋友”[②]。马拉维的经济发展需要中国的资金、技术、廉价商品、市场、发展经验等。马拉维希望借助中国给予的优惠政策，将该国的特色商品推销到中国；希望中国企业积极参与该

---

① 《马拉维贸易禁令殃及中国商人，称不接受中国投资》，《环球时报》2012 年 8 月 8 日。

② 《马拉维共和国总统：中国以市场为导向经济可借鉴》，网易网站，2015 年 9 月 9 日，http://money.163.com/15/0909/18/B33DGTOM0025565C.html，2017 年 4 月 30 日。

国的基础设施建设，提供更多的就业机会；也希望在农业、医疗、教育、旅游、技术培训、人力资源、减贫等方面同中国加强合作。中国经济发展则需要马拉维的消费市场、经济作物、矿产资源等。“中非从来都是命运共同体”，两国利益是紧密相连的，未来的合作前景良好。近年来，中非关系发展迅猛，中国政府对非推出了“十大合作计划”“八大行动”等。两国可以借助这些有利条件，通过“21世纪海上丝绸之路”，对接“非洲梦”和“中国梦”，加强彼此的交流与合作，推进双边关系深入发展。

第四节　马拉维与其他南北方大国的关系

除了英国、美国、中国以外，马拉维同其他南北方大国也有合作关系。进入21世纪，国际经济力量对比发生重大变化。虽然北方大国在世界经济中仍然掌握话语权，主导着全球贸易游戏规则的制定，但这并未影响到南方发展中大国的经济腾飞。新兴经济体的涌现给世界经济带来了新的动力。中国、印度、俄罗斯、巴西、南非被称作“金砖国家”，这是最为重要的新兴经济体。马拉维同其他南北方大国的合作，可以大致划分为两个层面：一方面，其他北方大国，如德国、加拿大、日本等是马拉维重要的经贸合作伙伴。同时，这些发达国家也是马拉维的主要援助国。另一方面，其他南方大国，如印度、巴西、俄罗斯等国与马拉维关系较为紧密。近年来，马拉维在重视同其他北方大国的传统关系的同时，也注重加强同其他南方大国的合作关系。

一、马拉维与其他北方大国的关系

马拉维与德国、加拿大、日本等北方大国的经贸关系较为紧密，同时，这些发达国家经济实力雄厚，并长期给予马拉维经济方面的援助和投资。马拉维与这些北方大国都有类似的民主政治制度，它们在民主、良政、人权等方面合作广泛。建国初期，马拉维奉行亲西方的外交政策，得到了这些北方大国的经济援助。20世纪80年代开始，北方大国在给予马拉维经济援助的同时，要求该国必须进行政治民主化和经济自由化的改革。有的北方大国对马拉维的援助因此而骤然减少。民主化以来，马拉维的内政外交与北方大国的援助联系在一起。若马拉维执政党的内政、外交政策同北方大国的意愿相悖，这些大国就会中止或停止经济援助。马拉维与北方大国的合作主要体现在政治和经济领域。政治方面，包括民主、良政、人权等；经济方面，包括援助和经贸。北方大国之中，除了英国和美国以外，德国、加拿大和日本是马拉维重要的合作伙伴。

（一）马拉维与德国的关系

班达执政时期，马拉维奉行亲西方的外交政策，该国得到了包括德国在内的北方大国的经济援助。援助方面，德国为马拉维的公路建设提供过财政支持。1964 年 9 月和 1966 年 8 月，马拉维与德国签署了两项用于北部地区公路建设的协定。马拉维分别获得 1000 万马克和 7200 万马克的援助资金。[①] 军事方面，德国为马拉维空军培训飞行员，并提供军事装备。1982 年，马拉维与德国签署 3 项援助协议，金额为 790 万克瓦查。[②]20 世纪 70—80 年代，德国成为马拉维主要的经济援助国；90 年代初，受到民主化浪潮的影响，德国给予的经济援助大幅减少。[③] 德国是第一个将援助和人权问题联系在一起的国家。当马拉维政府拘禁民主人士乔治·姆塔夫（George Mtafu）后，德国政府立即取消其对马拉维医学学校的援建计划。[④] 此后，德国对马拉维的经济援助特别注重民主和人权问题。

2011 年，德国向马拉维提供 4770 万欧元的援助，主要用于该国的教育、医疗、经济管理等方面。[⑤]2014 年 5 月，德国向马拉维分别提供了 500 万欧元的药品援助和 350 万欧元的民主建设援助。民主政治方面的援助也是马拉维与德国进行合作的重点内容。[⑥] 近年来，德国对马拉维的内政、民主、人权等问题极为不满，反对该国在“7·20 骚乱事件”、“现金门”、同性恋、新闻自由

① Carolyn McMaster. *Malawi—Foreign Policy and Development.* Julian Friedmann, 1974, p.81.

② 世界知识年鉴编辑委员会：《1983 世界知识年鉴》，世界知识出版社 1983 年版，第 150 页。

③ Owen J. M. Kalinga, Cynthia A. Crosby. *Historical Dictionary of Malawi*. Scarecrow Press, 2001, pp.136-137.

④ Harvey J. Sindima. *Malawi's First Republic: An Economic and Political Analysis.* University Press of America, 2002, p.209.

⑤ 《德国与马拉维签署 4770 万欧元援助协议》，中国商务部网站，2011 年 12 月 12 日，http://www.mofcom.gov.cn/aarticle/i/jyjl/k/201112/20111207873990.html，2015 年 4 月 30 日。

⑥ Thomas Bovsen."Malawi-German Programme for Democracy and Decentralisation". *Malawi Brief Report*, April, 2009.

等方面的做法，导致两国关系逐步恶化，德国将其对马拉维的财政预算援助减半。后来，德国宣布退出“共同预算资助集团”，不再向该国提供预算方面的援助。[①] 当然，德国政府在其他方面仍然给予马拉维援助。2015 年 11 月，德国政府提供 71.43 万美元援助的曼戈切县体育馆项目开工建设。此后，德国还将提供 53.57 万美元的援助，帮助马拉维建设一个多功能礼堂和一栋地方办公大楼。[②]

马拉维与德国有着良好的经贸合作关系。1988 年，马拉维从德国的进口额为 60.2 万克瓦查，对德国的出口额为 9330 万克瓦查；1989 年的进口额为 88.6 万克瓦查，出口额为 7640 万克瓦查。[③]2000 年，马拉维从德国的进口额为 1300 万美元，占其进口总额的 2.3%，列第 7 位；马拉维对德国的出口额为 2930 万美元，占其出口总额的 7.6%，列第 4 位。2005 年，马拉维对德国的出口额为 4370 万美元，占其出口总额的 7%。[④]2010 年，马拉维对德国的出口额为 1.069 亿美元，占其出口总额的 10.6%，位居首位。[⑤]2012 年，马拉维对德国的出口额为 7480 万美元，占其出口总额的 6.9%，列第 3 位。[⑥] 通过以上数据可以看出，两国的经贸关系较为紧密。德国是马拉维重要的经贸合作伙伴国。

（二）马拉维与加拿大的关系

马拉维取得国家独立后，同加拿大的关系较为紧密。两国通过英联邦的纽带进行合作。1973 年，马拉维与加拿大正式建立外交关系。加拿大曾为马拉维铁路的建设和修复提供过资金援助，并于 20 世纪 70—80 年代成为该国的主要经济援助国。[⑦]1982 年，加拿大国际开发署（Canadian International Development Agency, CIDA）向马拉维提供 133 万克瓦查的援助。同年，加拿大还向马拉维赠予 72.9 万克瓦查的资金，用于该国农业和交通方面的人员培

---

① 《德国宣布“退出”援助马拉维的国际集团》，中国驻马拉维大使馆经商参处网站，2014 年 4 月 29 日，http://malawi.mofcom.gov.cn/article/jmxw/201404/20140400569510.shtml，2015 年 4 月 30 日。

② 《德国资助曼戈切修建体育馆等设施》，中国商务部网站，2015 年 11 月 10 日，http://www.mofcom.gov.cn/article/i/jyjl/k/201511/20151101160522.shtml，2017 年 4 月 30 日。

③ Harvey J. Sindima. *Malawi's First Republic: An Economic and Political Analysis*. University Press of America, 2002, p.114.

④ IHS Global Insight. *Report: Malawi*(*Country Intelligence*). IHS Global Insight, December 22, 2009, p.9.

⑤ IHS Global Insight. *Country Intelligence: Report Malawi*. IHS Global Insight, June 1, 2012, p.13.

⑥ IHS Global Insight. *Country Intelligence: Report Malawi*. IHS Global Insight, June 4, 2013, p.12.

⑦ Owen J. M. Kalinga, Cynthia A. Crosby. *Historical Dictionary of Malawi*. Scarecrow Press, 2001, pp.136-137.

训。[①]20世纪90年代以来，两国在民主政治、人权等领域的合作较为密切。1992年，由于马拉维的民主政治、人权等的问题，加拿大中止了对马拉维的援助项目。2011年，马拉维国内发生“7·20骚乱事件”。加拿大政府借此事施加压力，中止了其对马拉维的经济援助项目。[②] 近年来，马拉维国内的“现金门”政治丑闻也影响到加拿大方面的经济援助。加拿大的援助项目主要侧重在减贫、发展、儿童与青年、教育等领域。援助方式包括双边和多边、政府和非政府等多个层面。

经贸方面，2004年，马拉维与加拿大签订了《最不发达国家市场准入的备忘录》。这样，几乎所有的马拉维商品均可免关税出口到加拿大。2010年，马拉维与加拿大的进出口贸易总额为7672万美元，马拉维从加拿大进口的商品是机器和车辆，出口的商品是铀矿、烟草和香料等。[③] 其中，马拉维对加拿大的出口额为7110万美元，占该国出口总额的7.1%，列第3位。[④]2010年，加拿大政府颁布新的禁烟令，这给马拉维的烟草出口带来不利影响。马拉维政府曾在双边、多边场合同加拿大方面进行沟通，担忧它会影响到两国的烟草贸易。2012年，马拉维对加拿大的出口额为1.093亿美元，占该国出口总额的10.1%，位居首位。[⑤] 目前，两国的经贸关系较为紧密。未来，两国还可以加强电力、能源、采矿等领域的合作。这也是马拉维政府目前重点发展的经济产业。

（三）马拉维与日本的关系

1964年以来，马拉维与日本的关系也较为密切。日本也是马拉维经济援助和经贸合作的重要伙伴（见表5–9）。1982年，日本电气公司向马拉维提供101万克瓦查的贷款援助。[⑥]1993年，东京非洲发展国际会议（Tokyo International Conference on African Development, TICAD）的成立，标志着日本已经搭建起对非洲国家经济援助和经贸合作的平台。为了落实第四届东京非洲发展国际会议上的援助承诺，2010年，日本政府向马拉维的清洁能源项目提

① 世界知识年鉴编辑委员会：《1983世界知识年鉴》，世界知识出版社1983年版，第150页。

② “Canada-Malawi Relations”. Government of Canada (2014-06-20)[2014-12-28]. http://www.canadainternational.gc.ca/mozambique/bilateral_relations_bilaterales/malawi.aspx?lang=eng.

③ Ibid.

④ IHS Global Insight. *Country Intelligence: Report Malawi*. IHS Global Insight, June 1, 2012, pp.11-12.

⑤ IHS Global Insight. *Country Intelligence: Report Malawi*. IHS Global Insight, June 4, 2013, p.11.

⑥ 世界知识年鉴编辑委员会：《1983世界知识年鉴》，世界知识出版社1983年版，第150页。

供了 720 万美元的援助资金。[①]2014 年，日本政府向马拉维提供 1327 万美元，用于建设一所中学教师培训学校。[②]2015 年 3 月，日本政府为马拉维的特扎尼（Tedzani）水电站扩建项目提供了 5000 万美元的援助。2015 年 11 月，日本政府向马拉维提供 7400 万美元，用于首都卡姆祖国际机场扩建。[③]2016 年 2 月，日本政府向马拉维灾区提供了 55 亿克瓦查粮食援助。2016 年 4 月，日本政府向马拉维援助了一批价值 450 万美元的河道疏浚设备。[④]2016 年 10 月，日本与马拉维签署了价值 400 万美元的协议，用于实施市场导向的小农园艺授权与促进项目。[⑤] 马拉维与日本都属于民主国家，两国的价值理念接近，这是双方合作的重要基础。同时，马拉维与日本这个经济大国的合作，可以为本国带来经济利益；日本同南部非洲这个内陆国家的合作，可以在国际舞台上得到马拉维的政治支持。

表 5-9 2008—2012 年日本对马拉维的发展援助[⑥]

（单位：百万美元）

年份（年）	贷款援助	赠款援助	技术合作	总计
2008	–	16.71	14.08	30.79
2009	–	18.98	16.82	35.80
2010	–	49.59	19.86	69.45
2011	–	11.37	17.27	28.64
2012	–	31.07	23.87	54.94
总计	–35.38	753.05	330.27	1047.94

经贸方面，1988 年，马拉维从日本的进口额为 98.8 万克瓦查，对日本的出口额为 8770 万克瓦查。1989 年，马拉维从日本的进口额为 88.1 万克瓦查，

① 《日本向马拉维提供“绿色”援助》，中国商务部网站，2010 年 2 月 21 日，http://www.mofcom.gov.cn/aarticle/i/jyjl/k/201002/20100206790919.html，2015 年 4 月 30 日。

② 《日本政府向马拉维资助中学教师培训学校》，中国商务部网站，2014 年 7 月 11 日，http://www.mofcom.gov.cn/article/i/jyjl/k/201407/20140700660099.shtml，2015 年 4 月 30 日。

③ 《日本承诺无偿帮助马拉维扩建首都机场》，中国商务部网站，2014 年 7 月 11 日，http://www.mofcom.gov.cn/article/i/jyjl/k/201511/20151101167109.shtml，2015 年 4 月 30 日。

④ 《日本向马拉维援助河道疏浚设备》，中国驻马拉维大使馆经商参处网站，2016 年 4 月 25 日，http://malawi.mofcom.gov.cn/article/jmxw/201604/20160401305724.shtml，2017 年 4 月 30 日。

⑤ 《马拉维与日本签署 29 亿克瓦查农业项目》，中国驻马拉维大使馆经商参处网站，2016 年 11 月 1 日，http://malawi.mofcom.gov.cn/article/jmxw/201611/20161101585615.shtml，2017 年 4 月 30 日。

⑥ Ministry of Foreign Affairs (Japan). “Japan’s ODA Disbursements to Malawi” (2015-09-15) [2015-12-15]. http://www.mofa.go.jp/policy/oda/data/pdfs/malawi.pdf.

对日本的出口额为9330万克瓦查。[①]2000年，马拉维从日本的进口额为1270万美元，占其进口总额的2.3%，排在第8位；对日本的出口额为4650万美元，占其出口总额的12%，排在第2位。2010年，马拉维对日本的出口额为3420万美元，占其出口总额的3.4%，排在第10位。[②]2012年，马拉维从日本的进口额为4400万美元，占其进口总额的2.7%，排在第8位。[③] 近年来，马拉维和日本也在加强经贸合作，不断调整两国的经贸结构。

二、马拉维与其他南方大国的关系

马拉维与印度、俄罗斯、巴西等南方大国的合作较多。进入21世纪，随着新兴经济体的逐渐崛起，马拉维开始重视同南方大国的经贸合作，以获取这些国家提供的资金、市场、技术等方面援助。2014年，阿瑟·彼得·穆塔里卡总统在就职演说中明确指出，该国将寻求新的经贸合作伙伴，加强同俄罗斯、巴西、印度等新兴经济体的合作。近年来，马拉维对俄罗斯的商品出口额较大。例如，2010年，马拉维对俄罗斯的出口额为6630万美元，占其出口总额的6.6%，排在第6位。[④]2012年，马拉维对俄罗斯的出口额为6690万美元，占其出口总额的6.2%，排在第5位。[⑤] 马拉维与巴西也有合作关系。例如，2012年，巴西淡水河谷公司投资10亿美元，为马拉维修建通往莫桑比克纳卡拉港的部分铁路。[⑥]

印度是马拉维特别重要的合作伙伴。马拉维境内还有约5000名印裔移民。[⑦]随着印度经济实力的逐步提升，马拉维与印度的合作关系也在不断加强。2008年，首届印度—非洲论坛峰会（India Africa Forum Summit, IAFS）召开，标志

① Harvey J. Sindima. *Malawi's First Republic: An Economic and Political Analysis.* University Press of America, 2002, p.114.

② IHS Global Insight. *Country Intelligence: Report Malawi*. IHS Global Insight, June 1, 2012, pp.12-13.

③ IHS Global Insight. *Country Intelligence: Report Malawi*. IHS Global Insight, June 4, 2013, p.11.

④ IHS Global Insight. *Country Intelligence: Report Malawi*. IHS Global Insight, June 1, 2012, pp.12-13.

⑤ IHS Global Insight. *Country Intelligence: Report Malawi*. IHS Global Insight, June 4, 2013, p.11.

⑥《淡水河谷投资10亿美元在马拉维修建铁路》，中国商务部网站，2012年1月12日，http://www.mofcom.gov.cn/aarticle/i/jyjl/k/201201/20120107925893.html，2017年12月20日。

⑦ High Commission of India, Lusaka Zambia. "India-Malawi Relations". p.2 (2014-01-15) [2015-01-02]. http://www.hcizambia.gov.in/pdf/india-malawi.pdf.

着马拉维与印度之间有了交流和合作的平台。通过“南南合作”的方式，两国可以实现共同发展。马拉维与印度的合作关系主要体现在以下两个方面。

（一）政治方面

1964 年，马拉维与印度建立外交关系。冷战时期，马拉维与印度的交往主要是在国际多边场合。两国都是联合国、“不结盟运动”、“七十七国集团”等的成员国，对国际事务有着类似的看法。1983 年，马拉维总统班达出席了在印度举行的“英联邦首脑会议”。1993 年 5 月，印度驻马拉维大使馆关闭。[①]然而，这并未影响到两国的合作关系。需要指出的是，马拉维在查谟—克什米尔、1998 年印度核试验等问题上给予了印度大力支持，马拉维还支持印度成为联合国安理会常任理事国。[②]2006 年 5 月，马拉维部长代表团对印度进行了访问。2007 年 2 月，马拉维在新德里设立常驻的使馆。2008 年，马拉维派出政府官员出席在印度举行的“粮食安全会议”。

宾古·瓦·穆塔里卡总统早年曾留学印度，获得过经济学硕士学位。他特别重视同包括印度在内的亚洲国家的经贸合作。2010 年 1 月，印度副总统哈米德·安萨里（Hamid Ansari）出访马拉维，就推进两国关系发展进行商讨。2010 年 11 月，宾古·瓦·穆塔里卡总统出访印度，与印方签署了 4 项合作协定。[③]2012 年 4 月，印度驻马拉维大使馆重新开馆。2013 年，马拉维女总统乔伊斯·班达出席了中国—南亚博览会，其间与印度方面有所交流。2015 年 10 月 25 日，马拉维总统阿瑟·彼得·穆塔里卡率团赴印度参加第三届印度—非洲论坛峰会。近年来，马拉维和印度的政治交往较为频繁。两国通过印度—非洲论坛峰会、部长级论坛、国际多边会议等进行政治合作。

（二）援助和经贸方面

冷战期间，印度对马拉维的援助项目较少。20 世纪 90 年代以来，印度通过多种途径给予马拉维项目援助。两国主要通过印度进出口银行（Export-Import Bank of India, EIBI）、印度技术与特殊经济合作（Indian Technical and

---

① High Commission of India, Lilongwe, Malawi. “Bilateral Relations”. p.1 [2015-01-02]. http://hcililongwe.org/bilateral.html.

② High Commission of India, Lusaka Zambia. “India-Malawi Relations”. p.1 (2014-01-15) [2015-01-02]. http://www.hcizambia.gov.in/pdf/india-malawi.pdf.

③ High Commission of Malawi New Delhi (India). “Malawi- India Bilateral Relations” (2014-05-05) [2015-01-03]. http://www.malawi-india.org/the-embassy.html.

Economic Co-operation, ITEC)、英联邦非洲援助计划(Commonwealth African Assistance Plan, CAAP)进行合作。[①]2010年11月，宾古·瓦·穆塔里卡总统出访印度期间，同印方签署了4项合作协定，包括总合作协定，以及矿产资源开发、农村发展、健康与医学领域的合作。[②]截至2012年1月，印度通过ITEC的公民培训项目，为马拉维培训过123名人员。2008—2015年，印度向马拉维提供的信贷和无偿援助总额达到1.655亿美元，项目涉及农业、技术教育、能源、农村工业化和灾难反应等领域。[③]近年来，印度为马拉维提供的援助项目涉及灾害防治、技术培训、发展援助等方面。

20世纪90年代以来，两国的经贸合作逐渐展开。2000年以来，随着印度经济实力的提升，"印度—非洲论坛峰会"机制的确立，两国的经贸合作开始增多。印度还给予马拉维免关税待遇。2008年，印度将马拉维的信用额度扩大至3000万美元，主要用于灌溉、粮食储藏、烟草等领域。[④]印度政府和企业还参与"马拉维增长与发展战略"(Malawi Growth and Development Strategy, MGDS)。两国的经贸合作较为广泛，涉及农业发展、矿产开发、信息技术、人力资源培训、基础设施建设、旅游产业等领域。2010年，印度与马拉维签署铀矿开发协议。同年，印度巴帝电信开始为马拉维提供3G网络服务。2011年，印度制药公司在马拉维境内计划建立抗艾滋药品生产厂，预计投资3.9亿美元。[⑤]2011年，印度资助马拉维本国的农业公司收购3家轧棉厂，支持当地农业发展。[⑥]2011年，印度在马拉维建立中小企业孵化中心，总投资99万美元。[⑦]2012年，印度进出口银行给予马拉维7650万美元的优惠贷款，用于燃

① Ministry of Foreign Affairs and International Cooperation Republic (Malawi). "Malawi-India Relations"[2015-01-03]. http://www.foreignaffairs.gov.mw/index.php/styles/bilateral-relations/asia/110-bilateral-relations/asia/158-malawi-india-relations.

② High Commission of Malawi New Delhi (India). "Malawi-India Bilateral Relations". p.1(2014-05-05)[2015-01-03] http://www.malawi-india.org/the-embassy.html.

③《穆塔里卡总统即赴印度签署水利项目》，中国商务部网站，2015年10月13日，http://www.mofcom.gov.cn/article/i/jyjl/k/201510/20151001133572.shtml，2017年12月11日。

④ High Commission of India, Lusaka, Zambia. "India-Malawi Relations". p.2(2014-01-15)[2015-01-05]. http://www.hcizambia.gov.in/pdf/india-malawi.pdf.

⑤《印度拟投资3.9亿美元在马拉维建抗艾滋药品生产厂》，中国商务部网站，2011年3月31日，http://www.mofcom.gov.cn/aarticle/i/jyjl/k/201103/20110307476549.html，2017年12月11日。

⑥《印度在马拉维投资三家轧棉厂，支持当地农业发展》，中国商务部网站，2011年3月31日，http://www.mofcom.gov.cn/aarticle/i/jyjl/k/201103/20110307476561.html，2017年12月11日。

⑦《印度99万美元助马拉维建中小企业孵化中心》，中国商务部网站，2011年7月22日，http://www.mofcom.gov.cn/aarticle/i/jyjl/k/201107/20110707659883.html，2017年12月11日。

油储备库、蔗糖加工厂、农业灌溉 3 个项目。[①]2012 年，印度一家茶叶公司投资 1.12 亿卢比在马拉维开设茶厂。2015 年 10 月，印度—非洲论坛峰会期间，马拉维提议两国尽快签署《双边投资保护与促进协议》，以保护和促进双向投资。

马拉维与印度的经贸数据显示，马拉维长期处于贸易逆差地位。2000 年，马拉维从印度的进口额为 2090 万美元，占其进口总额的 3.7%，排在第 4 位。[②]从表 5-10 中也可以看出，马拉维从印度的进口额远超过对印度的出口额。2012 年，马拉维从印度的进口额为 1.44 亿美元，占其进口总额的 8.7%，排在第 3 位；马拉维对印度的出口额为 3840 万美元，占其出口总额的 3.6%，排在第 9 位。[③] 两国的贸易结构之中，印度处于明显的顺差。这是因为印度有较强的工业基础，同时，马拉维没有很好地开拓印度市场，特别是豆类市场。[④] 马拉维与印度的经贸合作是"南南合作"的重要体现。印度能够为马拉维经济发展提供更多、更有利的机遇。马拉维与印度贸易过程中存在的问题，需要两国协商解决。这样，两国才能互利共赢，共同发展。

表 5-10 马拉维对印度的进出口贸易概况[⑤]

（单位：百万美元）

年度	进口额	变化（%）	出口额	变化（%）	贸易总额
2003—2004	38.21	–	4.98	–	43.19
2004—2005	58.26	52.49	5.08	2.07	63.34
2005—2006	43.63	–25.1	1.80	–64.57	45.43
2006—2007	42.57	–2.44	5.01	178.41	47.58
2007—2008	64.34	51.13	15.64	212.18	79.98
2008—2009	89.38	38.92	7.08	–54.73	96.46
2009—2010	81.36	–8.97	103.76	1364.62	185.12

① 《印度进出口银行给予马拉维 250 亿克瓦查优惠贷款》，中国商务部网站，2012 年 11 月 26 日，http://www.mofcom.gov.cn/aarticle/i/jyjl/k/201211/20121108452794.html，2017 年 12 月 11 日。

② IHS Global Insight. *Country Intelligence: Report Malawi.* IHS Global Insight, June 1, 2012, pp.12-13.

③ IHS Global Insight. *Country Intelligence: Report Malawi.* IHS Global Insight, June 4, 2013, p.10.

④ 《穆塔里卡总统即赴印度签署水利项目》，中国商务部网站，2015 年 10 月 13 日，http://www.mofcom.gov.cn/article/i/jyjl/k/201510/20151001133572.shtml，2017 年 12 月 11 日。

⑤ High Commission of Malawi New Delhi (India). "Trade Between Malawi and India" [2015-01-03]. http://www.malawi-india.org/trade-investment.html.

南北关系问题是马拉维外交的一种分析维度。马拉维在与南北方大国的合作过程中，需要处理好彼此之间的合作关系。一方面，马拉维需要与北方大国继续保持合作关系，就双方争论的问题，积极进行“南北对话”，通过交流与谈判，推进政治关系的改善，促进经贸合作的发展；另一方面，马拉维也需要与南方大国加强经贸合作关系，抓住这些新兴经济体提供的机遇，促进“南南合作”的实现，进而实现本国减贫和发展的目标。

结 语

马拉维是南部非洲地区的内陆小国，周边国家包括赞比亚、坦桑尼亚、津巴布韦、莫桑比克及南非。安全和发展始终是马拉维外交所要解决的核心问题。近代以来，西方国家的殖民侵略及殖民统治给非洲国家带来极为不利的影响，其中包括族群冲突、宗教对抗、经济落后、边界争端、政局不稳等各类问题，马拉维也深受殖民主义之害。在马拉维现代国家版图确立起来的同时，它也给该国的安全和发展带来负面的影响。

第一，马拉维国土面积狭小，各类资源极为缺乏。先天条件不足，导致该国的经济较为落后，且对外部世界的依赖较大。

第二，殖民统治时期留下的历史问题，导致该国同周边国家存在边界领土争端，影响本国的安全及发展。

第三，马拉维缺乏通往海洋的出海口，进出口贸易依赖周边国家的国际港口进行中转，这令本国外交时常陷入被动。

这 3 点之中，最为致命的是该国缺乏出海口。保障出海口安全，这是独立以后马拉维对外关系中的核心问题。马拉维是以经济作物出口为主的出口导向型国家，出海口问题直接决定了马拉维的进出口贸易，乃至整个国家的经济发展。毫无疑问，马拉维与沿海邻国的关系最为重要，因为这些国家能够保障本国的出海口安全，并在客观上促进本国经济的发展。

独立初期，班达采取独具特色的亲西方、亲白人种族主义政权的“现实主义”外交路线及政策，其出发点就在于解决本国的出海口问题和经济发展问题。班达曾在非洲统一组织等多个公开场合明确指出，马拉维特别痛恨殖民主义，因为它给马拉维带来没有出海口的尴尬局面，致使其受到海洋地缘政治的约束。班达深信非洲国家最终将团结一致，走向统一。同时，他清醒地指出，马拉维的安全和发展离不开周边白人政权的支持。当时，马拉维还可以利用坦桑尼亚的国际港口进行货物中转，但由于两国关系恶化、线路较远、成本较高、坦赞铁路建成时间较晚等，最后，班达放弃了北向通往印度洋的运输方案。

从距离、线路、成本等角度分析来看，莫桑比克和南非的国际港口对于马拉维解决其出海口问题最为现实。然而，过去，葡属东非洲、南非白人政权时常利用海洋地缘政治的因素，通过控制马拉维的出海口通道，对该国施加政治影响和安全威胁。仅此一点，就能给马拉维带来毁灭性打击。独立初期，马拉维采取亲白人种族主义政权的“现实主义”外交路线及政策，是立足本国国情做出的理性决策。因此，班达在面对本国内阁部长成员、非洲统一组织成员国的普遍谴责时，明确指出，马拉维的安全和发展存在诸多困境，该国的外交政策不能损害本国的国家利益。他说，在帮助非洲兄弟争取民族解放时，每个非洲国家都有自己的难处，要理性看待问题，量力而行，切勿去做毫无意义之事，避免把本国带入危险的境地。有的非洲国家领袖谴责马拉维亲近南非白人政权时，班达回击道：“只要对国家有利、符合马拉维人民的利益，就是魔鬼我也要与它打交道。”出海口的困局始终是马拉维外交所要解决的首要问题。因此，马拉维特别重视周边外交。

英国的殖民统治也给马拉维国家的经济发展造成极为不利的影响。由于马拉维的国土面积狭小，各类资源严重不足，加上该国人口密度极大，还曾被誉为“劳动力的仓库”，这些给该国的经济发展带来沉重的负担。殖民统治时期，英国当局在尼亚萨兰逐步确立起以种植烟草、茶叶、棉花、咖啡等经济作物为主的经济制度。这种畸形的经济制度是建立在对尼亚萨兰农民进行经济压榨的基础之上的，并且对国际市场的依赖较大，还往往遭受不公正的价格待遇。因而，马拉维继承的不仅是贫困，还包括畸形的经济制度。

班达一党专政时期，他清醒地认识到本国的国情。他将经济重心放到农业生产方面，首先解决本国人民的吃饭问题。同时，继续推进经济作物的种植及生产，通过对外出口，获取国家所需的外汇收入。班达认为，只有本国的进出口贸易在得到保障之后，国家的政权才能更加平稳。因此，他在确立“现实主义”外交路线及政策的过程中，始终立足本国的国家利益。班达灵活地运用“现实主义”外交政策，在复杂的南部非洲国际关系之中，在异常激烈的国际冷战环境之下，穿梭于其中，实现着本国的国家利益。20世纪60年代末至70年代，当其他非洲国家还在狂热地追逐社会主义，抑或资本主义之时，该国经济却依靠外部援助和投资实现了快速、平稳的发展。1968年至1978年，马拉维经济的快速增长让人感到贫穷国家也可以实现发展。[①]

班达统治时期，马拉维奉行亲西方、亲白人种族主义政权的“现实主义”外交路线，这与非洲统一组织、非洲国家主张的“泛非主义”外交路线相背离。班达的外交路线不仅遭到内阁部长们的反对，还受到非洲独立国家领导人、非洲统一组织的强烈谴责，他被痛斥为“白人的小伙计”“非洲大陆的毒瘤”，甚至，苏联等社会主义国家也对其进行攻击，认为他与帝国主义国家同流合污。然而，班达认为非洲各国的元首缺乏基本的国际政治常识，非洲地区的悲剧就在于，“无知的人掌握着国家权力”。他坚信非洲大陆的未来必将走向统一，但目前非洲统一组织的路线及政策只是摆设，没有任何实质的价值与意义，非洲统一组织对南非白人政权的制裁措施就是个明显的例子。他指出，南非白人种族主义问题只能通过“接触＋谈判”来解决，经济制裁并不能解决该问题，非洲国家联合起来对其进行军事打击，则更是天方夜谭。

班达与该国内阁部长们的外交路线严重对立。他认为，这些政治精英过于年轻，缺乏对国际政治的清醒认识。盲目地追逐“泛非主义”、社会主义，抑或资本主义，是一种不切实际的做法，并不能给本国带来直接的经济利益，还有可能得罪同本国关系密切的国家，给本国的安全和发展带来威胁。马拉维并非完全西化，没有实行多党民主制，只是在外交战略方面亲近西方国家。班达执政时期，马拉维采取一党专政的政治体制。他牢牢地控制着国家的各项大权，严禁异己民主力量的产生，并越境打击流亡在外的政治反对力量。他反对各种不同的政治主张，主要是想在政治建设方面统一声音。班达早年曾长期在美国、英国留学和生活，对西方民主政治制度极为了解。他指出，马拉维不能实现多党制。一旦实行，部族冲突、宗教对抗、军事政变等问题将会涌现，马拉维这个年轻国家将会崩溃。实际上，正是由于班达的政治统治，马拉维才得以长期保持政治稳定。

班达采取灵活的亲西方“现实主义”外交，更像是一种外交战略或策略。他特别清楚马拉维需要通过这种外交方式得到什么，而不是盲目地去追逐各种政治思潮或意识形态。冷战时期，南部非洲地区的国际关系极为复杂，社会主

---

① Harvey J. Sindima. *Malawi's First Republic: An Economic and Political Analysis*. University Press of America, 2002, Introduction.

义、资本主义、泛非主义、种族主义等各种政治思想在此都能找到身影。班达采取“现实主义”的外交战略，灵活地调整本国的外交政策，在撒哈拉以南非洲独立国家、南部非洲白人政权、社会主义国家、西方资本主义国家之间进行游离，见风使舵，追逐本国所需的国家利益。他将“小国外交”发挥得淋漓尽致，扮演着“缓冲国”的重要角色，甚至撬动了整个南部非洲地区的国际关系。马拉维站在西方阵营一边，并非完全听命于西方国家。面对英国等国制裁罗得西亚、南非等白人种族主义政权，他却立足本国的国家利益，没有追随宗主国英国。用班达的话来讲，“马拉维只能给予英国道义方面的支持”。即使最终同意制裁，马拉维仍保持同罗得西亚、南非的亲密关系，借此获取这些国家的经济利益，并保障本国的出海口安全。

班达推行的“现实主义”外交政策并非一成不变，而是随着地区和国际局势的变化，不断地进行着调整。当英国促使联合国制裁罗得西亚之时，马拉维立即改变与罗得西亚的经济联系，站在英国一边，对罗得西亚商品征收关税。当葡属东非洲政权、罗得西亚白人政权等相继倒台后，马拉维对本国的外交政策又进行了及时调整。当南部非洲地区仅剩南非这个白人政权之时，马拉维则开始加强与周边国家的合作。因此，班达已经灵活掌握“现实主义”外交的精髓，以国家利益为出发点，及时制定和调整本国的外交政策。冷战时期，南部非洲地区的国际关系波澜壮阔。班达利用当时的地区形势及国际背景，通过“现实主义”外交路线，为该国争取到国家利益。尽管班达遭到撒哈拉以南非洲国家领导人的普遍谴责，被称作“极其古怪的人”，言行不一，但他通过深厚的国际政治理论功底，将马拉维的“小国外交”推向极致，引起撒哈拉以南非洲国家、白人政权、周边国家、社会主义国家、西方资本主义国家等的广泛关注。

这种“现实主义”的外交在非洲独立国家当中极其罕见，值得作为国别个案进行研究。非洲独立国家的领导人之中，班达虽然备受争议，受到谴责或诋毁，但不可否认，其是一位优秀的政治家。他早年在美国、英国的留学经历及其政治参与，对该国的外交政策的制定起着重要影响。他汲取很多国际政治理论与实践的营养，将其运用于马拉维外交之中，为其外交画卷添了浓重一笔，实现了安全和发展的两大目标。独立初期，班达的“现实主义”外交路线及政策是成功的，已经通过实践的检验。

20 世纪 80 年代至 90 年代初，由于内外环境的变化，马拉维的“现实主义”外交面临诸多压力，很大程度上受到削弱。冷战后期，西方国家在国际冷战中处于攻势。社会主义国家遭受巨大压力，马拉维这个原本依附于西方阵营的国家也未能幸免，必须遵守这些国家制定的游戏规则。这时，马拉维在接受西方国家援助的同时，不再是免费地获取，而是要以政治民主化和经济自由化改革为代价。同时，西方国家开始支持马拉维国内的异己民主人士，逼迫班达政府实行多党民主政治制度。班达总统统治后期，马拉维外交面临极为艰难的困境。国内的经济衰退，粮食不足，而西方国家的援助减少，这使得该国的外交难以发挥原有的影响。马拉维被迫采取依附的方式，遵循西方制定的游戏规则，加强同西方国家的合作关系，以获取这些国家的援助，解决本国的发展问题。

这个时期，马拉维开始加强与莫桑比克、坦桑尼亚的关系，以获取东向印度洋的出海口。由于马拉维与南非、莫桑比克、莫桑比克全国抵抗运动等的复杂关系，所以其出海口问题受周边国家的影响较大，从而不得不随时调整其外交政策。班达执政后期，马拉维外交面临各种难题。基于当时的国内外情况，班达总统采取灵活方式予以应对。但不可否认，周边地缘政治及国际政治环境直接影响该国的外交政策。马拉维能够做到的是，利用有利的地区形势及国际环境，进行国家利益的战略布局。

班达执政时期，马拉维在外交方面的成功经验主要有以下 6 点。

（1）以本国的具体国情为基础，以解决本国的出海口安全及经济发展两大目标为核心，确立本国的外交政策。

（2）借助南部非洲地区的政治形势及美苏冷战、大国博弈的国际格局，采取“搭便车”的外交战略，争取本国所需要的国家利益。

（3）始终以国际政治的现实主义为出发点，追逐本国的国家利益，而不是随波逐流，追随“泛非主义”、社会主义、资本主义等思想潮流或意识形态。同时，防止这些政治思想渗透到本国，造成分裂势力的滋生或抬头。

（4）现实主义的外交战略是马拉维外交的基础，但还需捕捉不断变化的国际环境和地区形势，灵活调整外交政策。

（5）周边外交和大国外交是马拉维外交的重要手段。必须处理好与周边国家、世界大国的关系。

（6）靠近南非这个地区经济的“火车头”，解决本国出海口和经济发展问题。南非是马拉维最重要的地区合作伙伴之一。虽然两国关系曾有一些波折，但长期是友好合作的关系。马拉维是冷战期间唯一支持南非白人种族主义政权的非洲独立国家。同时，南非也曾给予马拉维经济援助、出海口等方面的诸多利益。因而，南非是该国外交所不能忽视的。

当然，班达执政时期，马拉维外交也存在一些问题。最重要的是，该国外交树敌过多，外交空间仅限于西方国家及英联邦国家，容易受到西方大国的左右或控制。班达执政时期，马拉维与周边国家、非洲统一组织、社会主义国家、伊斯兰国家等的关系对立。班达的做法是出于自己个人的政治观，同时也是为了博得西方国家的大力支持。马拉维外交树敌过多，但并未造成巨大的利益损失，主要是由于国际冷战及地缘政治。进入20世纪80年代，当西方国家在冷战博弈中处于攻势时，马拉维开始承受来自西方国家的压力。虽然，班达总统此时开始与阿拉伯国家有间接接触，并同社会主义国家朝鲜等建有外交关系，但这并不能解决该国当时的经济问题。由于本国的外交空间有限，马拉维只能顺从西方国家，答应西方国家的各种苛刻要求。这使其外交几乎形同虚设，这也是“小国外交”的悲剧所在，这就要求其拓展外交空间，改善和调整外交政策。

多党民主以来，马拉维外交的决策过程、影响因素等发生重大变化。该国外交政策的制定，不再是总统个人的事务，还受到内阁、议会、选民等因素的共同制约。马拉维总统的执政时间是每届5年，因而，该国外交政策的波动性较大。即使总统实现蝉联，该国的外交政策也有可能进行局部调整。外交政策的差异往往成为执政党与反对党争夺选民的重要途径。反对党通过指责执政党的外交政策，拉拢本国的选民或利益集团，为该党争取更多的选票。执政党则通过外交手段，极力为本国争取国家利益，改善民生，以维护自身的政治统治。新总统上台执政以后，其外交政策也会有所调整，以适应新的国内外环境。同时，马拉维受到地区主义、全球化浪潮等的影响日益明显。外部因素越来越多地影响到该国外交政策的制定及调整。因此，民主化以来，马拉维外交政策的变动性较大，影响因素更多，该国外交面临的问题更为复杂。

1994 年，马拉维政治民主化以来，该国外交方面取得了长足进展，积累了不少有益经验。当然，随着国际环境和国内政治的变化，马拉维外交也面临诸多问题，其惨痛教训也值得深思。多党民主以来，从马拉维外交的得失之中，可以得出以下 6 点经验。

（1）同周边国家在政治、经济、安全、交通等领域的合作，是马拉维至关重要的外交课题。“南共体”和东南非共同市场，为马拉维提供了互利共赢的合作平台和“做大与分享蛋糕”的发展机会。更为重要的是，同周边沿海国家的合作，能够保障进出口贸易的出海口安全。

（2）面对经济全球化，保持同北方大国的传统关系，加强与南方大国的经贸合作，两者之间有弹性的伸缩空间，还可以保持战略平衡。马拉维争取外部大国的经济援助及经贸投资，要确保本国的主权独立与国家安全，能够独立自主地制定本国的经济政策及发展战略。

（3）挖掘本国的各类优势资源，趋利避害，加以利用，拓展本国的外交空间。同时，通过公共外交、价值观外交、经济外交、周边外交、大国外交等，实现马拉维外交途径的多元化。

（4）参与次区域、区域、全球的政治和安全事务，发出马拉维作为小国的政治声音；通过协商、谈判、国际法等和平途径，解决国际争端问题，反对诉诸武力或进行恐吓；展现马拉维良好的国家形象，推进本国的软实力建设。

（5）影响外交决策的内外部因素增多，决策环境更为复杂。政党之间的政治博弈或权力争夺，表现为外交政策的差异，甚至是完全对立。总统、选民、政党、利益集团等的恩怨矛盾，不应“绑架”本国的外交政策，这会有损于国家利益。

（6）外交政策的制定，要始终以国家利益为核心，而不是为总统、执政党、政治团体、地区、族群等谋取私利。总统要时刻保持冷静、清醒的头脑，切勿将外交权力当作个人情绪发泄的工具。

进入 21 世纪，南部非洲地区的形势、国际政治经济格局已经发生重大变化，马拉维需要适应国内外形势的发展，调整本国的外交政策，发挥自身外交的特长，挖掘本国的外交资源，谋求更多的国家利益。未来，马拉维外交需要重视以下 5 个方面的重要问题。

（1）重视内政与外交之间的互动关系，最大限度地发挥本国外交的作用。作为民主国家，马拉维的内政与外交是一种互动关系，该国外交面临“双层博弈”的挑战。马拉维的内政问题将会影响到本国同他国的交往。近年来，西方国家经常借马拉维国内的腐败、民主、人权等问题，中止对该国的经济援助，对其施加政治影响，导致马拉维与西方国家的关系趋于恶化。马拉维政局的不稳也会影响到外国的经贸投资。因此，马拉维的国内政治对该国的外交影响较大，这需要执政当局进行整体谋划，权衡利弊，进而做出正确的外交决策。

（2）挖掘本国的外交资源，包括民主政治、伊斯兰文化、经济作物、旅游产业、市场、劳动力、矿产资源等因素。马拉维作为南部非洲地区的内陆小国，较之于其他非洲国家，该国的外交资源相对较少。进入民主化以来，马拉维外交可以摆脱冷战时期的狭小空间，得到进一步的拓展。该国可以借助民主政治因素，通过价值观外交，加强与西方国家在意识形态方面的交流与合作，借此获得这些国家的经济援助和经贸投资。该国可以利用伊斯兰文化因素，通过马拉维境内的穆斯林族群尧人，加强同伊斯兰国家的交往与合作。作为穆斯林出身的穆卢齐总统就曾大力推进本国的伊斯兰“宗教外交”。此外，该国还可利用本国的经济作物、旅游产业、市场、劳动力、矿产资源等优势资源，推进本国外交资源的开发，扩展本国的外交类型或外交途径。

（3）加强与周边国家的合作关系，推进地区经济的一体化进程，解决该国的出海口及经济发展问题。马拉维政府特别重视周边外交。民主化以来，东南非地区、南部非洲地区的经济一体化进程不断加快。马拉维需要通过外交手段，加强同周边国家、次区域组织在政治和安全、经济一体化、交通运输、电力供应、资源共享、出海口、粮食安全等领域的合作，解决本国的出海口问题，并借助地缘经济的因素，推进本国经济的发展。

（4）维持与北方大国的传统关系，推进与南方大国，特别是新兴经济体的经贸关系。马拉维特别重视与北方大国在各领域的合作。这是因为，北方大国是该国获取经济援助和经贸投资的重要伙伴。因此，马拉维需要继续加强与这些北方大国的合作。面对彼此之间存在的问题，通过对话和谈判解决。近年来，南方大国的经济得到显著发展。在国际经济舞台上，中国、印度、巴西、俄罗斯等新兴经济体的出现，给世界经济的发展注入新的活力，并成为国际经济新秩序的重要构建者。外交方面，马拉维需要通过经济外交，加强同这些国家的合作，搭乘这些国家的经济“快车”，推进本国经济的发展。

（5）积极参与经济全球化，趋利避害，利用外部世界的有利资源，解决本国面临的各种问题。随着经济全球化进程日益加快，马拉维这个内陆小国的主权、经济、金融等方面将面临安全威胁。同时，全球化也会为马拉维带来资金、技术等，还可以提高该国应对传染病、粮食短缺、贫困、债务、恐怖主义、环境恶化等全球性问题的能力。马拉维外交首先需要积极面对全球化，而不是选择逃避，更不需要对抗。马拉维外交需要借助全球化浪潮，趋利避害，实现本国经济的发展，而不是被边缘化。

通过马拉维对外关系的个案研究，有许多经验需要总结，亦有许多教训值得反思。同时，这些外交经验和教训也能给予其他非洲国家重要启示。

（1）要客观、理性地看待本国的优势和不足，充分了解周边国家或周边地区，全面把握国际形势的走向，借此判断本国外交所要解决的核心问题。核心问题是外交政策追求的长期目标，并分阶段、按计划逐步予以解决。

（2）外交政策首先要以确保国家的主权、生存与安全为前提，这是非洲国家最为核心的国家利益，而非诱发国内政局动荡，更不是民族仇恨、族群对抗、国家分裂。因而，要平衡国内各种政治力量的利益，维护国家的政局稳定。

（3）外交政策是有原则、有底线的，不应把本国置于不利局面或危险境地，使国家主权和国家利益遭受严重损害。同时，外交政策也是有弹性的伸缩空间，需要掌控距离，把握分寸，言行得当。

（4）要有判断地区和国际局势的长远眼光，不应过于看重政治浪潮或意识形态，而是要保持冷静、理性的头脑，通过外交战略布局，抓住发展的机遇期。同时，外交政策要具有阶段性和可变性，要灵活、务实地进行调整。

（5）要处理好整体与部分、长远与中短期目标的关系。外交方面，要“有所为，有所不为”，极力维护本国的国家利益。就非洲整体利益而言，危害本国核心利益、爱莫能助的事，要量力而行。不要理会外界评论，但可以给予道义支持。要灵活处理“理想与现实、道义与利益”之间的关系。

（6）周边外交和大国外交最为重要。要积极加强同周边国家、周边地区、南北方大国之间的互利合作。要利用政治生态规律，平衡南北方大国之间的关系。经济全球化的浪潮之下，非洲国家需要的外部援助不是“施舍”或“威逼”，而是以本国独立制定经济政策、发展战略为导向的。

（7）非洲国家领导人的权力较大，但总统的个人行为与国家的政治行为差异较大，外交决策切勿表达个人的情绪或意志。非洲国家领导人要有长远眼光，要时刻保持头脑冷静，把握国际风云背后的实质。非洲国家可以拥有本国的外交智库或决策集团，吸收各方面的政治精英，始终以国家利益为重，为总统提供外交建议，而非谋求政治精英、政党组织等的私利。

（8）非洲国家借助本国油气、矿产、经济作物、宗教、国际港口等优势资源，拓展本国外交空间之时，要认真评估其对外交的利弊，趋利避害。同时，也可以推动成本投入较小的外交类型，如公共外交、价值观外交等，以提升本国在外的国家形象，推进本国的软实力建设。

（9）民主化时代，内政与外交相互制约。影响非洲国家外交政策制定的国内外因素增多，其外交政策的落实面临诸多挑战，这也影响到外国的援助及投资。外交政策维护的是本国的国家利益，而非总统、政党、族群、地方等的利益。政党之间的政治博弈不应损害国家利益。

（10）任何地区、国际冲突问题都有一个循序渐进的演变过程。暴力手段只会加剧冲突，造成难以抚平的伤害。谈判、斡旋、国际法等和平手段，能够很好地解决这些问题。邻国之间的冲突问题，最有效、最现实的办法就是通过协商、谈判解决，军事对抗和经济制裁不是最佳选择。

全球化时代之今日，非洲国家的发展离不开外部世界。作为南部非洲内陆国家的马拉维，其发展更是依赖国外援助、国际市场等。非洲国家需要通过外交手段，加强与外部世界的联系，为自身发展寻求资金、技术、市场、发展经验等。因此，无论是维持同西方国家的关系，还是加强与新兴经济体的关系；无论是参与 2015 年联合国可持续发展峰会通过的《改变我们的世界——2030 年可持续发展议程》（*Transforming our World: The 2030 Agenda for Sustainable Development*），还是参与 2015 年非洲联盟制定的《2063 年议程》，抑或是参与中国政府对非洲推出的“十大计划”“八大行动”等，这些外交活动都能为非洲国家的发展带来更多的外部资源。

非洲国家应该走一条什么样的发展道路呢？近年来，许多非洲国家对“中国模式”特别感兴趣，希望学习中国减贫与发展的经验，推动本国经济快速发展。有的国家甚至直接照搬照抄中国过去的做法，设立经济特区和沿海开放城市，建立工业园区，利用优惠政策吸引外资等。例如，埃塞俄比亚借鉴中国经验，经济发展取得了不少成绩。当然，失败的案例也不少。事实上，“中国模式”或“中国经验”的核心内容是“一切要从实际出发，从本国的国情出发，既坚持独立自主、自力更生的发展道路，又努力向世界开放，学习和借鉴人类一切有价值的思想、智慧与先进制度”①。改革开放以来，中国能够取得今日之成就，就是总结过去的经验与教训后，得到了这样的一个基本共识：“一个国家的发展，一个民族的进步，从根本上说只能靠自己的努力，靠自己来探寻发展的道路。”②

因此，非洲国家要根据本国国情，走适合本国的发展道路。2015 年 12 月，在中非合作论坛约翰内斯堡峰会期间，马拉维总统阿瑟·彼得·穆塔里卡深刻地认识到非洲国家普遍存在的问题，即大多数非洲人丧失了自信心，不相信自己有能力改变困境。他明确指出，非洲人应该将命运的主动权掌握在自己手里，通过对外合作激发自己的潜能，实现自强自立。他还援引津巴布韦总统穆加贝的一句话“有些事情别人替代不了”③。“和平共处五项原则”是中国外交的基本准则。“中国之所以坚持不干涉非洲的内政，是因为中国尊重非洲，尊重非洲的主权，认为非洲的事情只能由非洲人自己来决定。”④ 因而，非洲国家要有文化自信，要走适合本国国情的发展道路，而不是照搬照抄别国经验。当然，也要加强同其他国家的外交关系，为本国发展营造良好的外部环境。这就需要在本国发展的过程中，处理好独立自主和对外开放之间的关系。

---

① 刘鸿武、罗建波：《中非发展合作：理论、战略与政策研究》，中国社会科学出版社 2011 年版，第 418 页。

② 同上。

③ 《马拉维总统穆塔里卡盛赞中非合作和中马关系》，中国商务部网站，2015 年 12 月 7 日，http://www.mofcom.gov.cn/article/i/jyjl/k/201512/20151201204693.shtml，2017 年 12 月 11 日。

④ 刘鸿武、罗建波：《中非发展合作：理论、战略与政策研究》，中国社会科学出版社 2011 年版，第 415 页。

参考文献

一、中文著作

[1] 派克 . 马拉维政治经济史 [M]. 史一竹 , 译 . 北京 : 商务印书馆 , 1973.

[2] 派克 , 里明顿 . 马拉维地理研究 [M]. 天津师范学院地理系教师 , 译 . 北京 : 商务印书馆 , 1978.

[3] 阿格纽 , 斯塔布斯 . 马拉维地图集 [M]. 开封师范学院地理系 , 译 . 郑州 : 河南人民出版社 , 1977.

[4] 夏新华 , 顾荣新 . 列国志 · 马拉维 [M]. 北京 : 社会科学文献出版社 , 2006.

[5] 和风 . 在马拉维的外交官夫人们 [M]. 北京 : 外文出版社 , 2010.

[6] 莫赫塔尔 . 非洲通史（第二卷）: 非洲古代文明 [M]. 北京 : 中国对外翻译出版公司 , 1985.

[7] 尼昂 . 非洲通史（第四卷）: 十二世纪至十六世纪的非洲 [M]. 北京 : 中国对外翻译出版公司 , 1992.

[8] 奥戈特 . 非洲通史（第五卷）: 十六世纪至十八世纪的非洲 [M]. 北京 : 中国对外翻译出版公司 , 2001.

[9] 博亨 . 非洲通史（第七卷）: 1880—1935 年殖民统治下的非洲 [M]. 北京 : 中国对外翻译出版公司, 1991.

[10] 斯塔夫里阿诺斯 . 全球通史 : 从史前史到 21 世纪（上册）[M]. 董书慧, 王昶, 译 . 北京 : 北京大学出版社, 2005.

[11] 斯塔夫里亚诺斯 . 全球分裂 : 第三世界的历史进程（上册）[M]. 王红生, 等 , 译 . 北京 : 商务印书馆 , 1995.

[12] 吉尔伯特 , 雷诺兹 . 非洲史 [M]. 黄磷 , 译 . 海口 : 海南出版社 , 2007.

[13] 希林顿 . 非洲史 [M]. 赵俊 , 译 . 上海 : 东方出版中心 , 2012.

[14] 安德烈 . 黑非洲史: 第二卷（下册）[M]. 上海新闻出版系统“五 · 七”干校翻译组 , 译 . 上海 : 上海人民出版社 , 1974.

[15] 安德烈 . 黑非洲史: 第三卷（下册）[M]. 杭州大学外语系 , 译 . 上海 : 上

海译文出版社，1980 年 .
[16] 苏联科学院非洲研究所 . 非洲史 1800—1918（上册）[M]. 顾以安，翁访民，译 . 上海 : 上海人民出版社，1977.
[17] 苏联科学院非洲研究所 . 非洲史 1918—1967（下册）[M]. 上海新闻出版系统“五・七”干校翻译组，译 . 上海 : 上海人民出版社，1974.
[18] 廷德尔 . 中非史 [M]. 陆彤之，译 . 上海 : 上海人民出版社，1976.
[19] 维恩 . 非洲怎么了？——解读一个富饶而贫困的大陆 [M]. 赵自勇，张庆海，译 . 广州 : 广东人民出版社，2009.
[20] 戴维逊 . 现代非洲史：对一个新社会的探索 [M]. 舒展，李力清，译 . 北京 : 中国社会科学出版社，1989.
[21] 范伦斯伯格 . 非洲当代领袖 [M]. 秦晓鹰，殷罡，译 . 重庆：重庆出版社，1985.
[22] 加利 . 非洲边界争端 [M]. 仓友衡，译 . 北京 : 商务印书馆，1979.
[23] 莫约 . 援助的死亡 [M]. 王涛，杨惠，等，译 . 北京 : 世界知识出版社，2010.
[24] 伊斯特利 . 白人的负担：为什么西方的援助收效甚微 [M]. 崔新钰，译 . 北京：中信出版社，2008.
[25] 布罗蒂加姆 . 龙的礼物：中国在非洲真实的故事 [M]. 沈晓雷，高明秀，译 . 北京 : 社会科学文献出版社，2012.
[26] 容 . 我不是为你打仗：世界背弃一个非洲小国 [M]. 延飞，译 . 昆明 : 云南大学出版社，2010.
[27] 贝茨 . 热带非洲的市场与国家：农业政策的政治基础 [M]. 曹海军，唐吉洪，译 . 长春 : 吉林出版集团有限责任公司，2011.
[28] 布朗 . 饥饿的地球村：新食物短缺地缘政治学 [M]. 林自新，胡晓梅，李康民，译 . 上海 : 上海科技教育出版社，2012.
[29] 贝里 . 坦桑尼亚图志 [M]. 南京大学地理系非洲地理组，译 . 北京 : 商务印书馆，1975.
[30] 格斯多夫 . 莫桑比克 [M]. 上海师范大学外语系《莫桑比克》翻译小组，译 . 上海 : 上海人民出版社，1975.

[31] 蒙德拉纳 . 为莫桑比克而斗争 [M]. 上海市“五 · 七”干校六连翻译组，译 . 上海 : 上海人民出版社 , 1976.

[32] 吉布逊 . 非洲解放运动：当代反对白人少数统治的斗争 [M]. 复旦大学国际政治系编译组 , 译 . 上海 : 上海人民出版社，1975.

[33] 勒古姆 , 等 . 八十年代的非洲：一个危机四伏的大陆 [M]. 吴期扬 , 译 . 北京 : 世界知识出版社，1982.

[34] 托多夫 . 非洲政府与政治 [M]. 4 版 . 肖宏宇 , 译 . 北京 : 北京大学出版社 , 2007.

[35] 刘鸿武 . 黑非洲文化研究 [M]. 上海 : 华东师范大学出版社 , 1997.

[36] 刘鸿武 , 暴明莹 . 蔚蓝色的非洲：东非斯瓦希里文化研究 [M]. 昆明 : 云南大学出版社 , 2008.

[37] 刘鸿武，罗建波 . 中非发展合作：理论、战略与政策研究 [M]. 北京 : 中国社会科学出版社 , 2011.

[38] 杨人楩 . 非洲通史简编：从远古至一九一八年 [M]. 北京 : 人民出版社 , 1984.

[39] 陆庭恩 , 艾周昌 . 非洲史教程 [M]. 上海 : 华东师范大学出版社 , 1990.

[40] 艾周昌 . 非洲黑人文明 [M]. 北京 : 中国社会科学出版社 , 2004.

[41] 艾周昌 , 郑家馨 . 非洲通史：近代卷 [M]. 上海 : 华东师范大学出版社 , 1995.

[42] 陆庭恩 . 非洲与帝国主义（一九一四 ~ 一九三九）[M]. 北京 : 北京大学出版社 , 1987.

[43] 陆庭恩 , 刘静 . 非洲民族主义政党和政党制度 [M]. 上海 : 华东师范大学出版社 , 1997.

[44] 陆庭恩 , 彭坤元 . 非洲通史：现代卷 [M]. 上海 : 华东师范大学出版社 , 1995.

[45] 陆庭恩 , 黄舍骄 , 陆苗耕 . 影响历史进程的非洲领袖 [M]. 北京 : 世界知识出版社 , 2005.

[46] 郑家馨 . 殖民主义史：非洲卷 [M]. 北京 : 北京大学出版社 , 2000.

[47] 舒运国 . 泛非主义史：1900—2002 年 [M]. 北京 : 商务印书馆 , 2014.

[48] 顾章义 . 精粹世界史：崛起的非洲 [M]. 北京 : 中国青年出版社 , 1999.
[49] 李安山 . 非洲民族主义研究 [M]. 北京 : 中国国际广播出版社 , 2004.
[50] 李安山 . 非洲梦：探索现代化之路 [M]. 南京 : 江苏人民出版社 , 2013 年 .
[51] 贺文萍 . 非洲国家民主化进程研究 [M]. 北京 : 时事出版社 , 2005.
[52] 张宏明 . 多维视野中的非洲政治发展 [M]. 北京 : 社会科学文献出版社 , 2007.
[53] 陈公元 , 唐大盾 , 原牧 . 非洲风云人物 [M]. 北京 : 世界知识出版社 , 1989.
[54] 葛公尚 . 万国博览 · 非洲卷 [M]. 北京 : 新华出版社 , 1998.
[55] 葛佶 . 简明非洲百科全书（撒哈拉以南）[M]. 北京 : 中国社会科学出版社 , 2000.
[56] 葛佶 , 何丽儿 , 杨立华 , 等 . 南部非洲动乱的根源 [M]. 北京 : 世界知识出版社 , 1989.
[57] 葛佶 . 南非：富饶而多难的土地 [M]. 北京 : 世界知识出版社 , 1994.
[58] 丹林 . 非洲大事年表 [M]. 北京 : 知识出版社 , 1986.
[59] 陈宗德 , 吴兆契 . 撒哈拉以南非洲经济发展战略研究 [M]. 北京 : 北京大学出版社 , 1987.
[60] 唐大盾，张志智，庄慧君 , 等 . 非洲社会主义：历史 · 理论 · 实践 [M]. 北京 : 世界知识出版社 , 1988.
[61] 唐大盾 , 徐济明 , 陈公元 . 非洲社会主义新论 [M]. 北京 : 教育科学出版社 , 1994.
[62] 徐济明 , 谈世中 . 当代非洲政治变革 [M]. 北京 : 经济科学出版社 , 1998.
[63] 高晋元 . 英国—非洲关系史略 [M]. 北京 : 中国社会科学出版社 , 2008.
[64] 梁根成 . 美国与非洲：第二次世界大战结束至 80 年代后期美国对非洲的政策 [M]. 北京 : 北京大学出版社 , 1991.
[65] 姜忠尽 , 等 . 中非三国：从部落跃向现代 [M]. 成都：四川人民出版社 , 2005.
[66] 艾周昌 , 沐涛 . 中非关系史 [M]. 上海 : 华东师范大学出版社 , 1996.
[67] 罗建波 . 非洲一体化与中非关系 [M]. 北京 : 社会科学文献出版社 , 2006.
[68] 罗建波 . 通向复兴之路：非盟与非洲一体化研究 [M]. 北京 : 中国社会科

学出版社 , 2010.
[69] 赵姝岚 . 当代赞比亚国家发展进程 [M]. 北京 : 世界知识出版社 , 2012.
[70] 裴善勤 . 列国志 · 坦桑尼亚 [M]. 北京 : 社会科学文献出版社 , 2010.
[71] 张宝增 . 列国志 · 莫桑比克 [M]. 北京 : 社会科学文献出版社 , 2011.
[72] 何丽儿 . 南部非洲的一颗明珠：津巴布韦 [M]. 北京 : 当代世界出版社 , 1995.
[73] 陈玉来 . 列国志 · 津巴布韦 [M]. 北京 : 社会科学文献出版社 , 2011.
[74] 张象 . 彩虹之邦新南非 [M]. 北京 : 当代世界出版社 , 1998.
[75] 杨立华 . 列国志 · 南非 [M]. 北京 : 社会科学文献出版社 , 2010.
[76] 沐涛 . 南非对外关系研究 [M]. 上海 : 华东师范大学出版社 , 2003.
[77] 夏吉生 . 南非种族关系探析汇编 [M]. 上海 : 华东师范大学出版社 , 1996.
[78] 舒运国 . 非洲人口增长与经济发展研究 [M]. 上海 : 华东师范大学出版社 , 1996.
[79] 舒运国 , 刘伟才 . 20 世纪非洲经济史 [M]. 杭州 : 浙江人民出版社 , 2013.
[80] 莫翔 . 当代非洲安全机制 [M]. 杭州 : 浙江人民出版社 , 2013.
[81] 安春英 . 非洲的贫困与反贫困问题研究 [M]. 北京 : 中国社会科学出版社 , 2010.
[82] 张彬 , 等 . 国际区域经济一体化比较研究 [M]. 北京 : 人民出版社 , 2010.
[83] 世界知识出版社 . 世界知识年鉴 [M]. 北京 : 世界知识出版社 , 1982—2007.
[84] 霍顿 . 政治心理学：情境、个人与案例 [M]. 尹继武 , 林民旺 , 译 . 北京 : 中央编译出版社 , 2013.
[85] 多尔蒂 , 普法尔茨格拉夫 . 争论中的国际关系理论 [M]. 5 版 . 阎学通 , 陈寒溪 , 等 , 译 . 北京 : 世界知识出版社 , 2003.
[86] 摩根索 . 国家间政治：权力斗争与和平 [M]. 徐昕 , 郝望 , 李保平 , 译 . 北京 : 北京大学出版社 , 2005.
[87] 基辛格 . 大外交 [M]. 顾淑馨 , 林添贵 , 译 . 海口 : 海南出版社 , 1998.
[88] 明斯特 . 国际关系精要 [M]. 3 版 . 潘忠岐 , 译 . 上海 : 上海人民出版社 , 2010.

[89] 杰维斯 . 国际政治中的知觉与错误知觉 [M]. 秦亚青 , 译 . 北京 : 世界知识出版社 , 2003.

[90] 米尔纳 . 利益、制度与信息：国内政治与国际关系 [M]. 曲博 , 译 . 上海 : 上海人民出版社 , 2010.

[91] 基欧汉 , 米尔纳 . 国际化与国内政治 [M]. 姜鹏 , 董素华 , 译 . 北京 : 北京大学出版社 , 2003.

[92] 汉得森 . 国际关系：世纪之交的冲突与合作 [M]. 金帆 , 译 . 海口 : 海南出版社 , 2004.

[93] 希尔 . 变化中的对外政策政治 [M]. 唐小松 , 陈寒溪 , 译 . 上海 : 上海人民出版社 , 2007 年 .

[94] 戴蒙德 , 麦克唐纳 . 多轨外交：通向和平的多体系途径 [M]. 李永辉 , 李期铿 , 田小慧 , 等 , 译 . 北京 : 北京大学出版社 , 2006.

[95] 阿尔蒙德 , 等 . 发展中地区的政治 [M]. 任晓晋 , 储建国 , 宋腊梅 , 等 , 译 . 上海 : 上海人民出版社 , 2012.

[96] 布赞 , 维夫 . 地区安全复合体与国际安全结构 [M]. 潘忠岐 , 孙霞 , 胡勇 , 等 , 译 . 上海 : 上海人民出版社 , 2010.

[97] 布赞 . 人、国家与恐惧：后冷战时代的国际安全研究议程 [M]. 闫健 , 李剑 , 译 . 北京 : 中央编译出版社 , 2009.

[98] 布赞 , 汉森 . 国际安全研究的演化 [M]. 余潇枫 , 译 . 杭州 : 浙江大学出版社 , 2011.

[99] 科恩 . 地缘政治学：国际关系的地理学 [M]. 严春松 , 译 . 上海 : 上海社会科学院出版社 , 2012.

[100] 克莱尔 . 石油政治学 [M]. 孙芳 , 译 . 海口 : 海南出版社 , 2009.

[101] 亨廷顿 . 第三波：20 世纪后期民主化浪潮 [M]. 刘军宁 , 译 . 上海 : 上海三联书店 , 1998.

[102] 斯特兰奇 . 国家与市场 [M]. 杨宇光 , 等 , 译 . 上海 : 上海人民出版社 , 2012.

[103] 吉尔平 . 全球资本主义的挑战：21 世纪的世界经济 [M]. 杨宇光 , 杨炯 , 译 . 上海：上海人民出版社 , 2001.

[104] 阿普特 . 现代化的政治 [M]. 陈尧 , 译 . 上海 : 上海人民出版社 , 2011.
[105] 内斯特 . 国际关系：21 世纪的政治与经济 [M]. 姚远 , 汪恒 , 译 . 北京 : 北京大学出版社 , 2005.
[106] 列别杰娃 . 世界政治 [M]. 刘再起 , 田园 , 译 . 武汉 : 武汉大学出版社 , 2008.
[107] 巴雷特 . 合作的动力：为何提供全球公共产品 [M]. 黄智虎 , 译 . 上海 : 上海人民出版社 , 2012.
[108] 奈 . 理解国际冲突：理论与历史 [M]. 张小明 , 译 . 上海 : 上海人民出版社 , 2002.
[109] 俞正梁 , 陈志敏 , 苏长和 , 等 . 全球化时代的国际关系 [M]. 上海 : 复旦大学出版社 , 2000.
[110] 徐以骅 , 等 . 宗教与当代国际关系 [M]. 上海 : 上海人民出版社 , 2012.
[111] 刘德斌 . 国际关系史 [M]. 北京 : 高等教育出版社 , 2003.
[112] 燕继荣 . 发展政治学 [M]. 2 版 . 北京 : 北京大学出版社 , 2010.
[113] 波金斯 , 拉德勒 , 林道尔 . 发展经济学 [M]. 6 版 . 北京 : 中国人民大学出版社 , 2013.
[114] 陆忠伟 . 非传统安全论 [M]. 北京 : 时事出版社 , 2003.
[115] 尹继武 , 刘训练 . 政治心理学 [M]. 北京 : 高等教育出版社 , 2011.
[116] 王鸣鸣 . 外交政策分析：理论与方法 [M]. 北京 : 中国社会科学出版社 , 2008.
[117] 陈志敏 , 肖佳灵 , 赵可金 . 当代外交学 [M]. 北京 : 北京大学出版社 , 2012.
[118] 韩方明 . 公共外交概论 [M]. 2 版 . 北京 : 北京大学出版社 , 2012.

二、中文论文、报告、新闻

[1] 刘鸿武 , 方伟 . 国家主权、思想自立与发展权利：试论当代非洲国家建构的障碍及前景 [J]. 西亚非洲 , 2012(1).
[2] 刘鸿武 . 国际关系史学科的学术旨趣与思想维度 [J]. 世界经济与政治 , 2006(1).

[3] 刘鸿武, 肖玉华, 梁益坚. 一个大陆的觉醒、抗争与自强：20 世纪非洲国际关系理论之研究论纲 [J]. 世界经济与政治, 2007(1).

[4] 梁益坚, 李兴刚. 非洲国际关系理论研究的困境、渊源与特点 [J]. 世界经济与政治, 2008(7).

[5] 罗建波. 非洲地区主义及其发展探析 [J]. 国际论坛, 2004(3).

[6] 顾章义. 非洲国家边界问题初探 [J]. 西亚非洲, 1984(3).

[7] 钟伟云. 非洲在国际体系中的地位 [J]. 西亚非洲, 2002(3).

[8] 钟伟云. 东南部非洲优惠贸易区：成就、问题与挑战 [J]. 西亚非洲, 1994(1).

[9] 原牧. 马拉维的经济发展成就 [J]. 西亚非洲, 1981(3).

[10] 原牧. 马拉维的终身总统班达 [J]. 西亚非洲, 1981(4).

[11] 陈一飞. 班达沉浮 [J]. 世界知识, 1995(10).

[12] 姚雷. 马拉维：经济背后的杀手 [J]. 国际市场, 2012(4).

[13] PINDER R, 江涵. 马拉维的农业在前进 [J]. 世界农业, 1982(4).

[14] 岳岭. 马拉维：非洲国家发展农业的样版 [J]. 国际展望, 1987(10).

[15] 王东来. 马拉维发展农业的政策与措施 [J]. 西亚非洲, 1988(5).

[16] 陈一飞. 马拉维社会调查纪实 [J]. 西亚非洲, 1987(5).

[17] 莺子. 谋杀案震惊马拉维 [J]. 海内与海外, 1995(9).

[18] 武涛. 马拉维国家缘起、演变、发展史研究 [D]. 昆明 : 云南大学硕士学位论文, 2012.

[19] 武涛. 英属尼亚萨兰时期马拉维民族意识觉醒原因探析 [J]. 哈尔滨学院学报, 2013(9).

[20] 武涛. 马拉维女总统乔伊斯 · 班达 [J]. 国际研究参考, 2013(10).

[21] 武涛. 马拉维湖边界争端问题探析 [J]. 亚非纵横, 2014(2).

[22] 武涛. 南部非洲国家马拉维的穆斯林 [J]. 中国穆斯林, 2014(4).

[23] 武涛. 南部非洲地区的伊斯兰教问题探析 [J]. 西北民族大学学报, 2014(4).

[24] 刘海虹. 非洲联盟轮值主席穆塔里卡：喜事不断 [J]. 瞭望东方周刊, 2010(6).

［25］武涛 . 马拉维：女总统时代的结束及新总统时代的到来 [EB/OL]. (2014–06–23) [2015–03–01]. http://iwaas.cass.cn/dtxw/fzdt/2014-06-23/3059.shtml.

［26］武涛 . 独立初期马拉维未同中国建交的原因 [EB/OL]. (2015–10–23) [2017–12–01]. http://iwaas.cass.cn/xslt/fzlt/201601/t20160108_2818159.shtml.

［27］武涛 . 马拉维对华关系的转型：1964—2015 年 [M] // 李安山 . 中国非洲史研究会文集（2015）. 社会科学文献出版社 , 2016.

［28］中国与马拉维建交 [N]. 人民日报 , 2008–01–15.

［29］曹鹏程 . 胡锦涛与马拉维总统举行会谈 [N]. 人民日报 , 2008–03–26.

［30］周云 . 马拉维官员：谈了两年终建交 [N]. 东方早报 , 2008–01–18.

［31］王能标 . 马拉维总统会见中国国家主席代表 [N]. 人民日报 , 2008–01–28.

［32］郜背平 . 马拉维驻华使馆开馆 [N]. 人民日报 , 2008–03–27.

［33］穆东 . 马拉维总统：马中务实合作全面展开 [N]. 人民日报 , 2009–01–17.

［34］伊佳 . 马拉维：农业才是顶梁柱 [N]. 国际商报 , 2012–01–16.

［35］胡玉灰 . 马拉维：生产者是老大 [N]. 国际商报 , 2011–08–01.

三、英文著作

［1］PACHAI B. The early history of Malawi[M]. London: Longman, 1972.

［2］GRAY R. The Cambridge history of Africa, Volume 4: from c.1600 to c.1790[M]. Cambridge: Cambridge University Press, 1975.

［3］MORRIS M. A Brief history of Nyasaland[M]. London: Longman, 1952.

［4］MACDONALD R J. From Nyasaland to Malawi: studies in colonial history[M]. Nairobi: East African Publishing House, 1975.

［5］POLLOCK N H, Jr. Nyasaland and Northern Rhodesia: corridor to the North[M]. Pittsburgh: Duquesne University Press, 1971.

［6］WILLS A J. An introduction to the history of Central Africa: Zambia, Malawi, and Zimbabwe[M]. New York: Oxford University Press, 1985.

［7］FIELDS K E. Revival and rebellion in colonial Central Africa[M]. Princeton: Princeton University Press, 1985.

[8] ROTBERG R I. The rise of nationalism in Central Africa: the making of Malawi and Zambia, 1873–1964[M]. Cambridge: Harvard University Press, 1965.

[9] HANNA A. J. The beginnings of Nyasaland and North–Eastern Rhodesia: 1859–1895 [M]. Oxford: Clarendon Press, 1956.

[10] MCCRACKEN J. Politics and christianity in Malawi, 1875–1940: the impact of the Livingstonia mission in the northern province[M]. Cambridge: Cambridge University Press, 1977.

[11] POWER J. Political culture and nationalism in Malawi[M]. New York: University of Rochester Press, 2010.

[12] MCMASTER C. Malawi: foreign policy and development [M]. London: Julian Friedmann, 1974.

[13] Internetional Business Publications. Malawi foreign policy and government guide[M]. Washington, D.C. : International Business Publications, 2004.

[14] PACHAI B. Malawi: the history of the nation[M]. London: Longman, 1973.

[15] KALINGA O J M, CROSBY C A. Historical dictionary of Malawi[M]. Lanham, MD: Scarecrow Press, 2001.

[16] SINDIMA H J. Malawi's first republic: an economic and political analysis[M]. Lanham, MD: University Press of America, 2002.

[17] BONE D S. Malawi's Muslims: historical perspectives[M]. Blantyre: Christian Literature Association, 2000.

[18] ENGLUND H. From war to peace on the Mozambique–Malawi borderland[M]. London: Edinburgh University Press for the International African Institute, 2002.

[19] MORTON K. Aid and dependence: British aid to Malawi[M]. London: Croom Helm for the Overseas Development Institute, 1975.

[20] GORDENKER L. International aid and national decisions: development programs in Malawi, Tanzania, and Zambia[M]. Princeton: Princeton University Press,1976.

[21] MCCRACKEN J. Malawi: an alternative pattern of development[C]. Edinburgh:

University of Edinburgh, Center of African Studies, 1985.

[22] BAKER C. Revolt of the ministers: the Malawi cabinet crisis, 1964–1965[M]. New York: I.B. Tauris, 2001.

[23] ROSS A C. Colonialism to cabinet crisis: a political history of Malawi[M]. Zomba: Kachere Series Publishing, 2009.

[24] VIRMANI K K. Dr. Banda in the making of Malawi[M]. Delhi: Kalinga Publications, 1992.

[25] CHIUME M W K. Banda's Malawi: Africa's tragedy[M]. Greensburg: Multimedia Publications, 1992.

[26] MHONE G C Z. Malawi at the crossroads: the post-colonial political economy[M]. Harare: SAPES Books, 1992.

[27] WILLIAMS T D. Malawi: the politics of despair[M]. Ithaca: Cornell University Press, 1978.

[28] MTEWA M. Malawi democratic theory and public policy[M]. Massachusetts: Schenkman Books, 1986.

[29] HARRIGAN J. From dictatorship to democracy: economic policy in Malawi 1964–2000[M]. Aldershot: Ashgate Publishing Company, 2001.

[30] ADAR K G, AJULU R. Globalization and emerging trends in African States' foreign policy-making process: a comparative perspective of Southern Africa[M]. Aldershot: Ashgate Publishing Company, 2002.

[31] BRODERICK J, BURFORD G, FREER G. South Africa's foreign policy: dilemmas of a new democracy[M]. London: Palgrave Macmillan, 2001.

[32] COWEN M, LAAKSO L. Multi-party elections in Africa[M]. London: Palgrave Macmillan, 2002.

[33] ZACARIAS A. Security and the state in Southern Africa[M]. London: Tauris Academic Studies, 1999.

[34] NATHAN L. Community of insecurity: SADC's struggle for peace and security in Southern Africa[M]. Aldershot: Ashgate Publishing Company, 2012.

[35] MOSS V. Economic integration in Southern Africa: role of transport corridors

towards promoting broader regional economic cooperation in Southern Africa[M]. Saarbrücken: VDM Verlag, 2010.

[36] BAUER G, TAYLOR S D. Politics in Southern Africa: state and society in transition[M]. Boulder: Lynne Rienner Publishers, 2005.

[37] ALI I. Contemporary Africa: issues and concerns[M]. Delhi: Global Vision Publishing House, 2011.

[38] WOOD A. Strategies for sustainability: Africa[M]. Gland: International Union for Conservation of Nature and Natural Resources, 1997.

[39] DARNOLF S, LAAKSO L. Twenty years of independence in Zimbabwe: from liberation to authoritarianism[M]. London: Palgrave Macmillan, 2003.

[40] MCKENNA A. The history of Southern Africa[M]. New York: Rosen Education Service, 2011.

[41] BURDETTE M M. Zambia: between two worlds[M]. Dartmouth: Dartmouth Publishing Co. Ltd., 1988.

[42] MAZRUI A A. Africa's international relations: the diplomacy of dependency and change[M]. Boulder: Westview Press, 1977.

[43] OLATUNDE J C B O, ORWA D K, UTETE C M B. African international relations[M]. Boston: Addison-Wesley Longman Limited, 1985.

[44] DUNN K C, SHAW T M. Africa's challenge to international relations theory[M]. London: Palgrave Macmillan, 2001.

[45] ANDA M O. International relationals in contemporary Africa[M]. Lanham: University Press of America, 2000.

[46] CORNELISSEN S, CHERU F, SHAW T M. Africa and international relations in the 21st century[M]. London: Palgrave Macmillan, 2012.

[47] MBAKU J M. Preparing Africa for the twenty-first century: strategies for peaceful coexistence and sustainable development[M]. Aldershot: Ashgate Publishing Company, 1999.

[48] ALI I, TRIVEDI A. Contemporary Africa issues and concerns[M]. Delhi: Global Vision Publishing House, 2011.

[49] TAYLOR I. The international relations of Sub-Saharan Africa[M]. London: Continuum Publishing Corporation, 2010.

[50] HARBESON J W, ROTHCHILD D. Africa in world politics: reforming political order[M]. Boulder: Westview Press, 2008.

[51] BACH D C. Regionalisation in Africa: integration and disintegration[M]. Melton: James Currey, 1999.

[52] SILER M J. Strategic security issues in Sub-Saharan Africa: a comprehensive annotated bibliography[M]. Westport: Praeger Publisher Inc., 2004.

[53] ALI T M, MATTHEWS R O. Durable peace: challenges for peacebuilding in Africa[M]. Toronto: University of Toronto Press, 2004.

[54] WEST H G. Conflict and its resolution in contemporary Africa[M]. Lanham: University Press of America, 1997.

[55] ADDISON T. From conflict to recovery in Africa[M]. Oxford: Oxford University Press, 2003.

[56] SHAW T M, OJO S. Africa and the international political system[M]. Lanham: University Press of America, 1982.

[57] CLAPHAM C. Africa and the international system: the politics of state survival[M]. Cambridge: Cambridge University Press, 1996.

[58] MCGOWAN P J, NEL P. Power, wealth, and global equity: an international relations textbook for Africa[M]. Cape Town: University of Cape Town Press, 1999.

[59] AKINRINADE S, SESAY A. Africa in the post-cold war international system[M]. London: Pinter Publisher, 1998.

[60] ENGEL U, OLSEN G R. Africa and the North: between globalization and marginalization[M]. London: Routledge, 2005.

[61] AMOAH M. Nationalism, globalization, and Africa[M]. London: Palgrave Macmillan, 2011.

[62] TAYLOR I, WILLIAMS P. Africa in international politics: external involvement on the continent[M]. London: Routledge, 2004.

[63] SOUTHALL R, MELBER H. A new scramble for Africa?: imperialism, investment and development[M]. Durban: University Of KwaZulu-Natal Press, 2009.

[64] ROTHCHILD D, KELLER E J. Africa-US relations: strategic encounters[M]. Boulder: Lynne Rienner Publishers, 2006.

[65] LEHMAN H P. Japan and Africa: globalization and foreign aid in the 21st century[M]. London: Routledge, 2010.

[66] SHETH V. S. India-Africa relations: emerging policy and development perspective[M]. London: Academic Excellence, 2008.

[67] SNOW P. The star raft: China's encounter with Africa[M]. London: Weidenfeld & Nicolson,1988.

[68] ROTBERG R I. China into Africa: trade, aid, and influence[M]. Washington, D.C. : Brookings Institution Press, 2008.

[69] WRIGHT S. African foreign policies[M]. Boulder: Westview Press, 1998.

[70] NANJIRA D D. African foreign policy and diplomacy from antiquity to the 21st century[M]. Westport: Praeger Publisher Inc., 2010.

[71] DALE R. Botswana's foreign policy: state and non-state actors and small power diplomacy[M]. Camden: African Studies Association, 1980.

[72] TOURAY O A. The Gambia and the world: a history of the foreign policy of Africa's smallest state, 1965-1995[M]. Hamburg: Institut für Afrika-Kunde, 2000.

[73] KHADIAGALA G M, LYONS T. African foreign policies: power and process[M]. Boulder : Lynne Rienner Publishers, 2001.

四、英文论文及其他资料

[1] NJOLOMA E. A study of intra-African relations: an analysis of the factors informing the foreign policy of Malawi towards Zimbabwe[D]. Grahamstown: Rhodes University, 2010.

[2] Government of Malawi–European Commission. Draft joint annual report 2006[R]. [S.l.]: Govermment of Malawi–European Commission, 2006.

[3] STURGES P. The political economy of information: Malawi under Kamuzu Banda, 1964–1994[J]. International information and library review, 1998(30).

[4] USAID. Malawi, U.S. foreign assistance performance publication, fiscal year 2009[R]. Washington, D.C. : USAID, 2009.

[5] WROE D. Briefing: donors, dependency, and political crisis in Malawi[J]. African affairs, 2012, 111(442).

[6] MPESI A M, MURIAAS R L. Food security as a political issue: the 2009 elections in Malawi[J]. Journal of contemporary African studies, 2012, 30(3).

[7] YOUNG N. Malawi: two cheers for democracy[J]. History today, 1994, 44(12).

[8] WISEMAN J A. Presidential and parliamentary elections in Malawi,1999[J]. Electoral studies, 2000, 19(4).

[9] KHEMBO N S. Elections and democratisation in Malawi: an uncertain process[J]. EISA research report, 2005(10).

[10] SMIDDY K, YOUNG D J. Presidential and parliamentary elections in Malawi, May 2009[J]. Electoral studies, 2009, 28(4).

[11] CHIRWA E W. Agricutural growth and poverty reduction in Malawi: past performance and recent trends[J]. ReSAKSS working paper, 2008(8).

[12] Ministry of Economic Planning and Development. Malawi economic growth strategy, Volume II: main report[R]. [S.l.]: Ministry of Economic Planning and Development, 2004.

[13] National Tourism Policy for Malawi[EB/OL].(2011–5–10)[2015–5–10]. http://www.e–travelworld.cn/malawi/Publications/documents/NATIONAL%20TOURISM%20POLICY.pdf.

[14] Malawi Ministry of Tourism, Wildlife and Culture. Tourism investment opportunities in Malawi[R]. [S.l.]: Malawi Ministry of Tourism, Wildlife and Culture, 2008.

[15] Ministry of Foreign Affairs (Malawi). The foreign policy of the government

of the republic of Malawi[R]. Lilongwe: Ministry of Foreign Affairs (Malawi), 2010.

[16] BANDA J. Transcript: Malawi's policy and priorities for a globalized world[J]. Chatham house, 2012(7).

[17] MUTHARIKA A P. Republic of Malawi speech by his excellency prof. Arthur Peter Mutharika president of the Republic of Malawi at the general debate of the 69th session of the United Nations general assembly in New York[EB/OL]. (2014–09–25) [2015–03–01]. http://foreignaffairs.gov.mw/.

[18] United States of America, Department of State. Malawi–Tanzania (Tanganyika and Zanzibar) boundary[J]. International boundary study, 1964(37).

[19] United States of America, Department of State. Malawi–Mozambique boundary[J]. International boundary study, 1971(112).

[20] MAYALL J. The Malawi–Tanzania boundary dispute[J]. The journal of modern African studies, 1973, 11(4).

[21] SIMBEYE F W. Dar es Salaam warns on Lake Nyasa dispute[EB/OL]. (2012–08–07)[2015–06–07]. http://allafrica.com/stories/201208070236.html.

[22] Tanzania, Malawi meet over border[EB/OL]. [2014–12–13]. http://www.dailynews.co.tz/home/?n=13039.

[23] JUBE F. Tanzania: discussions to solve Malawi border conflict soon[EB/OL]. (2010–02–04)[2015–04–01]. http://allafrica.com/stories/201002050139.html.

[24] MWAKYUSA A. Tanzania: Banda says ready to die for[EB/OL]. (2012–08–13) [2014–12–13]. http://allafrica.com/stories/201208130130.html.

[25] CHIKOKO R. SADC seeks solution to Malawi–Tanzania border dispute[EB/OL]. [2014–12–13]. http://www.africanewswire.net/story.php?title=sadc–seeks–solution–to–malawi–tanzania–border–dispute.

[26] Malawi and South Africa: trade agreement[J]. International legal materials. 1968, 7(4).

[27] MBEKEANI K K. Malawi: studies on past industrial trade reforms experience and economic implications[EB/OL]. [2014–12–25]. http://www.unctad.info/

upload/TAB/docs/TechCooperation/malawi_study.pdf.

[28] Malawi Govermment, MCC. Program implementation agreement by and between the United States of America, acting through the millennium challenge corporation and the Republic of Malawi [R]. [S.l.]: Malawi Government, MCC, 2012.

[29] COOK N. Malawi: recent developments and US relations[R]. Washington, D.C. : Congressional Research Service, 2013,

[30] IHS Global Insight. Report: Malawi(country intelligence)[R]. [S.l.]: IHS Global Insight, 2009.

[31] IHS Global Insight. Country intelligence: report Malawi[R]. [S.l.]: IHS Global Insight, 2012.

[32] IHS Global Insight. Country intelligence: report Malawi[R]. [S.l.]: IHS Global Insight, 2013.

[33] Government of Canada. Canada–Malawi relations[R/OL]. (2014–06–23) [2014–12–28]. http://www.canadainternational.gc.ca/mozambique/bilateral_relations_bilaterales/malawi.aspx?lang=eng.

[34] Ministry of Foreign Affair (Japan). Japan's ODA disbursements to Malawi[R/OL]. (2015–09–15)[2015–12–15]. http://www.mofa.go.jp/policy/oda/data/pdfs/malawi.pdf.

[35] High Commission of India, Lusaka Zambia. India–Malawi relations[R/OL]. (2015–09–15)[2015–12–15]. http://www.hcizambia.gov.in/pdf/india–malawi.pdf.

[36] High Commission of India, Lilongwe, Malawi. Bilateral relations[EB/OL]. [2015–01–02]. http://hcililongwe.org/bilateral.html.

[37] High Commission of Malawi New Delhi (India). Malawi–India bilateral relations[EB/OL]. (2014–05–05) [2015–01–03]. http://www.malawi–india.org/the–embassy.html.

[38] Ministry of Foreign Affairs and International Cooperation Republic of Malawi. Malawi–India relations[EB/OL]. [2015–01–03]. http://www.foreignaffairs.gov.

mw/index.php/styles/bilateral-relations/asia/110-bilateral-relations/asia/158-malawi-india-relations.

[39] High Commission of Malawi New Delhi (India). Trade between Malawi and India[EB/OL]. [2015-01-03]. http://www.malawi-india.org/trade-investment.html.

马拉维历届政府与外交部部长

一、海斯廷斯·卡穆祖·班达（Hastings Kamuzu Banda，1902年—1997年11月25日）总理/总统执政时期：1964—1994年

外交部部长：

1964年：卡尼亚马·丘梅（Kanyama Chiume）

1964—1993年：海斯廷斯·卡穆祖·班达（Hastings Kamuzu Banda）

1993—1994年：海德威克·恩塔巴（Hetherwick Ntaba）

二、埃尔森·巴基利·穆卢齐（Elson Bakili Muluzi，1943年3月17日— ）总统执政时期：1994—2004年

外交部部长：

1994—1996年：爱德华·布瓦纳利（Edward Bwanali）

1996—1997年：乔治·恩塔夫（George Ntafu）

1997—1999年：马波帕·奇佩塔（Mapopa Chipeta）

1999—2000年：布朗·姆平甘吉拉（Brown Mpinganjira）

2000—2004年：里莲·帕特尔（Lilian Patel）

三、宾古·瓦·穆塔里卡（Bingu wa Mutharika，1934年2月24日—2012年4月6日）总统执政时期：2004—2012年

外交部部长：

2004—2005年：乔治·查蓬达（George Chaponda）

2005—2006年：戴维斯·卡聪加（Davis Katsonga）

2006—2009年：乔伊斯·班达（Joyce Banda）

2009—2011年：埃塔·班达（Etta Banda）

2011年：宾古·瓦·穆塔里卡（Bingu wa Mutharika）

2011—2012年：阿瑟·彼得·穆塔里卡（Arthur Peter Mutharika）

四、乔伊斯·班达（Joyce Banda，女，1950 年 4 月 12 日—　）总统执政时期：2012—2014 年

外交部部长：

2012—2014 年：伊弗雷姆·丘梅（Ephraim Chiume）

五、阿瑟·彼得·穆塔里卡（Arthur Peter Mutharika，1940 年—　）总统执政时期：2014 年至今

外交部部长：

2014—2016 年：乔治·查蓬达（George Chaponda）

2016—2017 年：弗朗西斯·卡塞拉（Francis Kasalia）

2017 年至今：伊曼纽尔·法比亚诺（Emmanuel Fabiano）

马拉维外交大事记

1964 年 7 月 4 日 马拉维收到中国外交部部长陈毅发来的电报，中国政府宣布承认马拉维的主权独立。

1964 年 7 月 海斯廷斯·卡穆祖·班达出席在埃及首都开罗举行的第二届非洲统一组织首脑会议。

1964 年 8 月 马拉维外交部部长卡尼亚马·丘梅等与中国外交特使何英等在坦桑尼亚达累斯萨拉姆进行两国建交方面的谈判。

1964 年 9 月 马拉维与德国签署公路建设方面的协定。

1964 年 马拉维与英国、美国、印度、日本、奥地利、肯尼亚等国建立外交关系。

1965 年 马拉维与韩国建立外交关系。

1965 年 马拉维与葡萄牙当局在“莫解阵问题”方面达成协议。

1965 年 11 月 17 日 马拉维取消与罗得西亚之间的“特惠贸易协定”。

1966 年 南非派外交人员前往马拉维，商讨两国“贸易协定”问题。

1966 年 8 月 马拉维与德国签署“北部地区公路建设协定”。

1967 年 马拉维与南非建立外交关系，并签订“贸易协定”。

1967 年 2 月 16 日 马拉维总统海斯廷斯·卡穆祖·班达写信给联合国秘书长，表示该国不会对罗得西亚进行经济制裁。

1967 年 马拉维与葡属东非洲签订“交通协定”。

1967 年 班达总统拒绝参加非洲统一组织的会议。

1967 年 班达总统出访美国。

1967 年 马拉维与坦桑尼亚的边界争端问题全面爆发。

1968 年 5 月 马拉维与南非建立全面合作的外交关系。南非向马拉维提供 460 万英镑的贷款，用于马拉维迁都至利隆圭。

1968 年 9 月 马拉维总统海斯廷斯·卡穆祖·班达提出要将领土范围扩大到马拉维帝国时期的边界，引起赞比亚、坦桑尼亚、莫桑比克 3 个邻国的强烈反对。

1968 年　赞比亚外交部部长率领代表团出访马拉维。

1968 年 11 月　马拉维总统海斯廷斯 · 卡穆祖 · 班达出访南非。

1969 年 12 月　莫桑比克的葡萄牙总督对马拉维进行了为期 8 天的访问。

1969 年　马拉维与葡萄牙建立外交关系。

1970 年　马拉维边界与莫桑比克纳卡拉港之间的铁路开通。

1970 年 5 月　南非总理沃斯特出访马拉维。

1970 年 10 月　赞比亚在马拉维的布兰太尔设立“高级委员会”。

1971 年　马拉维与赞比亚签署“贸易协定”。

1971 年 7 月　马拉维与南非的外交关系升级为大使级。

1971 年 8 月　马拉维总统海斯廷斯 · 卡穆祖 · 班达出访南非。

1971 年　马拉维总统海斯廷斯 · 卡穆祖 · 班达对莫桑比克进行为期 3 天的访问。

1972 年　南非总统福歇出访马拉维。

1972 年　马拉维驱逐“耶和华见证会”成员，造成大量人员流亡。

1973 年　马拉维与加拿大建立正式的外交关系。

1974 年 5 月　赞比亚总统卡翁达对马拉维进行为期 1 天的访问。

1975 年　马拉维总统海斯廷斯 · 卡穆祖 · 班达出访赞比亚。

1976 年　马拉维与美国建立大使级的外交关系。美国驻马大使馆从布兰太尔迁往新首都利隆圭。

1976 年　马拉维驱逐持有英国国籍的亚洲侨民 7000 余人。

1978 年　马拉维与坦桑尼亚就边界领土争端问题举行多次协商，并进行实地勘测。

1978 年　马拉维总统海斯廷斯 · 卡穆祖 · 班达出访美国。

1979 年 7 月　英国女王伊丽莎白二世出访马拉维。

1980 年　马拉维总统海斯廷斯 · 卡穆祖 · 班达出席“南部非洲发展协调会议”的成立仪式。马拉维成为该组织的创始会员国。

1980 年 10 月　赞比亚总理出访马拉维。

1981 年　马拉维与澳大利亚建立外交关系。

1981 年 7 月 1 日　马拉维与莫桑比克建立外交关系。

1981 年　马拉维同坦桑尼亚举行部长级会议，达成解决领土争端问题的初步协议。

1981 年 12 月　马拉维参与“东部和南部非洲特惠贸易区协议”的签字仪式，成为该组织的创始会员国。

1982 年 1 月 22 日　马拉维与法国签署“航空协定”。

1982 年 2 月 25 日至 3 月 1 日　赞比亚总统卡翁达出访马拉维，两国共同设立“联合常设合作委员会”。

1982 年 4 月　马拉维获得加拿大 133 万克瓦查的援助。

1982 年 6 月 25 日　马拉维与朝鲜建立外交关系。

1982 年 11 月　马拉维与德国签署 3 项援助协议。

1982 年 12 月　马拉维与埃及签订“技术合作协定”。

1983 年 5 月　马拉维与坦桑尼亚签订“航空协议”。

1983 年 8 月　马拉维与坦桑尼亚签署“筑路协议”。

1983 年　莫桑比克派代表团参加“马拉维国民大会党”的年会。

1983 年　马拉维总统海斯廷斯·卡穆祖·班达出席在印度举行的“英联邦首脑会议”。

1984 年 4 月　南非外交部部长出访马拉维。

1984 年 8 月　马拉维与塞舌尔签署“恢复航空运输的协定”。

1984 年 9 月　英国外交大臣出访马拉维。

1984 年 10 月　莫桑比克总统萨莫拉出访马拉维，两国签署“合作总协定”，并设立“经济常设委员会”。

1984 年　马拉维与南非签订“运输协定”，南非方面给予马拉维进出口货物降低运输费的待遇。

1985 年 3 月　马拉维总统海斯廷斯·卡穆祖·班达出访英国。

1985 年 5 月　马拉维与坦桑尼亚建立外交关系。

1985 年　马拉维与罗马尼亚、阿尔巴尼亚建立外交关系。

1985 年 12 月　南非外交部副部长访问马拉维。

1986 年　马拉维与芬兰建立外交关系。

1986 年　马拉维与坦桑尼亚设立“联合常设委员会”。

1986年5月　津巴布韦总理穆加贝出访马拉维，两国签署贸易、航空和合作的总协定，共同设立“联合常设委员会”。

1986年9月　津巴布韦总理穆加贝出访马拉维。

1986年　津巴布韦、赞比亚、莫桑比克3国总统出访马拉维。他们同班达总统就地区安全问题进行商讨。

1986年12月　马拉维与莫桑比克签署“安全协定”。

1987年3月　英国查尔斯王子出访马拉维。

1987年　马拉维与泰国建立外交关系。

1987年　马拉维军队进驻莫桑比克境内，保护纳卡拉铁路沿线。

1988年3月　马拉维妇女代表团出访美国。

1988年5月　班达总统对英国进行私人出访。

1988年7月　莫桑比克总统希萨诺对马拉维进行国事访问。

1988年8月　马拉维议会议长出访英国。

1988年9月　南非总统博塔访问马拉维。

1988年10月　英国议会代表团出访马拉维。

1988年12月　马拉维、莫桑比克和联合国难民署签署协议，鼓励马拉维境内的莫桑比克难民重返本国。

1989年　梵蒂冈教皇约翰·保罗二世出访马拉维。

1989年　坦桑尼亚总统姆维尼出访马拉维。

1989年　英国首相撒切尔夫人出访马拉维，并给予该国人道主义援助和发展援助。

1990年4月　马拉维总统海斯廷斯·卡穆祖·班达出席津巴布韦国家独立10周年庆典。

1990年8月　南非总统德克勒克出访马拉维。两国设立“经贸联络处”，签署“贸易协定”。

1991年　马拉维总统海斯廷斯·卡穆祖·班达出访坦桑尼亚。

1991年8月　津巴布韦总统穆加贝访问马拉维。

1991年　马拉维总统海斯廷斯·卡穆祖·班达出访英国。

1991年12月　美国副总统奎尔访问马拉维。

1992 年　德国、加拿大等西方国家中止对马拉维的项目援助。

1992 年　坦桑尼亚副总统出访马拉维，双方签署“引渡协议”。

1992 年　“南非非洲人国民大会”主席纳尔逊·曼德拉访问马拉维。

1993 年　马拉维军队撤出莫桑比克的铁路沿线。

1993 年 5 月　印度驻马拉维使馆关闭。

1994 年　马拉维总统穆卢齐出访莫桑比克、津巴布韦、博茨瓦纳和赞比亚四国。

1994 年 5 月　中国国家主席江泽民发送电报，祝贺穆卢齐当选为马拉维国家总统。

1995 年　科威特元首出访马拉维，为其提供 3.15 亿美元的贷款。

1996 年　马拉维与马来西亚签署两项“经贸协定”。

1997 年　马拉维与冰岛签署“经济技术合作的备忘录”。

1997 年　“南共体”第 17 届首脑会议在马拉维的布兰太尔举行，穆卢齐总统出席这次首脑会议。

1998 年 8 月 13 日　马拉维与冰岛建立外交关系。

1998 年　马拉维同沙特阿拉伯、伊朗、利比亚、马来西亚建立外交关系。

1998 年　马拉维总统穆卢齐出访南非。

1998 年　马拉维新闻部长出访中国。

1998 年　马拉维总统穆卢齐出席“南共体”首脑会议、非洲统一组织首脑会议。

1998 年　马拉维总统穆卢齐出访利比亚、科威特和苏丹。

1999 年　冰岛国际开发署在马拉维利隆圭设立办事处。

1999 年　津巴布韦总统穆加贝、莫桑比克总统希萨诺出席马拉维总统穆卢齐的就职仪式。

2000 年 2 月 11 日　马拉维与马来西亚签署“农业技术合作的备忘录”。

2000 年　马拉维常驻联合国代表走访中国。

2000 年　马拉维总统穆卢齐出访苏丹。

2000 年　马拉维总统穆卢齐出访津巴布韦和赞比亚。

2000 年　马拉维与莫桑比克签署“铝矿、电力合作协议”。

2001年 “南共体”第21届首脑会议在马拉维的布兰太尔举行，穆卢齐担任“南共体”的轮值主席。

2001年9月 马拉维与博茨瓦纳共同举行首届“联合常设合作委员会”会议。

2001年 由于马拉维高层的政治腐败问题，英国、美国、丹麦等西方国家中止对马拉维的经济援助。

2002年1月30日 丹麦宣布关闭该国驻马拉维的大使馆。

2002年 马拉维驻日大使到中国进行交流。

2002年 利比亚领导人卡扎菲出访马拉维，承诺为该国援建医院。

2002年 马拉维总统穆卢齐前往英国和美国，寻求经济援助。

2003年 马拉维总统穆卢齐出席津巴布韦总统穆加贝的就职仪式。

2004年 马拉维、赞比亚、莫桑比克和坦桑尼亚四国总统签署协定，启动“姆特瓦拉发展走廊”计划。

2004年 马拉维驻利比亚大使馆关闭。

2005年 马拉维总统宾古·瓦·穆塔里卡出席津巴布韦独立25周年庆典。

2005年 马拉维总统宾古·瓦·穆塔里卡出席“东南非共同市场”第10届首脑会议。

2006年 马拉维、赞比亚、莫桑比克3国决定重启“纳卡拉发展走廊”铁路。

2006年5月 津巴布韦总统穆加贝应邀出访马拉维。

2006年 马拉维与津巴布韦签订“贸易协定”。

2007年2月 马拉维在新德里开设常驻的使馆。

2007年8月10日 马拉维向苏丹达尔富尔派遣维和士兵800名。

2007年12月28日 马拉维与中国政府建立大使级外交关系。

2007年 马拉维和赞比亚两国领导人共同启动“姆钦吉—奇帕塔铁路项目”。

2008年1月26日 中国国家主席胡锦涛的代表翟隽出访马拉维，会见马拉维总统宾古·瓦·穆塔里卡，并出席中国驻马拉维大使馆的开馆仪式。

2008年3月25日 马拉维总统宾古·瓦·穆塔里卡出访中国，会见中国国家主席胡锦涛，并出席该国驻中国大使馆的开馆仪式。

2008年9月5日 马拉维与中国签署中国援建该国“卡隆加—奇提帕公路”的项目合同。

2008 年 12 月 4 日　马拉维与中国签署中国援建该国“议会大厦”的项目合同。

2009 年 1 月 15 日　马拉维总统宾古・瓦・穆塔里卡会见中国外交部部长杨洁篪。

2009 年 9 月 8 日　马拉维与中国签署“马拉维国际会议中心及附属酒店项目优惠贷款协议”。

2010 年 1 月　马拉维总统宾古・瓦・穆塔里卡当选为非洲联盟轮值主席。

2010 年 1 月　印度副总统哈米德・安萨里出访马拉维。

2010 年 1 月　马拉维总统宾古・瓦・穆塔里卡出席在韩国首尔举办的“G20 峰会”。

2010 年　马拉维与柬埔寨王国建立外交关系。

2010 年 3 月　马拉维主办“非洲联盟经济论坛”。

2010 年 3 月 4 日　马拉维与中国签署“输华商品免关税待遇”的换文。

2010 年 4 月 30 日　马拉维总统宾古・瓦・穆塔里卡参加中国上海世博会。

2010 年 11 月　马拉维总统宾古・瓦・穆塔里卡出访印度，两国签署 4 项合作协定。

2010 年　马拉维与坦桑尼亚设立“技术专家联合委员会”，旨在解决两国的边界领土争端问题。

2010 年　日本为马拉维的清洁能源项目提供 720 万美元的援助。

2010 年　英国向马拉维提供 5000 万英镑的教育援助。

2011 年 2 月 18 日　马拉维与中国签署“优惠贷款援助协议”，用于马拉维科技大学的建设项目。

2011 年　英国、美国、德国等西方国家及国际组织中止对马拉维的经济援助。

2011 年　德国向马拉维提供 4770 万欧元的援助。

2011 年　马拉维单方面授予英国石油公司油气开采权，地点位于该国与坦桑尼亚的边界争议地区，引起坦方的强烈愤慨和坚决反对。

2011 年 4 月 16 日　马拉维与利比亚断绝外交关系。

2011 年 4 月　马拉维与英国相互驱逐对方的外交官。

2011 年 10 月 14 日　英国外交官重返马拉维。

2011 年 10 月 20 日　马拉维与中国签署“农业示范中心、无偿援助和无息贷款的经济技术合作议定书”。

2012 年 3 月 31 日　马拉维与国际货币基金组织重新展开合作。

2012 年 4 月　印度驻马拉维使馆重新开馆。

2012 年 4 月　马拉维总统乔伊斯·班达先后出访南非、尼日利亚、利比里亚、莫桑比克等国。

2012 年 6 月 8 日　马拉维放弃主办第 19 届非洲联盟峰会。

2012 年 6 月 12 日　马拉维与中国签署协议，启动中国援马“农业技术示范中心”的项目。

2012 年 8 月　美国国务卿希拉里出访马拉维。

2012 年 10 月 30 日　马拉维与津巴布韦启动“简化贸易制度”。

2013 年 3 月　马拉维总统乔伊斯·班达出访美国。

2013 年 8 月　马拉维总统乔伊斯·班达担任“南共体”轮值主席。

2013 年 8 月 20 日　马拉维大学与中国孔子学院总部签署共建孔子学院的协议。

2013 年　“南共体”第 33 届首脑会议在马拉维召开。

2013 年　马拉维总统乔伊斯·班达出席“中国—南亚博览会”。

2014 年 5 月　德国政府向马拉维提供 500 万欧元的药品援助和 350 万欧元的民主建设援助。

2014 年 8 月　马拉维总统阿瑟·彼得·穆塔里卡前往美国，出席“美非峰会”。

2014 年 8 月 1 日　马拉维与非洲发展银行签署 1 亿多美元的援助协议。

2014 年 8 月 14 日　马拉维与世界银行签署 8380 万美元的贷款协议。

2014 年 9 月 19 日　马拉维与西班牙签署 500 万美元的援助协议。

2014 年 9 月　马拉维与赞比亚、莫桑比克签署备忘录，重新开放恩桑杰口岸。

2014 年 10 月 14 日至 16 日　中国外交部副部长张明访问马拉维。

2014 年 10 月 21 日　马拉维与中国签署“免关税的经贸协定”。

2014 年 12 月 19 日　马拉维与中国签署“太阳能移动电源项目的援助协议”。

2015 年 1 月 30 日至 31 日　马拉维总统阿瑟·彼得·穆塔里卡出席第 24 届非洲联盟首脑会议。

2015年2月 爱尔兰向马拉维提供50亿克瓦查水灾援助。

2015年2月 美国向马拉维提供690万美元水灾援助。

2015年2月 联合国向马拉维提供920万美元水灾援助。

2015年3月 欧盟宣布在2014年至2020年期间将停止向马拉维提供预算援助。

2015年3月17日 匈牙利政府在马拉维布兰太尔设立贸易文化中心。

2015年3月19日 日本提供5000万美元的项目援助，用于马拉维水电站的扩建工程。

2015年3月24日 坦桑尼亚向马拉维提供救灾物资，包括6.6万吨药品和12万吨粮食。

2015年3月 世界银行向马拉维提供7500万美元的援款。

2015年4月10日 马拉维与津巴布韦签署1项旅游开发合作的备忘录。

2015年4月 马拉维总统阿瑟·彼得·穆塔里卡赴美国参加国会国际党团节。

2015年4月 印度向马拉维水灾捐赠25万美元。

2015年4月 南非排外袭击事件殃及的马拉维公民增至3200人，其中2人死亡。

2015年4月 马拉维与埃及签订“旅游合作协议”。

2015年4月29日 非洲发展银行向马拉维提供3000万美元预算援助。

2015年4月29日 世界银行向马拉维提供6900万美元贷款。

2015年5月7日 中国向马拉维提供60万美元现汇援助。

2015年5月 世界银行向马拉维提供8000万美元贷款用于灾后重建。

2015年5月 欧盟增拨500万欧元，用于马拉维等3国的水灾救助。

2015年5月29日 马拉维与欧盟签署1项合作协议，欧盟承诺向马拉维提供5.6亿欧元援款帮助马拉维发展经济。

2015年6月8日 非洲发展银行向马拉维提供2900万美元预算援助。

2015年6月10日 马拉维签署“东南非三方自由贸易协定”。

2015年6月 英国向马拉维提供1160万欧元教育援助。

2015年8月11日 马拉维与赞比亚签署“电力互联协议”。

2015年9月 马拉维总统阿瑟·彼得·穆塔里卡对中国展开为期5天的访问。

2015 年 10 月　世界卫生组织向马拉维捐赠 13 万美元药品。

2015 年 10 月　马拉维与埃塞俄比亚签订商品交易协定。

2015 年 10 月　欧盟向马拉维提供 3650 万欧元的教育援款。

2015 年 10 月 16 日　马拉维布兰太尔市与中国南昌市成为“友好城市”。

2015 年 10 月　全球基金向马拉维捐助 3.78 亿美元用于艾滋病防治。

2015 年 10 月 26 日至 29 日　马拉维总统阿瑟·彼得·穆塔里卡出席第 3 届“印度—非洲论坛峰会”。

2015 年 11 月　日本向马拉维提供 3035 万美元的援款，用于卡姆祖机场的改扩建项目。

2015 年 11 月 18 日　欧盟与马拉维签署协议，提供 3300 万欧元用于马拉维职业技术教育。

2015 年 11 月 25 日　马拉维与世界银行签署 6900 万美元公路项目贷款协议。

2015 年 12 月　马拉维总统阿瑟·彼得·穆塔里卡出席中非合作论坛约翰内斯堡峰会。

2016 年 1 月　非洲发展银行向马拉维和莫桑比克提供 3 亿美元，用于纳卡拉铁路和港口项目。

2016 年 1 月 31 日　中国向马拉维提供价值 923 万美元的紧急粮食援助。

2016 年 2 月　英国向马拉维提供 450 万英镑的粮食援助。

2016 年 2 月　日本向马拉维提供 55 亿克瓦查的粮食援助。

2016 年 2 月 24 日　马拉维与美国签署“军事合作协议”。

2016 年 2 月　美国向马拉维提供 2700 万美元的粮食援助。

2016 年 4 月　非洲发展银行向马拉维提供 3500 万美元的旱灾援助。

2016 年 4 月　日本向马拉维援助价值 450 万美元的河道疏浚设备。

2016 年 6 月　法国资助马拉维 1020 万欧元，帮助该国发展采矿业。

2016 年 8 月　美国向马拉维提供 4750 万美元的人道主义粮食援助。

2016 年 9 月 14 日　欧盟向马拉维提供 2500 万欧元，用于建设灌溉系统。

2016 年 10 月　马拉维与日本签署价值 400 万美元的农业项目协议。

2016 年 11 月　美国向马拉维提供 2300 万美元的粮食援助。

2016 年 11 月　英国向马拉维提供 810 万欧元的粮食援助。

2016 年 11 月 世界银行向马拉维提供 1.74 亿美元援款。

2016 年 11 月 马拉维和中国签署 2300 万美元“光纤骨干网优惠贷款项目”的框架协议。

2016 年 11 月 英国向马拉维提供价值 40 亿克瓦查的药品储存设备。

2016 年 11 月 欧盟向马拉维提供 1.7 亿欧元的人道主义援助。

2016 年 11 月 非洲发展银行向马拉维提供 125 亿克瓦查的人道主义援助。

2017 年 2 月 美国向马拉维提供 460 万美元的粮食援助。

2017 年 4 月 中国医药卫生代表团抵达马拉维，积极加强两国在医疗卫生领域的合作。

2017 年 12 月 10 日 马拉维总统阿瑟·彼得·穆塔里卡会见到访的中国外交部部长助理陈晓东。

2017 年 12 月 20 日 中国向马拉维提供紧急粮食援助。

2017 年 12 月 22 日 马拉维与中国建交 10 周年招待会在中国北京举行。

2018 年 1 月 24 日 欧盟向马拉维提供 160 亿克瓦查用于支持马拉维与莫桑比克的电力联网项目。

2018 年 3 月 马拉维总统阿瑟·彼得·穆塔里卡祝贺习近平全票当选中国国家主席。

2018 年 5 月 马拉维总统阿瑟·彼得·穆塔里卡接收了加拿大、澳大利亚等 15 国使节递交的国书。

2018 年 8 月底至 9 月初 马拉维总统阿瑟·彼得·穆塔里卡应中国国家主席习近平的邀请，率领代表团出席中非合作论坛北京峰会。

2018 年 9 月 1 日 马拉维总统阿瑟·彼得·穆塔里卡在北京人民大会堂受到中国国家主席习近平的亲切接见。

2019 年 1 月 11 日 马拉维外交事务与国际合作部部长伊曼纽尔·法比亚诺会见中国驻马拉维大使刘洪洋。

2019 年 5 月 31 日 中国国家主席习近平向阿瑟·彼得·穆塔里卡致贺电，祝贺他再次当选为马拉维共和国总统。

后 记

本书是我在博士毕业论文基础上进行深入研究，调整结构框架，纠正部分错误，增加新的内容（至 2019 年 6 月）后，修改完成的。本书是我主持的 2016 年教育部人文社会科学研究青年基金项目“南部非洲内陆国家的出海口问题研究”（项目批准号：16YJCGJW005）的研究成果。同时，本书也获得了 2016 年浙江省哲学社会科学重点研究基地浙江师范大学非洲研究中心课题项目“马拉维对外关系研究”（项目编号：ARL201601）的出版经费支持。

本书得以出版，首先要感谢我硕博期间的恩师刘鸿武教授。感谢恩师在我读书期间给予的谆谆教导和精心栽培，感谢恩师在我毕业、工作以后，仍继续给予我鼓励和期盼。本书的出版，恩师提供了诸多帮助。

感谢云南大学国际关系研究院张永宏教授的关心和鼓励。

感谢从事非洲问题研究的同门师兄弟姐妹，特别感谢张瑾老师提供的封面图片。

感谢陕西中医药大学马克思主义学院张雪玲院长、严建会书记的大力支持，感谢教学秘书张亚军副教授、教研室主任杨珂娟副教授的关心。同时，还要感谢学院的其他老师，在此一并致谢。

感谢浙江师范大学非洲研究院叶引姣老师在此期间提供的大量帮助。

感谢匿名审稿专家对书稿修改提出的宝贵意见和建议。

感谢浙江工商大学出版社的姚媛编辑和其他工作人员为此付出的心血和劳动。

最后，感谢家人的关心、鼓励和支持。

本书虽然经过反复修改和调整，但仍有令人不太满意的地方。由于本人学识能力和所掌握的资料有限，缺乏实地调研，加之时间仓促，书中难免存在谬误和不足之处，敬请各位专家批评指正。

武　涛

2019 年 6 月 5 日